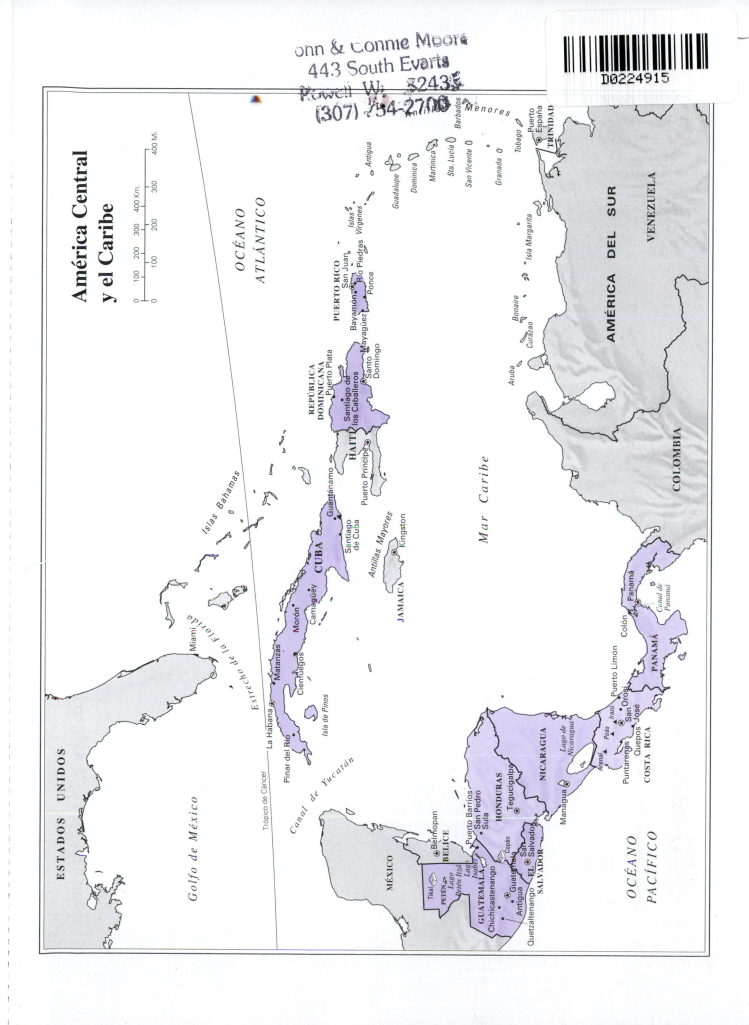

# América Central y el Caribe

**ESTADOS UNIDOS**

*Golfo de México*

Miami

*Estrecho de la Florida*

Trópico de Cáncer

Canal de Yucatán

**MÉXICO**

Pinar del Río
La Habana
Matanzas
Cienfuegos
Isla de Pinos
**CUBA**
Morón
Camagüey
Santiago de Cuba
Guantánamo

*Islas Bahamas*

**OCÉANO ATLÁNTICO**

400 Mi.
400 Km.
300
300
200
200
100
100
0
0

**PUERTO RICO**
San Juan
Bayamón
Mayagüez
Ponce
Río Piedras
*Islas Vírgenes*

**REPÚBLICA DOMINICANA**
Santiago de los Caballeros
Puerto Plata
Santo Domingo

**HAITÍ**
Puerto Príncipe

*Antillas Mayores*
Kingston
**JAMAICA**

*Antillas Menores*

Antigua
Guadalupe
Dominica
Martinica
Sta. Lucía
San Vicente
Granada
Barbados
Tobago
Puerto España
**TRINIDAD**

*Mar Caribe*

Aruba
Curazao
Bonaire
*Isla Margarita*

**Belmopan**
**BELICE**
Tikal
**PETÉN** Lago Petén Itzá
Lago Izabal
**GUATEMALA**
Guatemala
Copán
Puerto Barrios
San Pedro Sula
**HONDURAS**
Tegucigalpa
**EL SALVADOR**
San Salvador
Chichicastenango
Quetzaltenango
Antigua

**NICARAGUA**
Managua
Lago de Nicaragua

Arenal
Poás
Irazú
Puntarenas
San José
Quepos
San Orosí
Puerto Limón
**COSTA RICA**

Colón
**PANAMÁ**
Panamá
Canal de Panamá

**OCÉANO PACÍFICO**

**AMÉRICA DEL SUR**

**COLOMBIA**

**VENEZUELA**

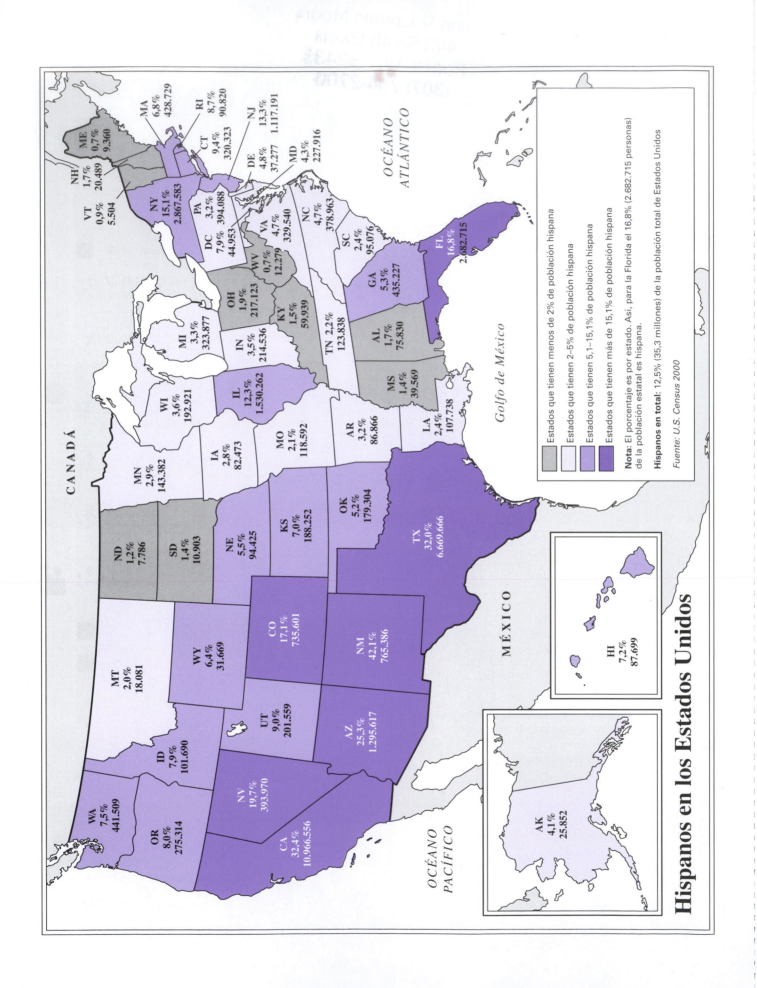

# Hispanos en los Estados Unidos

ME 0,7% 9.360
NH 1,7% 20.489
MA 6,8% 428.729
RI 8,7% 90.820
CT 9,4% 320.323
NJ 13,3% 1.117.191
VT 0,9% 5.504
NY 15,1% 2.867.583
PA 3,2% 394.088
DE 4,8% 37.277
MD 4,3% 227.916
DC 7,9% 44.953
VA 4,7% 329.540
NC 4,7% 378.963
SC 2,4% 95.076
WV 0,7% 12.279
OH 1,9% 217.123
KY 1,5% 59.939
GA 5,3% 435.227
FL 16,8% 2.682.715
MI 3,3% 323.877
IN 3,5% 214.536
TN 2,2% 123.838
AL 1,7% 75.830
WI 3,6% 192.921
IL 12,3% 1.530.262
MS 1,4% 39.569
MN 2,9% 143.382
IA 2,8% 82.473
MO 2,1% 118.592
AR 3,2% 86.866
LA 2,4% 107.738
ND 1,2% 7.786
SD 1,4% 10.903
NE 5,5% 94.425
KS 7,0% 188.252
OK 5,2% 179.304
TX 32,0% 6.669.666
MT 2,0% 18.081
WY 6,4% 31.669
CO 17,1% 735.601
NM 42,1% 765.386
ID 7,9% 101.690
UT 9,0% 201.559
AZ 25,3% 1.295.617
WA 7,5% 441.509
OR 8,0% 275.314
NV 19,7% 393.970
CA 32,4% 10.966.556
HI 7,2% 87.699
AK 4,1% 25.852

CANADÁ
MÉXICO
OCÉANO ATLÁNTICO
OCÉANO PACÍFICO
Golfo de México

Estados que tienen menos de 2% de población hispana
Estados que tienen 2–5% de población hispana
Estados que tienen 5,1–15,1% de población hispana
Estados que tienen más de 15,1% de población hispana

**Nota:** El porcentaje es por estado. Así, para la Florida el 16,8% (2.682.715 personas) de la población estatal es hispana.

**Hispanos en total:** 12,5% (35,3 millones) de la población total de Estados Unidos

*Fuente: U.S. Census 2000*

# THE BASIC SPANISH SERIES

# BASIC SPANISH FOR BUSINESS AND FINANCE

ANA C. JARVIS
*Chandler-Gilbert Community College*

LUIS LEBREDO

HOUGHTON MIFFLIN COMPANY
Boston    New York

Publisher: *Rolando Hernández*
Sponsoring Editor: *Van Strength*
Development Editor: *Judith Bach*
Senior Project Editor: *Tracy Patruno*
Manufacturing Manager: *Karen Banks*
Executive Marketing Director: *Eileen Bernadette Moran*
Associate Marketing Manager: *Claudia Martínez*

Printed in the U.S.A.

Library of Congress Control Number: 2005924680

ISBN: 0-618-50574-1

123456789-HS-09 08 07 06 05

# CONTENTS

**BUSINESS COMMUNICATION:**
Helping customers at the bank

> **STRUCTURES FROM *BASIC SPANISH*:**
> 1. The present subjunctive    260
> 2. The subjunctive with verbs of volition    264
> 3. The absolute superlative    267

**BUSINESS COMMUNICATION:**
Informing bank customers about different types of loans

> **STRUCTURES FROM *BASIC SPANISH*:**
> 1. The subjunctive to express emotion    274
> 2. The subjunctive with some impersonal expressions    277
> 3. Formation of adverbs    279

**BUSINESS COMMUNICATION:**
Advising clients about the purchase or sale of real estate; refinancing properties

> **STRUCTURES FROM *BASIC SPANISH*:**
> 1. The subjunctive to express doubt, disbelief, and denial    286
> 2. The subjunctive to express indefiniteness and nonexistence    289
> 3. Diminutive suffixes    291

**BUSINESS COMMUNICATION:**
Renting commercial space

> **STRUCTURES FROM *BASIC SPANISH*:**
> 1. The subjunctive after certain conjunctions    298
> 2. The present perfect subjunctive    301
> 3. Uses of the present perfect subjunctive    302

**BUSINESS COMMUNICATION:**
Selling insurance to a Spanish-speaking prospective client

**STRUCTURES FROM *BASIC SPANISH*:**
1. The imperfect subjunctive    310
2. Uses of the imperfect subjunctive    311
3. *If* clauses    313

**BUSINESS COMMUNICATION:**
Discussing a civil case with a client; preparing a will

# PREFACE

Drawn from the successful *Basic Spanish Grammar,* Sixth Edition, and career manuals, **The Basic Spanish Series** offers a flexible, concise introduction to Spanish grammar and communication in an updated series to better address the needs of today's students, pre-professionals, and professionals needing a working knowledge of Spanish.

## Basic Spanish for Business and Finance

As a key component of *The Basic Spanish Series,* **Basic Spanish for Business and Finance** is a communication manual designed to serve those in the world of business who seek basic conversational skills in Spanish. Written for use in two-semester or three-quarter courses, it presents typical everyday situations that business and accounting students, pre-professionals, and professionals may encounter at their workplace, on business travel, or while communicating with business partners abroad.

**Basic Spanish for Business and Finance** introduces essential business vocabulary and *notas culturales* written from a cross-cultural perspective. It provides students with opportunities to apply, in a wide variety of practical contexts, the grammatical structures presented in the corresponding lessons of the *Basic Spanish* core text.

## Organization of the Text

**Basic Spanish for Business and Finance** contains a preliminary lesson (*Lección preliminar*), twenty regular lessons, four review sections (*Repasos*), and three supplementary sections (*Suplementos*) with Spanish business forms and documents such as a customs form, credit card application, job applications, and business letters.

Each lesson contains the following sections:

- A **lesson opener** consists of the lesson objectives divided into two categories: Structures practiced from *Basic Spanish* and Business Communication.

- A **Spanish dialogue** introduces and employs key vocabulary and grammatical structures in the context of the lesson theme. Divided into manageable segments, they feature business-specific contexts. Audio recordings of the dialogues can be found on the In-text Audio CDs. Translations of the dialogues can be found on the Instructor's HM ClassPrep CD.

- The ***¡Escuchemos!*** activity, together with recordings on the In-text Audio CDs, encourages students to listen to the dialogue and check their comprehension with true/false questions.

- The ***Vocabulario*** section summarizes new, active words and expressions presented in the dialogue and categorizes them according to their parts of speech. The vocabulary highlights the most important communication tools needed in a variety of professional situations. A special subsection of cognates heads up the vocabulary list so students can readily identify these terms. The *Vocabulario adicional* subsection supplies supplementary vocabulary related to the lesson theme.

- *Notas culturales* give students up-to-date information that highlights Hispanic business customs and practices.

- *Dígame...* questions check students' comprehension of the dialogue.

- The *Hablemos* section provides personalized questions spun off from the lesson theme, where students are encouraged to work in pairs, asking and answering each of the questions presented.

- *Vamos a practicar* activities review grammar topics that students need to know before proceeding in the lesson.

- The *Sirva usted de intérprete* activities develop students' listening and speaking skills through tasks that provide contextualized practice of vocabulary and grammatical structures in form of role-plays.

- The *Sirva usted de traductor* section provides practice in written Spanish-to-English translation through realistic business document formats that employ the *Vocabulario adicional* of each lesson.

- The *En estas situaciones* section develops students' communication skills through role-playing in pairs or small groups and encourages more interactive speaking practice.

- Open-ended *Casos* activities offer additional opportunities for improving oral proficiency as students interact in situations they might encounter in their work as business and finance professionals. These role-plays require spontaneous use of Spanish and are intended to underscore the usefulness of language study.

- *Un paso más* features activities that practice the supplementary words and expressions in the *Vocabulario adicional* section, some through realia.

- *Lecturas* sections present short readings that address cultural notions within the business world. They are followed by questions to aid students' comprehension and promote discussion.

- All lessons conclude with *Un dicho,* a saying frequently used in the Spanish-speaking business world.

-  Pair and group icons indicate pair and group activities.

-  Audio icons show what is available on the In-text Audio CDs, including corresponding track numbers.

-  Web-search icons indicate activities related to the *Notas culturales.*

-  Web-audio icons indicate vocabulary available in audio flashcards on the *Basic Spanish for Business and Finance* website.

- **Five maps** of the Spanish-speaking world are included in the front and back of the text.

- For easy reference and to aid in lesson planning, the table of contents lists the **grammar structures** presented in the corresponding *Basic Spanish* text and practiced in *Basic Spanish for Business and Finance,* plus the communication objective for each lesson.

- The text's grammatical sequence parallels the core text of the series, *Basic Spanish.*

## Organization of the *Suplementos*

A supplementary section appears after every five lessons, providing explanations and numerous models of business documents such as letters, memos, job applications, and receipts. Accompanying activities guide students through the documents and provide practice in formulating appropriate responses.

## Organization of the *Repasos*

After every five lessons, a review section contains the following materials:

■ *Práctica de vocabulario* exercises check students' cumulative knowledge and use of active vocabulary in a variety of formats: selecting the appropriate word to complete a sentence, identifying related words, matching, true/false, and puzzles.

■ *Situaciones del mundo de las empresas* reviews cultural knowledge and competency of the business customs, practices, and conventions presented in the *notas culturales* of the preceding five lessons.

## Appendixes

The appendixes of this book include the following:

■ **Appendix A, Introduction to Spanish Sounds and the Alphabet,** presents the alphabet and briefly explains vowel sounds, consonant sounds, linking, rhythm, intonation, syllable formation, and accentuation.

■ **Appendix B, Verbs,** presents charts of the three regular conjugations and of the **-ar, -er,** and **-ir** stem-changing verbs, as well as lists of orthographic-changing verbs and some common irregular verbs.

■ **Appendix C, Useful Classroom Expressions,** consists of a list of the most common expressions and directions used in the introductory Spanish language class.

■ **Appendix D, Weights and Measures,** features conversion formulas for temperature and metric weights and measures, as well as Spanish terms for U.S. weights and measures.

## End Vocabularies

Comprehensive Spanish-English and English-Spanish vocabularies contain all words and expressions from the *Vocabulario* sections. Each term is followed by the lesson number where the active vocabulary is introduced. All passive vocabulary items found in the *Vocabulario adicional* sections, in marginal glosses to readings, and in glosses of direction lines or exercises are also included.

# Components

## For Students

### Student In-Text Audio CDs

Packaged automatically with **Basic Spanish for Business and Finance,** this two-CD set features recordings of the dialogues from the preliminary lesson and all twenty regular lessons.

### Spanish Phrasebook

The **Basic Spanish for Business and Finance Phrasebook** contains vocabulary words and phrases arranged alphabetically to provide business professionals with a handy reference for on-the-job situations.

### Student CD-ROM (video)

This dual-platform CD-ROM contains video grammar presentations for 73 grammar topics presented in the **Basic Spanish** core textbook.

### Student Website (*www.college.hmco.com/students*)

The student website contains the following:

- ACE practice tests for each grammar topic in the **Basic Spanish** core text
- ACE practice tests for the vocabulary in each chapter
- Web search activities related to the *Notas culturales* in each lesson
- Audio Flashcards organized by lesson for vocabulary and pronunciation practice
- A link to the SMARTHINKING™ website. SMARTHINKING offers a range of tutorial services including live online help, questions any time, and independent study resources.

## For Instructors

### Instructor's HM ClassPrep CD

This new CD-ROM contains:

- Expanded testing program with Answer Key, available in PDF and Word files; includes two versions of each vocabulary quiz for each of the twenty regular lessons
- Answer keys for the worktext
- Lesson plans and syllabi
- Situation cards
- Script for oral test questions

## Instructor's Website (*www.college.hmco.com/instructors*)

The instructor's website contains all the resources that exist on the Instructor's HM ClassPrep CD minus the testing program and the answer key.

## Instructor's Course Management powered by Blackboard™ and WebCT

Both components provide materials in an online format for those instructors or institutions moving to online instruction. They include all the resources included on the HM ClassPrep CD plus the Testing Program in Blackboard™ or WebCT format.

# Feedback Welcome

We would like to hear your comments on and reactions to **Basic Spanish for Business and Finance** and to **The Basic Spanish Series** in general. Reports on your experience using this program would be of great interest and value to us. Please write to us in care of:

Houghton Mifflin Company
College Division
222 Berkeley Street
Boston, MA 02116-3764

# Acknowledgments

We wish to thank our colleagues who have used previous editions of **Basic Spanish for Business and Finance** for their many constructive comments and suggestions:

Robert Adler, *University of North Alabama*
Jane H. Bethune, *Salve Regina University*
Theresa Bruns, *Cincinatti State Technical College*
Miguel A. Cardinale, *Frostburg State University*
Francisca Chaudhary, *University of Tennessee*
Robert Chierico, *Chicago State University*
Marius Cucurny, *Orange Coast College*
Cathleen Cuppett, *Coker College*
Susan W. Herrera, *The Global Institute of Languages and Cultures*
Ann Hilberry, *University of Michigan, Ann Arbor*
Phillip Johnson, *Baylor University*
Mary Ellen Kohn, *Mount Mary College*
Barbara Lezama, *Waukesha County Tech*
Lourdes Sánchez-López, *University of Alabama at Birmingham*
Raquel Torres-Ruiz, *University of California, San Diego*
Robert Quinn, *Jackson University*
Margarita Vargas, *State University of New York at Buffalo*
Susan Wehling, *Valdosta State University*

We especially would like to thank Professor Antonio Arreola-Risa, from the Mays Business School at Texas A&M University, for his insights.

Finally, we extend our sincere appreciation to the World Languages staff at Houghton Mifflin Company, College Division: Publisher, Rolando Hernández; Sponsoring Editor, Van Strength; Development Manager, Glenn Wilson; Development Editor, Judith Bach; Associate Marketing Manager, Claudia Martínez; and Executive Marketing Director, Eileen Bernadette Moran.

Ana C. Jarvis
Luis Lebredo

# LECCIÓN PRELIMINAR

# CONVERSACIONES BREVES (BRIEF CONVERSATIONS)

## OBJECTIVES

### Structures

- Gender and number
- The definite and indefinite articles
- Subject pronouns
- The present indicative of **ser**
- Cardinal numbers 0–39

### Business Communication

- Greetings, farewells, and introductions in personal and telephone interaction

**1–2**

**A.** —Buenos días, señor Martínez. ¿Cómo está usted?
—Muy bien, gracias, señorita Vega. ¿Y usted?
—Bien, gracias.

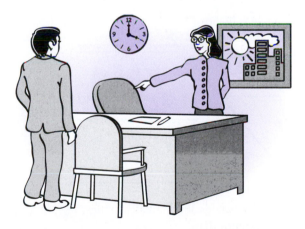

**1–3** **B.** —Buenas tardes, señora.
—Buenas tardes, señor. Pase y tome asiento, por favor. ¿En qué podemos servirle?

1-4 **C.** —Buenas noches, señorita, y muchas gracias. Hasta mañana.

—De nada. Para servirle. Adiós.

1-5 **D.** —¿Con quién desea usted hablar?

—Con la jefa de compras.

—Lo siento, pero la línea está ocupada.

—Entonces llamo más tarde.

1-6 **E.** —Agencia de Publicidad Morales, buenos días.

—Buenos días, señorita. Con el[1] señor Romero, por favor. Soy la gerente de la empresa Alfa.

—Un momento, por favor.

1-7 **F.** —¿Nombre y apellido?

—José Luis Torres Fuentes.

—¿Dirección?

—Calle Palma, número diez.

—¿Número de teléfono?

—Ocho-dos-ocho-cero-seis-uno-dos.

—¿Es Ud.[2] casado, soltero...?

—Yo soy divorciado.

_____

[1]When referring to someone as a third person, and using a title such as **señor, señora,** or **señorita,** a definite article is used in Spanish: e.g., **el señor Paz** (*Mr. Paz*).

[2]**Usted** is abbreviated **Ud.**

# VOCABULARIO

### SALUDOS Y DESPEDIDAS
(*Greetings and farewells*)

**adiós** *good-bye*
**Bien.** *Fine., Well.*
**buenas noches** *good evening, good night*
**buenas tardes** *good afternoon*
**buenos días** *good morning, good day*
**¿Cómo está usted (Ud.)?** *How are you?*
**Hasta mañana.** *See you tomorrow.*
**Muy bien, gracias.** *Very well, thank you.*

### TÍTULOS (*Titles*)

**señor (Sr.)** *Mr., sir, gentleman*
**señora (Sra.)** *Mrs., lady, Ma'am, Madam*
**señorita (Srta.)** *Miss, young lady*

### NOMBRES (*Nouns*)

**el apellido** *last name, surname*
**la calle** *street*
**la dirección, el domicilio** *address*
**el (la) gerente (general)** *(general) manager, administrator, director*
**el (la) jefe(a) de compras** *purchasing manager*
**el nombre** *name*

### ADJETIVOS (*Adjectives*)

**casado(a)** *married*

**divorciado(a)** *divorced*
**soltero(a)** *single*

### VERBO (*Verb*)

**ser** *to be*

### OTRAS PALABRAS Y EXPRESIONES
(*Other words and expressions*)

**agencia de publicidad** *advertising agency*
**con** *with*
**¿Con quién desea usted hablar?** *With whom do you wish to speak?*
**las conversaciones breves** *brief conversations*
**De nada.** *You're welcome.*
**¿En qué puedo (podemos) servirle?** *How may I (we) help you? What can I (we) do for you?*
**Entonces llamo más tarde.** *I'll call later, then.*
**La línea está ocupada.** *The line is busy.*
**Lo siento.** *I'm sorry.*
**Muchas gracias.** *Thank you very much.*
**el número de teléfono** *phone number*
**para servirle** *at your service*
**Pase.** *Come in.*
**por favor** *please*
**un momento** *one moment*
**y** *and*

## NOTAS CULTURALES

■ Personal interactions in the Spanish-speaking business world are generally more formal than they are in the United States. Expressions of familiarity that often characterize business relations in this country—calling a client by his or her first name right from the start, for example—may be interpreted in the Hispanic world as a lack of respect rather than a sign of friendship. Rituals of business life in the Spanish-speaking world that might seem excessively ceremonious to an American, such as making sure to greet and bid farewell to one's colleagues at the beginning and end of the business day, or taking care to greet a client with **Buenos días** rather than the more informal **Hola,** are simply part of the Hispanic concept of proper etiquette.

- The title **señorita** (*Miss*) is only used to address or refer to women who have never been married. To address or refer to a woman who is married, divorced, or a widow, the title **señora** (*Mrs.*) is used.

- In Spanish-speaking countries people use different expressions when answering the phone. The following are the most commonly used.

  In Mexico: **Bueno.**

  In Spain: **¿Sí?, Diga, Dígame.**

  In Cuba and other Caribbean countries: **Oigo.**

  In Argentina: **¿Sí?, Hable, Hola.**

  In many countries throughout Latin America (Argentina, Perú, Puerto Rico), the expression **¿Aló?** is also used.

# Actividades

### Dígame... (*Tell me...*) Write appropriate responses to the following statements.

**1.** Buenos días.

_____

**2.** Buenas tardes. ¿Cómo está usted?

_____

**3.** Muchas gracias.

_____

**4.** Buenas noches.

_____

**5.** Pase y tome asiento, por favor.

_____

**6.** Lo siento, pero la línea está ocupada.

_____

**7.** Hasta mañana.

_____

**8.** ¿Es usted casado(a), soltero(a), divorciado(a)... ?

_____

# Vamos a practicar (*Let's practice*)

**A** Write in Spanish the name of the place and the telephone number you would call in each of the following situations. Since many of the words are cognates, guess at their meaning.

**MODELO**  You need to make a dinner reservation.
Restaurante Acapulco 256-7819
**Restaurante Acapulco: dos, cinco, seis, siete, ocho, uno, nueve**

| | |
|---|---|
| Aerolíneas Argentinas | 257-8493 |
| Agencia de Personal Temporal "Dicho y Hecho" | 465-9267 |
| Hotel El Porteño | 741-4228 |
| Agencia de Publicidad Otero | 931-0476 |
| Banco Industrial | 338-0164 |
| Alquiler de computadoras | 637-0053 |

1. You need to take out a loan for your company.

   _____

2. You need to make a plane reservation to travel to Buenos Aires.

   _____

3. You need to book a hotel room for your business trip.

   _____

4. You want to rent a computer.

   _____

5. You want to hire a temporary secretary.

   _____

6. You want to advertise your business.

   _____

**B** You are scheduling appointments with your clients. In order to verify that you have written the following names correctly in the appointment book, spell each one in Spanish.

**MODELO**  Figueroa
**efe, i, ge, u, e, ere, o, a**

1. Sandoval _____

2. Fuentes _____

**3.** Varela _____

**4.** Ugarte _____

**5.** Barrios _____

**6.** Zubizarreta _____

**C**  Write the definite article before each word and then write the plural form.

**MODELO**  _____ domicilio
**el** domicilio  **los domicilios**

**1.** _____ apellido          _____

**2.** _____ dirección          _____

**3.** _____ señora          _____

**4.** _____ señor          _____

**5.** _____ nombre          _____

**6.** _____ conversación          _____

**7.** _____ calle          _____

**8.** _____ número          _____

**D**  Complete the following exchanges, using the present indicative of the verb **ser.**

**1.** —¿Tú _____ Isabel Martínez?

—No, yo _____ Maribel Vigo. ¿Y usted? ¿ _____ usted el señor Morales?

—Sí, yo _____ el señor Morales.

**2.** —¿ _____ ella la gerente?

—No, (ella) _____ la jefa de compras.

—¿ _____ el Sr. Vega el gerente?

—Sí, él _____ el gerente.

3. —¿Tú _____ casada?

   —No, yo _____ divorciada.

   —Y ellas, ¿ _____ solteras?

   —María _____ soltera y Rosa _____ casada.

   —¿Y el señor Varela?

   —Él _____ divorciado.

## En estas situaciones (*In these situations*) What would you say in the following situations? What might the other person say?

1. You greet your boss in the morning and ask how he/she is.

2. You greet a client, Miss Vega, in the evening.

3. Someone knocks on the door of your office.

4. You want to thank someone for a favor.

5. You call to speak to a business associate, but his/her line is busy.

6. You are helping someone to fill out a form. First you identify yourself, and then you ask for the following information.
   a. first name and last name
   b. address
   c. phone number
   d. marital status

## Words and accents
Long words are more frequent in Spanish than in English, and each Spanish word, with the exception of some compound ones, has only one stressed syllable. Spanish dictionaries do not mark the stressed syllables of words because it is not necessary to mark them: Spanish has very precise rules to indicate where the stressed syllable occurs in a word. Find these rules in *Basic Spanish*.

## Reading and writing in Spanish
In business, reading and writing well is a must. Reading and writing in Spanish is easy when we limit the scope of reading and writing to converting letters into sounds and vice versa. Although reading and writing are not complete without comprehension, knowing how to pronounce written Spanish words is very helpful when dealing with cognates and with the equivalent of English words found in an English–Spanish dictionary.

   Both English and Spanish use the same written alphabet, except for the Spanish **ñ** which is not used in English (See Appendix A). In the same way, most phonemes in both languages are similar, although only a few are identical. In Spanish, with a few exceptions, each letter represents one and only one phoneme, and each phoneme is represented by one and only one letter. On the other hand, in English, only the vowels in the stressed syllables are distinctly pronounced, but in Spanish all vowels are pronounced distinctly, and Spanish has no equivalent to the English *schwa*, the neutralized sound of many unstressed syllables in English. Listen to your instructor and the tapes to learn to match sounds (phonemes) and signs (letters).

It is much more difficult for the student to avoid the English interference when trying to follow the Spanish patterns of syllabification. Syllable patterns are totally different in both languages.

The following cognates illustrate the way phonemes and letters are put together to form syllables in each language.

| **Spanish** | **English** |
|---|---|
| abrasivo (a-bra-si-vo) | *abrasive (a-bra-sive)* |
| americano (a-me-ri-ca-no) | *American (A-mer-i-can)* |
| calendario (ca-len-da-rio) | *calendar (cal-en-dar)* |
| civilizado (ci-vi-li-za-do) | *civilized (civ-i-lized)* |
| descender (des-cen-der) | *descend (de-scend)* |
| documento (do-cu-men-to) | *document (doc-u-ment)* |
| frívolo (frí-vo-lo) | *frivolous (friv-o-lous)* |
| gasolina (ga-so-li-na) | *gasoline (gas-o-line)* |
| operar (o-pe-rar) | *operate (op-er-ate)* |
| positivo (po-si-ti-vo) | *positive (pos-i-tive)* |
| sistemático (sis-te-má-ti-co) | *systematic (sys-tem-at-ic)* |
| típico (tí-pi-co) | *typical (typ-i-cal)* |
| vigilancia (vi-gi-lan-cia) | *vigilance (vig-i-lance)* |

## El español que ya usted conoce (*The Spanish you already know*)

Those words used as examples above are cognates (*cognados*). Cognates are words that are similar in spelling and meaning in two languages. Some Spanish cognates are identical to English words. In other instances, the words differ only in minor or predictable ways. There are many Spanish cognates related to the business world, as illustrated in the following list. Learning to recognize and use cognates will help you to acquire vocabulary more rapidly and to read and speak Spanish more fluently.

With a partner, practice reading and writing the following Spanish cognates. One of you reads and the other writes; then switch roles. You may want to further practice using words from any lesson in the book.

| | | | |
|---|---|---|---|
| **la administración** | *administration* | **el beneficiario** | *beneficiary* |
| **el administrador** | *administrator* | **la calculadora** | *calculator* |
| **la agencia** | *agency* | **el cheque** | *check* |
| **el (la) agente** | *agent* | **la cláusula** | *clause* |
| **la asociación** | *association* | **comercial** | *commercial* |
| **el banco** | *bank* | **la compañía** | *company* |

| | | | |
|---|---|---|---|
| **la computadora** | *computer* | **la oficina** | *office* |
| **la condición** | *condition* | **la opción** | *option* |
| **el contrato** | *contract* | **el plan** | *plan* |
| **la copia** | *copy* | **el producto** | *product* |
| **el costo, el coste** | *cost* | **el programa** | *program* |
| **el crédito** | *credit* | **el (la) recepcionista** | *receptionist* |
| **la factoría** | *factory* | **la reservación** | *reservation* |
| **la firma** | *firm* | **el restaurante** | *restaurant* |
| **la fotocopiadora** | *photocopier* | **el sistema** | *system* |
| **el hotel** | *hotel* | **las telecomunicaciones** | *telecommunications* |
| **industrial** | *industrial* | **el teléfono** | *telephone* |
| **la información** | *information* | **el transporte** | *transport* |
| **el interés** | *interest* | **válido(a)** | *valid* |
| **la mercancía** | *merchandise* | **la zona** | *zone* |

## Un dicho (*A saying*)

**El tiempo es oro.**                     *Time is money.*

# LECCIÓN 1

# EL VIAJE DE NEGOCIOS

## OBJECTIVES

### Structures

- The present indicative of regular **-ar** verbs
- Interrogative and negative sentences
- Forms and position of adjectives
- Telling time
- Cardinal numbers 300–1,000
- Uses of **hay**

### Business Communication

- Traveling by plane
- Making plane reservations
- Arriving in a foreign country

La señora López, compradora de la firma KIDS FASHIONS de Nueva York, viaja a Aguascalientes, México.

**1–8**  Por teléfono:

| | |
|---|---|
| **Empleada** | —Aeroméxico, buenos días. ¿En qué puedo servirle? |
| **Sra. López** | —Buenos días. Necesito viajar a Aguascalientes, México. Deseo reservar un asiento. |
| **Empleada** | —¿Desde dónde? |
| **Sra. López** | —Desde Nueva York. |
| **Empleada** | —¿Para cuándo? |
| **Sra. López** | —Para mañana por la mañana, en primera clase. |
| **Empleada** | —Hay un vuelo a las ocho y quince, con escala en México, D.F.[1] |
| **Sra. López** | —¡Perfecto! |
| **Empleada** | —¿Pasaje de ida y vuelta o de ida solamente? |
| **Sra. López** | —De ida y vuelta. |
| **Empleada** | —¿Cuándo desea regresar? |
| **Sra. López** | —El jueves, en el último vuelo de la tarde. |
| **Empleada** | —Muy bien. ¿Desea un asiento de ventanilla o de pasillo? |
| **Sra. López** | —De ventanilla, por favor. |
| **Empleada** | —Bien, fila ocho, asiento F. |

---

[1]**D.F.** stands for **Distrito Federal.**

En el mostrador de Aeroméxico:

| **Sra. López** | —¿A qué hora anuncian el vuelo a México? |
| **Empleado** | —Veinte minutos antes de la salida, por la puerta número veinticuatro. |

En el avión:

| **Sra. López** | —Señorita, por favor, necesito una almohada y una cobija. |
| **Auxiliar de vuelo** | —En seguida. ¿Desea un periódico o una revista? |
| **Sra. López** | —Un periódico mexicano, por favor. |
| **Auxiliar de vuelo** | —Cómo no. |
| **Sra. López** | —Y, por favor, ¿qué hora es? |
| **Auxiliar de vuelo** | —Son las nueve y cinco. Llegamos a México a las doce y media. |

Por el altavoz:

—¡Atención a todos los pasajeros! Favor de llenar ahora la declaración de aduana para evitar demoras en el aeropuerto.

La Sra. López llena la declaración de aduana y luego conversa con una pasajera.

**¡Escuchemos!**  While listening to the dialogue, circle **V (verdadero)** if the statement is true or **F (falso)** if it is false.

1-8

| | | |
|---|---|---|
| **1.** La Sra. López viaja a Nueva York. | V | F |
| **2.** Ella desea viajar en primera clase. | V | F |
| **3.** Hay un vuelo con escala en México. | V | F |
| **4.** La Sra. López desea comprar un asiento. | V | F |
| **5.** Hay un vuelo a las ocho y quince de la mañana. | V | F |
| **6.** Ella desea regresar en el último vuelo de la mañana. | V | F |
| **7.** La Sra. López desea un asiento de pasillo. | V | F |
| **8.** Anuncian el vuelo por el altavoz. | V | F |
| **9.** La Sra. López llena la declaración de aduana en el avión. | V | F |
| **10.** Ella llega a Aguascalientes a las doce y media. | V | F |

Audio

# Vocabulario

### COGNADOS

el aeropuerto
atención
mexicano(a)
México
el minuto
la sección

### NOMBRES

la aduana  *customs*
la almohada  *pillow*
el altavoz, el altoparlante  *loudspeaker*
el asiento  *seat*
el asiento de pasillo  *aisle seat*
el asiento de ventanilla  *window seat*
el (la) auxiliar de vuelo  *flight attendant*
la cobija (*Méx.*), la frazada, la manta
    *blanket*
el (la) comprador(a)  *buyer*
la declaración de aduana  *customs form*
la demora  *delay*
el (la) empleado(a)  *employee, clerk*
la escala  *stopover*
la fila  *row*
la firma, la casa  *firm, business, company*
el jueves  *Thursday*
el mostrador  *counter*
el negocio, los negocios  *business*
el número  *number*
el pasaje, el billete, el boleto  *ticket*
el pasaje (billete, boleto) de ida  *one-way
    ticket*
el pasaje (billete, boleto) de ida y vuelta
    *round-trip ticket*
el (la) pasajero(a)  *passenger*
el periódico  *newspaper*
la puerta  *door, gate*

la revista  *magazine*
la salida  *departure, exit*
la tarde  *afternoon*
el viaje de negocios  *business trip*
el vuelo  *flight*

### VERBOS

anunciar  *to announce*
conversar  *to talk, to converse*
desear  *to wish, to want*
evitar  *to avoid*
llegar (a)  *to arrive (in)*
llenar, rellenar, completar  *to fill out
    (a form)*
necesitar  *to need*
regresar  *to return, to come (go) back*
reservar  *to reserve*
viajar  *to travel*

### ADJETIVOS

todos(as)  *all*
último(a)  *last (in a series)*

### OTRAS PALABRAS Y EXPRESIONES

a  *to, at*
a las (+ time)[1]  *at (+time)*
¿A qué hora?  *At what time?*
ahora, ahorita[2]  *now*
antes (de)  *before*
cómo no  *certainly, of course*
¿cuándo?  *when?*
de  *of, from*
desde  *from*
¿dónde?  *where?*
en  *in, on, at*
en primera clase  *in first class*
en seguida, enseguida  *right away*

---

[1]**A la una** is used to express *At one o'clock.*
[2]In some Spanish-speaking countries, **ahorita** means *in a while.*

**favor de (+ inf.)**  *please (do something)*
**luego**  *then, later*

**OTRAS PALABRAS Y EXPRESIONES**

**o**  *or*
**para**  *to, for, in order to*

**por**  *by, on, through*
**por la mañana**  *in the morning*
**¿qué?**  *what?, which?*
**¿Qué hora es?**  *What time is it?*
**sí**  *yes*
**solamente, sólo**  *only*
**Son las (+ *time*).**[1]  *It's (+ time).*

# VOCABULARIO ADICIONAL

**PARA VIAJAR EN AVIÓN**
**(To travel by plane)**

**a la llegada, al llegar**  *upon arrival*
**abrocharse el cinturón de seguridad**  *to fasten one's seat belt*
**la aerolínea**  *airline*
**el aterrizaje**  *landing*
**el baño, el servicio, el escusado** (*Méx.*)  *bathroom, toilet*
**el caballero**  *gentleman*
**la clase turista**  *tourist class*
**confirmar**  *to confirm*
**la dama**  *lady*
**debajo (de)**  *underneath*
**el despegue**  *take-off*

**durante**  *during*
**la emergencia**  *emergency*
**los equipos electrónicos**  *electronic devices*
**facturar (despachar) el equipaje**  *to check the luggage*
**el pase de abordar, la tarjeta de embarque**  *boarding pass*
**pagar exceso de equipaje**  *to pay excess luggage*
**prohibido(a)**  *forbidden*
**¿quién(es)?**  *who?*
**reclinar**  *to recline*
**la reservación, la reserva**  *reservation*
**el salvavidas**  *life preserver*
**usar**  *to use*

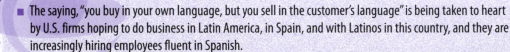

## NOTAS CULTURALES

■ The saying, "you buy in your own language, but you sell in the customer's language" is being taken to heart by U.S. firms hoping to do business in Latin America, in Spain, and with Latinos in this country, and they are increasingly hiring employees fluent in Spanish.

Even though many Latino executives speak English, the emphasis on face-to-face contact and interpersonal relations that is a key part of Hispanic business culture make the ability to deal with clients in their own language an important asset as new markets emerge in the Spanish-speaking world as a result of the North American Free Trade Agreement (NAFTA) or **Tratado de Libre Comercio de América del Norte (TLCAN)** and other factors, such as the privatization of state-owned industries and the relaxation of laws imposing strict limits on foreign

---

[1]**Es la una** is used to express *It's one o'clock.*

**Nombre** _____  **Sección** _____  **Fecha** _____

investment. In the United States, banks, advertising agencies, telecommunications companies, law firms, and many small businesses are recognizing that the Latino population of approximately 30 million includes many who prefer to obtain goods and services from companies that can serve them in Spanish.

- To avoid confusion when planning business travel, it is important to be familiar with the ways in which dates and times are expressed in Spanish-speaking countries. The numeral indicating the day is written before the month: for example, 3/10/04 (or 3-X-04) refers to **el 3 de octubre de 2004,** not to March 10, 2004.

- For many countries, schedules for planes, trains, buses, and public events often use a twenty-four hour clock system, so that the departure time for a 3:30 P.M. flight would be listed as 15:30 or 15.30.

# Actividades

**Dígame...**  Answer the following questions, basing your answers on the dialogue.

1. ¿Quién es la señora López? ¿Es de México o de Nueva York?

   _____

2. ¿Para cuándo desea reservar un asiento la señora López? ¿En qué aerolínea? ¿En qué clase?

   _____

3. ¿Desea un pasaje de ida o de ida y vuelta?

   _____

4. ¿La señora López desea un asiento de pasillo o de ventanilla?

   _____

5. ¿A qué hora anuncian el vuelo? ¿Por qué puerta?

   _____

6. ¿Qué necesita la señora López?

   _____

7. ¿La señora López desea un periódico de Los Ángeles?

   _____

8. ¿A qué hora llega el avión a México?

   _____

9. ¿Qué llenan todos los pasajeros?

   _____

### Hablemos (*Let's talk*)
Interview a classmate, using the following questions. When you have finished, switch roles.

1. ¿Viaja Ud. en primera clase?

2. ¿Desea un asiento de pasillo?

3. ¿Desea viajar a Aguascalientes?

4. ¿Viaja Ud. con boletos de ida y vuelta?

5. ¿Necesita una almohada ahora? ¿Necesita una frazada?

6. ¿Desea un periódico ahora? ¿Desea una revista mexicana?

## Vamos a practicar

**A** Write affirmative sentences using the subjects and verbs given. Then rewrite them in the negative.

**MODELO**  nosotros / completar
**Nosotros completamos la declaración de aduana.**
**Nosotros no completamos la declaración de aduana.**

1. ella / anunciar

_____

_____

2. yo / viajar

_____

_____

3. tú / desear

_____

_____

4. usted / evitar

_____

_____

5. la señora López / llegar

_____

_____

**6.** nosotros(as) / necesitar

_____

_____

**7.** ustedes / llenar

_____

_____

**8.** él y yo / reservar

_____

_____

**9.** los auxiliares de vuelo / regresar

_____

_____

**B** Write questions to elicit the following answers.

**MODELO**  —**¿Es usted de Lima?**
—Sí, soy de Lima.

**1.** _____

—Deseo reservar dos asientos para el último vuelo de mañana.

**2.** _____

—De pasillo, por favor.

**3.** _____

—Quince minutos antes de la salida.

**4.** _____

—Por la puerta número dos.

**5.** _____

—A las cinco de la tarde.

**6.** _____

—Una revista en español, por favor.

**7.** _____

—No, no somos de Bogotá; somos de Caracas.

**C** Write in Spanish the numbers of the following flights and their departure times.

**1.** Vuelo 807, 9:15 A.M.

_____

**2.** Vuelo 943, 10:00 A.M

_____

**3.** Vuelo 612, 11:45 A.M.

_____

**4.** Vuelo 594, 1:30 P.M.

_____

**5.** Vuelo 414, 12:40 P.M.

_____

**6.** Vuelo 1042, 2:50 P.M.

_____

**D** Change each adjective to agree with the new nouns given.

**MODELO**     el periódico colombiano
              las revistas **colombianas**

**1.** buenos días

_____ tardes

**2.** último vuelo

_____ salida

**3.** todas las puertas

_____ los asientos

**4.** los pasaportes argentinos

las aduanas _____

**5.** las mujeres norteamericanas

los hombres _____

**6.** las conversaciones breves

la conversación _____

**Sirva usted de intérprete (*Be an interpreter*)**  With two classmates, play the roles of a Spanish-speaking business traveler, an English-speaking airline employee, and the interpreter who helps them communicate. Switch roles until each of you has played the interpreter's role.

**Pasajero(a)**   —Deseo un asiento para el vuelo de las siete de la noche para Bogotá, Colombia.

**Intérprete**   —_____

**Empleado(a)**   —*A one-way ticket?*

**Intérprete**   —_____

**Pasajero(a)**   —No, de ida y vuelta.

**Intérprete**   —_____

**Empleado(a)**   —*When do you want to return?*

**Intérprete**   —_____

**Pasajero(a)**   —El miércoles. ¿Necesito confirmar la hora de salida?

**Intérprete**   —_____

**Empleado(a)**   —*Yes, sir. You need to confirm your reservation in Bogotá, upon arrival.*

**Intérprete**   —_____

**Sirva usted de traductor (*Be a translator*)**  You are flying to a Spanish-speaking country. What do the following signs say?

1. **BAÑOS DAMAS CABALLEROS**

2. **PROHIBIDO FUMAR EN LOS SERVICIOS**

3. **PROHIBIDO USAR EQUIPOS ELECTRÓNICOS DURANTE EL DESPEGUE O EL ATERRIZAJE**

4. **FAVOR DE ABROCHARSE EL CINTURÓN DE SEGURIDAD**

5. **SALIDA DE EMERGENCIA**

6. **FAVOR DE NO RECLINAR LOS ASIENTOS**

7. **SALVAVIDAS DEBAJO DEL ASIENTO**

8. **ASIENTOS RESERVADOS PARA LOS AUXILIARES DE VUELO**

**En estas situaciones** What would you say in the following situations? What might the other person say?

1. You are a passenger at an airline counter in Manzanillo, Mexico. Tell the clerk that you want to reserve a seat. Give him/her the time of the flight, and answer his/her questions about the seat you want. Ask the clerk what time the flight arrives in Los Angeles.

2. You are a flight attendant waiting on a Spanish-speaking passenger on an international flight to the United States. You want to find out if he/she wants or needs a blanket, a pillow, a newspaper, or a magazine.

3. You are a passenger on a flight to Chile. When the flight attendant asks the passengers to fill out the customs form, you tell him/her you need a customs form.

 **Casos (*Cases*)** Act out the following scenarios with a partner.

1. At a travel agency in Medellín, Colombia, a travel agent helps a Spanish-speaking customer make plans for air travel.

2. On a flight to Venezuela, a passenger needs some help from a flight attendant.

 **Un paso más (*One step further*)**

**A** You and a classmate are in training to become flight attendants for an airline that serves Latin America. Review the **Vocabulario adicional** in this lesson and use it and other vocabulary you have learned to create a list of questions, instructions, or statements that you will need to give to passengers.

**B** Use the information on the boarding pass to identify the passenger's travel plans.

aeromexico

| PASE DE ABORDAR | NOMBRE | | FECHA |
| | FLORES LUIS | | 20/05/06 |
| | VUELO | CLASE | ASIENTO |
| | AM0166 | Y | 8D |
| *VER DORSO | | DESTINO | CONTROL |
| | | GUADALAJARA | 024 |
| | PASE UD. A LA SALA | C-3    A LAS | 1700 HORAS |

**Nombre** _____ **Sección** _____ **Fecha** _____

**1.** Passenger: _____

**2.** Flight: _____

**3.** Date: _____

**4.** Class: _____

**5.** Row: _____ Seat: _____

**6.** Time of departure: _____

**Lectura** After reading this **lectura,** get together with a partner and take turns answering the following questions.

**Si va a° México debe saber:°**
El signo de pesos es igual al signo de dólares ($).

No todos° los negocios aceptan tarjetas de crédito, cheques de viajero o dólares.

Debe° cambiar su dinero en los bancos. Generalmente las casas de cambio y los hoteles le dan menos° pesos por sus dólares.

Regatear° es una práctica generalizada, pero no en los grandes almacenes° ni en los hoteles de lujo.

Por ley los precios de los artículos deben incluir° el IVA (impuesto al valor agregado),° pero los hoteles y restaurantes cobran° el IVA sobre el precio anunciado.°

**Si...** *If you go... /* **debe...** *you must know*

**No...** *not all*

*You must*

**le...** *give you less*

*bargaining*
**grandes...** *department stores*

**Por...** *by law /* **deben...** *should include*
**impuesto...** *value added tax*
*charge*
**sobre...** *above the advertised price*

**1.** ¿Cómo (*How*) es el signo de pesos?

**2.** En México, ¿aceptan tarjetas de crédito en todos los negocios?

**3.** ¿Le dan menos pesos por sus dólares en un hotel o en un banco?

**4.** ¿Qué es el IVA?

**Y usted...**

**1.** ¿Regatea en los grandes almacenes?

**2.** ¿Paga [(*Do you*) *pay*] impuestos en los restaurantes?

## Un dicho

**Al país que fueres, haz lo que vieres.**                    *While in Rome, do as Romans do.*

# LECCIÓN 2

# EN DOS AEROPUERTOS MEXICANOS

## OBJECTIVES

### Structures

- Agreement of articles, nouns, and adjectives
- The present indicative of regular **-er** and **-ir** verbs
- Possession with **de**
- Possessive adjectives
- The personal **a**

### Business Communication

- Dealing with immigration officers and custom inspectors
- Exchanging dollars for foreign currencies

A la llegada a México, D.F., la Sra. López habla con un empleado de la aerolínea.

**1-9**

**Sra. López** —Perdón, señor, ¿debo pasar inmigración y aduana aquí?

**Empleado** —Sí, señora. ¿Es Ud. ciudadana mexicana?

**Sra. López** —No, soy extranjera. Soy de los Estados Unidos.

**Empleado** —Fila de la izquierda, por favor.

Al inspector de inmigración:

**Sra. López** —Perdón, señor, ¿dónde queda la aduana?

**Empleado** —En la planta baja, a la derecha. Debe bajar por la escalera.

En el mostrador de la aduana:

**Sra. López** —¿Abro mi equipaje?

**Inspector** —Sí, por favor. ¿Algo que declarar?

**Sra. López** —Sí, una computadora portátil, una cámara de video y una cámara fotográfica.

**Inspector** —¿Son para su uso personal?

**Sra. López** —Sí, señor.

**Inspector** —¿Bebidas alcohólicas, cigarrillos, medicinas?

**Sra. López**  —No, señor. Solamente aspirinas.
**Inspector**  —Entonces no necesita pagar derechos.

A la salida de la aduana, después de mirar el monitor, la Sra. López camina hacia la puerta de salida número siete. Dos horas después toma el avión para Aguascalientes.

En el aeropuerto de Aguascalientes, la Sra. López llama a un maletero que pasa.

**Sra. López**  —Por favor, señor. Primero, a la casa de cambio, y después, a la parada de taxis.
**Maletero**  —Sí, señora.

En la casa de cambio:

**Sra. López**  —¿A cómo está el cambio?
**Empleada**  —A 11,50 pesos[1] por dólar.
**Sra. López**  —Ahora el dólar sube o baja casi todos los días, ¿verdad?
**Empleada**  —Sí, señora, la tasa de cambios no es estable, pero la diferencia de un día a otro es insignificante.
**Sra. López**  —Bien, deseo cambiar doscientos dólares. ¿Aceptan cheques de viajero?
**Empleada**  —Sí, señora. Debe firmar los cheques aquí, y escribir la fecha de hoy.
**Sra. López**  —¿Necesita ver mi pasaporte?
**Empleada**  —Sí, por favor.

A la salida del aeropuerto:

**Empleado**  —Los comprobantes, por favor. (*Mira los comprobantes.*) ¿Dos bultos?
**Sra. López**  —Sí, la maleta grande y el bolso pequeño.
**Empleado**  —Muy bien. Bienvenida a nuestro país.

El maletero lleva el equipaje de la Sra. López a la parada de taxis. La Sra. López toma un taxi.

**NOTAS CULTURALES**

Search

In Spanish, commas are used to separate decimals, and periods to indicate thousands ($2.456,87), but Mexico, the Dominican Republic, Puerto Rico, Cuba, El Salvador, Guatemala, and Panama have adopted the Anglo American system ($2,456.87). In Spain, South America, and the rest of Central America, they use the Spanish system.

_____

[1]Mexican currency. This amount of money would be expressed as **once cincuenta.**

**¡Escuchemos!** While listening to the dialogue, circle **V (verdadero)** if the statement is true or **F (falso)** if it is false.

1–9

| | | |
|---|---|---|
| **1.** La Sra. López no es ciudadana mexicana. | V | F |
| **2.** Ella debe pasar inmigración y aduana a la llegada. | V | F |
| **3.** Debe tomar la fila de la derecha. | V | F |
| **4.** La aduana queda en la planta baja. | V | F |
| **5.** La Sra. López declara cigarrillos y bebidas alcohólicas. | V | F |
| **6.** Ella necesita pagar derechos de aduana. | V | F |
| **7.** Después de mirar el monitor, la Sra. López llama un taxi que pasa. | V | F |
| **8.** Ahora el dólar sube o baja todos los días. | V | F |
| **9.** El empleado de la casa de cambio necesita ver el pasaporte de la Sra. López. | V | F |
| **10.** La tasa de cambio no es estable y la diferencia de un día a otro es grande. | V | F |

Audio

# VOCABULARIO

**COGNADOS**

alcohólico(a)
la cámara de vídeo
la diferencia
el dólar
estable
la inmigración
insignificante
el (la) inspector(a)
la medicina, el medicamento
el monitor
el pasaporte
perdón
portátil
el taxi

**NOMBRES**

el avión  *airplane*
la bebida  *drink*
el (la) bolso(a), el maletín de mano, el
    veliz (*Méx.*)  *handbag, carry-on bag*
el bulto  *package, bundle*
la cámara fotográfica  (*photographic*)
    *camera*
la casa de cambio  *currency exchange office*
el cheque de viajero  *traveler's check*
el cigarrillo  *cigarette*
el (la) ciudadano(a)  *citizen*
el comprobante  *claim check, (written)*
    *proof of verification*
el (la) computador(a), el ordenador
    (*España*)  *computer*

**el (la) computador(a) portátil, el orde**
**nador portátil** *laptop computer*
**los derechos, los aranceles, el impuesto**
(*customs*) *duty*
**el día** *day*
**el equipaje** *baggage*
**la escalera** *stairs*
**el (la) extranjero(a)** *foreigner*
**la fecha** *date*
**la fila** *line*
**la maleta, la valija** *suitcase*
**el maletero** *porter, skycap*
**la parada de taxis** *taxi stop*
**la planta baja** *ground floor, downstairs*
**la tasa (e tipo) de cambio** *exchange rate*

## VERBOS

**abrir** *to open*
**aceptar** *to accept*
**bajar** *to go down*
**cambiar** *to change, to exchange*
**caminar** *to walk*
**deber** *must, should*
**declarar** *to declare*
**escribir** *to write*
**firmar** *to sign*
**llamar** *to call*
**llevar** *to take* (*someone or something*
*someplace*)
**mirar** *to look at*
**pagar** *to pay*
**pasar** *to pass, to go through*
**quedar** *to be located*

**subir** *to go up*
**tomar** *to take; to drink*
**ver**[1] *to see*

## ADJETIVOS

**bienvenido(a)** *welcome*
**grande** *big, large*
**mi** *my*
**nuestro(a)** *our*
**pequeño(a)** *small*
**su** *your, his, her, their*

## OTRAS PALABRAS Y EXPRESIONES

**¿A cómo está el cambio?** *What's the rate of*
*exchange?*
**a la derecha (izquierda)** *to the right* (*left*)
**a la llegada** *upon arrival*
**¿Algo que declarar?** *Anything to declare?*
**aquí** *here*
**casi** *almost*
**después** *later*
**después (de)** *after*
**fila de la izquierda (derecha)** *left* (*right*)
*row*
**hacia** *to, toward*
**hoy** *today*
**para su uso personal** *for your personal use*
**pasar aduana** *to go through customs*
**pero** *but*
**primero** *first*
**que pasa** *passing by*
**todos los días** *every day*
**¿verdad?** *right?*

---

[1]Irregular first person: **yo veo**

Audio

# VOCABULARIO ADICIONAL

**a quién(es)** *whom*
**la calculadora de bolsillo** *pocket calculator*
**el centavo** *cent*
**el dinero en efectivo** *cash*
**la escalera mecánica** *escalator*
**el estado** *state*
**el estado civil** *marital status*
**la fecha de nacimiento** *date of birth*
**la grabadora de vídeo, la videograbadora, la casetera** *VCR*
**libre de derechos (impuestos)** *duty-free*
**las mercancías, los géneros** *goods*
**la moneda** *currency*

**ocurrir** *to happen*
**el país** *country*
**la parada de autobuses [camiones** (*Méx.*)] *bus stop*
**la planta alta** *upstairs*
**el (la)[1] radio de batería (de pilas)** *battery-operated radio*
**la tabla de cotizaciones** *currency exchange table*
**la tarjeta de crédito** *credit card*
**la tarjeta de residente[2]** *resident card*
**el televisor portátil** *portable television set*

### NOTAS CULTURALES

Search

- Due to the vast distances between major cities, the excessive cost of highway and railroad construction through mountain ranges and other geographical barriers, and the resultant scarcity of good land transportation systems, some Latin American countries have excellent air transportation systems. The well-regarded Colombian airline Avianca, for example, is the oldest airline in the Americas and the second oldest airline in the world. Safety and efficiency standards vary widely among both private and state-owned airlines, however, so air travel should be planned with care. Domestic flights in Latin America are usually booked to capacity, and confirmation of reservations is essential.

- Credit cards are widely used, especially in urban areas, and usually offer the most favorable exchange rates available.

- Traveler's checks generally are not accepted as cash at restaurants and shops in some Spanish-speaking countries, as they are in the United States, except at some resort areas. They must be cashed at banks (where exchange rates are generally higher, and transaction fees lower), currency exchanges, or hotels.

- In Ecuador, El Salvador, and Panama, the American dollar (**dólar**) is officially accepted as legal tender.

---

[1]The feminine form **la radio** (meaning *radio receiver*) is colloquial.
[2]In the U.S., **la tarjeta verde** (*green card*).

### Los países de habla hispana y sus monedas

| País | Moneda | País | Moneda |
|------|--------|------|--------|
| Argentina | el peso | Honduras | el lempira |
| Bolivia | el boliviano | México | el peso |
| Chile | el peso | Nicaragua | el córdoba |
| Colombia | el peso | Panamá | el balboa, dólar |
| Costa Rica | el colón | Paraguay | el guaraní |
| Cuba | el peso, peso convertible | Perú | el nuevo sol |
| Ecuador | el sucre, dólar | Puerto Rico[1] | el dólar |
| El Salvador | el colón, dólar | República Dominicana | el peso |
| España | el euro | Uruguay | el peso |
| Guatemala | el quetzal | Venezuela | el bolívar |

# Actividades

**Dígame...**  Answer the following questions, basing your answers on the dialogues.

**1.** ¿Dónde debe pasar inmigración y aduana la Sra. López?

_____

**2.** ¿La Sra. López es mexicana?

_____

**3.** ¿Dónde queda la aduana?

_____

**4.** ¿Quién abre las maletas, el inspector o la Sra. López?

_____

**5.** ¿Qué declara la Sra. López?

_____

**6.** ¿Necesita pagar derechos? ¿Por qué o por qué no?

_____

**7.** A la llegada al aeropuerto de Aguascalientes, ¿a quién llama la Sra. López?

_____

_____

[1]U.S. Commonwealth

**8.** ¿Qué ocurre con el dólar casi todos los días?

_____

**9.** ¿Cuántos dólares desea cambiar la Sra. López?

_____

**10.** ¿Aceptan cheques de viajero?

_____

**11.** A la salida del aeropuerto, ¿qué necesita ver la empleada?

_____

**12.** ¿Qué toma la Sra. López?

_____

 **Hablemos**  Interview a classmate, using the following questions. When you have finished, switch roles.

**1.** ¿Es Ud. ciudadano(a) mexicano(a)?

**2.** ¿Ud. toma bebidas alcohólicas?

**3.** ¿Usa Ud. una computadora portátil?

**4.** ¿Deben o no deben subir el precio de la gasolina?

**5.** ¿Qué moneda usamos en los Estados Unidos?

**6.** ¿Cree Ud. que el cambio del dólar por euros es estable?

**7.** ¿Dónde queda Aguascalientes?

**8.** ¿Necesita Ud. pasaporte?

Quiz

# Vamos a practicar

**A**  Complete the following sentences, using the Spanish equivalent of the possessive adjectives in parenthesis. Make sure they agree with the nouns they modify.

**Modelo**   No necesitas abrir _____ equipaje, Lolita. (*your*)
No necesitas abrir **tu** equipaje, Lolita.

**1.** El maletero sube _____ maletas. (*my*)

**2.** La inspectora no abre _____ maletas. (*our*)

**3.** Ella necesita _____ equipaje. (*her*)

**4.** ¿Las medicinas son para _____ uso personal, Sr. Rojas? (*your*)

**5.** Ellas deben cambiar _____ cheques de viajero. (*their*)

**B**  Rewrite the following sentences, using the new subjects.

**MODELO**    Ellos necesitan pagar derechos de aduana. (Nosotros)
**Nosotros necesitamos** pagar derechos de aduana.

1. El inspector abre las maletas de la Sra. López.

   Yo _____

2. Ella cree que debe cambiar los dólares hoy.

   Nosotros _____

3. Ud. debe llenar la declaración de aduana.

   Tú _____

4. Nosotros firmamos los cheques de viajero.

   Ella y tú _____

5. El dólar sube todos los días.

   La gasolina _____

**C**  Give the Spanish equivalent of the following.

1. *Elena does not see Carlos.*

   _____

2. *Elena does not see her big suitcase.*

   _____

3. *Estela needs María.*

   _____

4. *Esteban needs his passport.*

   _____

5. *They do not accept traveler's checks.*

   _____

## Sirva usted de intérprete
With two classmates, play the roles of an English-speaking business traveler, a Spanish-speaking currency exchange employee, and the interpreter who helps them communicate. Switch roles until each of you has played the interpreter's role.

**Pasajero(a)** —*What is the exchange rate?*

**Intérprete** —_____

**Empleado(a)** —A 11,50 pesos por dólar.

**Intérprete** —_____

**Pasajero(a)** —*Do you accept personal checks?*

**Intérprete** —_____

**Empleado(a)** —No, señor(ita), pero aceptamos cheques de viajero.

**Intérprete** —_____

**Pasajero(a)** —*Well, I want to exchange $50.00.*

**Intérprete** —_____

**Empleado(a)** —Debe firmar aquí, y necesito ver su pasaporte.

**Intérprete** —_____

## Sirva usted de traductor
You encounter the following sign in the international terminal of an airport. Review the **Vocabulario adicional** in this lesson, and then translate the information from the sign on a separate sheet of paper.

TIENDA PARA TURISTAS
(Mercancía libre de impuestos)

Situada en la planta alta de la Terminal A.
Abierta los siete días de la semana,
desde las 7 de la mañana
hasta las 10 de la noche.

La tienda ofrece una gran variedad de productos.
Algunos de los más populares son los aparatos
electrónicos como calculadoras de bolsillo,
radios de pilas y televisores portátiles.
También hay una amplia selección de
cigarrillos, licores y perfumes.

ACEPTAMOS TARJETAS DE CRÉDITO Y CHEQUES DE VIAJERO.

**En estas situaciones**  What would you say in the following situations? What might the other person say?

1. You are a passenger going through customs in a Spanish-speaking country. Declare three items and tell the inspector that they are for personal use. Find out whether you must declare medicine.

2. You are a customs inspector in Miami, assisting a Spanish-speaking traveler. Tell the traveler that he/she must open his/her suitcases, and ask if he/she has anything to declare. Confirm that the traveler must declare a laptop computer.

3. You are at a currency exchange office in a Mexican airport. Ask the clerk what the rate of exchange is, and whether they accept traveler's checks. He/She should tell you where to sign the traveler's checks.

 **Casos**  Act out the following scenarios with a partner.

1. A passenger goes through customs at a Latin American airport.

2. A traveler changes money at a currency exchange office.

 **Un paso más**

**A**  You and a partner are customs officers. Review the **Vocabulario adicional** in this lesson and use it and other vocabulary you have learned to create a list of questions, instructions, or statements that you will need to be able to give to Spanish-speaking travelers regarding the following issues:

- documentation that must be presented (passport or green card)
- what items travelers must pay duty on and what items are duty free
- travelers should take the escalator upstairs
- there is no currency exchange office in the customs area

**B**  The following document lists what residents and non-residents can bring into Mexico free of charge. Indicate if you can take the following ten items with you to Mexico without paying duty on them, according to the document.

| | |  |  |
|---|---|---|---|
| 1. | ¿Maletas? | Sí | No |
| 2. | ¿Una cámara fotográfica? | Sí | No |
| 3. | ¿Libros? | Sí | No |
| 4. | ¿Animales? | Sí | No |
| 5. | ¿Un binocular? | Sí | No |
| 6. | ¿Cuatro raquetas de tenis? | Sí | No |
| 7. | ¿Treinta cajetillas (*packs*) de cigarrillos? | Sí | No |
| 8. | ¿Un instrumento musical? | Sí | No |
| 9. | ¿Una bicicleta? | Sí | No |
| 10. | ¿Una computadora? | Sí | No |

# Mercancías Libres de Impuestos

Usted tiene derecho de importar, sin el pago de impuestos, las mercancías que a continuación se detallan:

### A) Para residentes en el país:

1) Las de uso personal como ropa, calzado y artículos de aseo o tocador, en cantidad razonable y acorde a la duración de su viaje.

2) Una cámara fotográfica o una cinematográfica o una para video grabación, incluyendo su fuente de poder, excepto equipo profesional; hasta doce rollos de película virgen o video cassettes, así como el material fotográfico impreso o filmado.

3) Libros y revistas.

4) Un artículo deportivo o un equipo individual de deporte, siempre que pueda ser transportado comúnmente por una persona.

5) Hasta veinte cajetillas de cigarrillos o cincuenta puros o doscientos cincuenta gramos de tabaco, si el pasajero es mayor de edad.

6) Hasta tres litros de vino o licor, si se trata de mayores de edad.

7) Medicamentos de uso personal, con receta médica cuando se trate de sustancias psicotrópicas.

8) Los velices, petacas, báules, maletas en los que se contengan las mercancías.

### B) Residentes en el extranjero

Además de las señaladas en el apartado A) podrán introducirse las siguientes mercancías:

1) Un binocular y una cámara fotográfica adicional a lo autorizado en el inciso 2 de dicho apartado.

2) Un aparato de televisión portátil.

3) Un aparato de radio portátil para el grabado o reproducción del sonido o uno mixto.

4) Hasta veinte discos o cintas magnéticas propias para la reproducción del sonido (cassettes).

5) Una máquina de escribir portátil.

6) Un instrumento musical, siempre que pueda ser transportado normal y comúnmente por una persona.

7) Una tienda de campaña y un equipo para acampar.

8) Hasta cinco juguetes usados, cuando el pasajero sea menor de edad.

9) Un juego de avíos para pesca, un par de esquíes y dos raquetas de tenis.

10) Un bote sin motor, de menos de cinco y medio metros de largo (eslora), o un deslizador acuático con o sin vela.

11) Una video cassetera.

12) Una bicicleta con o sin motor.

13) Ropa de casa habitación.

14) Utensilios y muebles de cocina, estancia y/o alcoba.

**Lectura**  After reading this **lectura,** get together with a partner and take turns answering the following questions.

En los Estados Unidos° son frecuentes° las historias° de sobornos° a los inspectores de aduana de México y de otros países, pero recuerde° que° el soborno es un delito.° Tratar de° sobornar a un inspector de aduana, a un policía° o a cualquier° otra persona puede llevarlo a la cárcel.° En realidad° la persona que soborna es tan deshonesta° como la que° acepta el soborno.

**Estados...** _United States / frequent_
_tales / bribe_

_remember / that / crime_
**Tratar...** _trying to_
_police officer / any_
**puede...** _may put you in jail_ / **En...** _Indeed_
**tan...** _as dishonest_
**como...** _as the one who_

En México, llaman al soborno "la mordida".°  *bite*

1. Según (*According* to) las historias, ¿a quiénes sobornan en México?

2. Tratar de sobornar a un inspector puede llevarlo a la cárcel. ¿Por qué (*Why*)?

3. Según la lectura, ¿quiénes (*who*) son deshonestas?

4. ¿Cómo llaman al soborno en México?

**Y en los Estados Unidos...**

1. ¿El soborno es un delito?

2. ¿Es frecuente sobornar a los policías?

# Un dicho

**El que compra, manda.**     *Buyers have the upper hand.*

# EN EL HOTEL

## OBJECTIVES

### Structures

- The irregular verbs **ir, dar,** and **estar**
- **Ir a** + infinitive
- Uses of the verbs **ser** and **estar**
- Contractions

### Business Communication

- Making hotel reservations
- Providing personal and credit card information
- Complaining about hotel accommodations

La Sra. López llama por teléfono al Hotel Fiesta Americana, un hotel para hombres y mujeres de negocios.

1–10

| | |
|---|---|
| **Empleado** | —Hotel Fiesta Americana, buenos días. |
| **Sra. López** | —Buenos días. Deseo reservar una habitación por cuatro días, a partir de mañana. |
| **Empleado** | —¿Para cuántas personas? |
| **Sra. López** | —Para una persona. ¿Cuánto es? |
| **Empleado** | —Ochocientos cuarenta y cinco pesos por día, más impuestos. ¿A qué hora va a llegar al hotel? |
| **Sra. López** | —A las nueve y media de la noche, más o menos. |
| **Empleado** | —Bien, para asegurar su reservación, necesito los datos de su tarjeta de crédito. |
| **Sra. López** | —Me llamo Sonia López y mi tarjeta es una VISA, número 4723-5561-1096-8289. |
| **Empleado** | —¿Válida hasta cuándo? |
| **Sra. López** | —La fecha de vencimiento es junio de 2007. |
| **Empleado** | —¿Cuál es su dirección, señora? |
| **Sra. López** | —Calle 124, número 789, apartamento 11, Nueva York.[1] |
| **Empleado** | —Muy bien, eso es todo. |
| **Sra. López** | —Por favor, ¿a qué distancia del aeropuerto está el hotel? |
| **Empleado** | —A unos 25 kilómetros.[2] |

---

[1]In a Spanish-speaking country, the name of the street precedes the number of the house, i.e., **Avenida Magnolia (número) 520.**

[2]1 mile = 1.6 kilometers. For an extensive list of weights and measures, their Spanish equivalents, and their equivalents in the metric system, see Appendix D.

A la llegada, en la recepción:

**Sra. López** —Buenas noches, soy la Sra. López, de los Estados Unidos.

**Empleado** —¡Bienvenida a Aguascalientes, Sra. López! Su habitación está lista. Ahora debe llenar la tarjeta de huésped, por favor.

**Sra. López** —¿En qué piso está mi habitación?

**Empleado** —En el tercer piso.

**Sra. López** —No da a la calle, ¿verdad? Aquí hay mucho ruido.

**Empleado** —Sí, estamos situados en el centro de la ciudad, pero su habitación es interior. (*Llama a Antonio, el botones.*) Antonio, a la recámara 334.

El botones toma las maletas de la Sra. López y la llave de la habitación.

**Botones** —Por aquí, señora. (*Ambos van hacia el ascensor.*)

En la habitación:

**Botones** —¿Necesita algo más, señora?

**Sra. López** —Nada más, gracias.

Al poco rato la Sra. López llama por teléfono a la recepción.

**Empleado** —Recepción.

**Sra. López** —Soy la Sra. López.

**Empleado** —¿Quién?

**Sra. López** —Soy la Sra. López y estoy en la habitación 334. El aire acondicionado no funciona bien.

**Empleado** —En seguida va para allá el botones para trasladar su equipaje a otra recámara. Lamentamos mucho el inconveniente.

**¡Escuchemos!** While listening to the dialogue, circle **V (verdadero)** if the statement is true or **F (falso)** if it is false.

1–10

1. La Sra. López desea reservar una habitación para una persona.  V  F

2. Ella va a llegar al hotel por la mañana.  V  F

3. La Sra. López pregunta cuánto es el impuesto.  V  F

4. Su tarjeta de crédito es válida hasta junio de 2007.  V  F

5. A la llegada al hotel su habitación no está lista.  V  F

6. El hotel está situado en el centro de la ciudad.  V  F

7. La habitación de la Sra. López da a la calle.  V  F

8. Antonio es el botones del hotel.  V  F

9. Ambos van hacia la escalera.  V  F

10. El ascensor del hotel funciona bien.  V  F

🪐 Audio

# VOCABULARIO

## COGNADOS

el apartamento
el crédito
el hotel
el inconveniente
interior
el kilómetro
la persona
situado(a)
válido(a)

## NOMBRES

el aire acondicionado  *air conditioning*
el ascensor, el elevador  *elevator*
el botones  *bellhop*
el centro de la ciudad  *downtown, center of the city*
los datos  *information, data*
la fecha de vencimiento  *expiration date*
la habitación, el cuarto, la recámara (*Méx.*)  *room*
el hombre (la mujer) de negocios  *businessman (woman)*
el (la) huésped  *guest*
el impuesto  *tax*
la llave  *key*
el piso  *floor*
la recepción  *reception desk, front desk*
el ruido  *noise*
la tarjeta  *card*
la tarjeta de registro, la tarjeta de huésped  *registration card*

## VERBOS

asegurar  *to ensure*
dar  *to give*

estar  *to be*
funcionar  *to work*
ir  *to go*
lamentar  *to be sorry for, to regret*
trasladar  *to move, to relocate*

## ADJETIVOS

ambos(as)  *both*
listo(a)  *ready*
mucho(a)  *much*
tercero(a)[1]  *third*

## OTRAS PALABRAS Y EXPRESIONES

a partir de  *starting, as of*
¿a qué distancia?  *how far?*
al poco rato  *a while later*
¿Algo más?  *Anything else?*
allá  *there, over there*
¿Cuál?  *which?, what?*
¿cuánto(a)?  *how much?*
¿cuántos(as)?  *how many?*
da a la calle  *overlooks the street*
en seguida va para allá  *he's/she's on his/her way there*
eso es todo  *that's all*
hasta  *until, up to*
hay  *there is, there are*
ir a (+ *inf.*)  *going to (do something)*
más  *plus*
más o menos  *more or less, around*
Me llamo...  *My name is...*
nada  *nothing*
nada más  *nothing else*
por aquí  *this way*
por día  *per day*
unos, unas (+ *number*)  *about (+ number)*

---

[1]**Primero** and **tercero** drop the final **o** before a masculine noun.

## VOCABULARIO ADICIONAL

**a partir del día** (+ ***date***)  *as of the* (+ *date*)
**el agua[1] caliente (fría)**  *hot* (*cold*) *water*
**la bañadera, bañera**  *bathtub*
**el bolígrafo**  *ballpoint pen*
**la calefacción**  *heating*
**el champú**  *shampoo*
**las cortinas**  *curtains*
**desocupar la habitación**  *to check out, to vacate a room*
**la ducha, la regadera** (*Méx.*)  *shower*
**el inodoro**  *toilet*
**el jabón**  *soap*
**el lavabo**  *bathroom sink*

**limpio(a)**  *clean*
**el papel de cartas**  *stationery*
**el papel higiénico**  *toilet paper*
**prender (apagar) la luz**  *to turn on* (*turn off*) *the light*
**la sábana**  *sheet*
**el servicio de habitación**  *room service*
**sucio(a)**  *dirty*
**la tarjeta postal**  *postcard*
**la televisión**  *television*
**el televisor**  *TV set*
**la toalla**  *towel*

### NOTAS CULTURALES

■ Hotels in a range of categories, including many owned by North American, European, and Japanese chains, exist in all Latin American cities and can usually be reserved through a travel agent or through the Internet. Information about independent hotels can be obtained through hotel representation firms such as *LARC (Latin American Reservation Center)*. In choosing a hotel, remember that room prices quoted usually don't include taxes, which are very high in some countries.

■ Mexicans are very proud of their independence from the United States and are very sensitive about US-Mexican political relationships. Many of them resent U.S. citizens referring to themselves as **"americanos"**, since this term includes North, Central, and South America. Nevertheless, they refer to U.S. citizens as **"norteamericanos"**, although this term also includes Canadians and Mexicans.

## Actividades

**Dígame...**  Answer the following questions, basing your answers on the dialogue.

**1.** ¿Para qué llama por teléfono la Sra. López?

_____

_____

[1]**Agua** is a feminine noun, but the definite article **el** or the indefinite article **un** is used instead of **la** or **una** with feminine singular nouns beginning with stressed **a** or **ha.**

**2.** ¿Por cuántos días necesita una habitación?

_____

**3.** ¿A partir de qué día?

_____

**4.** ¿A qué hora va a llegar la Sra. López al hotel?

_____

**5.** ¿Qué necesita la recepcionista para asegurar la reservación?

_____

**6.** ¿Hasta cuándo es válida la tarjeta de crédito de la Sra. López?

_____

**7.** ¿Cuál es el número de la habitación de la Sra. López?

_____

**8.** ¿Da a la calle la habitación de la Sra. López?

_____

**9.** ¿Qué toma el botones?

_____

**10.** ¿Adónde van la Sra. López y el botones?

_____

**11.** ¿Qué problema hay en la habitación de la Sra. López?

_____

**12.** ¿A qué distancia del aeropuerto está el hotel?

_____

**Hablemos** Interview a classmate, using the following questions. When you have finished, switch roles.

**1.** ¿Cuál es su dirección?

**2.** ¿En qué piso está su habitación?

**3.** ¿Su cuarto da a la calle?

**4.** ¿Hay mucho ruido en su cuarto?

**5.** ¿Funciona bien el aire acondicionado de su cuarto?

6. ¿Cuál es su número de teléfono?

7. ¿Cuál es su hotel favorito?

8. ¿Paga Ud. el hotel con una tarjeta de crédito?

9. ¿Cuál es la fecha de vencimiento de su tarjeta de crédito?

10. ¿Paga Ud. impuestos? ¿Cuándo?

11. ¿Paga Ud. sus impuestos con la tarjeta de crédito?

# Vamos a practicar

**A** Give the Spanish equivalent of the following.

1. *the noise of the elevator*

_____

2. *Sir, to Calinda Roma Hotel, please.*

_____

3. *the hotel elevator*

_____

4. *She is arriving at the airport at 10 A.M.*

_____

5. *He calls the bellhop.*

_____

6. *Mr. Sosa's room*

_____

**B** Create sentences using the elements given and adding any necessary elements to say what is going to happen.

**Modelo**  Carlos / hablar / gerente
**Carlos va a hablar con el gerente.**

1. yo / dar / dirección

_____

2. ¿tú / estar / en / hotel / favorito?

_____

**3.** ella / no / dar / fecha de vencimiento / tarjeta de crédito

_____

**4.** nosotros / ir / hacia / allá

_____

**5.** ellos / trasladar / el equipaje

_____

**6.** el empleado / llamar / maletero

_____

**C** Choose the correct form of **ser** or **estar.**

**1.** Yo (soy / estoy) el botones del hotel.

**2.** La maleta (es / está) a la izquierda de la puerta.

**3.** Las tarjetas de huésped (son / están) en la recepción.

**4.** ¿Tú (eres / estás) de Guadalajara?

**5.** ¿Él (es / está) en Guadalajara?

**6.** El Sr. Pérez (es / está) aquí.

**7.** ¿Cuál (es / está) la fecha de vencimiento de su tarjeta?

**8.** Nosotros (somos / estamos) empleados de la aerolínea.

**9.** Sus habitaciones no (son / están) listas.

 **Sirva usted de intérprete** With a partner, play the roles of a Spanish-speaking business traveler, a front desk worker at an American hotel, and the interpreter who helps them communicate. Switch roles until each of you has played the interpreter's role.

**Huésped** —Buenos días, necesito una habitación para hoy.

**Intérprete** —_____

**Empleado(a)** —*For how many people?*

**Intérprete** —_____

**Huésped** —Para una sola. ¿Cuánto es?

**Intérprete** —_____

**Empleado(a)** —*Forty-two dollars a night, plus tax. How many days are you going to stay?*

**Intérprete** —_____

**Huésped** —Tres o cuatro días. Por favor, deseo una habitación interior. Aquí hay mucho ruido.

**Intérprete** —_____

**Sirva usted de traductor**  You work at an inexpensive hotel. Your boss has just asked you to translate the following note left this morning by a Spanish-speaking guest who seemed upset. Review the **Vocabulario adicional** in this lesson, and then translate the note on a separate sheet of paper. Then, respond to the note of this upset guest and suggest a solution.

Señores:
—¡¡Su hotel es un desastre!!
—La habitación está sucia.
—No hay agua caliente en la ducha[1].
—Necesito una toalla y una sábana limpias.
—El inodoro no funciona bien.
—No hay jabón en el lavabo.
—El servicio de habitación es horrible.
Por eso no dejo propina.

*L. Álvarez*

 **En estas situaciones**  What would you say in the following situations? What might the other person say?

1. You are traveling to Monterrey, Mexico. When you phone to reserve a room at a hotel, tell the receptionist the purpose of your call and the length of your upcoming stay, and ask for the price of the room.

2. You are the receptionist at a New Jersey motel. Check in a customer who speaks only Spanish. Tell him/her to fill out the guest card, inform him/her where his/her room is located, and tell him/her what kind of room it is.

3. You are a guest in a hotel in Costa Rica. You call the front desk to complain because the room is not ready and it is too noisy. In addition, the air conditioning is not working properly.

 **Casos**  Act out the following scenarios with a partner.

1. A customer calls a hotel to make a reservation.

2. At the registration desk of a hotel, a guest checks in for two nights.

3. A bellhop shows a guest to his/her room.

_____

[1]**regadera** in Mexico

## Un paso más

**A**  Review the **Vocabulario adicional** in this lesson and act out the following dialogues in Spanish with a partner.

**1.** "At what time do we need to check out today?"
"At eleven o'clock. Are you ready?"
"Yes, I'm ready."

**2.** "Is there a television set in the room?"
"Yes, but it doesn't work."
"The sheets and the sink are dirty, too."
"And there's no hot water. We need another hotel!"

**B**  Read the registration card filled out by Antonio Zamora Pino during a recent hotel stay and supply the following information. Then draw a similar form and fill in your own data.

**1.** Guest's first name: _____

**6.** Number of people occupying room: _____

**2.** Guest's last name: _____

**7.** Guest's address: _____

**3.** Hotel name: _____

**8.** Room number: _____ Floor: _____

**4.** Hotel address: _____

**9.** Credit card number: _____

**5.** Date of arrival: _____

**10.** Credit card expiration date: _____

---

## TARJETA DE REGISTRO

*A. Zamora P.*
FIRMA

| FECHA DE LLEGADA | | FECHA DE SALIDA | | DÍAS |
|---|---|---|---|---|
| DÍA | MES | DÍA | MES | PERMANENCIA |
| 1 4 | 0 4 | | | |

NOMBRE: *Antonio Zamora Pino*

DIRECCIÓN: *Avenida Madero, 415*

CIUDAD: *Guadalajara, Jalisco*   AUTO-PLACAS: *73-425*

No. DE PERSONAS: *2*   HABITACIÓN: *108*  PISO: *2º*

HORA DE RECEPCIÓN: *11:15*   RESERVADO POR: _____

EFECTIVO $ _____ ( _____ )

DEPÓSITO:

TARJETAS DE CRÉDITO: _____ No.: *742-5617* VÁLIDA HASTA: *Mayo 2006*

TARIFA: *$785.⁰⁰*  MAS I.V.A.

**BIENVENIDOS**

## HOTEL-SOCAVÓN
*36060 Guanajuato, 46A Airondiga Tel•2•48•85*

**Lectura** After reading this **lectura,** get together with a partner and take turns answering the following questions.

| | |
|---|---|
| En la mayoría° de los países latinoamericanos hay dos tipos de hoteles: hoteles de lujo,° visitados por turistas, hombres y mujeres de negocios y las clases altas° del país, y hoteles económicos que usa,° principalmente, la clase media.° | *majority* <br><br> **hoteles...** *luxury hotels* <br><br> **clases...** *high class* <br> **hoteles...** *economic hotels used by* <br> *middle class* |
| El resto de la población,° es decir,° la gente pobre,° va a las casas de huéspedes o pensiones.° También,° como° muchas universidades no tienen° residencias universitarias, los estudiantes viven° en pensiones. | *people* <br> **es...** *that is* / **la gente...** *the poor* <br> **casas...** *boarding houses* <br> *Also / as* <br> *don't have* <br> *live* |

1. ¿Cuántos tipos de hoteles hay en la mayoría de los países latinoamericanos?

2. ¿Quiénes van a los hoteles de lujo?

3. ¿Qué hoteles usa la clase media?

4. ¿Adónde van los pobres?

**Y en los Estados Unidos...**

1. ¿Hay muchas casas de huéspedes en los Estados Unidos?

2. ¿Piensa Ud. (*Do you think*) que hay muchas o pocas (*a few*) diferencias de clases?

# Un dicho

**El ahorro es la base del capital.**                    *Saving is the base of capital.*

# LAS COMIDAS

## OBJECTIVES

### Structures

- The irregular verbs **tener** and **venir**
- Expressions with **tener**
- Comparative forms
- Irregular comparative forms

### Business Communication

- Dining at a restaurant
- Finding information about typical local food
- Asking about the ingredients and preparation of dishes

Al día siguiente, por la mañana, la Sra. López va a la cafetería del hotel para tomar el desayuno.[1]

| | | |
|---|---|---|
| 1–11 | **Mesera** | —Buenos días, señora. ¿Cuántos son? |
| | **Sra. López** | —Yo sola. |
| | **Mesera** | —Por aquí, por favor. |
| | **Sra. López** | —¿Cuál es el desayuno típico mexicano? |
| | **Mesera** | —Huevos, frijoles, tortillas... Aquí tiene el menú. ¿Café? |
| | **Sra. López** | —¿El café mexicano es fuerte? |
| | **Mesera** | —Es más fuerte que el café americano,[2] pero no tan fuerte como el café expreso italiano. |
| | **Sra. López** | —¿Tienen café descafeinado? |
| | **Mesera** | —Sí, pero es café instantáneo. |
| | **Sra. López** | —Entonces voy a tomar café con leche. |
| | **Mesera** | —Muy bien, ¿y para comer? |
| | **Sra. López** | —(*Lee el menú.*) ¿Cómo son los huevos rancheros? |
| | **Mesera** | —Vienen con una salsa de tomate y chile. |
| | **Sra. López** | —¿No hay pan tostado u[3] otro tipo de pan? ¡Tengo mucha hambre! |
| | **Mesera** | —Sí, señora, pero aquí las tortillas son más populares que el pan. |

---

[1]**Tomar** means *to have, to eat* when refering to breakfast only; **comer** is used with other meals.

[2]Used to describe weaker, American-style coffee.

[3]**U** is used for **o** when preceding a word starting with **o** or **ho.**

A la hora del almuerzo, la Sra. López va al restaurante La Catrina.[1]

| | |
|---|---|
| **Mesero** | —¿Desea Ud. tomar algo antes del almuerzo? |
| **Sra. López** | —No, ahora no. ¿Cuál es la especialidad de la casa? |
| **Mesero** | —Los mariscos y el pescado. |
| **Sra. López** | —(*después de leer el menú*) El lenguado, ¿es fresco o congelado? |
| **Mesero** | —Solamente servimos pescados frescos: lenguado, huachinango,[2] mero, corbina, bagre... |
| **Sra. López** | —¿Cuál es el mejor? |
| **Mesero** | —Todos son buenos, señora. Tan buenos como el lenguado o mejores. |
| **Sra. López** | —¿Qué es el huachinango? |
| **Mesero** | —Es el pargo rojo de otros países, y el *red snapper* de los Estados Unidos. |
| **Sra. López** | —¿Con qué viene? |
| **Mesero** | —Con arroz y ensalada mixta o vegetales. |
| **Sra. López** | —Entonces, huachinango asado con vegetales y arroz. |
| **Mesero** | —¿Algo para tomar? |
| **Sra. López** | —Una copa de vino blanco Marqués de Riscal. |

Cuando la Sra. López termina de comer, llama al mesero.

| | |
|---|---|
| **Mesero** | —¿Café, postre? |
| **Sra. López** | —No, gracias. La cuenta, por favor. Tengo prisa. Tengo que estar en la zona industrial a las tres. |
| **Mesero** | —Tiene tiempo, señora. De aquí a la zona industrial tarda menos de veinte minutos. |

La Sra. López paga la cuenta y deja la propina en la mesa.

 **¡Escuchemos!** While listening to the dialogue, circle **V (verdadero)** if the statement is true or **F (falso)** if it is false.

1–11

| | | | |
|---|---|---|---|
| **1.** | La Sra. López va sola a la cafetería. | V | F |
| **2.** | Los mexicanos comen frijoles en el desayuno. | V | F |
| **3.** | El café americano es tan fuerte como el café expreso italiano. | V | F |
| **4.** | El café descafeinado de la cafetería es café instantáneo. | V | F |
| **5.** | En México el pan es tan popular como las tortillas. | V | F |
| **6.** | Los mariscos y el pescado son la especialidad del restaurante. | V | F |
| **7.** | El restaurante solamente sirve pescados frescos. | V | F |
| **8.** | La Sra. López pide una ensalada de tomate. | V | F |
| **9.** | Ella desea comer el postre típico. | V | F |
| **10.** | La Sra. López tarda una hora para ir del restaurante a la zona industrial. | V | F |

_____

[1]**Catrín(ina)** is said of a person who is dressed up.
[2]Commonly pronounced **guachinango**.

## Vocabulario

Audio

### COGNADOS

la cafetería
el chile (*Méx.*), el ají
la especialidad
el menú
popular
el restaurante, el restorán
el tomate
la tortilla[1] (*Méx.*)
los vegetales

### NOMBRES

el almuerzo, la comida (*Esp.*)  *lunch*
el arroz  *rice*
el bagre  *fresh water fish*
el café  *coffee*
el café con leche  *coffee and milk, café au lait*
el café expreso, el café solo  *espresso, strong black coffee*
la casa  *house*
la ciudad  *city*
la copa  *glass*
la corbina  *sea bass*
la cuenta  *bill*
el desayuno  *breakfast*
la ensalada  *salad*
el frijol  *bean*
el huevo, el blanquillo (*Méx.*)  *egg*
la leche  *milk*
el lenguado  *sole*
el marisco  *seafood, shellfish*
el mero  *halibut*
la mesa  *table*
el (la) mesero(a) (*Méx.*), mozo, camarero(a), mesonero (*Ven.*)  *waiter, waitress*
el pan  *bread*
el pargo, el huachinango (*Méx.*)  *red snapper*

el pescado  *fish*
el postre  *dessert*
la salsa  *sauce*
el tipo  *type*
la tostada, el pan tostado  *toast*
el vino  *wine*
la zona (el distrito) industrial  *industrial zone*

### VERBOS

comer  *to eat*
dejar  *to leave (behind)*
leer  *to read*
tardar  *to take, to last (a length of time)*
tener  *to have*
terminar  *to finish*
venir  *to come*

### ADJETIVOS

asado(a)  *grilled, broiled, roasted*
bueno(a)  *good*
congelado(a)  *frozen*
descafeinado(a)  *decaffeinated*
fresco(a)  *fresh*
fuerte  *strong*
instantáneo(a)  *instant*
mejor  *better*
mixto(a)  *mixed*
muchos(as)  *many*
todos(as)  *all of them*

### OTRAS PALABRAS Y EXPRESIONES

a la hora del almuerzo  *at lunch time*
al día siguiente  *the next day*
aquí tiene...  *here's...*
¿cómo?  *how?*
¿Cómo son...?  *What are (they) like?*
cuando  *when*
cuando termina de comer  *when he/she finishes eating*

---

[1]**Tortilla** means *omelet* in Spain and some Latin American countries. An *omelet* in Mexico is **un omelete.**

| menos de *less than* | tener que (+ *inf.*) *to have to (do something)* |
| que *than* | |
| tan... como *as (so)... as* | tomar algo *to have something to drink* |
| tener hambre *to be hungry* | ya *already* |
| tener prisa *to be in a hurry* | yo solo(a) *just me* |

Audio

# VOCABULARIO ADICIONAL

## ENSALADAS (*Salads*)

la ensalada de aguacate *avocado salad*
la ensalada de berro *watercress salad*
la ensalada de lechuga *lettuce salad*
la ensalada de tomate *tomato salad*

## PESCADOS (*Fish*)

el atún, el bonito *tuna*
el bacalao *cod*
el salmón *salmon*
la trucha *trout*

## CARNES (*Meats*)

el bistec[1] *steak*
la carne de res *beef*
el cordero *lamb*
el puerco, el cerdo *pork*
la ternera *veal*

## VEGETALES (*Vegetables*)

el apio *celery*
el bróculi, el brécol *broccoli*
los guisantes, los chícharos *peas*
la papa, la patata *potato*
la zanahoria *carrot*

## MARISCOS (*Shellfish*)

las almejas *clams*
los calamares *squid*
los camarones, las gambas (*Esp.*) *shrimp*
el cangrejo *crab*
la langosta *lobster*

## AVES (*Poultry, Fowl*)

el pato *duck*
el pavo, el guajolote (*Méx.*), el guanajo (*Cuba*) *turkey*
el pollo *chicken*

## MODOS DE PREPARAR LA COMIDA (*Ways of preparing food*)

al gusto *any style*, to order, to taste
al horno (horneado)(a) *baked*
al vapor *steamed*
bien cocido(a), bien cocinado(a) *well done*
crudo(a), más bien crudo *rare*
estofado(a), guisado(a) *stewed*
frito(a) *fried*
hervido(a) *boiled*
relleno(a) *stuffed*
término medio *medium*

---

[1]Also called **biftec, carne asada** (Mexico), **bife** (Argentina, Uruguay, Paraguay).

### NOTAS CULTURALES

■ Eating habits in Spanish-speaking countries are different from those in the United States. Not only does the food change from country to country and region to region, but meals are often served at different times. Breakfast (**el desayuno**) frequently consists of **café con leche** or **chocolate** and bread with butter or marmalade or a sweet roll. Lunch, the midday meal, (**el almuerzo / la comida**) is a more substantial meal than the typical U.S. lunch. For example, there might be a first course of soup followed by a green salad, a main course of meat or fish with vegetables and potatoes, rice, or beans, and finally dessert (often fruit or cheese). Coffee is served after the meal. Dinner or supper (**la cena**) is usually a lighter meal than lunch unless it is eaten at a restaurant, where it may consist of more than one course.

■ Hotel restaurants often cater to the tastes of foreign travelers by serving more substantial, American-style breakfasts and a wide range of international foods, albeit at much higher prices than those in local restaurants. American fast-food restaurants are also a familiar presence in most Hispanic cities. The cuisine of the Spanish-speaking world may not be what one would expect based on the offerings of ethnic restaurants in the United States; Americans accustomed to the taco- and enchilada-based menus of Mexican restaurants in this country, for example, are likely to be pleasantly surprised by the sophisticated seafood dishes and other specialties of fine restaurants in Mexico.

■ To avoid health problems when traveling, it is a good idea to stay away from food prepared by street vendors, to avoid raw fruits and vegetables unless you can be sure that they have been properly washed, and to stick to bottled beverages.

## Actividades

**Dígame...** Answer the following questions, basing your answers on the dialogues.

**1.** ¿Cuándo va a la cafetería la Sra. López?

_____

**2.** ¿Para qué va la Sra. López a la cafetería?

_____

**3.** ¿Qué café es más fuerte, el café mexicano o el café americano?

_____

**4.** ¿Qué comen los mexicanos en el desayuno?

_____

**5.** ¿Cómo son los huevos rancheros?

_____

6. ¿Qué es más popular en México, el pan o las tortillas?

_____

7. ¿Cuál es la especialidad del restaurante?

_____

8. ¿Qué pescados frescos tienen?

_____

9. ¿Cuál es el mejor?

_____

10. ¿Qué va a comer la Sra. López? ¿Qué va a tomar?

_____

11. ¿Cuánto tarda ir del restaurante a la zona industrial?

_____

12. ¿Tiene prisa la Sra. López? ¿A qué hora tiene que estar allí?

_____

13. ¿Qué deja la Sra. López en la mesa?

_____

 **Hablemos** Interview a classmate, using the following questions. When you have finished, switch roles.

1. ¿A qué hora toma Ud. el desayuno?
2. ¿Desayuna Ud. todos los días en una cafetería?
3. ¿Qué come Ud. en el desayuno?
4. ¿Toma Ud. café expreso o café americano?
5. ¿Toma Ud. café con leche?
6. ¿Qué bebe Ud. en el almuerzo?
7. ¿Cuál es su pescado favorito?
8. En su opinión, ¿el postre es tan importante como la ensalada?
9. En un restaurante, ¿a quién llamamos cuando terminamos de comer?
10. ¿Siempre deja propina?
11. ¿Cuál es su restaurante favorito? ¿Dónde está?

**Nombre** _____ **Sección** _____ **Fecha** _____

Quiz

# Vamos a practicar

**A**  Rewrite the following sentences according to the new subjects.

> **Modelo**  Ella viene por aquí.
> Nosotros **venimos** por aquí.

**1.**  La señora tiene que estar en el hotel a las cinco.

Ud. _____

**2.**  El mozo viene con la comida.

Nosotros _____

**3.**  Tengo café, pero no tengo leche.

Tú _____

**4.**  Ellos vienen a la hora del almuerzo.

Tú y yo _____

**B**  Use complete sentences to write down what the following people have to do.

> **Modelo**  Elvira / pagar la cuenta
> Elvira **tiene que pagar** la cuenta.

**1.**  yo / venir por la mañana

_____

**2.**  tú y yo / tomar menos café

_____

**3.**  Pedro y Jorge / terminar mañana

_____

**4.**  nosotras / dejar una buena propina

_____

**C**  Use the cues in parentheses to compare the following foods.

> **Modelo**  las tortillas / el pan (*more popular*)
> Las tortillas **son más populares que** el pan.

**1.**  el pargo / el lenguado (*fresher than*)

_____

**2.** el café típico / el café expreso (*less strong than*)

_____

**3.** los mariscos / el pescado (*as good as*)

_____

**4.** el lenguado / la corbina (*better than*)

_____

## Sirva usted de intérprete

**A**  With three classmates, play the roles of an English-speaking waiter/waitress, a Spanish-speaking couple, and the interpreter. Switch roles until each of you played the interpreter's role.

**Mesero(a)**  —*How many?*

**Intérprete**  —_____

**Sr. García**  —Dos.

**Intérprete**  —_____

**Mesero(a)**  —*Smoking section or non-smoking section?*

**Intérprete**  —_____

**Sra. García**  —Sección de fumar, por favor.

**Intérprete**  —_____

**Mesero(a)**  —*Here's the menu. Do you want to have a drink before lunch?*

**Intérprete**  —_____

**Sr. García**  —Agua mineral, por favor.

**Intérprete**  —_____

**Sra. García**  —Una copa de vino blanco. ¿Cuál es la especialidad de hoy?

**Intérprete**  —_____

**Mesero(a)**  —*Grilled red snapper. It comes with rice or vegetables.*

**Intérprete**  —_____

**Sr. García**  —¿El pescado es fresco o congelado?

**Intérprete**  —_____

**Mesero(a)**  —*The fish and the seafood are fresh.*

**Intérprete**  —_____

**Sr. García**  —Bien, lenguado asado y ensalada.

**Intérprete**  —_____

**Nombre** _____ **Sección** _____ **Fecha** _____

**Sra. García** — Y yo voy a comer el pargo asado con vegetales y ensalada de tomate.

**Intérprete** —_____

**Mesero(a)** —*And to drink?*

**Intérprete** —_____

**Sra. García** —Otra copa de vino blanco, por favor.

**Intérprete** —_____

Más tarde (*later*):

**Mesero(a)** —*How's the fish?*

**Intérprete** —_____

**Sra. García** —Muy bueno, gracias.

**Intérprete** —_____

**Sr. García** —¿Aceptan tarjetas de crédito?

**Intérprete** —_____

**Mesero(a)** —*Yes, sir.*

**Intérprete** —_____

**Sirva usted de traductor** An American restaurant chain has hired you to create a bilingual menu for its franchises in Latin America. Review the *Vocabulario adicional* in this lesson, and then add Spanish translations below the items listed on the menu.

---

## menú

### Soups and Salads

_____

Tomato soup

_____

Turkey and rice soup

_____

Vegetable soup

_____

Mixed salad

_____

Lettuce, tomato, and avocado salad

_____

Chicken and vegetable salad

_____

### Meat and Poultry

_____

Steak (Rare, medium or well done)

_____

Roast beef

_____

Baked pork

Boiled turkey

_____

Fried chicken

_____

Roasted lamb

_____

### Fish and Seafood

_____

Grilled tuna

_____

Baked salmon

_____

Fried squid

Steamed clams

_____

Shrimp, any style

_____

Boiled lobster

_____

 **En estas situaciones** What would you say in the following situations? What might the other person say?

1. You are going to have breakfast at a coffee shop in Mexico. When the waiter/waitress asks if you would like coffee, make sure he/she knows what kind you want. Ask him/her to explain a couple of items on the menu before placing your order (you're very hungry). You want to pay with a credit card, but you're not sure if the coffee shop accepts them.

2. You are eating lunch at a restaurant in Guatemala. Tell the waiter/waitress you want to see the menu. After he/she asks if you'd like to have a drink before lunch and you respond, ask if the fish is fresh, and which is the best fish to order. Find out what side dishes come with the meal and place your food order. The waiter/waitress should remember to ask what you would like to drink with your meal.

 **Casos** Act out the following scenarios with a partner.

1. A waiter/waitress at a restaurant waits on a customer who is there for breakfast or lunch.

2. Two friends eating together at a restaurant read the menu and discuss what they are going to order for lunch. You can use the menus included in this lesson.

## Un paso más

**A** You are having breakfast at a hotel restaurant. Read the menu and answer the following questions. Try to guess the meaning of unfamiliar words from context.

---

### COMBINACIONES

**Mexicano $30**
Huevos rancheros o
   chilaquiles con pollo
Tortillas
Café
Crema

**Americano $35**
Huevos al gusto o
   pan francés[1]
Café americano
Tostadas
Jugo de naranja

### DESAYUNOS A LA CARTA

| | |
|---|---|
| Huevos con jamón o tocino | $35 |
| Huevos con chorizo | $30 |
| Huevos rancheros | $25 |
| Chilaquiles con pollo | $30 |
| Tortilla de huevos con queso | $40 |
| Panqueques | $20 |
| Pan francés | $18 |
| Cereales fríos con leche | $14 |

### BEBIDAS

| | |
|---|---|
| Jugo de frutas | $10 |
| Chocolate caliente | $10 |
| Leche | $ 8 |
| Café | $ 6 |
| Expreso | $12 |

### EJECUTIVO $40
Huevos "Benedict"
Huevos rancheros con bistec
Tortilla de huevos con mariscos y queso
Tortilla de huevos con camarones
Tortilla de huevos con langosta
(Incluye un platillo principal, jugo de frutas o
una copa de champán)

---

[1]*French toast* (Méx.): in other countries. **torreias.**

**1.** ¿Qué bebidas hay en el menú?

_____

**2.** ¿Que bebida típica del desayuno americano no está en las combinaciones?

_____

---

[1]*French toast* (*Méx.*); in other countries, **torrejas.**

**3.** ¿Con qué vienen los huevos rancheros de los desayunos ejecutivos?

_____

**4.** ¿Qué platos típicos del desayuno americano hay en el menú?

_____

**5.** ¿Qué alimentos típicos del desayuno mexicano están en el menú?

_____

**6.** ¿Qué tipo de pan hay en el menú? ¿Cómo se llama este plato en inglés?

_____

 **B** Read the following advertisement for *La Catrina* restaurant. With a partner, take turns asking and answering the following questions.

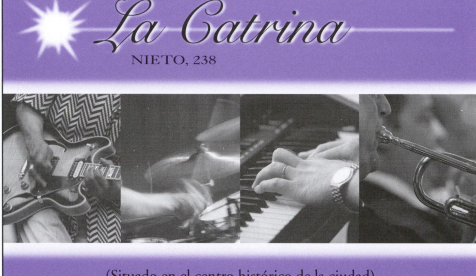

*La Catrina*
NIETO, 238

(Situado en el centro histórico de la ciudad)
ESPECIALIDAD EN PESCADOS Y MARISCOS
El mejor lugar para disfrutar la tradicional cocina mexicana.
Servimos una amplia variedad de platillos elaborados con
ingredientes frescos y de alta calidad.

Música típica todas las noches.

RESERVE AL 303-3243 EXT. 47
A PARTIR DE LAS 11:00 HRS. A LAS 23:00 HRS.

**1.** ¿Dónde está situado el restaurante La Catrina?

_____

**2.** ¿Qué tipo de comida sirven en este restaurante?

_____

**3.** ¿Qué tipo de ingredientes usan?

_____

**4.** ¿Qué tipo de música hay allí? ¿Cuándo?

_____

**5.** Deseo hacer (*to make*) una reservación. ¿A qué número de teléfono tengo que llamar?

_____

**C**  You are traveling to a Spanish-speaking country. Plan what you are going to order from the menu on your first day there.

***Desayuno:***

Para tomar: _____

Para comer: _____

***Almuerzo o comida:***

Ensalada o sopa: _____

Plato principal: _____

Postre: _____

Para tomar: _____

***Cena:***

Ensalada o sopa: _____

Plato principal: _____

Postre: _____

Para tomar: _____

**Lectura**  After reading this **lectura,** get together with a partner and take turns answering the following questions.

En los Estados Unidos muchas personas llaman "Spanish food" a la comida mexicana. Nada está más lejos de la realidad.° La comida mexicana es, fundamentalmente, autóctona,° aunque° en muchos de sus platillos° se aprecia la influencia° de la comida española y de la francesa. La comida española llegó° con los conquistadores; la francesa, con las tropas° francesas que ocuparon° y gobernaron el país por poco tiempo,° pero que dejaron° una gran influencia en las capas más

*reality*
*native / although*
*dishes (Méx.) / **se...** is noticeable / the influence*
*arrived*
*troops / occupied*
***poco...** short time*
*left*

altas de la sociedad.° A pesar de su proximidad
geográfica, los Estados Unidos han influido
poco° en la comida mexicana. Hoy
la comida mexicana es conocida en todo el mundo.

**las...** *high society*

**han...** *have had little influence*

1. ¿Es la comida mexicana similar a la comida española?

2. Fundamentalmente, ¿cómo es la comida mexicana?

3. ¿Cómo llegó a México la comida española? ¿Y la francesa?

4. En la comida mexicana, ¿se aprecia la influencia de la comida americana?

**Y a usted...**

1. ¿Qué comida le gusta más, la mexicana o la americana?

2. ¿Cuál es el mejor restaurante mexicano de la ciudad?

# Un dicho

**El dinero no tiene patria.**                         *Money has no country.*

# LECCIÓN 5

# COMPRANDO PARA IMPORTAR

## OBJECTIVES

### Structures

- Stem-changing verbs (**e:ie**)
- Some uses of the definite article
- The present progressive

### Business Communication

- Importing goods
- Making an appointment to buy goods abroad

- Conducting a subsequent interview
- Inquiring about quality and other features of the goods
- Finding out about prices and paying terms and conditions

 Por teléfono:

| | | |
|---|---|---|
| **1-12** | **Recepcionista** | —Confecciones Gomax, S.A. de C.V.[1] (*ese, a de ce ve*). Buenos días. |
| | **Sra. López** | —Buenos días, señorita. Soy Sonia López, compradora de la firma Kids Fashion, una cadena de tiendas al detalle de los Estados Unidos. |
| | **Recepcionista** | —¿En qué podemos servirle, Sra. López? |
| | **Sra. López** | —Necesito hablar con el jefe de ventas al por mayor. |
| | **Recepcionista** | —Un momento, por favor. Voy a llamar a su oficina. (*Por el intercomunicador*) Julia, la Sra. López, compradora de una firma norteamericana, quiere hablar con el Sr. Navarro. (*Escucha un momento.*) Lo siento, Sra. López, pero el jefe de ventas está ocupado. Ahora está atendiendo a un cliente. |
| | **Sra. López** | —Quiero hacer una cita para hablar con él hoy mismo, si es posible. Prefiero ir por la tarde. ¿A qué hora cierran? |
| | **Recepcionista** | —A las cinco, pero el Sr. Navarro está disponible a las tres y media. ¿Tiene la dirección? |
| | **Sra. López** | —Sí, señorita. Muchas gracias y hasta luego. |

A las cuatro menos veinticinco de la tarde, en la oficina del Sr. Navarro:

| | |
|---|---|
| **Sra. López** | —Estoy interesada en comprar confecciones para niños para mi firma en los Estados Unidos. |

---

[1]**S.A. de C.V.** stands for **Sociedad Anónima de Capital Variable.** See *Notes Culturales* in *Lección 12* for more information on business corporations.

**Sr. Navarro**    —Entonces, primero debe ver la gran[1] variedad de artículos que fabricamos. Vamos al salón de exhibición y venta en el segundo piso.

En el salón de exhibición y venta:

**Sr. Navarro**    —Bien, aquí tenemos prendas de vestir para chamacos de todas las edades, desde conjuntos de dos o tres piezas para bebés hasta ropa para niñas y niños mayores. Al fondo están los accesorios.

**Sra. López**    —¿No tienen artículos de mejor calidad?

**Sr. Navarro**    —Sí, señora. Si prefiere ver artículos más caros, vamos al otro salón.

**Sra. López**    —(*En el otro salón*) Aquí sí tienen lo que estoy buscando.

**Sr. Navarro**    —Sí, todos estos artículos están fabricados en telas de primera calidad, y están muy bien terminados.

**Sra. López**    —¿Los diseños son originales?

**Sr. Navarro**    —Sí, son creaciones exclusivas de la casa.

**Sra. López**    —¿Los precios marcados son para ventas al detalle?

**Sr. Navarro**    —Sí, señora. En las ventas al por mayor damos descuentos hasta del cincuenta por ciento, de acuerdo con la cantidad y con el costo de fabricación de cada artículo.

**Sra. López**    —Bien, yo voy a seleccionar varios artículos y accesorios. Estoy anotando los modelos que prefiero. Después discutimos precios y condiciones.

**Sr. Navarro**    —Comprendo, señora. Estamos a su disposición.

**Sra. López**    —El primer pedido va a ser pequeño. Queremos ver qué aceptación tienen sus productos en el mercado de los Estados Unidos.

Los dos regresan a la oficina y comienzan a discutir las condiciones de venta.

**¡Escuchemos!**  While listening to the dialogue, circle **V (verdadero)** if the statement is true or **F (falso)** if it is false.

1–12

| | | V | F |
|---|---|---|---|
| **1.** | Kids Fashion es una cadena de ventas al por mayor. | V | F |
| **2.** | La recepcionista y Julia hablan por el intercomunicador. | V | F |
| **3.** | El Sr. Navarro es el jefe de ventas al detalle. | V | F |
| **4.** | La recepcionista está ocupada atendiendo a una clienta. | V | F |
| **5.** | La Sra. López hace una cita para mañana por la mañana. | V | F |
| **6.** | Ella y el Sr. Navarro van al salón de exhibición y venta. | V | F |
| **7.** | En el salón de exhibición y venta hay ropa para niños mayores. | V | F |
| **8.** | Las prendas de vestir más caras están al fondo. | V | F |
| **9.** | Los precios marcados son para venta al detalle. | V | F |
| **10.** | La Sra. López está anotando los modelos que prefiere. | V | F |

[1]**Grande** becomes **gran** before a masculine or feminine singular noun.

## VOCABULARIO

Audio

### COGNADOS

el accesorio
el artículo
el (la) cliente(a)
la condición
la creación
exclusivo(a)
el intercomunicador
el modelo
el momento
el (la) recepcionista
la variedad
varios(as)

### NOMBRES

la cadena  *chain*
la calidad  *quality*
la cantidad  *quantity*
la cita  *appointment*
las confecciones  *ready-made clothes*
el conjunto  *set*
el descuento  *discount*
el diseño  *design*
la edad  *age*
la fabricación  *manufacture*
el (la) jefe(a)  *boss*
el (la) jefe(a) de ventas  *sales manager*
el mercado  *market*
el (la) niño(a), el (la) chamaco(a)  (*Méx.*)
    *child*
el pedido, la orden  *order*
la pieza  *piece*
el precio  *price*
la prenda de vestir  *garment, clothing*
la ropa  *clothing, clothes*
el salón de exhibición  *showroom, exhibi-
    tion hall*

la sociedad anónima (S.A.)  *corporation*
la tela  *fabric*
la tienda  *store*
la venta  *sale*

### VERBOS

anotar  *to write, to note, to jot down*
atender (e:ie)  *to assist, to attend, to wait on*
buscar  *to look for*
cerrar (e:ie)  *to close*
comenzar (e:ie), empezar (e:ie)  *to start, to
    begin*
comprar  *to buy*
comprender, entender (e:ie)  *to understand*
discutir  *to discuss*
escuchar  *to listen*
fabricar, producir[1]  *to manufacture*
hablar  *to speak, to talk*
hacer[2]  *to do, to make*
importar  *to import*
preferir (e:ie)  *to prefer*
querer (e:ie)  *to want, to wish*
seleccionar  *to select*
vender  *to sell*

### ADJETIVOS

cada  *each*
caro(a)  *expensive*
disponible  *available*
este(a)  *this*
estos(as)  *these*
fabricado(a)  *manufactured, made*
interesado(a)  *interested*
marcado(a)  *marked*
ocupado(a)  *busy*
primer, primero(a)  *first, top*
segundo(a)  *second*
terminado  *completed, done*

[1]Irregular first person: **yo produzco.**
[2]Irregular first person: **yo hago.**

## OTRAS PALABRAS Y EXPRESIONES

**al detalle, al detall, al por menor, al menudeo** *retail*
**al fondo** *in the back*
**al por mayor, al mayoreo** *wholesale*
**aquí sí tienen** *here you do have*
**bien terminado(a)** *well finished*
**de acuerdo (con)** *according to, in accordance (with)*
**de primera calidad** *top quality*
**¿Está bien si...?** *Is it all right if...?*

**Estamos a su disposición.** *We're at your disposal.*
**hoy mismo** *this very day*
**lo (la) que** *that which, what*
**por ciento** *percent*
**que** *that, which*
**si es posible** *if possible*
**tener aceptación** *to be well received, to be a demand for*
**Vamos.** *Let's go.*

Audio

# VOCABULARIO ADICIONAL

**algo** *something*
**el almacén** *warehouse, department store*
**el anticipo** *advance payment*
**barato(a)** *inexpensive, cheap*
**el cargo** *title, employment*
**la compra** *purchase*
**la compraventa** *purchase and sale agreement*
**conceder un crédito** *to extend credit*
**el cuarto** *quarter*
**la exportación** *export*
**en punto** *sharp*
**la hora** *hour, time*
**la importación** *import*
**importado(a)** *imported*

**el (la) importador(a)** *importer*
**mal(o)(a)** *bad*
**la marca de fábrica** *manufacturer's trademark*
**la materia prima** *raw material*
**pagar a plazos** *to pay in installments*
**pagar al contado** *to pay in cash*
**el precio de compra** *purchase price*
**el precio de venta** *selling price*
**la reunión, la junta** *meeting*
**todo tipo** *all types*
**la utilidad bruta** *gross profit*
**la utilidad neta** *net profit*

## NOTAS CULTURALES

Search

■ Aguascalientes is called "Mexico's little giant" because it is one of the smallest Mexican states, but it has a well-developed infrastructure, and is one of the five states with the highest standard of living in Mexico. Prior to NAFTA's implementation, 33 **maquiladoras**[1] were operating in Aguascalientes. Since then, more than 100 **maquiladoras** have set up operations there, mainly in the apparel sector.

_____

[1]**Maquiladoras** are factories that receive special customs privileges because they assemble parts or manufacture products for export only. Hundreds of thousands of Mexicans work in **maquiladoras.**

■ Hierarchies in Latin American businesses tend to be well defined. Subordinates generally address senior management by title and surname, and use the formal **Ud.** even if a superior addresses them as **tú.** Some bosses use **Ud.** with their employees as a means of maintaining a respectful distance. Male subordinates are usually referred to by their last name, and women by **señora** or **señorita** and their first name. Colleagues at the same level may use **tú** or **Ud.** depending on age difference and the degree of friendship or familiarity between them. Personal space—the distance at which people feel comfortable talking or otherwise interacting with one another—is generally smaller in the Spanish-speaking world than in the United States, especially when people are engaged in lively conversation. This increased physical proximity is not necessarily a sign of familiarity, as it might be in this country.

■ Business meetings generally begin and end with handshakes all around, for both men and women. Encounters among people who are friends as well as business associates may be marked by more familiar forms of greeting and farewell.

## Actividades

**Dígame...**  Answer the following questions, basing your answers on the dialogue.

**1.** ¿Cuál es el cargo (*title*) de la Sra. López?

_____

**2.** ¿Con quién desea hablar la Sra. López?

_____

**3.** ¿Quién es el jefe de ventas?

_____

**4.** El Sr. Navarro no está disponible. ¿Qué está haciendo ahora?

_____

**5.** ¿Cuándo prefiere la Sra. López tener la cita?

_____

**6.** ¿A qué hora está disponible el Sr. Navarro?

_____

**7.** ¿Qué quiere comprar la Sra. López?

_____

**8.** ¿Para qué va la Sra. López al salón de exhibición y venta?

_____

**9.** ¿Los precios marcados son para ventas al por mayor?

_____

**10.** ¿Qué descuentos dan en los precios marcados?

_____

**11.** ¿La Sra. López va a hacer un pedido grande?

_____

 **Hablemos**   Interview a classmate, using the following questions. When you have finished, switch roles.

**1.** ¿Tiene Ud. niños en su familia? ¿Compra prendas de vestir para ellos?

**2.** En México las confecciones son más baratas que en los Estados Unidos. ¿Por qué?

**3.** ¿Está Ud. interesado(a) en comprar artículos de diseños originales?

**4.** ¿Son caras las prendas de vestir de diseños originales?

**5.** ¿Compra Ud. artículos de calidad cuando viaja?

**6.** Cuando Ud. compra algo ¿discute precios y condiciones?

**7.** ¿Desea Ud. ser jefe(a) de ventas de una firma?

**8.** ¿Tiene el (la) profesor(a) un intercomunicador en su oficina?

**9.** ¿Quiere Ud. hacer una cita para hablar con el (la) profesor(a)? (¿Para cuándo?)

 **Quiz**

# Vamos a practicar

Write sentences to say what the following people are doing right now using the present progressive construction and the elements given. Supply any necessary elements.

> **Modelo**  Ella / anotar / el pedido
> Ella **está anotando** el pedido.

**1.** yo / comprar / artículos de primera calidad / mi firma

_____

**2.** la Srta. Julia / hablar / intercomunicador

_____

**3.** esa fábrica / producir / gran variedad de artículos

_____

**4.** nosotros / dar / descuentos / hasta / cincuenta por ciento

_____

**5.** ¿qué / hacer / tú?

_____

**6.** ellos / no / discutir / el precio

_____

### Sirva usted de intérprete

With two classmates, play the roles of an import company executive from the United States, the sales manager of a Latin American firm, and the interpreter who helps them communicate. Switch roles until each of you has played the interpreter's role.

**Ejecutivo(a)** —*Good morning, I'm _____, director of South of the Border Imports of San Antonio, Texas.*

**Intérprete** —_____

**Jefe(a) de ventas** —Mucho gusto, _____, Soy _____, jefe(a) de ventas de esta firma. ¿En qué podemos servirle?

**Intérprete** —_____

**Ejecutivo(a)** —*We're interested in buying some of your high quality items.*

**Intérprete** —_____

**Jefe(a) de ventas** —Entonces creo que debemos ir al salón de exhibición y venta. Ud. debe ver la gran variedad de artículos que tenemos.

**Intérprete** —_____

**Ejecutivo(a)** —*Where are the high quality items for men?*

**Intérprete** —_____

**Jefe(a) de ventas** —Están en el mostrador de la izquierda.

**Intérprete** —_____

**Ejecutivo(a)** —*Are the marked prices for retail sales?*

**Intérprete** —_____

**Jefe(a) de ventas** —Sí, señor(a). Damos descuentos de hasta un 40 por ciento en las ventas al mayoreo.

**Intérprete** —_____

| | |
|---|---|
| **Ejecutivo(a)** | —*I prefer to select some items first, and then discuss prices and conditions.* |
| **Intérprete** | —_____ |
| **Jefe(a) de ventas** | —Cómo no. Estamos a sus órdenes. |
| **Intérprete** | —_____ |

## Sirva usted de traductor

Your employer is dealing with a Spanish-speaking manufacturer south of the border. She received a long letter from her prospective supplier; you highlighted the following sentences as those including vital information. After reviewing the **Vocabulario adicional** in this lesson, translate them for her.

**1.** Nuestra fábrica está situada en Tecate, Baja California.

_____

**2.** Nuestra firma es una sociedad anónima.

_____

**3.** La marca de fábrica de nuestros productos es "Lorena".

_____

**4.** Necesitamos un anticipo para la compra de la materia prima.

_____

**5.** Su utilidad bruta debe ser de un 45 por ciento o más.

_____

**6.** El precio de venta de cada artículo es un 40 por ciento más del precio de compra.

_____

## En estas situaciones

What would you say in the following situations? What might the other person say?

**1.** You are a receptionist answering a phone call. Identify the firm for which you work, and ask the caller how you may help him/her. He/She wants to see the sales manager; say that the sales manager is not available, and that he/she is talking with another client.

**2.** You are meeting with a sales manager at a factory. Indicate that you want to buy kids garments, and that you wish to visit the showroom. Tell him/her that you want original designs. In the showroom, say that some items are inexpensive, but that you prefer to pay more and buy better-quality items. Respond when he/she tells you about the quality and price of the items they have in another hall. Ask about the difference between retail and wholesale prices.

**Casos**   Act out the following scenarios with a partner.

1. An executive for an American firm makes an appointment for a business meeting with a company's receptionist.

2. A sales manager meets with a client in his/her office and takes him/her to the factory showroom.

**Un paso más**   Review the **Vocabulario adicional** in this lesson and act out the following dialogues in Spanish with a partner.

1. "Is the client going to pay in cash?"
   "No, we are going to extend credit for the purchase and they're going to pay in installments."
   "For the entire purchase price?"
   "No, for ninety percent. It's in the purchase and sale agreement."

2. "What is the factory's gross profit this year?"
   "Five hundred thousand dollars, but the net profit is much less"
   "Why?"
   "Because of taxes."

**Lectura**   After reading this *lectura,* get together with a partner and take turns answering the following questions.

El comercio de importación y exportación entre° *between*
México y los Estados Unidos es mucho más fácil° **más...** *easier*
desde la firma° del Tratado de Libre Comercio **desde...** *since the signing*
de América del Norte (TLCAN), conocido° aquí *known*
como NAFTA, su sigla° en inglés. El tratado° es *abbreviation in initials / agreement*
muy beneficioso° para los tres países: Estados *advantageous*
Unidos y Canadá aprovechan° la mano de obra *take advantage*
barata° de México para producir partes o ensam- **mano...** *cheap labor*
blar° componentes que requieren° mano de obra *assemble / require*
intensiva, y así° sus productos terminados pueden° *thus, this way / can*
competir en precio con artículos similares
importados de otros países. México gana° trabajo *profits*
y adiestramiento° para su gente,° y las divisas° *training / people / hard currency*
necesarias para promover su propio desarrollo.° **promover...** *promote its own development*

1. ¿Desde (since) cuándo es más fácil el comercio entre los Estados Unidos y México?

2. ¿Cuáles son los tres países del TLCAN?

3. ¿Por qué es beneficioso el Tratado de Libre Comercio para los Estados Unidos y Canadá?

4. ¿Qué gana México con el TLCAN?

## Un dicho

**Lo barato sale caro.**                              *You get what you pay for.*

# LLENANDO PLANILLAS[1]

- Declaración de aduanas
- Solicitud de tarjeta de crédito
- Solicitud de empleo

- Registro de clientes de una tienda para compras por Internet[2]
- Solicitud de envío de dinero al extranjero

**A** Fill out the customs declaration on the next page, using the following information. Ud. y su esposo(a) viajan a México por avión. Llevan 4 maletas, $12,000 dólares en efectivo y 50 cajetillas (*packs*) de cigarrillos, pero no llevan animales vivos ni productos alimenticios frescos. (México permite entrar 20 cajetillas de cigarrillos por persona sin pagar impuestos.)

---

[1]**la planilla, el formulario** *blank form.* Note: **la forma,** frequently used by Spanish speakers in the U.S. with this meaning, has not been accepted by the *Real Academia Española.*

[2]The word **Internet** is used in all Spanish-speaking countries, but it has not been accepted yet by the *Real Academia Española.* In some countries they say **la Internet,** in others, **el Internet,** but when it is used after **por** to designate *a means of comunication,* it should be without article, in the same way as we say **por correo, por teléfono,** etc.

## BIENVENIDO A MEXICO
### *DECLARACION DE ADUANAS*

**SH
CP**

*Cada pasajero o jefe de familia[1] debe llenar esta sección.*

Nombre: _____ / _____
                    *Apellido paterno[2]*                        *Materno[3]*

_____
                    *Nombre(s)*

Pasaporte: _____ / _____
                    *Número*                        *País que lo expide[4]*

Arribo vía: marítima _____ /aérea _____
                                        *Nombre de la*                        *Línea/#vuelo*
                                        *embarcación*

Número de familiares[5] que viajan con usted: _____

Número de maletas, bultos o cajas: _____

País de residencia: _____

¿Trae[6] consigo más de 10,000 dls.
estadounidenses o su equivalente en
otras monedas, en efectivo o cheque?*          SI ☐    NO ☐

En caso afirmativo,
indique cuánto más: _____ dls. estadounidenses.

Declare si transporta animales vivos,[7]
productos alimenticios frescos[8] de origen
vegetal o animal:                                        SI ☐    NO ☐

Transporta mercancías por las que deba
pagar impuestos? *(Ver reverso)*                SI ☐    NO ☐

Para el pago de impuestos, favor de pasar al módulo de orientación
aduanera en la terminal de arribo, donde estará a su disposición el
formato para el pago de contribuciones al comercio exterior y el
material explicativo para su llenado.

*Sanción:*
*Cuando usted no declare mercancías por las que deba pagar
impuestos, éstas pasarán a propiedad del Fisco Federal, se impondrá
una multa de hasta cuatro veces el valor comercial de dichas
mercancías y podrá ser sujeto a sanciones penales.*

*Traer dinero no es delito, no declararlo sí lo es.

*Declaro bajo protesta de decir verdad que los datos asentados en la
presente declaración son ciertos.*

_____          ____/____/____
            *Firma*                                        *día /mes / año*

[1]*head of household*   [2]*father's last name*   [3]*mother's last name*   [4]*issuer*
[5]*relatives*   [6]*bring*   [7]*live animals*   [8]*fresh food*

Nombre _____ Sección _____ Fecha _____

**B** Fill out the following application to apply for a department store credit card. Written accent marks are frequently omitted in printed material when using capital letters.

## 1. INFORMACION PERSONAL (Escriba en letra de molde[1])

| NOMBRE | INICIAL | APELLIDO | | NUMERO DEL SEGURO SOCIAL |
|---|---|---|---|---|

| LICENCIA DE CONDUCIR, NUMERO DE PASAPORTE O DE IDENTIFICACION DEL ESTADO | | EDAD | NUMERO DE DEPENDIENTES |
|---|---|---|---|

| DIRECCION | APARTAMENTO | CIUDAD | | ESTADO | CODIGO POSTAL |
|---|---|---|---|---|---|

| TIPO DE RESIDENCIA | ☐ PROPIETARIO  ☐ INQUILINO | ☐ OTRO | TELEFONO DE LA CASA ( ) |
|---|---|---|---|

| DIRECCION ANTERIOR[2] (SI SE MUDO EN MENOS DE UN AÑO) | CIUDAD | | ESTADO | CODIGO POSTAL |
|---|---|---|---|---|

| COMPAÑIA DONDE TRABAJA | DIRECCION | CIUDAD | POSICION/TITULO | ¿DESDE CUANDO? AÑOS / MESES |
|---|---|---|---|---|

| SUS INGRESOS EN BRUTO[3] (FUENTES) No tiene que divulgar una pensión de divorcio o separación, mantenimiento de hijos u otros gastos de mantenimiento, si no desea ser tomado en cuenta para el reembolso de esta obligación. $_____ /mensual[4] | TELEFONO DEL TRABAJO O NEGOCIO ( ) |
|---|---|

| NOMBRE DE SU PARIENTE MAS CERCANO[5] (QUE NO VIVA CON UD.) | RELACION | TELEFONO ( ) |
|---|---|---|

| DIRECCION | CIUDAD | ESTADO | CODIGO POSTAL |
|---|---|---|---|

REFERENCIAS DE CREDITO: (MARQUE TODO LO QUE SE RELACIONE CON UD.)
☐ CUENTA DE CHEQUES[6]  ☐ VISA  ☐ MASTERCARD  ☐ TIENDAS DE ROPA (MENCIÓNELAS) _____  _____
☐ CUENTA DE AHORRO[7]  ☐ DISCOVER  ☐ AMERICAN EXPRESS  ☐ OTRO (MENCIÓNELO) _____  _____

## 2. INFORMACION SOBRE EL SOLICITANTE DE CUENTA CONJUNTA[8] (Firma es necesaria)

| NOMBRE | INICIAL | APELLIDO | | NUMERO DEL SEGURO SOCIAL |
|---|---|---|---|---|

| LICENCIA DE CONDUCIR, NUMERO DE PASAPORTE O DE IDENTIFICACION DEL ESTADO | EDAD | PARENTESCO[9] CON EL SOLICITANTE: ☐ CONYUGE  ☐ OTRO: INDIQUE _____ |
|---|---|---|

| COMPAÑIA DONDE TRABAJA | DIRECCION | CIUDAD |
|---|---|---|

| POSICION/TITULO | ¿DESDE CUANDO? (AÑOS) | TELEFONO DE TRABAJO ( ) |
|---|---|---|

**NOTIFICACION: CUALQUIER PERSONA QUE FIRME ESTE CONTRATO DE CREDITO PARA EL CONSUMIDOR, ESTARA SUJETA A TODOS LOS RECLAMOS Y DEFENSAS EN JUICIO QUE EL DEUDOR PUEDA EFECTUAR EN CONTRA DEL VENDEDOR DE BIENES, O SERVICIOS OBTENIDOS EN VIRTUD DEL MISMO, O CON EL INGRESO OBTENIDO POR EL CONTRATO. EL REEMBOLSO DEL DEUDOR DE ESTE ACUERDO NO DEBERA EXCEDER LAS CANTIDADES PAGADAS POR EL DEUDOR EN VIRTUD DE ESTE ACUERDO.** Yo/Nosotros solicito/solicitamos una Cuenta de Crédito de Mervyn's y certifico/certificamos que, según mi/nuestro entender, la informacíon que aparece arriba es correcta.

## 3. POR FAVOR FIRME AQUI:

| Firma Del Solicitante | FECHA | Firma del Cosolicitante | FECHA |
|---|---|---|---|
| X _____ | | X _____ | |

STORE USE ONLY

RDL075

TEAM MEMBER # ____ ____ ____        STORE 3-LETTER CODE AND NUMBER: _____

[1] *print*  [2] *previous address*  [3] *gross income*  [4] *monthly*  [5] **pariente**...*closest relative*  [6] *checking account*  [7] *savings account*  [8] **solicitante**...*co-applicant for joint account*  [9] *(family) relationship*

**C**  In order to improve your Spanish you want to spend a year in a Spanish-speaking country. Fill out the following form to apply for a job.

## SOLICITUD DE EMPLEO

NOVOTEC, S.A.

### CONFIDENCIAL
LLENESE A MANO USE LETRA DE MOLDE[1]

| DATOS PERSONALES | | | |
|---|---|---|---|
| Apellido Paterno | Apellido Materno | Nombre(s) | |

| Fecha |
|---|
| Estado Civil[4] |
| Nacionalidad |

| Lugar de Nacimiento[2] | Fecha de Nacimiento | Edad[3] |
|---|---|---|
| Domicilio | | |

| Teléfono | Sexo ○ Femenino ○ Masculino |
|---|---|

### REFERENCIAS PERSONALES (No incluya parientes.[5])

| NOMBRE COMPLETO | OCUPACION | DIRECCION | TELEFONO |
|---|---|---|---|
| | | | |
| | | | |
| | | | |

### EXPERIENCIA DE TRABAJO (Empiece por el actual[6] o último empleo.)

| DURACION | | NOMBRE DE LA EMPRESA | DIRECCION Y TEL. | SALARIO | | PUESTO DESEMPEÑADO[7] | MOTIVO(S) DE SU SEPARACION |
|---|---|---|---|---|---|---|---|
| DESDE | HASTA | | | INICIAL | FINAL | | |
| | | | | | | | |
| | | | | | | | |
| | | | | | | | |

### ESCOLARIDAD

| NOMBRE DE LA EMPRESA | DOMICILIO | No. DE AÑOS QUE ASISTIO | FECHAS | | TERMINO UD. | OBTUVO CERTIFICADO DIPLOMA O TITULO |
|---|---|---|---|---|---|---|
| | | | DE | A | | |
| Primaria | | | | | | |
| Secundaria | | | | | | |
| Universidad | | | | | | |
| Estudios de Post-Graduado | | | | | | |
| Otros | | | | | | |
| Idiomas que domina | | | | | | |
| Máquinas de oficina que pueda manejar[8] | | | | | | |

### DATOS GENERALES

| Sírvase indicar si tiene alguna experiencia en: | ○ Administración ○ Contabilidad | ○ Economía ○ Inv. de Mercado | ○ Producción ○ Publicidad | ○ Rel. Industriales ○ Rel. Públicas | ○ Ventas ○ Compras | ○ Tiendas |
|---|---|---|---|---|---|---|

| ¿Está dispuesto a[9] trabajar cualquier turno?[10] ○ Sí   ○ No   (Razones) | ¿Está dispuesto a cambiar su lugar de residencia? ○ Sí   ○ No   (Razones) |
|---|---|
| ¿Algún pariente suyo trabaja con nosotros? ○ Sí   ○ No   (Quién) | ¿Está Ud. dispuesto a viajar? ○ Sí   ○ No   (Razones) |
| ¿Qué tipo de trabajo desea Ud. desempeñar?[11] | ¿Conoce Ud. alguna persona en nuestra compañía? ○ Sí   ○ No   (Quién) |
| ¿Qué sueldo mensual[12] desea? | ¿Podemos solicitar informes de Ud.? ○ Sí   ○ No   (Razones) |
| ¿En qué fecha podría empezar a trabajar? | Las declaraciones anteriores hechas por mi son absolutamente verdaderas.[13] |

_____
Firma del solicitante

[1] **letra de molde:** *printing*   [2] **nacimiento:** *birth*   [3] **edad:** *age*   [4] **estado civil:** *marital status*   [5] **parientes:** *relatives*
[6] **actual:** *current*   [7] **puesto desempeñado:** *position held*   [8] **manejar:** *to operate*
[9] **Está dispuesto(a) a...** *Would you be willing to...*   [10] **cualquier turno:** *any shift*   [11] **desempeñar:** *to hold, to carry out*
[12] **sueldo mensual:** *monthly salary*   [13] **verdaderas:** *true*

**D** Fill out the following form with your own data, but do not use your real credit card number.

# Registro de clientes de El Corte Inglés

Para que sus visitas o sus compras le resulten más cómodas, le ofrecemos la posibilidad de registrar sus datos personales y elegir una contraseña *(mark)* que le permitirá acceder a todas aquellas zonas que requieran una identificación previa. Esto evitará que, en lo sucesivo, tenga que volver a cumplimentarlos. Todos sus datos quedarán registrados en un **servidor seguro** y serán tratados con **absoluta confidencialidad.**

Para que el registro funcione adecuadamente, es obligatorio rellenar por lo menos todas las casillas indicadas con (*). La casilla **Provincia** sólo es obligatoria para residentes en España y la casilla **DNI/Pasaporte** es obligatoria para los residentes fuera de España.

(*) Nombre: _____

(*) Primer Apellido: _____ (*) Segundo Apellido: _____

Fecha de nacimiento: Día _____ Mes _____ Año _____

DNI / Pasaporte: _____ (*) Sexo: Hombre      Mujer

(*) E-mail: _____

¿Tiene Tarjeta El Corte Inglés?:      Sí      No      (*) Número de tarjeta: _____

(*) Domicilio: _____

(*) Población: _____ (*) Provincia (Estado, Departamento...): _____

(*) Código Postal: _____ (*) País: _____

(*) Teléfono 1: _____ Teléfono 2: _____

Ahora deberá usted rellenar las dos casillas siguientes y memorizar los datos que introduzca en ellas, pues son las claves que le facilitarán, en adelante, el acceso a nuestras páginas.

En la casilla **Usuario** deberá usted indicar el nombre o número con el que desee ser identificado (mínimo 8 caracteres y máximo 16 caracteres). En la casilla **Contraseña** deberá usted indicar la clave (nombre o número) que le permitirá el acceso a nuestras páginas (entre 4 y 8 caracteres).

(*) Usuario: _____

(*) Contraseña: _____ (*) Confirmar contraseña: _____

A continuación puede usted indicar, si lo desea, una o varias palabras que en un futuro le puedan ayudar, **únicamente a usted,** a recordar la contraseña que ha introducido, en caso de que la olvide (por ejemplo, "la matrícula de mi coche", "El nombre de mi perro", ...)

Este dato **nunca será publicado** y nuestro servicio de atención al cliente se lo comunicará personalmente cuando usted necesite recordar la contraseña que ha olvidado.

Recordatorio: _____

Si no desea recibir información on-line del Grupo de Empresas El Corte Inglés, por favor, indíquenoslo ☐ ·

El envío de datos en el Grupo de Empresas El Corte Inglés se realiza a través de una conexión segura. De este modo, la información que Vd. nos haga llegar o la que nosotros le enviemos, viajará por Internet encriptada y protegida.

**Aceptar** ☐

Si usted reside fuera de España, marque la casilla siguiente: ☐

**E** You want to send money to Mexico. Fill out this form.

## Para enviar dinero a México    WESTERN UNION®

www.westernunion.com

POR FAVOR ESCRIBA
Número de Tarjeta Western Union ⬜⬜⬜⬜⬜⬜⬜⬜⬜⬜

⬜ DINERO EN MINUTOS®    ⬜ DINERO DIA SIGUIENTE    ⬜ DINERO A DOMICILIO    ⬜ GIRO PAISANO Servicio Ocurre    ⬜ GIRO TELEGRAFICO Servicio Ocurre    ⬜ GIRO TELEGRAFICO Con Aviso A Domicilio

⬜ Efectivo    ⬜ Cheque

Cantidad en dolares*
$ _____

Cantidad de Dinero con letra* _____

### Destinatario

|  |  |  |
|---|---|---|
| Nombre | Apellido paterno | Apellido materno |
| Ciudad | Estado | No. de Teléfono |

Destinatario alterno (Dinero A Domicilio sólamente)

|  |  |  |
|---|---|---|
| Nombre | Apellido paterno | Apellido materno |

Información requerida sólamente para envios de Dinero a Domicilio o Giro Telegráfico con notificación.

Dirección _____

|  |  |
|---|---|
| Colonia | Calle y número | Código postal |

### Remitente

|  |  |  |
|---|---|---|
| Nombre | Apellido paterno | Apellido materno |

Dirección _____

Calle y número _____

|  |  |  |  |
|---|---|---|---|
| Ciudad | Estado | Código postal | No. de Teléfono |

ALGUNOS TÉRMINOS Y CONDICIONES QUE RIGEN EL SERVICIO DE TRANSFERENCIA DE DINERO QUE USTED HA ELEGIDO, ESTÁN ESPECIFICADOS EN EL REVERSO DE ESTE FORMULARIO. AL FIRMARLO, USTED ESTÁ DE ACUERDO CON ESOS TÉRMINOS Y CONDICIONES.

*ADEMÁS DE LOS CARGOS POR EL SEVICIO DE TRANSFERENCIA, WESTERN UNION GANA DINERO CUANDO CAMBIA SUS DÓLARES AMERICANOS POR PESOS MEXICANOS. POR FAVOR LEA EL REVERSO DE ESTE FORMULARIO PARA MÁS INFORMACIÓN SOBRE EL CAMBIO DE MONEDA.

Al enviar $1,000 ó más, usted deberá presentar una identificación e información adicional.    No exceder $5,000

Firma del remitente _____

### No escriba en el área obscura

Número de operador

Fecha __ / __    Hora de envío

Tipo de indentificacion    Número

Fecha de nacimiento __ / __    Ocupación

Número de Seguro Social/Otro No.

Número de control de transferencia ⬜⬜⬜⬜⬜⬜⬜⬜⬜⬜⬜

Cantidad    $

Cargo    $

Cargo por el mensaje    $

Impuesto    $

Cantidad total cobrada    $

Tipo de cambio*    Cantidad a pagar*

**LECCIONES 1-5** REPASO

## Práctica de vocabulario

**A** Circle the word or phrase that does not belong in each group.

**1.** aeropuerto aduana venta

**2.** periódico papel higiénico revista

**3.** tarde almohada frazada

**4.** pasar llenar completar

**5.** manta mostrador cobija

**6.** maleta equipaje cigarrillo

**7.** comprobante bulto escalera

**8.** inmigración pasaje billete

**9.** valija chamaca maleta

**10.** ordenador extranjero computadora portátil

**11.** hotel botones monitor

**12.** datos ascensor elevador

**13.** tela habitación llave

**14.** café mesa leche

**15.** pargo lenguado huésped

**16.** venir beber tomar

**17.** accesorio cita prenda de vestir

**18.** disponible descafeinado instantáneo

**19.** último ocupado primero

**20.** hacer comprender entender

**21.** mi su después

**22.** importar exportar llamar

**23.** comenzar caminar empezar

**24.** cadena comprador cliente

**25.** unos al del

**B** Circle the word or phrase that best completes each sentence.

**1.** Deseo reservar un (asiento / altavoz / negocio) para el vuelo de mañana.

**2.** ¿Cuándo desea (necesitar / buscar / regresar)?

**3.** Su asiento está en la (almohada / fila / mercancía) tres.

**4.** ¿A qué hora (llegamos / evitamos / anunciamos) a Guadalajara?

**5.** El niño mayor llega en el (negocio / pasaporte / vuelo) de la tarde.

**6.** Debe (abrir / subir / firmar) los cheques aquí.

**7.** La tasa de cambios no es (estable / grande / cara).

**8.** Ellas desean reservar (un impuesto / un maletín / una habitación) en el cuarto piso por cuatro días.

**9.** ¡Bienvenida, señora! Su habitación ya está (mucha / lista / asada).

**10.** Para (asegurar / funcionar / lamentar) su reservación, necesito los datos de su tarjeta de crédito.

**11.** ¿Cuál es la (casa / corbina / fecha) de vencimiento de su tarjeta de crédito?

**12.** En esta habitación hay mucho (país / ruido / postre) porque da a la calle.

**13.** El aire acondicionado del hotel no (deja / funciona / demora).

**14.** Aquí comemos pan, pero las tortillas son más (populares / fuertes / mixtas) que el pan.

**15.** Desean comer huachinango asado con vegetales y (copas / cuentas / arroz).

**16.** Prefiero hablar con el jefe de (modelos / ventas / accesorios).

**17.** El Sr. Vargas está (fresco / situado / interesado) en comprar bagre congelado.

**18.** Los precios marcados son para ventas al (artículo / diseño / menudeo), ¿verdad?

**19.** Queremos hacer una (cantidad / firma / cita) con el gerente de la firma.

**20.** Yo voy a seleccionar varios artículos, y después (discutimos / preferimos / fabricamos) precios y condiciones.

**21.** Ahora voy a (venir / anotar / ir a) los modelos que prefiero.

**22.** (Soy / Vamos / Es Ud.) al salón de exhibición y ventas.

**C** Match the questions in column **A** with the answers in column **B**.

**A**

**1.** ¿Es Ud. ciudadana mexicana? _____

**2.** ¿Tiene algo que declarar? _____

**3.** ¿Desea un pasaje de ida? _____

**4.** ¿Quiere un asiento de pasillo? _____

**5.** ¿Desea un periódico? _____

**6.** ¿Cuándo regresa Ud.? _____

**7.** ¿Quiere una almohada? _____

**8.** ¿Cuántas maletas tiene Ud.? _____

**9.** ¿A cómo está el cambio? _____

**10.** ¿Aceptan aquí cheques de viajero? _____

**11.** ¿Qué desea para el desayuno? _____

**12.** ¿Desea un conjunto de tres piezas? _____

**13.** ¿Qué van a tomar ellos? _____

**14.** ¿Cuál es la especialidad de la casa? _____

**15.** ¿Va a hablar con el gerente? _____

**16.** ¿Todos los diseños son originales? _____

**17.** ¿Qué descuento dan Uds.? _____

**18.** ¿Ella es la camarera? _____

**19.** ¿El pedido va a ser grande? _____

**20.** ¿Las ventas son al menudeo? _____

**B**

**a.** No, una revista.

**b.** Huevos hervidos y café.

**c.** Una copa de vino.

**d.** No, pequeño.

**e.** Sí, y tarjetas de crédito.

**f.** A 11,50 por dólar.

**g.** No, de dos piezas.

**h.** No, soy extranjera.

**i.** No, al por mayor.

**j.** Sí, y una manta.

**k.** Sí, son creaciones exclusivas.

**l.** No, de ida y vuelta.

**m.** No, es la gerente.

**n.** Sí, una cámara de video.

**o.** El cincuenta por ciento.

**p.** Mañana a las tres.

**q.** Dos, y un bolso.

**r.** No, con el jefe de ventas.

**s.** No, de ventanilla.

**t.** Los mariscos y el pescado.

## Situaciones del mundo de las empresas

Review the **Notas culturales** and **Lecturas** of the past five lessons and then read the following scenarios. Find out what went wrong, and propose possible solutions in Spanish. Then discuss the different cultural interpretations represented in the scenarios.

**1.** Upon arriving at my office, the representative of an exports company from Uruguay has introduced himself to me as Fernando Concha. To be friendly, I replied: "Mucho gusto en conocerte, Fernando."

_____

_____

_____

_____

**2.** Since I knew the client was a divorcée, I greeted her by saying: "Buenos días, señorita."

_____

_____

_____

**3.** I am the new sales manager of the Nicaraguan branch of a textile company. I tell one of the office secretaries: "Lorena, ¿puedes traerme la nueva lista de precios?"

_____

_____

_____

**4.** This morning, I addressed my supervisor, Mr. Cardenas, as follows: "Cárdenas, necesito hablar con Ud."

_____

_____

_____

**5.** Because some Spanish salespeople visit their prospective clients without previously arranging for an interview, Ms. Robinson did the same thing.

_____

_____

_____

# VENDIENDO PARA EXPORTAR

## OBJECTIVES

### Structures

- Stem-changing verbs (**o:ue**)
- Affirmative and negative expressions
- Pronouns as object of a preposition
- Direct object pronouns

### Business Communication

- Visiting with a prospective client in a Latin American country
- Negotiating to sell merchandise to be exported from the United States

1–13

El Sr. Leonard, viajante de la firma Flagler Auto Parts, de Miami, visita al Sr. Rovira, administrador de NUEVOS SERVICENTROS, S.A., una cadena de talleres de reparación de automóviles de Antigua, Guatemala.

| | |
|---|---|
| **Sr. Leonard** | —Estamos tratando de penetrar el mercado de Guatemala, y tenemos buenas ofertas para Ud. |
| **Sr. Rovira** | —Uds. venden silenciadores y tubos de escape, ¿verdad? |
| **Sr. Leonard** | —Sí, señor. Además vendemos repuestos para la reparación de los frenos y de los sistemas de suspensión de los carros. |
| **Sr. Rovira** | —En realidad, estamos satisfechos con nuestros suministradores locales, pero podemos hacer negocio. Todo depende de la calidad y precio de su mercancía. |
| **Sr. Leonard** | —Sólo vendemos piezas de marcas acreditadas, y estoy seguro de que, en precios, nadie puede competir con nosotros. |
| **Sr. Rovira** | —Bien, estoy interesado en las líneas de silenciadores y tubos de escape, y también, en los amortiguadores Monroe. |
| **Sr. Leonard** | —¿No usan Uds. los amortiguadores Gabriel? ¿Por qué no los usan? |
| **Sr. Rovira** | —Porque aquí esa marca es poco conocida y casi ningún cliente la ordena. No queremos tener en existencia mercancías que tienen poca salida. |
| **Sr. Leonard** | —Pues esos amortiguadores son de primera calidad y tienen precios competitivos. |
| **Sr. Rovira** | —Sí, pero nosotros siempre usamos los repuestos que los clientes indican. |
| **Sr. Leonard** | —Bien, aquí tiene nuestras listas de precios. Éstos son los precios para el consumidor. Los talleres reciben descuentos según el volumen de la compra y la forma de pago. |

| | |
|---|---|
| **Sr. Rovira** | —¿Estos precios son L.A.B.[1] o C.S.F.[2]? |
| **Sr. Leonard** | —Éstos son los precios de las piezas en nuestros almacenes en Ciudad Guatemala. Desde luego, el transporte de nuestros almacenes a sus talleres va por su cuenta. |
| **Sr. Rovira** | —¿Qué descuento hacen en pedidos de mil unidades o más? |
| **Sr. Leonard** | —En pedidos de ese volumen descontamos entre el 15 y el 25 por ciento del precio de lista. |
| **Sr. Rovira** | —¿Cuáles son las condiciones de pago? |
| **Sr. Leonard** | —Las de costumbre en el mercado: 2/30, n/90.[3] ¿Tienen Uds. crédito bancario? |
| **Sr. Rovira** | —Sí, aquí en Antigua y en la capital. |
| **Sr. Leonard** | —¿Importan directamente de las fábricas? |
| **Sr. Rovira** | —Pocas veces. Nuestros pedidos son pequeños y, aunque las piezas cuestan menos en fábrica, el ahorro no compensa las dificultades para importarlas. |
| **Sr. Leonard** | —Bien, ¿va a hacer algún pedido ahora? |
| **Sr. Rovira** | —Creo que sus precios son buenos, pero necesito compararlos con los de nuestros proveedores actuales. |
| **Sr. Leonard** | —Comprendo. ¿Cuándo vuelvo a visitarlo? ¿El jueves está bien? |
| **Sr. Rovira** | —A ver... el jueves no voy a estar aquí, ni el viernes tampoco; puede venir a verme el lunes próximo. |

**¡Escuchemos!** While listening to the dialogue, circle **V (verdadero)** if the statement is true or **F (falso)** if it is false.

1–13

1. Flagler Auto Parts tiene buenas ofertas porque está tratando de penetrar el mercado de Guatemala.    V    F

2. Ellos sólo venden silenciadores y tubos de escape.    V    F

3. El administrador de Nuevos Servicentros no está satisfecho con sus suministradores actuales.    V    F

4. La cadena siempre vende piezas de marcas acreditadas.    V    F

5. Los clientes prefieren los amortiguadores Gabriel.    V    F

6. Los talleres Nuevos Servicentros usan las piezas más baratas.    V    F

7. El costo del transporte de las piezas de los almacenes a los talleres va por cuenta del comprador.    V    F

8. Los clientes reciben el 2 por ciento de descuento cuando cuando pagan en 30 días.    V    F

9. Nuevos Servicentros casi siempre importan las piezas.    V    F

10. El Sr. Rovira va a comparar los precios con los de sus suministradores actuales.    V    F

---

[1]**L.A.B. (libre a bordo)** *F.O.B. (free on board)*

[2]**C.S.F. (costo, seguro y flete)** *C.I.F. (cost, insurance, and freight)*

[3]**2/30 (dos treinta)** represents a 2 percent discount if the bill is paid within 30 days of purchase, **n/90 (neto noventa)** indicates that the full amount must be paid if the account is satisfied 31–90 days after the date of purchase.

Audio

# VOCABULARIO

## COGNADOS

la capital
competitivo(a)
la dificultad
directamente
innecesario(a)
la lista
local
el volumen

## NOMBRES

el ahorro   *savings*
el amortiguador   *shock absorber*
el automóvil, el auto, el coche, el carro, la
    máquina (*Cuba*)   *automobile, car*
la compra   *purchase, buying*
el (la) consumidor(a)   *consumer*
la fábrica, la factoría   *factory*
el filtro de aire (aceite)   *air (oil) filter*
el freno   *brake*
la línea   *line*
el lunes   *Monday*
la marca   *brand*
la mercancía, la mercadería   *merchandise*
la oferta   *offer, bid, deal*
la pieza   *part*
la reparación   *repair*
el repuesto   *spare part*
el silenciador   *muffler*
el (la) suministrador(a), el (la) provee-
    dor(a)   *provider, supplier*
el taller de reparación   *repair shop*
el tubo de escape   *exhaust pipe*
la unidad   *unit*
el (la) viajante, el (la) agente viajero(a)
    *traveling salesperson*
el viernes   *Friday*

## VERBOS

comparar   *to compare*
compensar   *to compensate*
competir[1]   *to compete*
costar (o:ue)   *to cost*
creer   *to think, to believe*
depender (de)   *to depend (on)*
descontar (o:ue)   *to give a discount of*
exportar   *to export*
indicar   *to indicate*
ordenar   *to order*
penetrar   *to penetrate, to enter (i.e., a market)*
poder (o:ue)   *can, to be able*
recibir   *to receive*
trabajar   *to work*
tratar (de)   *to try*
usar, utilizar   *to use*
visitar   *to visit*
volver (o:ue)   *to come back*

## ADJETIVOS

acreditado(a)   *well-established*
actual   *present*
bancario(a)   *bank*
próximo(a)   *next*
satisfecho(a)   *satisfied*

## OTRAS PALABRAS Y EXPRESIONES

a veces   *sometimes*
a ver   *let's see*
además   *besides*
las (condiciones) de costumbre en la
    plaza (el mercado)   *the usual terms in
    the market*
las condiciones de pago   *terms of payment*
conmigo   *with me*
desde luego   *of course*

---

[1]Irregular verb: **yo compito, tú compites,** etc.

| | |
|---|---|
| **en existencia**   *in stock* | **poco**   *a little* |
| **estar seguro(a)**   *to be certain* | **pocas veces**   *not frequently* |
| **la forma de pago**   *means of payment* | **¿por qué?**   *why?* |
| **hacer un pedido**   *to place an order* | **porque**   *because* |
| **ir por su cuenta**   *to be paid by you* | **según**   *according to, depending on* |
| **los de**   *those* | **siempre**   *always* |
| **los (las) nuestros(as)**   *ours* | **el sistema de suspensión**   *suspension* |
| **nadie**   *no one* | **tampoco**   *neither, not either* |
| **ni**   *neither, nor* | **todo**   *all, everything* |
| **ningún**   *none* | |

Audio

# VOCABULARIO ADICIONAL: VOCABULARIO AUTOMOVILÍSTICO (I)

| | |
|---|---|
| **el acelerador**   *accelerator* | **el guardabarros, el guardafangos**   *fender* |
| **el acumulador, la batería**   *battery* | **el limpiaparabrisas**   *windshield wiper* |
| **la bolsa de aire**   *air bag* | **el líquido de frenos**   *brake fluid* |
| **la bujía**   *spark plug* | **la luz**   *light* |
| **la caja de bolas**   *ball bearings* | **la llanta** (*Méx.*), **el neumático,** |
| **el cambio de aceite**   *oil change* | **la goma** (*coll.*)   *tire* |
| **la carrocería**   *body (of automobile)* | **el maletero, la cajuela** (*Méx.*), **el baúl** |
| **el chasis**   *chassis* | *trunk* |
| **el claxon, la bocina, el pito** (*coll.*)   *horn,* | **el motor**   *motor, engine* |
| *klaxon* | **el motor de arranque**   *starter* |
| **los cojinetes**   *roller bearings* | **el parabrisas**   *windshield* |
| **la defensa, el parachoques**   *bumper* | **la transmisión**   *transmission gear* |
| **el engrase, la lubricación**   *lubrication* | **la vestidura, la tapicería**   *upholstery* |
| **el (la) guantero(a)**   *glove compartment* | **el volante, el timón** (*coll.*)   *steering wheel* |

NOTAS CULTURALES
Search

■ Before trying to do business in a foreign country, it is necessary to do some legal research. Many countries prohibit or restrict certain imports, or they charge high customs duties in order to protect their national industries. Some countries also prohibit certain exports. Costa Rica, for example, prohibits the export of certain types of wood in order to protect their rain forests. Peru and Mexico do not allow certain pre-Columbian artifacts to be taken out of the country.

- On the other hand, before extending credit, it is a good idea to find about the legal and practical difficulties one might encounter when trying to collect bad debts.

- Generally, the necessary red tape to start a business in Spanish-speaking countries is more complicated and costly than it is in the United States. A study published in 2001 by the *National Bureau of Economic Research*, found that to register a small business in Mexico takes 112 days, in the U.S. 4 days, and in Shanghai 10 hours average.

- While conducting business in the Spanish-speaking business world, remember to be punctual for all meetings and appointments, just as you would elsewhere. Do not be offended, however, if your associates do not practice the same concept of time management and arrive up to thirty minutes late for a meeting. Time is a flexible concept in many countries of the Spanish-speaking world, and efficiency and timeliness often bow to courtesy and diplomacy, leading to tardiness by American standards. Be prepared to wait even for scheduled appointments. An exception to the previous rule is Guatemala. Although in daily living time may be a flexible concept, most of the Guatemalan ruling elite has embraced the Neopentecostal's "prosperity ideology," and for them punctuality is very important.

## Actividades

**Dígame...** Answer the following questions, basing your answers on the dialogue.

**1.** ¿Cuál es el trabajo (*job*) del Sr. Leonard?

_____

**2.** ¿Qué es Nuevos Servicentros, S.A.?

_____

**3.** ¿Qué está tratando de hacer la firma Flagler Auto Parts?

_____

**4.** ¿Qué piezas de repuesto vende Flagler Auto Parts?

_____

**5.** ¿Por qué no está interesado el Sr. Rovira en los amortiguadores Gabriel?

_____

**6.** ¿Cree Ud. que el Sr. Leonard y el Sr. Rovira van a hacer negocio? ¿Por qué o por qué no?

_____

**7.** ¿Piensa Ud. que Nuevos Servicentros, S.A. es un negocio serio (*serious*)? ¿Por qué or por qué no?

_____

**8.** ¿Quién debe pagar el transporte de la mercancía del almacén a los talleres?

_____

**9.** ¿Por qué no importa Nuevos Servicentros, S.A. siempre?

_____

**10.** ¿Qué va a hacer el Sr. Rovira antes de decidir (*before deciding*) hacer un pedido?

_____

 **Hablemos**   Interview a classmate, using the following questions. When you have finished, switch roles.

**1.** ¿Dónde trabaja Ud.?

**2.** ¿Qué hace?

**3.** ¿Qué fábricas de automóviles extranjeros están tratando de penetrar el mercado de los Estados Unidos?

**4.** ¿Está Ud. satisfecho(a) con su taller de mecánica? ¿Por qué o por qué no?

**5.** Los productos de marcas acreditadas, ¿son siempre mejores?

**6.** ¿Qué productos son más caros: los de marcas acreditadas o los genéricos (*generic*)?

**7.** ¿Tiene Ud. una línea de crédito bancaria? ¿En qué banco?

**8.** Importar un carro directamente de Japón, ¿cuesta menos que comprarlo aquí?

**9.** Antes de comprar algo, ¿compara Ud. los precios de varias tiendas? ¿El ahorro compensa las dificultades?

 **Quiz**

# Vamos a practicar

**A**   Complete the following sentences with the appropriate form of the verb in parentheses.

**MODELO**   El amortiguador (costar) $23.
El amortiguador **cuesta** $23.

**1.** Ellas _____ (poder) tratar de penetrar el mercado de Colombia.

**2.** Si el administrador no está hoy yo _____ (volver) mañana.

**3.** ¿Cuánto _____ (descontar) Uds. en los tubos de escape?

**4.** Yo no _____ (poder) atender a los clientes.

**5.** Nosotros _____ (volver) a las cinco.

**B** Rewrite the following sentences to express the opposite.

> **MODELO** Ella *siempre* come *algo* antes de salir.
> Ella **nunca** come **nada** antes de salir.

**1.** Importamos *algunas* piezas directamente de los Estados Unidos.

_____

**2.** En este taller hay *siempre algún* mecánico disponible.

_____

**3.** *Nadie* compra *nada nunca.*

_____

**4.** *También* damos descuentos en las piezas de repuesto.

_____

**C** You are a salesperson talking with a prospective client. Tell him/her the following.

> **MODELO** I have a good offer for you.
> **Tengo una buena oferta para Ud.**

**1.** No one can compete with us in price and quality.

_____

**2.** For us, a satisfied client is good business.

_____

**3.** I am going to order the mufflers today.

_____

**4.** You may talk with the manager or with me.

_____

**D** Rewrite each sentence by changing the word order, as required by the alternative placement of the direct object pronoun.

> **MODELO** Nosotros *queremos introducirla* en el mercado.
> Nosotros **la queremos introducir** en el mercado.

**1.** *Los estamos importando* de Guatemala.

_____

**2.** *Vamos a visitarla* todos los lunes.

_____

**3.** *Lo podemos reparar* en este taller.

_____

**4.** *Puedo ordenarlas* ahora.

_____

**5.** No *tenemos que importarlas; podemos comprarlas* en el mercado local.

_____

**Sirva usted de intérprete**  With two classmates, play the role of Mr. Block, Sr. Bernal, and the interpreter who helps them communicate. Switch roles until each of you has played the interpreter's role.

**Mr. Block** —*Good morning. I am a traveling salesman for Midas.*

**Intérprete** —_____

**Sr. Bernal** —Mucho gusto en conocerlo, Sr. Block. ¿En qué puedo servirle?

**Intérprete** —_____

**Mr. Block** —*My company is trying to enter the Ecuador market and we are offering big discounts on all spare parts.*

**Intérprete** —_____

**Sr. Bernal** —¿Qué piezas venden Uds.?

**Intérprete** —_____

**Mr. Block** —*We sell shock absorbers, mufflers, exhaust pipes, and everything you may need to repair brakes.*

**Intérprete** —_____

**Sr. Bernal** —¿Qué marcas de amortiguadores venden Uds.?

**Intérprete** —_____

**Mr. Block** —*We sell Monroe and Gabriel shock absorbers.*

**Intérprete** —_____

**Sr. Bernal** —¿Cuáles son los mejores?

**Intérprete** —_____

**Mr. Block** —*The Monroe shock absorbers are better known in this market, but the Gabriel ones are also top quality, and I sell them at competitive prices.*

**Intérprete** —_____

**Sr. Bernal** —¿Es ésta la lista de precios para el consumidor?

**Intérprete** —_____

**Mr. Block** —*Yes, and this month we are offering a 40 percent discount to wholesale buyers.*

**Intérprete** —_____

**Sr. Bernal** —Muy bien. ¿Cuáles son las condiciones de pago?

**Intérprete** —_____

**Mr. Block** —*The usual terms in this market: 2/30, n/90.*

**Intérprete** —_____

**Sr. Bernal** —¿Tienen Uds. existencias de todos estos productos en Ecuador?

**Intérprete** —_____

**Mr. Block** —*Yes. sir. We have a warehouse here in Quito.*

**Intérprete** —_____

## Sirva usted de traductor

After visiting with Mr. Leonard, Mr. Rovira sent the following e-mail to his company's president. What does the e-mail say?

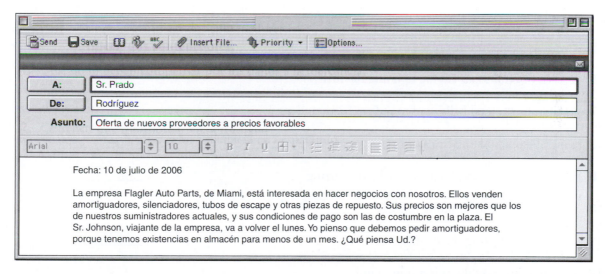

**A:** Sr. Prado
**De:** Rodríguez
**Asunto:** Oferta de nuevos proveedores a precios favorables

Fecha: 10 de julio de 2006

La empresa Flagler Auto Parts, de Miami, está interesada en hacer negocios con nosotros. Ellos venden amortiguadores, silenciadores, tubos de escape y otras piezas de repuesto. Sus precios son mejores que los de nuestros suministradores actuales, y sus condiciones de pago son las de costumbre en la plaza. El Sr. Johnson, viajante de la empresa, va a volver el lunes. Yo pienso que debemos pedir amortiguadores, porque tenemos existencias en almacén para menos de un mes. ¿Qué piensa Ud.?

## En estas situaciones

What would you say in the following situations? What might the other person say?

1. You are talking with a sales representative from an automotive parts distributor. You want to know whether a company sells mufflers, exhaust pipes, and shock absorbers. You also wish to find out the price of these products.

2. You are a public relations person and you call a customer to see if he/she is satisfied with the service provided by your company. Ask about the following:

    **a.** the quality and the prices
    **b.** the discounts
    **c.** the terms of payment
    **d.** other orders

 **Casos** Act out the following scenarios with a partner.

1. A salesperson is trying to convince a client to order merchandise from his/her company.

2. A businessperson and a salesperson are discussing discounts and terms of payment.

**Un paso más** Review the **Vocabulario adicional** in this lesson and give the Spanish names of the automobile parts described.

1. metal frames over the wheels              _____

2. a connected group of cells storing an electrical charge    _____

3. airbags and seat belts                    _____

4. liquid used as fuel                         _____

5. covering of the interior of a car            _____

6. a piece fitted into an engine to ignite the fuel      _____

7. freely rolling metal balls used to reduce friction     _____

8. a metal bar across the front or back          _____

9. a device to lessen the force of shocks and jarring    _____

10. a compartment for holding luggage           _____

11. a device for starting the engine            _____

12. glass that protects the riders from wind        _____

**Lectura**  After reading this **lectura,** get together with a partner and take turns answering the questions that follow.

Gracias a su gran producción petrolera,° Venezuela — *oil* (adj.)
tiene uno de los mayores ingresos° *per cápita* de to- — *income*
da la América Latina, pero las estadísticas no reflejan° — *reflect*
fielmente° la realidad° económica del pueblo — *faithfully / reality*
venezolano. En Venezuela, como en la mayoría° de — *majority*
los países de América Latina, una minoría° tiene un — *minority*
alto estándar de vida, y la mayoría es pobre.° — *poor*

Para que las clases acomodadas° contribuyan° más — **clases...** *upper classes / contribute*
al desarrollo° del país, el gobierno° fija° altos — *development / government / fixes*
impuestos a los artículos de lujo° importados, entre — *luxury*
ellos, a los automóviles, que allí no están al alcance° — **al...** *within reach*
de los pobres.

Por ese motivo,° la clase media° sólo puede — **Por...** *for that reason* / **la...** *middle class*
comprar autos de uso,° y consume una gran — **de...** *used*
cantidad° de piezas de repuesto. — **gran...** *large amount*

1. ¿Por qué tiene Venezuela uno de los mayores ingresos *per cápita* de toda la América Latina?

2. ¿Quiénes tienen un alto estándar de vida en Venezuela, la minoría o la mayoría de los vene-zolanos?

3. ¿Por qué fija el gobierno de Venezuela altos impuestos a los artículos de lujo importados?

4. ¿Qué tipo de automóviles compran los venezolanos de clase media?

**Y en los Estados Unidos...**

1. ¿El gobierno fija altos impuestos a los artículos de lujo importados?

2. ¿Quiénes compran los carros usados aquí?

## Un dicho

**Compra en tu idioma; vende en el de tu cliente.**  *Buy in your language; sell in your client's.*

# LECCIÓN 7

# MEDIOS DE COMUNICACIÓN

## OBJECTIVES

### Structures

- Stem-changing verbs (e:i)
- Irregular first-person forms
- **Saber** contrasted with **conocer**
- Indirect object pronouns

### Business Communication

- Inquiring about the availability of communication facilities in a foreign country
- How to procure and use communication facilities

1–14

La Sra. Sánchez, compradora de la firma Gaviña and Sons, de California, está en Colombia comprando café. Ahora llama a la telefonista del hotel para pedir información acerca de los medios de comunicación con que cuenta el hotel.

Por teléfono:

**Sra. Sánchez** —Señorita, necesito llamar a los Estados Unidos. ¿Cómo hago para llamar desde mi habitación?

**Telefonista** —Primero marca el nueve, después el código de los Estados Unidos y, por último, el código del área y el número de teléfono al que desea llamar.

**Sra. Sánchez** —¿Cuánto carga el hotel por llamadas de larga distancia?

**Telefonista** —Mil quinientos pesos, señora.

**Sra. Sánchez** —¿Y por las llamadas locales?

**Telefonista** —Nada, señora. El servicio local es gratuito.

**Sra. Sánchez** —Muy bien. Otra cosa, ¿dónde queda la oficina de correos más cercana? Necesito enviar unas cartas.

**Telefonista** —A tres cuadras de aquí, pero puede echarlas en el buzón que está en el mostrador de la oficina. El hotel también le ofrece servicios de facsímiles y acceso a la Internet.

**Sra. Sánchez** —Magnífico. Necesito mandar un fax a mi oficina.

En el correo:

**Sra. Sánchez** —Por favor, ¿sabe Ud. cuánto tarda un paquete en llegar a su destinatario en Vernon, California?

**Empleado** —Si lo envía por correo aéreo, le llega en tres días.

| | |
|---|---|
| **Sra. Sánchez** | —En cuanto al tamaño y al peso de los paquetes, ¿hay alguna regulación? |
| **Empleado** | —¿Qué contiene el paquete? |
| **Sra. Sánchez** | —Muestras de café sin valor comercial, varios catálogos y folletos de propaganda. |
| **Empleado** | —Si envía los impresos en un paquete aparte, ahorra dinero; pues los impresos pagan una tarifa mucho menor. |
| **Sra. Sánchez** | —¿Cuánto deben medir y pesar los paquetes de impresos? |
| **Empleado** | —Las medidas no deben exceder de 30 centímetros de largo, 20 de ancho y 10 de alto. Además, el paquete no debe pesar más de 5 kilos, más o menos 11 libras. |
| **Sra. Sánchez** | —Otra pregunta, ¿puedo enviar por correo bultos de mercancías con valor comercial? |
| **Empleado** | —Sí, hasta 20 kilos de peso. |
| **Sra. Sánchez** | —Yo necesito enviar un paquete mucho más grande. ¿Conoce Ud. alguna agencia internacional de envío de paquetes? |
| **Empleado** | —Nos está prohibido recomendar servicios privados, pero hay una que no está muy lejos de aquí. |
| **Sra. Sánchez** | —De todos modos, ¿sabe Ud. la dirección? |
| **Empleado** | —No, no la sé, pero puede buscarla en la guía de teléfonos o pedirle información a la telefonista. |
| **Sra. Sánchez** | —Gracias, y una pregunta más. ¿Dónde puedo cobrar un cheque, digo, un giro postal internacional? |
| **Empleado** | —En la tercera ventanilla, a la izquierda. |
| **Sra. Sánchez** | —Ah, sí, ya la veo. Donde dice "Giros y telegramas", ¿no? |
| **Empleado** | —Sí, señora. |

**¡Escuchemos!** While listening to the dialogue, circle **V (verdadero)** if the statement is true or **F (falso)** if it is false.

1–14

1. La Sra. Sánchez compra café para exportar a los Estados Unidos.    V    F

2. El hotel no cobra por las llamadas de larga distancia.    V    F

3. La oficina de correos más cercana queda a veinte cuadras del hotel.    V    F

4. La señora puede echar las cartas en el buzón.    V    F

5. La Sra. Sánchez quiere mandar por correo muestras de café.    V    F

6. Enviar café cuesta menos que enviar folletos y los catálogos.    V    F

7. Está prohibido enviar por correo mercancías con valor comercial.    V    F

8. Los empleados de correo pueden recomendar agencias privadas de envío de paquetes.    V    F

9. La señora puede buscar el nombre de una agencia de envío de paquetes en la guía de teléfonos.    V    F

10. Para cobrar un giro postal la Sra. Sánchez debe ir a donde dice "Giros y telegramas".    V    F

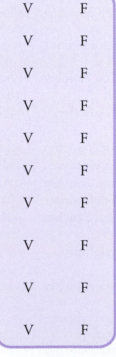

# VOCABULARIO

### COGNADOS

el acceso
el área
el centímetro
la comunicación
el facsímil, el facsímile, el fax
internacional
el (la) Internet, la red
el kilo, el kilogramo
la regulación, la disposición
el servicio
el telegrama

### NOMBRES

el alto    *height, depth (of a container)*
el ancho    *width*
el buzón    *mailbox*
la carta    *letter*
el código, la clave    *code*
el correo aéreo    *airmail*
el correo electrónico    *e-mail*
la cosa    *thing*
la cuadra    *block*
el (la) destinatario(a)    *addressee*
el dinero    *money*
el folleto    *booklet*
el giro postal    *money order*
la guía de teléfonos, el directorio
    telefónico    *phone book*
el (la) hijo(a)    *son, daughter*
el impreso    *printed matter*
el informe    *report*
el largo    *length*
la libra    *pound*

la llamada    *call*
la (llamada de) larga distancia    *long
    distance (call)*
la medida    *measure, measurement, dimension*
los medios de comunicación    *media*
la muestra    *sample*
la oficina de correos, el correo    *post office*
el paquete    *package*
el peso    *weight*
la pregunta    *question*
la propaganda    *advertisement*
el tamaño    *size*
la tarifa    *tariff, toll, fare*
el (la) telefonista, el (la) operador(a)
    *telephone operator*
el valor    *value, worth*
la ventanilla    *(service) window*

### VERBOS

ahorrar    *to save*
cargar, cobrar    *to charge*
conocer[1]    *to know*
contener[2]    *to contain*
decir (e:i)[3]    *to say, to tell*
echar    *to drop*
enviar,[4] mandar    *to send*
exceder    *to exceed*
marcar    *to dial*
medir (e:i)    *to measure*
ofrecer[5]    *to have available*
pedir (e:i)    *to ask for, to request*
pesar    *to weigh*
recomendar (e:ie)    *to recommend*
saber[6]    *to know*

[1]Irregular first person singular: **yo conozco.**
[2]Conjugated like **tener.**
[3]Irregular first person singular: **yo digo.**
[4]Present indicative forms: **envío, envías, envía, enviamos, envían.**
[5]Irregular first person singular: **yo ofrezco.**
[6]Irregular first person singular: **yo sé.**

### ADJETIVOS

**algún,**[1] **alguno, alguna**   *any*
**cercano(a)**   *near, close by*
**gratuito(a), gratis**   *free of charge (adv.)*
**menor**   *less*
**privado(a)**   *private*

### OTRAS PALABRAS Y EXPRESIONES

**a tres cuadras de (aquí)**   *three blocks from (here)*
**acerca de**   *about*

**aparte**   *separately, in addition to*
**con que cuenta**   *available*
**de todos modos**   *anyway*
**digo**   *I mean*
**en cuanto a**   *in regard to*
**lejos (de)**   *far (from)*
**¡Magnífico!**   *Great!, Magnificent!*
**nos**   *to us*
**por último**   *finally, lastly*
**pues**   *because, since*
**sin**   *without*

Audio

# VOCABULARIO ADICIONAL

### EL CORREO

**el apartado postal, la casilla de correo**   *post office box*
**la carta certificada**   *registered (certified) letter*
**el (la) cartero(a)**   *mail carrier*
**con acuso de recibo**   *return receipt*
**la entrega al día siguiente**   *overnight delivery*
**la entrega especial**   *special delivery*
**entregar**   *to deliver*
**la esquina superior derecha**   *upper right corner*
**la esquina superior izquierda**   *upper left corner*
**la estampilla, el sello, el timbre** (*Méx.*)   *(postage) stamp*
**el franqueo**   *postage*
**el matasellos**   *postmark*
**el membrete**   *letterhead*

**porte debido, porte a pagar**   *postage due*
**porte pagado**   *postage paid*
**el (la) remitente**   *sender*
**los servicios de correo y paquetería privados**   *private couriers*
**el sobre**   *envelope*

### LOS TELÉFONOS

**los audífonos**   *headset*
**la conferencia telefónica**   *phone conference*
**la llamada a cobrar, la llamada por cobrar**   *collect call*
**la memoria**   *memory*
**el remarcador del último número**   *last number redial*
**la tarjeta telefónica**   *prepaid phone card*
**el teléfono celular**   *cellular phone*
**el teléfono portátil**   *cordless phone*
**el teléfono público**   *public phone*

---

[1]Like **bueno alguno** drops its final **o** when used before masculine singular nouns. When used in this way, it adds a written accent to the **u.**

## NOTAS CULTURALES

- The quality of telephone service varies widely within the Spanish-speaking world. While most countries have seen vast improvements in their telecommunications systems in recent years, direct dialing and immediate international connections may still not always be available, and connections may be poor, especially in rural areas. Placing a call from one's hotel room is generally the most expensive option, since hefty surcharges are usually applied. Many cities and even smaller towns in Latin American countries have calling centers, run by phone companies, where long-distance calls can be made and paid for on the spot. Depending on the country, phones may require coins, special tokens (**fichas**), or phone cards. Operators for U.S. long-distance carriers can also be accessed from most countries to assist in placing international calls. The efficiency of mail should not be taken for granted in most Latin American countries, and General Delivery mail in most of these countries is not a good option.

- First-class hotels throughout Latin America are usually equipped to cater to the needs of business travelers. In addition to providing fax services, many hotels have document centers that provide computers for word processing, as well as for e-mail and Internet access. Also, the phone lines in the rooms of these hotels are usually upgraded with an additional data jack so that the guest may be able to connect his or her laptop for Internet communication.

- In many countries cellular phones have become popular because they are seen as a status symbol. Latin American countries are not an exception, but in some cases cellular phones have become a solution to the shortage of phones, and they are a less expensive way to expand services to isolated areas.

## Actividades

**Dígame...**   Answer the following questions, basing your answers on the dialogues.

**1.** ¿Para qué llama la Sra. Sánchez a la telefonista?

_____

**2.** ¿Qué tiene que hacer la Sra. Sánchez para llamar a los Estados Unidos desde su habitación?

_____

**3.** ¿Cuánto carga el hotel por las llamadas de larga distancia?

_____

**4.** ¿Cuánto cobra el hotel por las llamadas locales desde la habitación?

_____

**5.** ¿Adónde debe ir la Sra. Sánchez para enviar un fax?

_____

**6.** ¿Cuándo va a llegar el paquete de la Sra. Sánchez a su destinatario en Vernon, California?

_____

**7.** ¿Qué contiene el paquete de la Sra. Sánchez?

_____

**8.** ¿Qué debe hacer la Sra. Sánchez para ahorrar dinero?

_____

**9.** ¿Cuáles son las regulaciones del correo en cuanto al peso de los paquetes?

_____

**10.** ¿Hasta cuánto pueden pesar los paquetes de mercancías con valor comercial?

_____

**11.** ¿Qué tiene que buscar la Sra. Sánchez en la guía de teléfonos?

_____

 **Hablemos**  Interview a classmate, using the following questions. When you have finished, switch roles.

**1.** ¿Qué hace Ud. para llamar por teléfono a otro país?

**2.** ¿Cuánto le cuesta a Ud. llamar por larga distancia a su casa?

**3.** ¿Necesita utilizar a la operadora para llamar por larga distancia a su casa?

**4.** ¿Dónde queda el buzón más cercano? ¿Y la oficina de correos más cercana?

**5.** ¿Envía Ud. sus paquetes por correo o por una agencia privada?

**6.** ¿Conoce Ud. alguna agencia de envío de paquetes a todo el mundo (*the world over*)?

**8.** ¿Dónde puedo buscar la dirección de FedEx?

**9.** ¿Dónde puedo comprar un giro postal?

**10.** ¿El correo entrega los paquetes a domicilio?

 # Vamos a practicar

**A**  Complete the sentences with the conjugated form of the verb in parentheses.

**Modelo**   Nosotros les (pedir) los catálogos.
Nosotros les **pedimos** los catálogos.

**1.** Yo no les _____ (pedir) dinero a mis padres.

**2.** Tú _____ (medir) el largo y el ancho del paquete.

**3.** Ella _____ (decir) que ellos van al correo.

**4.** El Sr. Fernández _____ (conseguir—*to get, to obtain*) folletos de propaganda.

**5.** Ellos _____ (servir—*to serve*) café de Colombia.

**B** Write sentences using the following elements.

**MODELO** yo / salir (*leave*) / a las dos
**Yo salgo a las dos.**

**1.** yo / saber / dónde hay un buzón

_____

**2.** yo / no conocer / la operadora

_____

**3.** yo / hacer / los bultos

_____

**4.** yo / traer / los catálogos

_____

**5.** yo / ofrecer / mis servicios a la agencia

_____

**C** Mr. Johnson uses UPS services to send packages and letters. The following are the addresses and what he sends to each of them. Form complete sentences using the verb **mandar.** Remember to use the corresponding indirect object pronouns.

**MODELO** muestras de café / a su jefa
**Él le manda muestras de café a su jefa.**

**1.** cartas / a sus hijos

_____

**2.** un giro postal / a nosotros

_____

**3.** a mí / un folleto de propaganda

_____

**4.** a ti / un paquete de impresos

_____

**LECCIÓN 7: MEDIOS DE COMUNICACIÓN**

**5.** a Ud. / mercancías

_____

**6.** a ustedes / la dirección del hotel

_____

**Sirva usted de intérprete**  With two classmates, play the roles of a customer **(cliente),** a post office employee, and the interpreter who helps them communicate. Switch roles until each of you has played the interpreter's role.

| | |
|---|---|
| **Cliente** | —Por favor, necesito enviar una carta a España. ¿Cuánto es el franqueo? |
| **Intérprete** | —_____ |
| **Empleado(a)** | —_Do you want an airmail stamp?_ |
| **Intérprete** | —_____ |
| **Cliente** | —Sí, por favor. ¿Cuánto tarda una carta por correo aéreo a Uruguay? |
| **Intérprete** | —_____ |
| **Empleado(a)** | —_About four days. Do you want one international stamp?_ |
| **Intérprete** | —_____ |
| **Cliente** | —Quiero cuatro. ¿Cuánto es? |
| **Intérprete** | —_____ |
| **Empleado(a)** | —_Two dollars. Anything else?_ |
| **Intérprete** | —_____ |
| **Cliente** | —Sí, necesito cambiar un giro postal. |
| **Intérprete** | —_____ |
| **Empleado(a)** | —_You need to go to the second window to the left._ |
| **Intérprete** | —_____ |
| **Cliente** | —Muchas gracias. |
| **Intérprete** | —_____ |
| **Empleado(a)** | —_You're welcome._ |
| **Intérprete** | —_____ |

Nombre _____ Sección _____ Fecha _____

 **En estas situaciones** What would you say in the following situations? What might the other person say?

1. You are in Mexico and you need to mail a package. Ask the clerk how long it takes for a package to arrive at its address in the United States. Also ask what the limitations are regarding the size and weight of the package. Tell the clerk what the package contains, and ask about a shipping agency, its address, and where you can get a telephone directory.

2. You are a clerk in a post office. Help a customer who doesn't speak English. Say that a postcard takes two weeks to get to Venezuela, but by airmail it takes five days. Also say that packages can weigh up to 40 pounds. Add that a package larger than that must be sent through a shipping agency located five blocks from the post office.

 **Casos** Act out the following scenarios with a partner.

1. A guest in a Spanish-speaking country tries to find out how to make an international telephone call.

2. A clerk at the post office talks with a customer who speaks Spanish only.

3. A hotel receptionist discusses with a guest the various means of communication offered at the hotel, such as fax, Internet service, photocopying service, etc.

## Un paso más

**A** You are a desk clerk at a hotel in Chile. Review the **Vocabulario adicional** in this lesson and use it and other vocabulary you have learned to create a list of questions, instructions, or statements that you will need to help guests send mail.

1. _____
2. _____
3. _____
4. _____
5. _____

**B** Use the information on the envelope to answer the questions.

Sra. Celina Rosales
Apartado postal 93
Salamanca, España

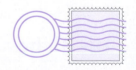

Sra. Mariana Soto
Avenida 13 #94A-39
San José, Costa Rica

Carta certificada

**LECCIÓN 7: MEDIOS DE COMUNICACIÓN**

Copyright © Houghton Mifflin Company. All rights reserved.

1. ¿Quién es la remitente?

2. ¿Quién es la destinataria?

3. ¿Dónde tiene el sobre un sello?

4. ¿Dónde tiene el matasellos?

5. ¿Es una entrega especial?

**Lectura** After reading this **lectura,** get together with a partner and take turns answering the following questions.

Los colombianos dicen que su café es el mejor del mundo, y son muchos los que están de acuerdo° con ellos, pero la excesiva dependencia del producto limita el desarrollo del país. La Federación Nacional de Cafeteros° (FNC), con más de medio millón de miembros,° agrupa° a casi° todos los cosecheros° colombianos, y controla la exportación y la calidad del producto. El logo de Juan Valdés, famoso en todo el mundo,° garantiza que los productos que lo muestran° están hechos° con café 100% colombiano.
Sin embargo,° la Federación no es un monopolio. En Colombia hay unas 40 pequeñas cooperativas independientes de productores y exportadores de café.

**están...** *agree*

**Federación...** *National Federation of Coffee Farmers members / includes / almost growers*

**en...** *the world over*
**lo...** *exhibit it / made*

**Sin...** *nevertheless*

1. ¿Qué limita el desarrollo de Colombia?

2. ¿Quién controla la exportación del café colombiano?

3. ¿Qué garantiza el logo de Juan Valdés?

4. ¿Por qué no es la Federación de Cafeteros de Colombia un monopolio?

**Y en los Estados Unidos ...**

1. ¿Hay muchos monopolios?

2. ¿Algún logo garantiza la calidad de algún producto?

# Un dicho

**Nunca pongas todos los huevos en una sola canasta.** *Don't put all your eggs in one basket.*

# EL TRANSPORTE DE PASAJEROS

## OBJECTIVES

### Structures

- **Pedir** contrasted with **preguntar**
- Special construction with **gustar, doler,** and **hacer falta**
- Demonstrative adjectives and pronouns
- Direct and indirect object pronouns used together

### Business Communication

- Using different means of passenger transportation
- Taking a bus or a taxi
- Renting a car
- Requirements for renting and driving a car in a foreign country

**1-15**

La Sra. Soto, propietaria de una tienda de artesanías en Los Ángeles, California, está en Guadalajara en viaje de negocios. Para trasladarse de un lugar a otro de la ciudad, e ir a los pueblos cercanos, utiliza varios medios de transporte. En la acera, frente al hotel, saluda al primer transeúnte que encuentra y le pide información.

**Sra. Soto** —Por favor, señor, ¿qué autobús debo tomar para ir a Tlaquepaque?

**Transeúnte** —Aquí, ninguno. Debe caminar dos cuadras hasta la Avenida de la Paz, cruzar la calle y tomar un autobús de la ruta 15, en la parada de la esquina.

Ya en el autobús, le pregunta a otra pasajera.

**Sra. Soto** —Este autobús va a Tlaquepaque, ¿verdad?

**Pasajera** —No, señora. Debe hacer transferencia para la ruta 42.

**Sra. Soto** —¿Dónde hago la transferencia?

**Pasajera** —En la Plaza de la Bandera. Yo le aviso.

**Sra. Soto** —¿A quién le pido la transferencia?

**Pasajera** —Tiene que pedírsela al chofer en el momento de bajarse.

**Sra. Soto** —Y, ¿dónde tomo el otro autobús?

**Pasajera** —Tiene que caminar media cuadra por el Boulevard Tlaquepaque y allí debe tomar un camión de la ruta 42.

Cuando la Sra. Soto desea regresar, los autobuses van muy llenos. Cuando ya le duelen los pies de estar parada esperando decide tomar un taxi pero, antes de tomarlo, le pregunta al taxista cuánto le va a costar el viaje.

| | |
|---|---|
| **Sra. Soto** | —Por favor, ¿cuánto es hasta Guadalajara? |
| **Taxista** | —¿A qué parte de la ciudad? |
| **Sra. Soto** | —Al centro, al Hotel Presidente, en la Avenida Juárez 170. |
| **Taxista** | —Desde aquí el taxímetro va a marcar $90, más o menos. |
| **Sra. Soto** | —Muy bien, vamos. |

Al llegar a la ciudad, la Sra. Soto decide alquilar un carro para manejarlo ella misma.

| | |
|---|---|
| **Sra. Soto** | —Quiero alquilar un carro compacto por tres días. |
| **Empleada** | —¿Sabe manejar carros de cambio mecánico? |
| **Sra. Soto** | —Sí, pero no me gustan. Prefiero uno automático. |
| **Empleada** | —Lo siento. No tenemos disponible ningún coche pequeño de cambio automático. |
| **Sra. Soto** | —¿Cuánto me cuesta uno mediano? |
| **Empleada** | —Ése de cuatro puertas le sale en $350 al día, más el seguro y el I.V.A. (iva), y aquél de dos puertas se lo puedo dejar en $300. |
| **Sra. Soto** | —¿Qué es el I.V.A.? |
| **Empleada** | —Es el impuesto al valor agregado. |
| **Sra. Soto** | —¡Ah! ¿Tengo que comprar seguro? ¿No me cubre el seguro de los Estados Unidos? |
| **Empleada** | —No, señora. Tiene que comprar un seguro local. |
| **Sra. Soto** | —Pero puedo conducir con mi licencia de California. No me hace falta también una licencia local, ¿verdad? |
| **Empleada** | —Sí, si está aquí como turista o en viaje de negocios, puede manejar con su licencia extranjera. |
| **Sra. Soto** | —¿Necesita verla? |
| **Empleada** | —Sí, por favor, ¿puede mostrármela? Además, necesito su tarjeta de crédito. |

 **¡Escuchemos!** While listening to the dialogue, circle **V (verdadero)** if the statement is true or **F (falso)** if it is false.

1–15

1. En la acera del hotel, la Sra. Soto le pide información a un transeúnte.    V    F
2. Para ir a Tlaquepaque debe tomar un autobús de la ruta 42.    V    F
3. No necesita cruzar la calle para tomar el autobús.    V    F
4. En el autobús, la Sra. Soto le pide información a otra pasajera.    V    F
5. La otra pasajera no sabe dónde debe hacer transferencia la Sra. Soto.    V    F
6. Para regresar, el viaje en taxi le cuesta 90 pesos, más o menos.    V    F
7. A la Sra. Soto le gustan los carros de cambio mecánico.    V    F
8. El I.V.A. es el impuesto al valor agregado.    V    F

**9.** Los seguros de los Estados Unidos cubren a los turistas para manejar en México.

V    F

**10.** Los hombres y mujeres de negocio no pueden conducir en México con su licencia extranjera.

V    F

Audio

# VOCABULARIO

### COGNADOS

**automático(a)**
**el boulevard,**[1] **el bulevar**
**el (la) chofer**
**compacto(a)**
**la licencia**
**la ruta**
**el taxímetro**
**la transferencia**
**el (la) turista**

### NOMBRES

**la acera, la banqueta** (*Méx.*)  *sidewalk*
**la artesanía**  *artcraft, handicraft*
**el autobús, el ómnibus, el camión** (*Méx.*),
  **la guagua** (*I. Canarias, Antillas*)  *bus*
**la avenida**  *avenue*
**el cambio mecánico, el cambio manual**
  *standard-shift*
**la esquina**  *corner*
**la parada** (*bus*) *stop*
**la parte**  *part*
**el pueblo**  *town*
**el (la) taxista**  *taxi driver*
**el (la) transeúnte**  *passerby*

### VERBOS

**alquilar, rentar**[2] *to rent*
**avisar**  *to inform, to give notice*
**bajarse**  *to get off*
**cruzar**  *to cross*
**cubrir**  *to cover*
**decidir**  *to decide*
**doler (o:ue)**  *to hurt, to feel pain*
**encontrar (o:ue)**  *to meet*
**gustar**  *to be pleased, to like*
**manejar, conducir,**[3] **guiar**[4] *to drive*
**marcar**  *to mark, to indicate*
**mostrar (o:ue), enseñar**  *to show*
**saludar**  *to greet, to say hello*
**tomar, coger, agarrar** (*Méx.*)  *to take*

### ADJETIVOS

**lleno(a)**  *full*
**mediano(a)**  *medium*

### OTRAS PALABRAS Y EXPRESIONES

**al día, diario(a)** (*adj.*)  *daily*
**de un lugar a otro**  *from one place to another*
**ella misma**  *herself*
**frente (a)**  *in front (of)*

---

[1] French words are frequently used in some Latin American countries.
[2] Colloquial (U.S.A.)
[3] Irregular first person singular: **yo conduzco.**
[4] Present indicative forms: **guío, guías, guía, guiamos, guían.**

| | |
|---|---|
| **hacer falta** *to need* | **se lo puedo dejar en...** *I can give it to you for...* |
| **los medios de transporte** *means of transportation* | |

Audio

# Vocabulario adicional

### VOCABULARIO AUTOMOVILÍSTICO II

**el aceite** *oil*

**arrancar** *to start (i.e., a car)*

**la bomba de agua** *water pump*

**chequear, revisar, checar** (*Méx.*) *to check*

**el estacionamiento** *parking, parking lot*

**estacionar** *to park*

**la gasolina sin plomo** *unleaded gasoline*

**la gasolinera, la estación de servicio** *service station*

**el líquido de la transmisión** *transmission fluid*

**la luz (las luces), el farol** *light (s)*

**parar** *to stop*

**el parquímetro** *parking meter*

**pinchado(a), ponchado(a)** (*Cuba, Puerto Rico*) *flat (tire)*

**el radiador** *radiator*

**recalentarse (e:ie)** *to overheat*

**el remolcador, la grúa** *tow truck*

**reparar, arreglar** *to repair, to fix*

**el tanque** *tank*

**vacío(a)** *empty*

## NOTAS CULTURALES

Search

■ If you decide to take your own car or to rent a vehicle in a Spanish-speaking country, you should definitely purchase insurance. If you travel to Mexico, you are not covered by any foreign insurance. By law, you must buy Mexican insurance.

■ Handicrafts constitute the main industry in many small Mexican towns. Every year Mexico sells millions of dollars in handicrafts in the United States, Europe, and Japan. However, most of this money goes to the middlemen.

■ The Mexican arts and crafts industry is, for the most part, a family business in which the techniques pass from generation to generation. Children start early to learn and work in the trade. The most famous Mexican arts and crafts are those from Tlaquepaque, Tonalá, and Oaxaca.

■ **Tlaquepaque** was originally called *Tlacapan,* which means "Men who make clay utensils with their hands." Today, the town is one of the main pottery production areas in Mexico, and has a reputation for the quality and diversity of its ware, and for the beautiful expressions of its manual arts, especially in ceramics, but also in glass, metals, papier mâché, and yarns and threads.

## Actividades

**Dígame...** Answer the following questions, basing your answers on the dialogues.

**1.** ¿Dónde habla la Sra. Soto con el transeúnte?

_____

**2.** ¿Adónde va la Sra. Soto para tomar el autobús que va a Tlaquepaque?

_____

**3.** ¿Qué va a hacer la pasajera al llegar a la Plaza de la Bandera?

_____

**4.** ¿Cuándo tiene que pedir la transferencia la Sra. Soto?

_____

**5.** ¿Por qué no regresa la Sra. Soto por autobús?

_____

**6.** ¿Cuesta mucho el viaje hasta Guadalajara por taxi? ¿Cómo lo sabe Ud.?

_____

**7.** ¿Qué tipo de carro quiere alquilar la Sra. Soto?

_____

**8.** ¿Por qué no puede alquilar el coche que quiere?

_____

**9.** ¿Por qué tiene que comprar seguro local la Sra. Soto?

_____

**10.** ¿Quiénes pueden manejar en México con una licencia extranjera?

_____

**Hablemos** Interview a classmate, using the following questions. When you have finished, switch roles.

**1.** ¿Sabe cuál autobús debo tomar para ir a la estación de servicio más cercana?

**2.** ¿Dónde está la parada de autobuses?

**3.** ¿Toma Ud. un autobús para ir a su casa?

**4.** Si toma el autobús para ir a su casa, ¿necesita hacer transferencia? ¿Dónde?

**LECCIÓN 8: EL TRANSPORTE DE PASAJEROS**

**5.** ¿Van siempre llenos los autobuses en esta ciudad?

**6.** ¿Cuánto cuesta viajar en autobús en esta ciudad?

**7.** ¿Cuánto tarda el viaje en autobús de su casa al centro de la ciudad?

**8.** En esta ciudad, ¿cuánto cuesta un viaje de una milla en taxi?

**9.** Cuando Ud. viaja, ¿alquila coches para manejarlos Ud. mismo(a)?

**10.** Más o menos, ¿cuánto cuesta alquilar un carro compacto por una semana?

**11.** ¿Su coche es de cambio automático o de cambio manual?

**12.** El Focus de Ford, ¿es un coche compacto o un coche mediano?

# Vamos a practicar

**A** Rewrite the sentences using the correct form of the demonstrative adjective or pronoun. Make all other necessary changes.

**MODELO** Ese transeúnte me saluda. (pasajera)
**Esa pasajera me saluda.**

**1.** Este pasajero quiere una transferencia. (pasajera)

_____

**2.** Esta taxista maneja hasta Guadalajara. (taxistas)

_____

**3.** Aquellos autobuses van a la Plaza de la Bandera. (taxi)

_____

**4.** Ésa es la empleada que habla español. (empleado)

_____

**5.** Aquél es el coche que quiero alquilar. (cámara de vídeo)

_____

**6.** Ésas son las ciudades adonde voy. (pueblos)

_____

**B** Complete the following dialogues using **pedir** and **preguntar** as appropriate.

**1.** —¿Qué le vas a _____ al chofer?

—Le voy a _____ si ésta es la parada de la Plaza Bandera.

**2.** —¿Qué le _____ el empleado a Ud.?

   —Me _____ la licencia.

**3.** —¿Cuánto dinero te _____ el taxista?

   —Me _____ $25.

**4.** —¿Qué nos _____ el transeúnte?

   —Nos _____ si los autobuses de la ruta 20 paran aquí.

**5.** —¿Le _____ Uds. la información a ella?

   —No, nosotros no se la _____.

**C** Answer the following questions, using the cues provided. Use direct and indirect object pronouns to substitute the words in italic.

**MODELO**   —¿Quién me dice *dónde debo tomar el autobús*? (yo)
   **—Yo se lo digo.**

**1.** ¿Quién le pide *una transferencia al chofer*? (la Sra. Soto)

   _____

**2.** ¿Quién me puede decir *dónde está la parada*? (Antonio)

   _____

**3.** ¿Quién le pide *la licencia a la Sra. Soto*? (el empleado)

   _____

**4.** ¿Quién nos pregunta *dónde para el autobús*? (el transeúnte)

   _____

**5.** ¿Quiénes les piden *las transferencias a los choferes*? (los pasajeros)

   _____

**6.** ¿Quiénes te envían *esos paquetes*? (mis padres)

   _____

**7.** ¿A quiénes les envían *Uds. los giros postales*? (a nuestros hijos)

   _____

**8.** ¿A quiénes les deja *Ud. las llaves*? (a los vecinos)

   _____

**Sirva usted de intérprete**  With two classmates, play the roles of a rental car employee, a Spanish-speaking customer, and the interpreter who helps them communicate. Switch roles until each of you has played the interpreter's role.

**Cliente**  —Quiero alquilar un coche grande por una semana más o menos.

**Intérprete**  —_____

**Empleado(a)**  —*Is that one okay?*

**Intérprete**  —_____

**Cliente**  —¿No tiene otro disponible?

**Intérprete**  —_____

**Empleado(a)**  —*Yes. We have the red one over there.*

**Intérprete**  —_____

**Cliente**  —¿En cuánto sale el rojo?

**Intérprete**  —_____

**Empleado(a)**  —*Thirty-nine, ninety-five a day, or two hundred and fifty a week.*

**Intérprete**  —_____

**Cliente**  —¿Es automático? ¿Tiene aire acondicionado?

**Intérprete**  —_____

**Empleado(a)**  —*Yes, sir. How long do you want it for?*

**Intérprete**  —_____

**Cliente**  —Por ocho o nueve días. ¿Puedo dejar el coche en otro aeropuerto?

**Intérprete**  —_____

**Empleado(a)**  —*Yes, but it costs fifty dollars more.*

**Intérprete**  —_____

**Cliente**  —Bien. Voy a dejarlo en el aeropuerto de Chicago.

**Intérprete**  —_____

**Empleado(a)**  —*Very well. That is two hundred fifty dollars for the first week and thirty-nine dollars and ninety-five cents for each additional day. How are you going to pay?*

**Intérprete**  —_____

**Cliente**  —Con la tarjeta de crédito de mi compañía.

**Intérprete**  —_____

**Sirva usted de traductor**  Wanting to increase business by tourists from the U.S. and Canada, the owner of a service station in a small Mexican city near the U.S. border asks you to translate the following flyer into English. Review the **Vocabulario adicional** in this lesson, and then translate the flyer.

### AUTOMUNDO, S.A.

LA MEJOR ESTACIÓN DE SERVICIOS DE ESTA ÁREA

Libertadores, 76
Tecate

**VENDEMOS:**

| | |
|---|---|
| Gasolina sin plomo | $2.25 litro |
| Gasolina regular | $2.05 litro |
| Aceite de motor | $8.50 litro |
| Líquido de frenos | $11.00 medio litro |
| Líquido de la transmisión | $12.00 litro |
| Limpiaparabrisas desde | $45.00 el par |
| Baterías nuevas y de uso desde | $250.00 |

**REPARAMOS:**

Llantas pinchadas
Bombas de agua
Radiadores
Frenos (Los chequeamos gratis.)

**GRATIS:**

Aire para las llantas y agua para el radiador si llena aquí su tanque vacío. Si su coche no arranca o se recalienta, le ofrecemos servicio de remolcadores.

AMPLIO ESTACIONAMIENTO
ESTACIONAMIENTO ECONÓMICO 24 HORAS AL DÍA

**En estas situaciones**  What would you say in the following situations? What might the other person say?

1. You are at a bus stop in Buenos Aires, Argentina. Ask a passerby what bus you must take to go to Calle Florida. Ask someone else if bus number 16 goes by there, if you need to ask for a transfer, and, if so, where you have to take the other bus.

2. You are in Mexico and want to rent a car. Tell the employee that you want to rent a small, standard-shift car for your stay on your business trip. Ask if you need to purchase insurance and if you can drive with your current license.

3. You are an employee of a U.S. rental car company waiting on a customer who doesn't speak English. Ask if he/she knows how to drive standard-shift cars. Say that a small car will cost him $36 a day, that the car will cost $24 per day if it is rented for a week, and that insurance and tax are to be added to those prices.

**Casos**  Act out the following scenarios with a partner.

1. Two people waiting at a bus stop talk about the quickest route to their destinations.

2. An employee at a car rental agency discusses options and preferences with a customer.

## Un paso más

**A** You own a service station in Uruguay. A customer whose car is falling apart comes to you for help. Review the **Vocabulario adicional** in this lesson and use it and other vocabulary you have learned to create a list of questions to ask your customer to find out what is wrong with the car.

**B** You are opening a new service station to which you hope to attract many Spanish-speaking customers. Review the **Vocabulario adicional** in this lesson and use it to prepare signs advertising services offered at your garage.

**C** You work for a Tijuana-based transport company that is considering opening offices in California. Your boss has asked you to identify companies that would be direct competition. Prepare to give her the following information.

1. el nombre de la compañía: _____

2. ciudades en donde la compañía tiene oficinas: _____
   _____

3. el número de teléfono de su oficina en Los Ángeles: _____

4. el precio que cobra por un viaje de ida y vuelta de Los Ángeles a Tijuana: _____

5. para dónde tiene salidas diarias: _____

6. otros servicios que ofrece la compañía: _____
   _____

**110**     BASIC SPANISH FOR BUSINESS AND FINANCE

## Lectura

After reading this **lectura,** get together with a partner and take turns answering the following questions.

En Latinoamérica, los automóviles no están al alcance° de la mayoría del pueblo. En las ciudades, el movimiento° de pasajeros se lleva a cabo,° principalmente, en los autobuses de los servicios de transporte público, aunque° unas pocas ciudades tienen trenes subterráneos (Metro).° El servicio interurbano° también depende, generalmente, de los autobuses, pero algunos países cuentan con extensas redes ferroviarias.° Cuando viaje° a Latinoamérica no espere° encontrar la calidad en el servicio° de transporte público a que Ud. está acostumbrado° en los Estados Unidos. En la mayor parte° de las ciudades latinoamericanas, los autobuses son viejos,° incómodos,° y pueden no estar en buenas condiciones de mantenimiento.° No espere tampoco poder alquilar, para conducir Ud. mismo, un coche del último modelo y con pocas millas.° En cuanto a los taxis, a veces no tienen taxímetros y, en algunas ciudades, no tienen un color especial que los identifique. Tomar ese tipo de taxis, en algunas ciudades, puede ser peligroso.°

**al...** *within reach*
*movement /* **se...** *takes place*

*although*
**trenes...** *subway*
*intercities*

**redes...** *railroads lines*
**Cuando...** *when traveling / expect*
*service*
**está...** *take for granted*
*the majority*

*old / uncomfortable*
*maintenance*

**con...** *with low mileage*

*risky*

1. En Latinoamérica, ¿por qué se realiza el transporte de pasajeros principalmente en auto buses?

2. ¿Qué es el Metro?

3. ¿Cómo son generalmente los autobuses?

4. ¿Qué taxis pueden ser peligrosos en algunas ciudades de Latinoamérica?

**Y en los Estados Unidos...**

1. ¿Por qué en tantas ciudades la gente apenas (*barely*) usa el servicio de transporte público?

2. ¿Cómo es el servicio del transporte público en relación con el de Latinoamérica?

## Un dicho

**Al que madruga Dios lo ayuda.**          *The early bird catches the worm.*

## LECCIÓN 9

# EL TRANSPORTE DE MERCANCÍAS

## OBJECTIVES

### Structures

- Possessive pronouns
- Reflexive constructions
- Command forms: **Ud.** and **Uds.**
- Uses of object pronouns with command forms

### Business Communication

- Transporting merchandise by air, train, or truck
- Old problems and new solutions regarding the transportation of merchandise between two countries

El Sr. Paz averigua el coste[1] del flete por los distintos medios de transporte disponibles.

1–16   En la estación de ferrocarril:

| | |
|---|---|
| **Sr. Paz** | —Necesito enviar un cargamento de productos de artesanía a Los Ángeles, California, y quiero saber cuáles son sus tarifas. |
| **Empleado** | —¿Qué tipo de artesanías desea transportar? |
| **Sr. Paz** | —Alfarería, artículos de vidrio soplado y de cuero, y tejidos de lana, de algodón y de otras fibras. |
| **Empleado** | —La alfarería y el vidrio soplado son muy frágiles, por eso su tarifa es muy alta: $32.50 por kilogramo de peso. Los demás pagan $825 por metro cúbico de volumen. |
| **Sr. Paz** | —¿Uds. transportan la mercancía hasta Los Ángeles? |
| **Empleado** | —No, señor. Nosotros la llevamos hasta la frontera y allí la mercancía se transborda a ferrocarriles americanos. Las líneas de los ferrocarriles de los dos países no son compatibles. |
| **Sr. Paz** | —Supongo que este transbordo aumenta el riesgo de roturas y averías y aumenta el precio del seguro. |
| **Empleado** | —Sí, un poco. Pero menos de lo que Ud. ahorra en el flete. Además, si el embalaje es bueno, apenas ocurren daños. |

---

[1]In business, **coste** is commonly used instead of **costo.**

| | |
|---|---|
| **Sr. Paz** | —¿Tengo que tratar con la compañía de ferrocarriles americanos? |
| **Empleado** | —No, señor, nosotros nos responsabilizamos del transporte de la mercancía desde aquí hasta Los Ángeles, y nos encargamos de los trámites de aduana en la frontera. |

El Sr. Paz llama por teléfono a la oficina de Camiones Correas, S.A. de C. V.[1]

| | |
|---|---|
| **Empleado** | —Camiones Correas. Ayude a México utilizando transportes nacionales. Buenos días. |
| **Sr. Paz** | —Buenos días. ¿Uds. transportan mercancías a los Estados Unidos? |
| **Empleado** | —Sí, señor, ¿qué se le ofrece? |
| **Sr. Paz** | —Necesito transportar un cargamento de artesanías desde una fábrica de aquí a Los Ángeles. ¿Cuáles son sus tarifas? |
| **Empleado** | —¿Se trata de un volumen grande de mercancías? |
| **Sr. Paz** | —Sí, pero creo que todo cabe en un camión grande. ¿Los suyos son grandes? |
| **Empleado** | —Sí. Podemos dejarle un contenedor en la fábrica; ellos lo cargan, y nosotros nos encargamos de entregárselo en su establecimiento comercial en Los Ángeles. |
| **Sr. Paz** | —¿No tienen que transbordar la mercancía en la frontera? |
| **Empleado** | —No, cambiamos de tráiler, pero los artículos van en el mismo contenedor de aquí a Los Ángeles. |
| **Sr. Paz** | —¿Los camiones mexicanos pueden entrar en los Estados Unidos? |
| **Empleado** | —Sí, de acuerdo con el Tratado de Libre Comercio, pero todavía no. |
| **Sr. Paz** | —¿Uds. descargan la mercancía en nuestro almacén? |
| **Empleado** | —No, señor. La carga y la descarga corren por cuenta del cliente. |
| **Sr. Paz** | —¿Qué documentos debo entregarles? |
| **Empleado** | —Mire, mi jefe no está aquí ahora. Llame más tarde o, mejor, venga aquí y hable con él directamente. |
| **Sr. Paz** | —Está bien. Llamo o voy más tarde. |

En la compañía del expreso aéreo:

| | |
|---|---|
| **Sr. Paz** | —Necesito enviar a Los Ángeles artículos de vidrio soplado que son muy frágiles. |
| **Empleada** | —Muy bien, señor. Transportamos paquetes a todo el mundo. |
| **Sr. Paz** | —¿Cuál es la tarifa para ese tipo de artículo? |
| **Empleada** | —Bueno, de aquí a Los Ángeles es $57,75 por kilogramo o por decímetro cúbico, de acuerdo con la relación entre peso y volumen. |
| **Sr. Paz** | —Es casi el doble del transporte por tierra. |
| **Empleada** | —Sí, pero ahorra tiempo. |
| **Sr. Paz** | —Me pregunto si el ahorro en tiempo compensa el aumento en el coste. |
| **Empleada** | —Eso depende de su urgencia en recibir la mercancía. |
| **Sr. Paz** | —Sí, sí. Bueno, voy a pensarlo. Gracias. |

---

[1]**S.A. de C.V.** stands for **Sociedad Anónima de Capital Variable.** See *Notas culturales* in *Lección 12* for more information on business corporations.

**¡Escuchemos!**  While listening to the dialogue, circle **V (verdadero)** if the statement is true or **F (falso)** if it is false.

1–16

| | | V | F |
|---|---|---|---|
| **1.** | El Sr. Paz averigua el costo del flete por ferrocarril. | V | F |
| **2.** | El cuero y el algodón son muy frágiles. | V | F |
| **3.** | Los trenes mexicanos llegan hasta Los Ángeles. | V | F |
| **4.** | Las líneas de los ferrocarriles de los Estados Unidos y de México son compatibles. | V | F |
| **5.** | El trasbordo de la mercancía aumenta el costo del seguro. | V | F |
| **6.** | Si el embalaje es bueno ocurren pocos daños. | V | F |
| **7.** | El Sr. Paz cree que toda su mercancía cabe en un camión. | V | F |
| **8.** | El costo de la carga y la descarga lo paga Camiones Correas. | V | F |
| **9.** | El transporte aéreo de mercancías es barato. | V | F |
| **10.** | Si tiene urgencia en recibir la mercancía debe usar el transporte aéreo. | V | F |

Audio

# VOCABULARIO

### COGNADOS

compatible
cúbico(a)
el decímetro
el doble
la estación
expreso(a)
frágil
el metro
nacional
la relación
el tráiler, la rastra (Cuba), la gandola (Venezuela)
la urgencia

### NOMBRES

**la alfarería**  *pottery* (*i.e., the craft*); *pottery shop*

**el algodón**  *cotton*
**el aumento**  *increase, raise*
**la avería**  *damage* (*sustained by merchandise during transport*)
**el camión**  *truck, bus* (*Méx.*)
**el cargamento, la carga**  *shipment, load*
**el contenedor**  *container*
**el daño**  *damage*
**la descarga**  *unloading*
**el embalaje**  *packing*
**el establecimiento**  *establishment, shop*
**el ferrocarril, el tren**  *railroad, train*
**la fibra**  *fiber*
**el flete**  *freight*
**la frontera**  *border, frontier*
**la lana**  *wool*
**el mundo**  *world*
**el riesgo**  *risk*

la **rotura** *breakage*
el **tejido** *fabric*
el **tiempo** *time*
la **tierra** *land*
el **trámite** *procedure*
el **transbordo, el trasbordo** *transfer*
el **transporte por tierra** *land transportation*
el **Tratado de Libre Comercio (TLC)**
    (*North American*) *Free Trade Agreement*
    (*NAFTA*)
el **vidrio** *glass*

### VERBOS

**aumentar** *to increase*
**averiguar** *to find out*
**ayudar** *to help*
**caber** *to fit*
**cargar** *to load*
**descargar** *to unload*
**encargarse (de)** *to take charge (of ), to see
    after*
**entrar** *to enter*
**llevar** *to carry*
**ocurrir, suceder** *to happen, to occur*

**preguntarse** *to wonder, to ask oneself*
**responsabilizarse** *to take responsibility for*
**suponer**[1] *to suppose*
**transbordar, trasbordar** *to transfer*
**transportar** *to transport*
**tratar** *to deal*

### ADJETIVOS

**aéreo(a)** *air*
**alto(a)** *high*
**distinto(a)** *different*
**soplado(a)** *blown*

### OTRAS PALABRAS Y EXPRESIONES

**a todo el mundo** *the whole world over*
**apenas** *barely, hardly*
**bueno...** *well...*
**correr con** *to be in charge (of )*
**los (las) demás** *the rest, the others*
**más tarde** *later*
**(un) poco** *a little*
**¿Qué se le ofrece?** *What can I do for you?*
**Se trata de...** *It is a question of...*

Audio

# VOCABULARIO ADICIONAL

### OTRAS PALABRAS Y EXPRESIONES RELACIONADAS CON EL TRANSPORTE DE MERCANCÍAS

el **barco,** el **buque** *ship, boat*
la **camioneta** *van*
la **carretera** *highway*
**cobrar o devolver (C.O.D.)** *collect on
    delivery (C.O.D.)*
el (la) **consignatario(a)** *consignee*
**costo, seguro y flete (C.S.F.)** *cost, insur-
    ance, and freight (C.I.F.)*
el **destino** *destination*

el **itinerario** *itinerary*
la **guía** *consignment note (trucking)*
**libre a bordo (L.A.B.), franco a bordo
    (F.A.B.)** *free on board (F.O.B.)*
el **peso bruto** *gross weight*
el **peso muerto** *dead weight*
el **peso neto** *net weight*
**por vía aérea** *by air*
**por vía férrea** *by rail*
**por vía marítima** *by boat*
la **tara** *tare*
la **tonelada** *ton*

---

[1]Conjugates like **poner.**

## NOTAS CULTURALES

**Search**

■ The transportation of merchandise between the United States and Latin American countries is carried out mostly by sea and air, with the exception of Mexico. Land transport between Mexico and the United States is carried out mostly by truck, since railroad lines in the two countries are not compatible. Trucking has increased tremendously as a result of NAFTA (North American Free Trade Agreement) or TLCAN (**Tratado de Libre Comercio de América del Norte.**)

■ According to the North American Free Trade Agreement (NAFTA) (1994), Mexican trucks were supposed to be allowed to circulate in the United States and Canada beginning December 18, 1995. Nevertheless, for many years, Mexican trucks were not permitted to enter more than 20 miles into the United States's territory. At last, after many complaints from Mexico, the U.S. government agreed to fully comply with the treaty beginning June 1, 2002, but it has not been implemented yet.

■ Panama has the most important merchant fleet in Latin America. Indeed, the Panamanian merchant navy is the fourth largest in the world, according to the number of its ships, but in most of these ships the only thing that is Panamanian is the flag. Registering a ship in Panama and flying the Panamanian flag are, in most cases, ways to avoid the regulations and high salaries paid in the owner's country.

## Actividades

**Dígame...**   Answer the following questions, basing your answers on the dialogues.

**1.** ¿Qué está haciendo el Sr. Paz?

_____

**2.** ¿Adónde va primero el Sr. Paz?

_____

**3.** ¿Qué quiere transportar el Sr. Paz?

_____

**4.** La tarifa de la alfarería y del vidrio soplado es muy alta. ¿Por qué?

_____

**5.** ¿Transporta el ferrocarril mexicano la mercancía hasta Los Ángeles?

_____

**6.** ¿Qué hacen con la mercancía en la frontera?

_____

**7.** El transbordo de la mercancía hace el seguro más caro. ¿Por qué?

_____

**8.** ¿Qué sucede si el embalaje no es bueno?

_____

**9.** ¿Quiénes se responsabilizan del transporte de los artículos del Sr. Paz? ¿Hasta dónde?

_____

**10.** ¿Cabe toda la mercancía del Sr. Paz en un camión?

_____

**11.** ¿Se encarga la compañía transportadora de la carga y descarga de la mercancía?

_____

**12.** ¿Va a utilizar el Sr. Paz la compañía de expreso aéreo?

_____

 **Hablemos**   Interview a classmate, using the following questions. When you have finished, switch roles.

**1.** Cuando Ud. envía paquetes, ¿los envía por tierra o por expreso aéreo?

**2.** ¿Qué compañías de transporte de paquetes conoce Ud.?

**3.** ¿Envía Ud. sus paquetes por correo o por una agencia privada de transporte de paquetes?

**4.** ¿Se responsabiliza la compañía de las averías que ocurren durante el transporte?

**5.** Cuando Ud. envía paquetes, ¿quién se encarga del embalaje?

**6.** ¿Prefiere Ud. tejidos de algodón, de lana o de otras fibras?

**7.** ¿En qué casos piensa Ud. que el ahorro en tiempo compensa el aumento en el costo del transporte?

 **Quiz**

# Vamos a practicar

**A**   Rewrite the following sentences, substituting a possessive pronoun for the words in italics.

**Modelo**   Debe comparar las tarifas de ellos con *las tarifas que tenemos nosotros.*
Debe comparar las tarifas de ellos con **las nuestras.**

**1.** Esa carga es *mi carga.*

_____

**2.** Mi cargamento viene por expreso aéreo. ¿Cómo viene *tu cargamento*?

_____

**3.** Aquellos contenedores son *tus contenedores.*

_____

**4.** Esos precios son altos pero *los precios que tenemos nosotros* son muy bajos.

_____

**5.** Cargamos la mercancía en nuestro establecimiento y la descargamos en el *establecimiento de Ud.*

_____

**6.** Ésta es mi mercancía, ¿dónde está *la mercancía de él?*

_____

**7.** ¿Puedo utilizar tu camión? *Mi camión* no arranca.

_____

**8.** Mis tarifas son más altas que *las tarifas de ellos.*

_____

**B** Rewrite the following sentences using the **Ud.** and **Uds.** command forms.

**MODELO**  Tienen que utilizar dos contenedores.
**Utilicen dos contenedores.**

**1.** Uds. no lo deben compensar por los daños a la mercancía.

_____

**2.** La tienen que transbordar en la frontera.

_____

**3.** Los tienen que transportar por ferrocarril.

_____

**4.** No se deben responsabilizar de la carga.

_____

**5.** Uds. no los deben descargar ahora.

_____

**6.** Lo tiene que ayudar con los trámites de aduana.

_____

**7.** No se la deben entregar ahora.

_____

**8.** No me la debe dejar hoy.

_____

**9.** Ud. nos lo tiene que preguntar.

_____

**10.** Ud. se la tiene que aumentar.

_____

**Sirva usted de intérprete**   With two classmates, play the roles of a shipping company employee, a potential customer, and the interpreter who helps them communicate. Switch roles until each of you has played the interpreter's role.

**Cliente**        —Uds. transportan mercancías a Monterrey, México, ¿verdad?

**Intérprete**    —_____

**Empleado(a)**  —*Well, we take them to El Paso, Texas. From there another company takes them to Monterrey, Mexico.*

**Intérprete**    —_____

**Cliente**        —¿Hacen transbordo de las mercancías en El Paso?

**Intérprete**    —_____

**Empleado(a)**  —*No, sir/ma'am. The merchandise continues in the same containers, although we change the trucks and the drivers.*

**Intérprete**    —_____

**Cliente**        —Eso está bien, porque en los transbordos ocurren muchas averías.

**Intérprete**    —_____

**Empleado(a)**  —*Yes, sir/ma'am. What type of merchandise do you have?*

**Intérprete**    —_____

**Cliente**        —Tejidos de algodón y artículos de cuero.

**Intérprete**    —_____

**Empleado(a)**  —*In that case we charge you the volume rate: $50 per cubic meter.*

**Intérprete**    —_____

**Cliente**        —El seguro lo cargan aparte, ¿no?

**Intérprete**    —_____

**Empleado(a)**  —*Yes, sir/ma'am.*

**Intérprete**    —_____

| | |
|---|---|
| **Cliente** | —Voy a pensar en la posibilidad de enviar la mercancía por expreso aéreo. |
| **Intérprete** | —_____ |
| **Empleado(a)** | —*Do you think that the savings in time compensates for the increase in cost?* |
| **Intérprete** | —_____ |
| **Cliente** | —Eso me pregunto; necesitamos los tejidos con urgencia. |
| **Intérprete** | —_____ |
| **Empleado(a)** | —*By highway they take only two days. We load the merchandise at your warehouse and deliver it to the factory in Monterrey.* |
| **Intérprete** | —_____ |

## Sirva usted de traductor

**Sirva usted de traductor** Your company needs to transport items from Manzanillo, Mexico. Review the *Vocabulario adicional* in this lesson, and then translate for your boss the following advertisement that appears in the Yellow Pages of the local telephone book.

## Transportes Calinda

**SERVICIOS POR TODAS LAS VÍAS**

**38-71-71**

Nos especializamos en el transporte de artesanías frágiles: alfarería, cerámica, vidrio soplado, etc.

Transportamos toda clase de mercancía...

- por vía aérea, desde el aeropuerto local
- por vía marítima, en buques de más de 2.500 toneladas de peso muerto
- por vía férrea, directamente hasta la frontera
- por tierra, en camiones y camionetas nuevos y con poca tara.

Tenemos contratos con varias alfarerías locales que venden sus productos con costo, seguro y flete incluidos o libre a bordo, pero no aceptamos mercancía para cobrar o devolver.

Nos encargamos del embalaje de su mercancía y la entregamos en el domicilio del consignatario.

## En estas situaciones
What would you say in the following situations? What might the other person say?

1. You need to ship merchandise from Guadalajara, Mexico to Dallas, Texas. You are now at the office of a local transport company. Ask the clerk if that transport company ships merchandise by highway to Texas, who takes responsibility for the shipment, and if they apply the weight rate or volume rate. Say that you wish to transport fresh vegetables. Ask if they load the merchandise at the warehouse, if they deliver it to the addressee's loading zone, how much they charge per kilogram, and how much the insurance is.

2. You are an employee of a shipping agency. Help a customer who doesn't speak English. Ask if his/her merchandise has to be loaded at the factory, what type of merchandise it is, and if the shipment is large. Say that, if the merchandise is fragile, the possibility of damage is greater, which makes insurance costs higher. Let the customer also know that shipping by air costs double the cost of shipping by land transport.

 ## Casos
Act out the following scenarios with a partner.

1. A shipping agency employee and a customer discuss options for sending goods to the United States from Mexico.

2. An air express employee and a customer talk about the benefits and drawbacks of air transport.

 ## Un paso más

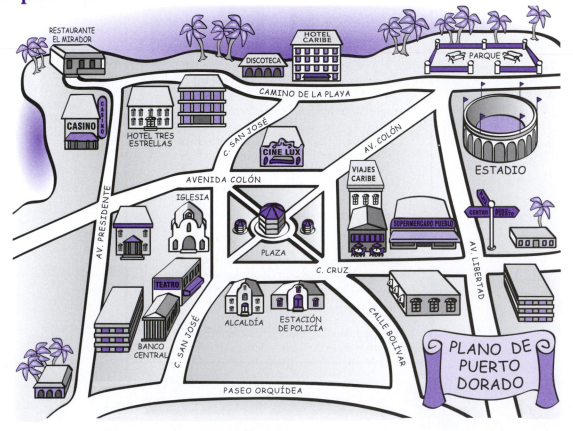

You are in Puerto Dorado as a sales representative for a U.S. firm. You are staying at Hotel Caribe on Camino de la Playa. You need to ask for directions to find out the easiest way to get from one sales appointment to another. Work with a partner to ask for directions, and then switch roles. Use the following words and phrases:

| | |
|---|---|
| **a la derecha** | *to the right* |
| **a la izquierda** | *to the left* |
| **Baje...** | *Go down ...* |
| **Doble (Voltee)...** | *Turn...* |
| **la esquina de** | *the corner of, the intersection of* |
| **hasta..., hasta llegar a...** | *up to..., until you reach....* |
| **Siga derecho.** | *Go straight ahead.* |
| **Suba...** | *Go up...* |

1. 9:00 A.M.: en la alcaldía (*City Hall*) en la esquina de las Calles Cruz y San José

   _____

2. 11:00 A.M.: en el Hotel Tres Estrellas, en la esquina de la Avenida Presidente y el Camino de la Playa

   _____

3. 1:30 P.M.: comer con un cliente en el Restaurante El Mirador

   _____

4. 3:00 P.M.: en el Banco Central (*Central Bank*) en la Calle San José

   _____

5. 5:00 P.M.: en el estadio (*stadium*) en Avenida Libertad y Camino de la Playa

   _____

**Lectura**  After reading this **lectura,** get together with a partner and take turns answering the following questions.

| | |
|---|---|
| El intercambio comercial° entre México y los Estados Unidos es de más 260,000 millones° de dólares, y casi° el 75% de ese total, se mueve° por tierra. El Tratado de Libre Comercio autorizó° la circulación de camiones entre ambos países a partir de 1995, pero no fue hasta° principios° de 2002 que los dos gobiernos lograron ponerse de acuerdo° en la regulación de ese tráfico. | **intercambio...** *commercial exchange* <br> **260,000...** *260 billion*[1] <br> *almost* / **se...** *is moved* <br> *authorized* <br><br> **no...** *it was not until* / *the beginning* <br><br> **lograron...** *reached an agreement* |

[1]See *Notas culturales, Lección 11,* page154.

El nuevo° acuerdo reconoce el derecho de
cada país de asegurarse° de que los camiones
que cruzan la frontera cumplen los requisitos
de seguridad° exigidos en el país al que entran.°

*new*

**de...** *to be sure*

**cumplen...** *fulfill the security requirements*
**a...** *to which they enter*

1. ¿Por dónde se mueve la mayor parte del intercambio comercial entre México y los Estados Unidos?

2. ¿Qué autorizó el Tratado de Libre Comercio? ¿A partir de cuándo?

3. ¿Cuándo lograron ponerse de acuerdo los dos gobiernos en la regulación del tráfico de camiones?

4. ¿Qué derecho de cada país reconoce el acuerdo?

**Y usted...**

1. ¿Piensa que Estados Unidos gana o pierde (*loses*) con la libre circulación de camiones entre los dos países? ¿Por qué?

2. ¿Piensa que los camiones mexicanos cumplen los requisitos de seguridad exigidos por los Estados Unidos?

## Un dicho

**Carro parado no gana flete.**                    *Inactivity kills business.*

## LECCIÓN 10

# CONTRATANDO PERSONAL

## OBJECTIVES

### Structures

- The preterit of regular verbs
- The preterit of **ser, ir,** and **dar**
- Uses of **por** and **para**

### Business Communication

- Conducting an interview to hire personnel

La Sra. Artiles, jefa de personal de la firma Pérez y Hno.,[1] de Puerto Rico, contrata empleados de oficina.

1-17    Por teléfono:

| | |
|---|---|
| **Empleada** | —Agencia ABC, a sus órdenes. |
| **Sra. Artiles** | —¿Es la agencia de empleos? |
| **Empleada** | —Sí, señora. ¿En qué puedo servirle? |
| **Sra. Artiles** | —Necesito un oficinista con experiencia y buenas referencias. |
| **Empleada** | —Tengo dos candidatos: uno que trabajó en la oficina de una fábrica por dos años y otro que trabaja actualmente para un banco. |
| **Sra. Artiles** | —Bien, los espero mañana a las nueve. Mi dirección es Calle Hostos 54. Pregunten por la Sra. Artiles. |

La primera entrevista:

| | |
|---|---|
| **Recepcionista** | —Sra. Artiles, llegó la oficinista que viene de la agencia de empleos. |
| **Sra. Artiles** | —Si ya llenó la solicitud de empleo, dígale que pase. (*A la candidata*) Buenos días. |
| **Candidata** | —Buenos días, Sra. Artiles. Me llamo María Rodríguez. |
| **Sra. Artiles** | —Mucho gusto, Srta. Rodríguez. (*Lee la solicitud.*) ¿Así que Ud. tiene experiencia en todo el trabajo de oficina? |

---

[1]**Hno.: Hermano** (*Brother*)

| | |
|---|---|
| **Candidata** | —Sí, señora. Sé trabajar con los sistemas operativos de Windows y Macintosh. Tengo experiencia con varios programas de composición de textos y de manejo de base de datos para minoristas y para mayoristas. Además, soy bilingüe. |
| **Sra. Artiles** | —¿Sabe utilizar los programas para la introducción de datos como Excel y Access? |
| **Candidata** | —Sí, señora. En la fábrica donde trabajé hasta el mes pasado, usé varios, incluidos los que Ud. mencionó. |
| **Sra. Artiles** | —¿Por qué no continuó trabajando allí? |
| **Candidata** | —Renuncié porque solicité un aumento y no me lo dieron. |
| **Sra. Artiles** | —¿Cuándo fue eso? |
| **Candidata** | —El día 30 del mes pasado, pero no fui a la agencia de empleos hasta el lunes. |
| **Sra. Artiles** | —Bien. Aquí pagamos $450 semanales. El horario de trabajo es de ocho de la mañana a cuatro y media de la tarde. A las doce, tiene treinta minutos para almorzar. |
| **Candidata** | —¿Cuáles son los beneficios adicionales? |
| **Sra. Artiles** | —Ofrecemos un seguro de salud y un plan de retiro para los empleados. |
| **Candidata** | —¿En qué consiste el plan de retiro? |
| **Sra. Artiles** | —Es un Keogh en el que nosotros ponemos una cantidad equivalente al 8 por ciento de su sueldo, y Ud. contribuye con una cantidad igual que le descontamos de su sueldo. |
| **Candidata** | —¿Quiénes deciden dónde se invierte ese dinero? |
| **Sra. Artiles** | —La empresa y Ud., como indica la ley. |
| **Candidata** | —El plan de salud, ¿ofrece opciones? |
| **Sra. Artiles** | —Sí, puede escoger entre una HMO[1] local y un plan de la Blue Cross, que es mucho más caro. |
| **Candidata** | —Está bien. Otra pregunta. ¿Cuánto tiempo dan de vacaciones? |
| **Sra. Artiles** | —Dos semanas al año. |
| **Candidata** | —Por favor, ¿tiene una descripción del contenido de trabajo del puesto? |
| **Sra. Artiles** | —Sí, señorita. La recepcionista le va a dar un paquete con todo el material que debe leer antes de firmar el contrato, si es que decidimos emplearla a Ud. |
| **Candidata** | —¿Cuándo voy a tener una respuesta al respecto? |
| **Sra. Artiles** | —Mañana por la tarde. |
| **Candidata** | —Por favor, si Ud. llama y no estoy en casa, déjeme un mensaje en la máquina contestadora. |

**¡Escuchemos!** While listening to the dialogue, circle **V (verdadero)** if the statement is true or **F (falso)** if it is false.

1–17

1. La Sra. Artiles es la jefa de ventas de la firma Pérez y Hno.     V     F

2. Ella necesita un oficinista con experiencia y buenas referencias.     V     F

3. Uno de los candidatos trabajó en un banco por dos años.     V     F

4. La candidata tiene experiencia en el manejo de programas de base de datos para detallistas.     V     F

---

[1]**HMO** (*health maintenance organization*) **organización de mantenimiento de la salud.**

5. Ella renunció a su trabajo anterior porque no le dieron el aumento que solicitó.  V  F

6. Los empleados de la Sra. Artiles tienen una hora para almorzar.  V  F

7. Solamente los empleados contribuyen al plan de retiro de la empresa.  V  F

8. El plan de salud ofrece solamente dos opciones.  V  F

9. La candidata debe leer el contenido de trabajo del puesto antes de firmar el contrato.  V  F

10. La candidata no tiene máquina contestadora.  V  F

Audio

## VOCABULARIO

### COGNADOS

**bilingüe**
**el (la) candidato(a)**
**equivalente**
**la experiencia**
**el material**
**la opción**
**el personal**
**la referencia**
**el sistema operativo**
**las vacaciones**[1]

### NOMBRES

**el año** _year_
**el beneficio adicional (marginal), las prestaciones adicionales** _fringe benefit(s)_
**la composición (el procesamiento) de textos** _word processing_
**el (la) detallista, el (la) minorista** _retailer_
**el empleo** _employment_
**la entrevista** _interview_
**el hermano (hno.)** _brother_
**el horario** _schedule_
**la introducción de datos** _data entry_

**la mañana** _morning_
**la máquina contestadora** _answering machine_
**el (la) mayorista** _wholesaler_
**el mensaje** _message_
**el mes** _month_
**el (la) oficinista** _office clerk_
**el programa de manejo (administración) de base (de datos)** _database management program_
**el puesto, la posición, el cargo** _job, post, position_
**la respuesta** _answer_
**el retiro, la jubilación** _retirement_
**la salud** _health_
**la semana** _week_
**la solicitud** _application_
**el sueldo, el salario** _salario_
**el trabajo** _work_

### VERBOS

**almorzar (o:ue)** _to have lunch_
**consistir (en)** _to consist (of)_
**continuar**[2] _to continue_

---

[1]**Vacaciones** is rarely used in the singular form.
[2]First-person present indicative: **yo continúo**

### ADJETIVOS

**igual (que)** *equal (to), the same (as)*
**incluido(a)** *included, including*
**pasado(a)** *last, past*
**semanal, a la semana** *weekly*

### OTRAS PALABRAS Y EXPRESIONES

**a sus órdenes** *at your service*
**actualmente** *presently*
**al año, anual** *yearly*
**al respecto** *about that, about the matter*
**así que** *so*
**la descripción del contenido de trabajo**
   *job description*
**Dígale que pase.** *Tell her to come in.*

**en casa** *at home*
**Mucho gusto [en conocerlo(la)].** *Pleased to meet you.*
**se invierte** *is invested*
**contratar, emplear** *to hire, to employ*
**contribuir** *to contribute*
**escoger**[1] *to choose*
**esperar** *to expect*
**invertir (e:ie)** *to invest*
**mencionar** *to mention*
**poner**[2] *to put*
**preguntar** *to ask*
**renunciar (a)** *to resign (from)*
**solicitar**[3] *to ask for, to apply for*

Audio

# VOCABULARIO ADICIONAL

### TÉRMINOS RELACIONADOS CON UN EMPLEO

**a medio tiempo, a medio día, a media jornada** *part-time*
**a tiempo completo, a jornada completa** *full-time*
**archivar** *to file*
**el (la) aspirante, el (la) postulante** *applicant*
**la carta de recomendación** *letter of recommendation*
**despedir, cesantear** *to fire (i.e. an employee)*
**ganar** *to earn*
**el jornal** *daily wage(s)*
**mensual** *monthly*
**la preparación** *qualification*

**quincenal** *biweekly, every two weeks*
**el resumen, el resumé, la hoja de vida, el curriculum vitae** (*Méx.*) *résumé, vita*
**reunir (llenar) los requisitos**[4] *to qualify*
**el tiempo extra** *overtime*

### OTROS MATERIALES Y EQUIPOS DE OFICINA

**el abrecartas** *letter opener*
**el archivo, el archivador** (*España*) *file, filing cabinet*
**la banda elástica, la liga** (*Méx., Cuba*), **la goma** (*Puerto Rico*) *rubber band*
**la chinche, la tachuela** (*Puerto Rico*) *thumbtack*
**el destacador** *reference marker, highlighter*

---

[1]First-person present indicative: **yo escojo.**
[2]Irregular first-person present indicative: **yo pongo.**
[3]**Aplicar** and **calificar,** respectively, do not have such meanings in Spanish.
[4]*requirements*

---

**el escritorio, el buró**  *desk*
**la grapa, la presilla** (*Cuba*) *staple*
**la grapadora, la presilladora** (*Cuba*), **la
   corchetera** (*Chile*) *stapler*
**el impresor, la impresora**  *printer*
**el lápiz**  *pencil*
**la máquina copiadora, la fotocopiadora**
   *copy machine*

**la máquina de escribir**  *typewriter*
**el marcador**  *marker*
**la pizarra, la tablilla de avisos**  *bulletin
   board*
**el reloj**  *clock, watch*
**la silla**  *chair*
**el sujetapapeles, la presilla** (*Cuba*) *paper
   clip*

---

### NOTAS CULTURALES

Search

- Be always aware that some similar English and Spanish words may have different connotations. For example, the English word "aggressive" applied to an employee may mean "bold and active," or "full of enterprise and initiative," but the Spanish "**agresivo(a)**" only refers to people or animals that are inclined to aggression. In the same way, in English "ambitious" is used with both favorable and unfavorable connotations, but the Spanish "**ambicioso**" is only appropriate when used with the negative connotation.

- If you plan to start a business abroad, remember that mercantile and labor legislation differ a great deal from country to country. Although Puerto Rico is a U.S. Commonwealth, not all U.S. laws are observed in that country. Besides, while some countries encourage foreign investments, others limit them or restrict them.

  - In most Spanish-speaking countries, government agencies and some private businesses are required to request bids from suppliers when dealing with major purchases.

  - If you are thinking about opening an office or factory in Mexico, it will be important for you to familiarize yourself with Mexican labor laws. According to an article of the Mexican constitution, anybody who is hired and signs a contract to render services is entitled to rights that his/her American counterparts may not have. For example, industrial, agricultural, and mining enterprises must provide housing, schools, medical facilities, and other social services to their employees. Although many Mexican companies do not comply with these regulations, foreign companies may experience serious problems if they do not.

  - The Mexican constitution reserves some lines of business for the government or for Mexican nationals. Mining and oil enterprises are two such industries.

## Actividades

### Dígame...

Answer the following questions, basing your answer on the dialogues.

**1.** ¿Para qué llama la Sra. Artiles a una agencia de empleos?

_____

**2.** ¿Quiénes son los candidatos que tiene la agencia de empleos?

_____

**3.** ¿Cuándo debe la agencia enviar a los candidatos a ver a la Sra. Artiles?

_____

**4.** ¿Qué llenó la candidata cuando llegó a la oficina?

_____

**5.** ¿Qué sabe hacer la candidata?

_____

**6.** ¿Con qué programas para computadoras trabajó la señorita en la fábrica?

_____

**7.** ¿Hasta cuándo trabajó en la fábrica la candidata?

_____

**8.** ¿Cuándo renunció a su puesto y por qué?

_____

**9.** ¿Cuánto paga la Sra. Artiles?

_____

**10.** ¿Qué por ciento descuenta la compañía del sueldo de los empleados para poner en el plan de retiro?

_____

**11.** ¿Sabe la candidata si van a emplearla? ¿Cuándo lo va a saber?

_____

**12.** Si la Sra. Artiles llama a la candidata y ella no está en su casa, ¿qué debe hacer?

_____

**13.** ¿Reúne la candidata los requisitos para ocupar la posición?

_____

**Hablemos**  Interview a classmate, using the following questions. When you have finished, switch roles.

1. ¿Trabajó Ud. alguna vez (*ever*) en un banco?

2. ¿Fue Ud. alguna vez a una agencia de empleos para buscar trabajo?

3. ¿Tiene Ud. experiencia en el trabajo de oficina?

4. ¿Sabe Ud. trabajar con algún programa de composición de textos? ¿Con cuál(es)?

5. ¿Cuál es el horario de trabajo de las oficinas de la universidad?

6. ¿Qué seguro de salud tiene Ud.?

7. ¿Quién paga su seguro de salud?

8. ¿Cuánto tiempo tiene Ud. de vacaciones al año?

 **Vamos a practicar**

**A**  Rewrite the following sentences according to the change in the time or date of the event.

> **MODELO**  *Today:* La muchacha *llega* a la agencia de empleos a las nueve.
> *Yesterday:* La muchacha **llegó** a la agencia de empleos a las nueve.

1. *Now:* La Sra. Artiles contrata a la candidata.

   *An hour ago:* _____

2. *Every day:* La oficinista almuerza en la cafetería.

   *Last Friday:* _____

3. *At present:* La Srta. Rodríguez renuncia a su empleo.

   *Two months ago:* _____

4. *The present one:* El aumento es pequeño.

   *The one we received last year:* _____

5. *Right now:* Tú vas a llenar la solicitud de retiro.

   *Last June:* _____

6. *Today:* Yo le doy el folleto al candidato.

   *The day before yesterday:* _____

**B** Complete the following sentences using **por** or **para,** as needed.

1. La muchacha trabajó en el banco _____ dos años.

2. El candidato va a la oficina _____ el pasillo.

3. El candidato va _____ la oficina.

4. Alguien pregunta _____ la Sra. Artiles.

5. Me dieron 20 minutos _____ comer algo.

6. ¿_____ qué renunció a su empleo?

7. Las nuevas computadoras llegaron _____ expreso aéreo.

8. Cambiamos el aumento de sueldo _____ mayores prestaciones adicionales.

9. Dígale que necesito los programas _____ mañana.

10. Recibí un aumento _____ mi experiencia en el trabajo con computadoras.

## Sirva usted de intérprete
With two classmates, play the roles of the job applicant, the manager, and the interpreter who helps them communicate. Switch roles until each of you has played the interpreter's role.

**Candidato(a)** —Ésta es la solicitud que llené. Aquí están todos mis datos.

**Intérprete** —_____

**Gerente** —*Are you working now?*

**Intérprete** —_____

**Candidato(a)** —No, señor(a), pero trabajé hasta el lunes pasado en un banco.

**Intérprete** —_____

**Gerente** —*Why did you leave the job?*

**Intérprete** —_____

**Candidato(a)** —Porque pedí un aumento de cien dólares al mes y me ofrecieron solamente treinta.

**Intérprete** —_____

**Gerente** —*Do you know how much we pay here?*

**Intérprete** —_____

**Candidato(a)** —Sí, la recepcionista me lo dijo.

**Intérprete** —_____

| | |
|---|---|
| **Gerente** | —*Fine, the job is from nine to five.* |
| **Intérprete** | —_____ |
| **Candidato(a)** | —¿Cuánto tiempo dan para almorzar? |
| **Intérprete** | —_____ |
| **Gerente** | —*An hour.* |
| **Intérprete** | —_____ |
| **Candidato(a)** | —Qué tiempo dan de vacaciones? |
| **Intérprete** | —_____ |
| **Gerente** | —*One week a year.* |
| **Intérprete** | —_____ |
| **Candidato(a)** | —No es mucho. ¿Tienen plan de retiro? |
| **Intérprete** | —_____ |
| **Gerente** | —*Yes, at 65 years of age, our employees can retire at (with) 60% of their salary.* |
| **Intérprete** | —_____ |
| **Candidato(a)** | —Eso no es mucho tampoco. |
| **Intérprete** | —_____ |

## Sirva usted de traductor

Review the **Vocabulario adicional** in this lesson, and then translate the following memo on a separate sheet of paper so that you can help Miss Martínez with preparations for the arrival of a new employee and the needs of the Sales Department.

---

MEMO

A: Srta. Paula Martínez, Jefa de Oficina

De: Srta. Mariana Cadena, Jefa de Compras

Asunto: Compra de equipos y material de oficina

Fecha: 3 de mayo de 2006

   Tenemos un empleado nuevo. Necesitamos un escritorio con su silla, un archivo de metal y una computadora con su mesa.
   Por otra parte, necesitamos una copiadora más y una pizarra de anuncios más grande. Además, necesitamos algunos materiales de oficina: grapadoras y grapas, sujetapapeles, bandas elásticas, lápices y bolígrafos.
   Todo lo necesitamos con urgencia. Para evitar las demoras, no haga subasta.

---

**En estas situaciones**   What would you say in the following situations? What might the other person say?

1. You work for an employment agency and you are talking with a candidate who doesn't speak English. Ask if the applicant can drive a truck, has a driver's license in the United States, and can start to work tomorrow. Also ask him/her to fill out an employment application.

2. You went to Guatemala on vacation and have run out of money! Now you are interviewing for a job. Tell the personnel manager that you have already filled out the employment application, that you know how to operate personal computers, that you have experience in word processing, and that you learned to work with computers at the university. Ask how much the company pays and if they offer any benefits. Also, find out if they have part-time, as well as full-time, work.

3. You are in Venezuela interviewing job candidates for your company. Ask each candidate about previous jobs, including company names, experience gained, length of employment, and reasons for resignations. Tell the applicants about the daily work schedule, wages, and benefits.

**Casos**   Act out the following scenarios with a partner.

1. A personnel manager and an employment agency employee are talking on the phone.

2. A personnel manager interviews a candidate for an office position.

## Un paso más

A  You are a new employee at a large company in Buenos Aires. Review the **Vocabulario adicional** in this lesson and use it and other vocabulary you have learned to formulate a list of questions to ask your fellow employees about the company and your job.

B  You are in charge of ordering office supplies. Review the **Vocabulario adicional** in this lesson and use it and other vocabulary you have learned to make a list of the items needed.

**C** You are interested in applying for a job in Latin America, and you have researched job listings via the Internet. Read the ads and answer the questions to see if you are qualified for any of the positions advertised.

## TECNOBOLSA
**El portal de empleo de las nuevas tecnologías en Internet
(Un servicio gratuito de lanción.com/es)**

## OFERTA NO. 3

**Datos generales de la oferta:**
Nombre de la empresa: SKILLSOFT (GRUPO STERIA)
Puesto vacante: ANALISTA PROGRAMADOR ORACLE
Número de vacantes: 5
Descripción de oferta: LABORES DE ANÁLISIS Y DESARROLLO
                       DE APLICACIONES ORACLE

País: Costa Rica
Ciudad: San José

**Se ofrece:**
Tipo de contrato: Indefinido
Jornada: Jornada completa
Remuneración: A discutir
Remuneración complementaria: Ejemplo: Vales de comida / Transporte

**Requisitos personales:**
Edad: Indiferente
Sexo: Indiferente
Idiomas: Español e inglés
Permiso de conducir: Sí
Vehículo propio: No
Disponibilidad para viajar: No

**Experiencia profesional:**
Años de experiencia: 3 o más
Tipo de empresa: Multinacional
Orientación de empresa: Telecomunicaciones y nuevas tecnologías
Puesto: Analista programador
Descripción del puesto/responsabilidades: Labores de análisis y desarrollo de aplicaciones Oracle

## Operador Comercial

Información del puesto de trabajo
Jornada Laboral Completa
Sueldo Mensual Líquido: 160.000 pesos
El cargo operador comercial tiene como
objetivo la atención integral de clientes
en las oficinas comerciales de Chilexpress.
El postulante debe tener experiencia
mínima de dos años en servicios de
atención al público, iniciativa y ganas de
trabajar.
Ubicación: Santiago/Área metropolitana
Chile
Llamar al 543-0942 para concertar
entrevista personal.

### COMESTIBLES LA ROSA

Necesita para su fábrica de Dosquebradas (Pereira)
**INGENIERO MECANICO** para trabajar como **INGENIERO DE PROGRAMA-CION Y CONTROL DE PROYECTOS,** con:
Experiencia mínima de 2 años en industria
Conocimiento y manejo de sistemas
Buen nivel de inglés técnico
Excelentes relaciones interpersonales, habilidad para manejo de personal y
potencial para desarrollo futuro.
Los interesados deben enviar su hoja de vida con fotografía reciente, indi-cando aspiración salarial, al Apartado Aéreo No. 44 de Pereira.

1. ¿Cuáles son los puestos que se anuncian?

   _____

2. ¿Qué edad (*age*) deben tener los aspirantes a cada puesto?

   _____

3. ¿Cuáles deben ser las áreas de especialización del / de la analista programador/a?

   _____

4. ¿Qué idiomas (*language*) deben hablar el (la) ingeniero (a) (*engineer*) y el (la) analista/

   programador (a)?

   _____

5. ¿Cuántos años de experiencia deben tener los aspirantes a cada puesto?

   _____

6. ¿Adónde deben enviar su resumé los/las aspirantes a cada puesto?

   _____

7. ¿Reúne Ud. los requisitos indicados en los anuncios? ¿Cuáles tiene y cuáles no?

   _____

**Lectura**   After reading this **lectura,** get together with a partner and take turns answering the following questions.

La presencia° en los Estados Unidos de más de treinta millones de hispanos, la mitad de los cuales no habla bien el inglés, obliga° a muchas empresas a contratar empleados bilingües. Esto no siempre es fácil.°

*presence*

*compels*

*easy*

Es tendencia de muchas universidades americanas preparar a sus estudiantes para entenderse con personas de habla hispana, pero no los preparan para hablar con propiedad° y escribir con corrección el español.

**con...** *correctly*

Al hablar de un(a) empleado(a) no use las palabras "agresivo(a)" y "ambicioso(a)" pensando en las connotaciones que sus equivalentes (*aggressive and ambitious*) tienen en inglés. Agresivo(a) se dice° de una persona que tiende° a la violencia, o a ofender o provocar a los demás.° "Ambicioso(a)" tiene la misma connotación negativa que *ambitious,* pero no tiene la connotación positiva con que se usa frecuentemente en inglés.

**se...** *is said*
**que...** *who is prone*
  **a...** *other people*

1.  Muchas empresas americanas contratan empleados bilingües. ¿Por qué?

2.  ¿Qué hacen algunas universidades de los Estados Unidos?

3.  ¿Qué no hacen?

4.  ¿Cuál es la diferencia entre **agresivo** y *agressive*?

**Y usted...**

1.  ¿Piensa que es fácil o difícil contratar empleados bilingües? ¿Por qué?

2.  ¿Quiere hablar español para poder comunicarse con personas de habla hispana o para usarlo como una herramienta (*tool*) en su trabajo?

# Un dicho

**Ser puntual ahorra tiempo.**

*To be punctual saves time.*

# SUPLEMENTO 2

# LA CARTA DE NEGOCIOS

- La correspondencia comercial
- Partes de una carta

- El sobre
- Cartas de negocio típicas

**La correspondencia comercial (*Business Correspondence*)** Business correspondence includes all written texts referring to business matters. In addition to traditional forms of communication, such as letters, telegrams, and telexes, today's business correspondence includes messages sent by fax or electronic mail.

Spanish business letter writing is characterized by the use of a more formal and formulaic language than that used to write business correspondence in English. But as is the case in English, a well-written business letter in Spanish is clear, concise, complete, and courteous. It contains the following elements:

1. **Membrete** (*Letterhead*)
   The letterhead includes the sender's company name, complete address, telephone number, and other key information, such as a fax number.

**ALFA Y OMEGA, S.A.**
**Importadores de Tejidos**
**Velarde N. 356, La Paz, Bolivia**
**Teléfono 453-8090, Fax 453-8097**

2. **Fecha** (*Date*)
   In Spanish, the day is written first, followed by the month and year.

**24 de enero de 2003**

   Sometimes the month is separated from the year by a comma.

**24 de enero, 2003**

3. **Asunto** (*Reference line*)
   Some letters include a brief reference line under the date line indicating the subject of the letter. Subject lines are often preceded by the word **Asunto** (*subject*) or the letters **Ref.,** meaning **con referencia a** (*in regard to*).

**Asunto: Solicitud de empleo**     **Ref.: Factura No. 83472-01**

4. **Destinatario** (*Recipient*)

   This section of the letter identifies the name and address of the person, business, or other organization to whom the letter is being sent. If the letter is addressed to a specific person, an appropriate title should precede his or her name: **señor (Sr.), señora (Sra.), señorita (Srta.), doctor(a) [Dr(a).], Licenciado(a) [Lic., Ldo(a)., or Ledo(a)[1]], Ingeniero(a) (Ing.)**, etc. In Spain and in some Latin American countries, the titles **Don (D.)** and **Doña (Dña.)** are also used. Remember that in Spanish, the street name precedes the street number; they may be separated by a comma or not. When there is a postal code, it is placed before or after the city name, depending on the country.

   | | |
   |---|---|
   | **Sr. Gustavo Chavando** | **Cía.[2] Vinatera Torre y Hno.** |
   | **San Andrés, 546** | **Junín 232** |
   | **Lima 32, Perú** | **1086 Buenos Aires, Argentina** |

5. **Saludo** (*Salutation*)

   The following are customary salutations for business letters.

   **Estimado(a) señor(a):**
   **Distinguido(a) señor(a):**
   **Estimado(a) cliente(a):**
   **Estimado(a) Sr(a). _____:**
   **Muy señor(a) mío(a):**

6. **Cuerpo de la carta** (*Body*)

   The body of the letter usually begins with a brief sentence indicating the letter's objective. Introductory sentences for business letters usually begin with one of the following expressions:

   **La presente tiene por objeto...** The purpose of this letter is...
   **En respuesta a su carta de fecha...** In response to your letter dated...
   **En relación con su pedido de fecha...** With reference to your order dated...
   **Confirmando nuestra conversación (telefónica)...** To confirm our (telephone) conversation...
   **Le(s) agradecería(mos) nos informara(n) de...** I (We) would appreciate receiving information about...
   **Nos es grato comunicarle(s) que...** We are pleased to inform you that...
   **Sentimos tener que comunicarle(s) que...** We regret to inform you that...
   **Acusamos recibo de su atenta (carta) de fecha...** We acknowledge receipt of your letter dated...
   **Adjunto envío (enviamos) cheque (giro)...** Enclosed please find a check (money order)...
   **Estamos interesados en...** We are interested in...
   **Le(s) agradezco que me envíe(n)...** Please send me...

---

[1]The title of **Licenciado(a)** designates that the person has completed one of certain professional degrees such as law, pharmacology, etc. In Mexico it designates any university graduate.
[2]**Cía.** is the abbreviation for **compañía.**

**7. Despedida** (*Closing*)

The expressions most frequently used to close a business letter are the following.

**Atentamente,**
**De usted(es) atentamente,**
**Sinceramente,**

**8. Antefirma** (*Sender's company name*)

The sender's company name follows the closing in uppercase letters.

**HIPOTECARIA NORTE, S.A.**          **LÓPEZ Y CÍA.**

**9. Firma** (*Signature*)

The sender's signature is followed by his or her name and title.

**Manuela Ibarra**
**Jefa de Compras**

**10. Posdata** (*Postscript*)

Often a postscript is included after the closing to emphasize a particular fact or idea.

**P.D. Por favor, acuse recibo de la mercancía por correo electrónico.**

**11. Anexos o adjuntos** (*Enclosures*)

If additional materials are being sent with the letter, this should be noted at the end of the letter.

**Anexo: Factura de fecha 4 de febrero de 2000**

**12. Iniciales** (*Initials*)

The letter writer's initials usually appear in uppercase letters at the end of the letter, followed by initials of the typist in lowercase letters.

**HB/ha**          **FG:ml**

## PARTES DE UNA CARTA (*PARTS OF A LETTER*)

| | |
|---|---|
| Membrete | **R. Sánchez & Sons** |
| | Auto Parts & Accessories |
| | 547 W. Orange Avenue |
| | Albuquerque, New Mexico 87102 |
| | Telephone (505) 921-8074 |

Fecha                                               24 de septiembre del 2006

Referencia                                          Ref. DI-78

Destinatario        Sr. Administrador
                    Sociedad Española de Automóviles Turísticos (SEAT)
                    Recoletos, 765
                    28000 Madrid, España

Saludo              Estimado señor:

                        Estamos interesados en distribuir en esta área las piezas de
                    repuesto  y accesorios para los coches de su acreditada marca. La
                    ciudad de Albuquerque, en donde estamos establecidos, cuenta con
Cuerpo de           más de 330.000 habitantes y, sin embargo, su firma no tiene aquí
la carta            ningún distribuidor autorizado.
                        Estamos en condiciones de ofrecer las referencias comerciales
                    y las garantías bancarias necesarias.


Despedida                                           De usted atentamente,
Antefirma                                           LA CASA SÁNCHEZ
Firma                                               *Abel N. González*
                                                    Abel N. González
                                                    Jefe de Compras

**BASIC SPANISH FOR BUSINESS AND FINANCE**

## EL SOBRE (*THE ENVELOPE*)

**LA CASA SÁNCHEZ**
Partes y accesorios para autos
5477 W. Orange Av.
Albuquerque, NM, 87102 U.S.A.

Sello o
estampilla
de correo

Sr. Administrador
Sociedad Española de Automóviles Turísticos
(SEAT)
Recoletos, 765
28000 Madrid, España (Spain)

Att. Sr. Alba[1]

Activity: Answer Mr. Gonzalez's letter, accepting his offer. Use regular stationery and address an envelope appropriately to present your work.

---

[1]When an envelope is addressed to a business (i.e., Commercial Omega S.A.) the "attention" (**Att.**) line is written two spaces below the address. It is used to require that the matter be taken care of by the person indicated. (i.e., **Att. Sr. Alba**). If the letter is personal or confidential, the word **PERSONAL** or **CONFIDENCIAL** must appear on the lower left-hand corner of the envelope.

## Cartas de negocio típicas (_Model business letters_)

**1.** To request samples:

```
                    SPORTMART

                    7689 N. Palm Avenue

                    San Francisco, CA 94105, U.S.A.

                    Telephone (415) 345-9402


                                        15 de enero del 20__


    Sr. Sergio Fuerte

    Jefe de Ventas

    Freddy Modas, S.A.

    Magnolia No. 9876

    Lima 32, Perú


    Estimado señor:


        En respuesta a su oferta de fecha 4 del presente mes, deseo
    comunicarle nuestro interés en distribuir en nuestras tiendas[1]
    la ropa[2] para hombres de su acreditada marca, pero antes de
    hacer nuestros pedidos,[3] necesitamos ver algunas muestras.[4]
        Por favor, si es posible, envíenos las muestras por expreso
    aéreo.


                                        De usted atentamente,
                                        SPORTMART

                                        Gonzalo Ramos

                                        Gonzalo Ramos
                                        Administrador
```

[1]_stores_   [2]_clothing_   [3]_orders_   [4]_samples_

Answer the letter, stating that you are sending samples via express mail as requested. Use regular stationery to present your work.

**2.** To place an order.

SPORTMART

7689 N. Palm Avenue

San Francisco, CA 94105, U.S.A.

Telephone (415) 345-9402

5 de febrero del 20__

Sr. Sergio Fuerte                                    Ref: Pedido de ropa

Jefe de Ventas

Freddy Modas, S.A.

Magnolia No. 9876

Lima 32, Perú

Estimado señor Fuerte:

Después de revisar cuidadosamente[1] las muestras recibidas, debo informarle que los precios de la ropa fabricada por ustedes son un poco más elevados que los de otras marcas. No obstante,[2] creemos conveniente hacerles el pequeño pedido que enviamos adjunto, y esperamos recibir algún descuento en caso de pedidos mayores.[3]

Atentamente,

SPORTMART

*Gonzalo Ramos*

Gonzalo Ramos

Administrador

Adjunto:

1. Nota de pedido.

[1] *carefully*   [2] **No**... *Nevertheless*   [3] *larger*

Answer the letter, thanking Mr. Ramos for his order. Use regular stationery to present your work.

**3.** To state an error or a wrong order.

```
                          SPORTMART
                          7689 N. Palm Avenue
                          San Francisco, CA 94105, U.S.A.
                          Telephone (415) 345-9402


                                          24 de febrero del 20__


          Sr. Sergio Fuerte
          Jefe de Ventas
          Freddy Modas, S.A.
          Magnolia No. 9876
          Lima 32, Perú

          Estimado señor Fuerte:

             Lamentamos tener que informarle que, con esta fecha y a su
          cargo,¹ estamos devolviéndole² 32 pantalones de hombre talla³ 44,
          recibidos en el día de ayer, los cuales no fueron pedidos por
          nosotros. Por otra parte,⁴ no recibimos una cantidad igual de
          pantalones talla 34.
             Le agradecemos que trate de hacernos este envío⁵ con la
          mayor rapidez posible.

                                          Atentamente,
                                          SPORTMART
                                          Gonzalo Ramos
                                          Gonzalo Ramos
                                          Administrador
```

¹**a...** *at your expense*   ²**estamos...** *we are returning to you*   ³*size*   ⁴**Por...** *In addition*   ⁵*shipment*

Answer Mr. Ramos's letter, apologizing for the error. Then write a letter, similar to Mr. Ramos's, stating that you are returning merchandise due to an error in the order.

**LECCIONES 6-10** **REPASO**

## Práctica de vocabulario

**A** Circle the word or phrase that does not belong in each group.

1. cliente   ahorro   consumidor

2. amortiguador   silenciador   suministrador

3. área   cadena   zona

4. código   clave   cuadra

5. llamada   telefonista   impreso

6. marcar   enviar   mandar

7. medir   ahorrar   pesar

8. acera   banqueta   freno

9. caja   cuadra   esquina

10. manejar   conducir   decidir

11. carga   contenedor   carta

12. ferrocarril   rotura   tren

13. descarga   lana   algodón

14. encargarse   cargar   descargar

15. ocurrir   pensar   suceder

16. año   mes   respuesta

17. sistema   sueldo   salario

18. marca   coche   carro

19. alto   ancho   auto

20. carta   buzón   cosa

21. detallista   mayorista   ordenador

22. pieza   repuesto   oferta

23. usar   indicar   utilizar

24. exportar   compensar   importar

25. a veces   al día   diario

**B** Circle the word or phrase that best completes each sentence.

1. No podemos (comparar / competir / descartar) en el precio de los tubos de escape.

2. En realidad, no estamos (conocidos / próximos / satisfechos) con la compra.

3. Nuestros precios son los más (competitivos / acreditados / acompañados).

4. El Sr. Vargas no puede (usar / utilizar / atender) a los visitantes ahora.

5. Me (gusta / duele / penetra) esta mercancía.

6. ¿Cuánto (busca / contiene / carga) el hotel por las llamadas?

7. Necesito enviar unas (cartas / ciudades / avenidas) a los Estados Unidos.

8. La oficina de correos está a tres (dineros / cuadras / camiones) de aquí.

9. ¿Cuánto demora un (destinatario / paquete / administrador) por correo aéreo?

10. Puedo buscar la dirección en la (capital / libra / guía) de teléfonos.

11. Él no sabe (manejar / cruzar / cubrir) coches de cambio mecánico.

**12.** Deseo alquilar un (carro / turista / transeúnte) automático.

**13.** Hoy no tenemos ningún coche pequeño (medio / disponible / directamente).

**14.** El hotel está en el (pueblo / folleto / área) comercial.

**15.** Ud. debe pedirle la (avería / transferencia / libra) al chofer del autobús.

**16.** Necesito enviar un (ahorro / daño / cargamento) de artesanías.

**17.** Los artículos de (lana / algodón / vidrio) soplado son muy frágiles.

**18.** Si el (embalaje / flete / tejido) es bueno, no ocurren daños en la mercancía.

**19.** Nosotros llevamos la mercancía hasta la (rotura / medida / frontera).

**20.** El seguro es caro, pero Ud. ahorra en el (flete / taller / tamaño).

**21.** Ud. tiene treinta minutos para (poner / almorzar / ofrecer).

**22.** Hoy tengo una (fábrica / salud / entrevista) de trabajo.

**23.** Nosotros le (descontamos / renunciamos / trasladamos) el ocho por ciento de su sueldo.

**24.** Antes de firmar el (puesto / beneficio / contrato) debo saber el horario de trabajo.

**25.** El año pasado me dieron un (empleado / aumento / almacén) de treinta dólares al mes.

**C** Match the questions in column **A** with the answers in column **B**.

**A**

**1.** ¿Cuáles son las condiciones de pago?

**2.** ¿Tenemos que pagar el seguro?

**3.** ¿Va a ver Ud. los productos de metal ahora?

**4.** ¿Dónde está el buzón?

**5.** ¿Cuánto tarda en llegar el paquete?

**6.** ¿Cuánto deben pesar los paquetes?

**7.** ¿Cuánto debo caminar para tomar el autobús?

**8.** ¿Qué necesita saber Ud.?

**9.** ¿El coche es compacto?

**10.** ¿A quién le pido la transferencia?

**11.** ¿Qué tipo de artesanía va a transportar Ud.?

**12.** ¿Los tejidos son de lana?

**13.** ¿Cuánto tiempo tengo para almorzar?

**14.** ¿Los pagos son mensuales?

**B**

_____ **a.** Tres días.

_____ **b.** No, a la semana.

_____ **c.** Tres cuadras.

_____ **d.** Dos semanas al año.

_____ **e.** Alfarería y artículos de cuero.

_____ **f.** Las condiciones de venta.

_____ **g.** Sí, y el retiro.

_____ **h.** No, mediano.

_____ **i.** Sí, en los almacenes.

_____ **j.** No, sólo el transporte.

_____ **k.** Treinta minutos.

_____ **l.** No, hasta la frontera solamente.

_____ **m.** No, no puedo. Tengo prisa.

_____ **n.** No más de cinco kilos.

**A**

15. ¿Descuentan el seguro de salud?

16. ¿Uds. transportan la mercancía hasta California?

17. ¿Por qué renunció Ud.?

18. ¿Cuánto tiempo dan Uds. de vacaciones?

19. ¿Tienen un gran volumen de mercancías en existencia?

20. ¿Le pido la lista de precios al viajante?

**B**

_____ **o.** Sí, y pregúntale las condiciones de pago.

_____ **p.** No me dieron el aumento que solicité.

_____ **q.** Al chofer del autobús.

_____ **r.** 3/30, n/60

_____ **s.** No, de algodón.

_____ **t.** En la esquina.

## Situaciones del mundo de las empresas  Review the **Notas culturales** and **Lecturas** of the past five lessons and then read the following scenarios. Find out what went wrong, and propose possible solutions in Spanish.

1. I am in Bogota, Colombia, doing business. I know that time is a flexible concept in many countries, and therefore I arrived at 11:10 for an 11:00 A.M. appointment.

   _____

   _____

   _____

   _____

2. I went to Mexico by car. I did not buy insurance in Mexico since I am insured in the U.S., and my insurance therefore guarantees coverage all over the world.

   _____

   _____

   _____

   _____

3. I opened my company in Puerto Rico, a U.S. commonwealth. Since business there is carried out under U.S. law, I am automatically fulfilling all legal obligations governing my business in that U.S. territory.

   _____

   _____

   _____

   _____

**4.** I need to translate a document from English to Spanish. I know that one of my employees' last name is **Carmona,** a Spanish last name, so I ask him to do the translation.

_____

_____

_____

_____

**5.** When I wrote a letter commending an employee's work I said this about him: **El Sr. Fernández es ambicioso y agresivo.**

_____

_____

_____

_____

# LECCIÓN 11

# LA CONTABILIDAD DE LA EMPRESA (I)

## OBJECTIVES

### Structures

- Time expressions with **hacer**
- Irregular preterits
- The preterit of stem-changing verbs (**e:i** and **o:u**)
- Command forms: **tú**

### Business Communication

- Dealing with accounting and accountants

2–2

Tan pronto como el segundo candidato sale de la oficina de la Sra. Artiles, la secretaria la llama por el intercomunicador:

**Secretaria** —Sra. Artiles, el Sr. Villalba la está esperando.

**Sra. Artiles** —¿Cuánto hace que espera?

**Secretaria** —Hace unos pocos minutos que está aquí.

**Sra. Artiles** —Bien. En cinco minutos, hazlo[1] pasar a mi oficina. Gracias.

**Secretaria** —Sí, señora. (*Al rato, la secretaria mira la hora y le dice al Sr. Villalba*) La Sra. Artiles lo espera en su oficina.

**Sr. Villalba** —Buenos días, Sra. Artiles. Mi nombre es Jorge Villalba y represento a la firma Allied Business Consultants.

**Sra. Artiles** —Buenos días y perdone la demora. No pude terminar antes la entrevista anterior, y después tuve que hacer una llamada.

**Sr. Villalba** —No importa. Por favor, dígame cuál es su problema.

**Sra. Artiles** —Quiero modernizar el sistema de contabilidad del negocio.

**Sr. Villalba** —¿Quién lleva la contabilidad de la firma?

**Sra. Artiles** —Los empleados de la oficina hacen los asientos de diario y los pases al mayor.

**Sr. Villalba** —¿Ellos también preparan los estados financieros?

**Sra. Artiles** —No, ahora tenemos un arreglo con un contador que periódicamente prepara los balances de comprobación, los balances generales y los estados de pérdidas y ganancias.

---

[1]Irregular command (**tú** form) of **hacer: haz**

**Sr. Villalba** —Bien, explíqueme las dificultades que tiene con su sistema contable actual.

**Sra. Artiles** —El problema es que el negocio creció mucho el año pasado y ahora estamos sufriendo demoras y errores costosos en los informes a los clientes.

**Sr. Villalba** —¿Y qué desea hacer ahora, reorganizar su oficina contable o encargar la contabilidad del negocio a una firma de contadores?

**Sra. Artiles** —Bueno, como le dije por teléfono a la persona con quien hablé, no quise tomar una decisión final sin antes consultar con Uds.

**Sr. Villalba** —Hizo bien. Y en ese caso necesito evaluar sus necesidades. ¿Están aquí todos los libros?

**Sra. Artiles** —Sí, se los pedí al contador y él los trajo ayer. (*A su asistente por el intercomunicador*) Eva, no prepares hoy la nómina. Trae los libros de contabilidad y trabaja con el Sr. Villalba, por favor.

La Sra. Artiles le sirve una taza de café al Sr. Villalba y siguen hablando.

**¡Escuchemos!** While listening to the dialogue, circle **V (verdadero)** if the statement is true or **F (falso)** if it is false.

2–2

1. El contador tuvo que esperar mucho tiempo en la oficina.　　V　　F

2. La secretaria mira la hora antes de hacer pasar al contador a la oficina.　　V　　F

3. La Sra. Artiles no recibió antes al contador porque estaba hablando por teléfono.　　V　　F

4. Ahora, los empleados de la oficina preparan los balances generales y los estados de pérdidas y ganancias.　　V　　F

5. La empresa de la Sra. Artiles tiene que modernizar su contabilidad porque el negocio creció mucho el año pasado.　　V　　F

6. Ahora el negocio de la Sra. Artiles está teniendo errores costosos en los informes a los clientes.　　V　　F

7. La Sra. Artiles tomó una decisión antes de hablar con el contador.　　V　　F

8. El contador quiere saber dónde están los libros de contabilidad.　　V　　F

9. Los libros no están en la oficina.　　V　　F

10. Eva va a preparar la nómina hoy.　　V　　F

Audio

# VOCABULARIO

## COGNADOS

el error
final
la necesidad
periódicamente
el problema
el (la) secretario(a)
el sistema

## NOMBRES

el arreglo, la iguala (*Cuba*) *arrangement*
el asiento de diario *journal entry*
el (la) asistente, el (la) ayudante *assistant*
el balance de comprobación *trial balance*
el balance general *balance sheet*
el caso *case*
la contabilidad *accounting*
el (la) contador(a) *accountant*
la empresa *enterprise, company*
el estado de pérdidas y ganancias *profit-and-loss statement*
el estado financiero *financial statement*
la ganancia *profit, earnings*
el libro *book*
el (libro) diario *journal*
el (libro) mayor *general ledger*
la nómina *payroll*
el pase al mayor *general ledger entry*
la pérdida *loss*
la taza *cup*

## VERBOS

consultar *to consult*
crecer *to grow*
encargar *to entrust*
evaluar *to evaluate, to assess*
explicar *to explain*
importar *to matter*
modernizar *to modernize*
perdonar *to forgive*
reorganizar *to reorganize*
representar *to represent*
salir[1] *to leave, to go out*
seguir (e:i) *to continue*
servir (e:i) *to serve*
sufrir *to suffer*
traer[2] *to bring*

## ADJETIVOS

anterior *previous, former*
contable *accounting*
costoso(a) *costly*
financiero(a) *financial*

## OTRAS PALABRAS Y EXPRESIONES

ayer *yesterday*
¿con quién? *with whom?*
Hizo bien. *You did the right thing.*
llevar la contabilidad *to keep the books*
perdone *excuse* (*me*)
tan pronto como *as soon as*
tomar una decisión *to make a decision*

---

[1]Irregular first person present indicative: **yo salgo.**
[2]Irregular first person present indicative: **yo traigo.**

Audio

# VOCABULARIO ADICIONAL

## TÉRMINOS RELACIONADOS CON LA CONTABILIDAD

**acreditar** *to credit*
**el (la) acreedor(a)** *creditor*
**el activo** *assets*
**adjunto(a)** *attached*
**el ajuste** *adjustment, reconciliation*
**el capital** *capital*
**conciliar, cuadrar** *to reconcile*
**el (la) contador(a) público(a) titulado(a)**
   *certified public accountant* (*CPA*)
**la cuenta a (por) cobrar** *account receivable*
**la cuenta a (por) pagar** *account payable*
**la cuenta acreedora** *credit account*
**la cuenta corriente** *checking account*
**la cuenta deudora** *debit account*
**el debe** *debit*
**debitar** *to debit*
**la deuda** *debt*
**el (la) deudor(a)** *debtor*
**el efectivo** *cash*

**el egreso** *expenditure*
**la fecha de cierre** *closing date*
**la fecha de vencimiento** *due* (*expiration*)
   *date*
**el folio** *folio, page* (*i.e., accounting books*)
**los fondos** *funds, deposits*
**el gasto** *expense*
**los gastos de representación** *entertainment*
   *expenses*
**los gastos generales** *overhead expenses*
**los gastos varios** *miscellaneous expenses*
**el haber** *credit*
**el inventario** *inventory*
**el libro de actas** *minute book*
**el libro de caja** *cash book*
**el libro de ventas** *sales book*
**liquidar** *to liquidate, to pay off*
**pasar al mayor** *to enter in the ledger*
**el pasivo** *liabilities*
**el saldo** *balance*
**el (la) tenedor(a) de libros** *bookkeeper*

## NOTAS CULTURALES

Search

- Accounting practices in the Spanish-speaking world are very similar to those in the United States. In fact, there are more similarities than differences between the two. It is important to remember a few technical points in Hispanic notation that differ from those practiced in the United States. In Spain and in most Latin American countries a period is used instead of a comma in numbers larger than one thousand. For example, 1,533 often is written as 1.533. This difference can cause much confusion, especially in negotiating prices and making deals. However, when doing business in foreign countries, it is recommended that you use the system traditional to the part of the world in which you are working.

- Many learners of Spanish make the mistake of assuming that **billón** is a cognate for *billion* in English; it is not. In the United States, one billion is written 1,000,000,000. In Spain and Latin America, this number is **mil millones** (literally, a thousand millions), or a **millardo.** A **billón** in the Spanish-speaking world is written 1.000.000.000.000, but this is a *trillion* in the United States.

- Although the use of computers is increasing rapidly in Latin America, dependence on electronic media for accounting purposes such as spreadsheets, payroll programs, and other financial software remains in its infancy in most countries. Almost every country still requires that accounting information be recorded manually in books and/or ledgers that are mandated by each country's laws. In general, these books are the daily ledger, the general ledger, inventory records, and the trial balance book. Commercial enterprises must also keep a minute book, and generally, companies keep books and/or records over and above those required by law. In these countries, the law also requires that a judge or a notary public examine and validate all accounting books before they can be used by a company. This authorization consists of certifying the number of pages that the books contain and marking each page with an official stamp.

- In small businesses in Spanish-speaking countries, the accounting work is often done by a bookkeeper who may be a graduate of a middle-level business school. The accounting and finances of large businesses and corporations are usually handled by accountants who are university graduates. The laws of some Spanish-speaking countries do not permit companies to hire people with degrees from foreign countries as accountants, but other countries do not regulate the employment of accountants. Many of the employees in charge of accounting have a practical, experiential knowledge of financial practices and procedures rather than a knowledge gained through a course of study.

## Actividades

**Dígame...** Answer the following questions, basing your answers on the dialogue.

**1.** ¿Por qué tuvo que esperar el Sr. Villalba?

_____

**2.** ¿Para qué compañía trabaja el Sr. Villalba?

_____

**3.** ¿Por qué consulta la Sra. Artiles con la firma del Sr. Villalba?

_____

**4.** ¿Qué arreglo tiene la compañía de la Sra. Artiles con su contador?

_____

**5.** ¿Qué ocurrió con el negocio el año pasado?

_____

**6.** ¿Qué está ocurriendo con los informes a los clientes en la compañía de la Sra. Artiles?

_____

**7.** ¿Qué necesita hacer el Sr. Villalba?

_____

**8.** ¿Qué no tiene que hacer Eva hoy? ¿Por qué?

_____

**9.** ¿Qué van a hacer el Sr. Villalba y Eva?

_____

**10.** ¿Qué le sirvió la Sra. Artiles al Sr Villalba? ¿Qué siguieron haciendo?

_____

 **Hablemos**  Interview a classmate, using the following questions. When you have finished, switch roles.

**1.** ¿Qué hace Ud. tan pronto como sale de la clase (*class*)?

**2.** ¿Hay un intercomunicador en esta clase? ¿Quién lo usa? ¿Para qué?

**3.** ¿Espera Ud. a alguien ahora?

**4.** ¿Hace mucho tiempo que Ud. está aquí?

**5.** ¿Creció mucho esta universidad el año pasado?

**6.** ¿Con quién consulta Ud. cuando no sabe qué hacer?

**7.** ¿Qué hace Ud. antes de decidir algo importante?

**8.** ¿Trajo Ud. su libro a clase hoy?

 ## Vamos a practicar

 **A**  With a partner, take turns asking and answering how long the following actions or circumstances have been going on.

> **MODELO**  the accountant / waiting
> Pregunta: **¿Cuánto tiempo hace que el contador espera?**
> Respuesta: **Hace unos minutos que espera.**

**1.** we / learning Spanish

**2.** you (**Ud.**) / are here

**3.** you (**tú**) / have your car

**4.** I / working here

**B**  Rewrite the following sentences according to the given cues.

**Modelo**  Ella prefiere consultar con un contador.
*Last Thursday:* **Ella prefirió consultar con un contador.**

**1.** Tengo una entrevista con el contador.

*Last Monday:* _____

**2.** Estoy en su oficina.

*Yesterday:* _____

**3.** No puedo explicarle las dificultades que tenemos.

*Last year:* _____

**4.** Hago los asientos de diario y los pases al mayor.

*Last month:* _____

**5.** El contador viene con los libros.

*Last week:* _____

**6.** ¿Qué dice el Sr. Villalba?

*The day before yesterday:* _____

**7.** ¿Quién trae el libro diario?

*Two days ago:* _____

**8.** ¿Por qué no quiere cambiar el sistema de contabilidad?

*Last Tuesday:* _____

**9.** Ella le sirve una taza de café.

*A few minutes ago:* _____

**10.** Uds. siguen conversando.

*Yesterday:* _____

**C** You and a colleague are working on the books for your company. Take turns asking each other what you should do, responding first affirmatively and then negatively. Use the **tú** command.

> **MODELO** ¿Llamo al Sr. Villalba?
> **Sí, llámalo.**
> **No, no lo llames.**

**1.** ¿Traigo los libros?

_____   _____

**2.** ¿Le digo al contador lo que pasó?

_____   _____

**3.** ¿Hago los asientos en el diario?

_____   _____

**4.** ¿Pongo los estados financieros en tu escritorio?

_____   _____

**5.** ¿Te sirvo el café ahora?

_____   _____

**6.** ¿Te explico mis problemas?

_____   _____

**7.** ¿Lo consulto con el jefe?

_____   _____

**8.** ¿Salgo de tu oficina?

_____   _____

**9.** ¿Les encargo la contabilidad a los empleados de la oficina?

_____   _____

**Sirva usted de intérprete**  With two classmates, play the roles of Sra. Pérez, an accountant, and the interpreter who helps them communicate. Switch roles until each of you has played the interpreter's role.

**Sra. Pérez**  —Mi nombre es Sonia Pérez. Tengo un restaurante y necesito modernizar la contabilidad de mi negocio.

**Intérprete**  —_____

**Contador(a)**  —*Who keeps the books for your business now?*

**Intérprete**  —_____

**Sra. Pérez**  —Una de las empleadas de la oficina, pero el negocio creció mucho el año pasado y ahora necesito un contador.

**Intérprete**  —_____

**Contador(a)**  —*What books did the employee keep?*

**Intérprete**  —_____

**Sra. Pérez**  —Un libro diario y un mayor.

**Intérprete**  —_____

**Contador(a)**  —*What financial statements did she do?*

**Intérprete**  —_____

**Sra. Pérez**  —Solamente el estado de pérdidas y ganancias que necesitamos para pagar los impuestos.

**Intérprete**  —_____

**Contador(a)**  —*I need to see the books and the profit and loss statements for past years. I would like to determine what your needs are.*

**Intérprete**  —_____

**Sra. Pérez**  —Los libros no están aquí. Los tengo en mi casa.

**Intérprete**  —_____

**Contador(a)**  —*The books must always be in the place of business or in the office of the company accountant.*

**Intérprete**  —_____

**Sra. Pérez**  —Lo sé, pero necesitamos preparar las cuentas del mes anterior y algunas del mes actual.

**Intérprete**  —_____

**Contador(a)**  —*Fine, when can I see the books?*

**Intérprete**  —_____

**Sra. Pérez** —Mañana, después de las cinco, se los llevo a su oficina. También le voy a llevar las cuentas del mes actual.

**Intérprete** —_____

**Contador(a)** —*Sorry. We close at four thirty.*

**Intérprete** —_____

**Sra. Pérez** —Entonces voy a llevárselos a las cuatro menos cuarto, más o menos.

## Sirva usted de traductor

Your company's sales representative in the Dominican Republic sent the following report on the status of his company account for the month of March. Review the **Vocabulario adicional** in this lesson and then translate the report into English so your boss can review it. Use regular stationery to present your work.

---

### Reporte del movimiento de fondos durante el mes de marzo

| | | |
|---|---:|---:|
| Saldo en febrero 28 | | $7.912,90 |
| Ingresos: | | |
| Cuentas a cobrar cobradas | $76.123,52 | |
| Intereses acreditados | 54,00 | 76.177,52 |
| | | |
| Egresos: | | |
| Mi sueldo | 3.750,00 | |
| Pago de cuentas a pagar | 500,00 | |
| Gastos de viajes | 245,80 | |
| Gastos de representación | 181,45 | |
| Gastos varios | 45,96 | |
| Ajuste en cuenta del banco | 85,43 | 4.808,64 |
| | | |
| Saldo | | 71.368,88 |
| Cheque adjunto | $70.000,00 | |
| | | |
| Saldo en marzo 31 | | $1.368,88 |

**Notas:**
1. El banco nos acreditó $54 por intereses de la cuenta corriente, y nos debitó $85,43 por cheque sin fondo recibido de un deudor.
2. La firma López y Compañía me informó que no tiene el efectivo necesario para liquidar su deuda en la fecha de vencimiento. Su pasivo excede a su activo.

**Importante:**
1. Necesito contratar a un contador público o a un tenedor de libros para que me ayude con la contabilidad.
2. Necesito aumentar el inventario de muestras para los clientes.

---

**En estas situaciones**   What would you say in the following situations? What might the other person say?

1. Your company has sent you to Panama in order to modernize the accounting system of a local firm. Introduce yourself. Ask the manager who is in charge of keeping the company books now, what books they presently keep, and what difficulties they're having with their current accounting system. Say that they must think about using computers with their new system, but you need to evaluate the needs of the company before making a final decision. Ask where the company books are and if their accountant can work with you for a week.

2. You are a Spanish-speaking business owner, interviewing an accountant about handling your company's affairs. Ask where the accountant worked before and what type of accounting work he/she has done. Explain that your business is experiencing delays and errors in its reports, and that is why you want to hand over (entrust) the firm's accounting to another accountant. Say that you urgently need a profit-and-loss statement, although you have already prepared the trial balance. Use the intercom to ask one of your employees to bring the balance sheet to your office.

 **Casos**   Act out the following scenarios with a partner.

1. An accountant and the administrator of a company discuss the modernization of the company's accounting system.

2. A business owner discusses concerns about problems in client reports with an employee.

3. Two employees work on their company's books together.

## Un paso más

**A**  You are the accountant for a large company, and your boss would like a brief report of the month's income and expenses. Review the **Vocabulario adicional** in this lesson and use it and other vocabulary to prepare the report. Use a separate sheet of paper and create your own letterhead to present your work.

**B**  Your company is hiring an accountant and a bookkeeper. Review the **Vocabulario adicional** from this lesson and use it and other vocabulary you have learned to write two brief help-wanted ads describing your company's needs and each job's responsibilities. Use a separate sheet of paper and create your own letterhead to present your work.

## Lectura

After reading this **lectura,** get together with a partner and take turns answering the following questions.

La globalización es uno de los tópicos candentes°
de la actualidad. Unos° la ven como la gran
oportunidad para los países en desarrollo°, otros
creen que es una nueva forma de explotación de
los países y de la gente° pobre. Lo cierto es que la
globalización es un producto de las nuevas
tecnologías, y es un hecho° irreversible.
Si los países desarrollados no eliminan° los
subsidios al sector agrícola° y a la industria
manufacturera° que requiere° mano de obra
intensiva,° los países en desarrollo van a sufrir
las consecuencias. Pero si se eliminan esos
subsidios y otras barreras° que cierran° o
limitan el acceso a los mercados de los países
ricos,° los países en desarrollo van a vender
muchísimos más productos y a obtener muchas
más divisas.°

**tópicos...** *burning topics*
*some*
**países...** *developing countries*

*people*

*fact, event*
*remove*
*agricultural*
*manufacturing / require, demand*
**mano...** *intensive labor*

*barriers / close*

*rich*

*hard currency*

**1.** ¿Qué es la globalización?

**2.** ¿Qué dicen los que defienden (*defend*) la globalización?

**3.** ¿Qué dicen los que atacan (*attack*) la globalización?

**4.** ¿Qué va a suceder (*happen*) si los países desarrollados no eliminan los subsidios?

**Y usted...**

**1.** ¿Cree que la globalización beneficia a los países pobres o a los ricos? ¿Por qué?

**2.** La globalización, ¿es un hecho irreversible? ¿Por qué?

## Un dicho

**El que no se arriesga ni gana ni pierde.**     *If you don't take risks, you neither win nor lose.*

# LECCIÓN 12

# LA CONTABILIDAD DE LA EMPRESA (II)

## OBJECTIVES

### Structures

- **En** and **a** as equivalents of *at*
- The imperfect tense
- The past progressive
- The preterit contrasted with the imperfect

### Business Communication

- Dealing with accounting and accountants

El Sr. Villalba está de nuevo en la Compañía Pérez y Hno. Hoy rinde informe de su gestión.

**2–3** **Sr. Villalba** —Sra. Artiles, no vine ayer porque todavía estaba trabajando en el informe. Por cierto, la ayuda de la Sra. Pérez fue más valiosa de lo que esperaba.

**Sra. Artiles** —Muy bien. ¿En qué consiste el informe?

**Sr. Villalba** —Pues Ud. necesita automatizar la contabilidad de su negocio.

**Sra. Artiles** —¿Cómo?

**Sr. Villalba** —Mediante el uso de computadoras.

**Sra. Artiles** —¿Cómo funciona el sistema?

**Sr. Villalba** —Primero, Ud. necesita hacer un inventario de toda la mercancía disponible y registrarlo en la computadora. Luego Ud. registra todos los pedidos según se reciben y la computadora rebaja las ventas automáticamente.

**Sra. Artiles** —¿Cómo es posible eso?

**Sr. Villalba** —Fácilmente. Cada caja registradora se conecta a la computadora. Entonces, cada vez que se hace una venta, la computadora lee el código de barras[1] de la etiqueta con la unidad óptica y registra la venta.

**Sra. Artiles** —¿Cómo se preparan los estados financieros?

**Sr. Villalba** —La computadora los prepara automáticamente. Ud. "alimenta" la computadora con datos como el alquiler, el importe de la nómina, la electricidad, el teléfono, los impuestos, los gastos bancarios, etc. y la máquina hace la computación necesaria.

---

[1] *bar code*

| Sra. Artiles | —¿Y cómo se prepara la nómina? |
|---|---|
| Sr. Villalba | —Basta con conectar el reloj que marca las entradas y salidas de los empleados con la computadora. Ésta registra las asistencias, hace los descuentos por ausencias y los descuentos por concepto de retiro, impuestos, seguro social, etc. |
| Sra. Artiles | —¿Podemos hacer todo eso con las computadoras que tenemos ahora en servicio? |
| Sr. Villalba | —Me² temo que no. Uds. van a necesitar un equipo de computación más sofisticado y varias estaciones de trabajo. Además, van a necesitar algunos programas especialmente diseñados para trabajos contables, de nóminas, etc. |
| Sra. Artiles | —¿Nos va Ud. a recomendar los equipos y programas que necesitamos? |
| Sr. Villalba | —Sí, señora. Aquí tiene Ud. una lista y un presupuesto de la inversión. |
| Sra. Artiles | —(Leyendo la lista) ¿Necesitamos otros dos programas para la computadora? ¿No le dijo la Sra. Pérez que ya teníamos un programa de composición de textos? |
| Sr. Villalba | —Sí, señora, pero es muy rudimentario y ya está obsoleto. Con este nuevo programa Ud. va a poder, entre otras cosas, automatizar los cobros y enviar a sus clientes y a sus proveedores circulares personalizadas, es decir, circulares que parecen cartas personales. |
| Sra. Artiles | —Y con el programa de hoja de cálculo, ¿qué podemos hacer? |
| Sr. Villalba | —Con ese programa sus computadoras les van a preparar las hojas de análisis de los estados financieros. |
| Sra. Artiles | —Bien, ahora vamos a hablar de los costos de inversión y de operación del nuevo sistema. Ya le dije que no deseaba gastar mucho. |
| Sr. Villalba | —Yo le aseguro que sus ahorros en gastos de operación van a compensar el costo de la inversión inicial. |
| Sra. Artiles | —Sí, ya sé que estábamos gastando demasiado. |

### ¡Escuchemos! While listening to the dialogue, circle **V (verdadero)** if the statement is true or **F (falso)** if it is false.

2–3

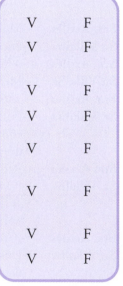

1. El Sr. Villalba fue ayer a la oficina de la Sra. Artiles para rendirle informe de su gestión.   V   F

2. La Sra. Pérez no pudo ayudar al Sr. Villalba.   V   F

3. La Sra. Artiles necesita computadoras para automatizar la contabilidad de su empresa.   V   F

4. Los empleados registran los pedidos según se reciben.   V   F

5. La computadora debe estar conectada a las cajas registradoras.   V   F

6. Los empleados de la Sra. Artiles marcan las horas de entrada y salida de sus trabajos.   V   F

7. La Sra. Artiles descuenta el Seguro Social y los impuestos de los sueldos de sus empleados.   V   F

8. La Sra. Artiles tiene un programa moderno de composición de textos.   V   F

---

²Superfluous object pronoun commonly used in Spanish to show interest; i.e., **Me regreso a casa.**

9. El programa de hoja de cálculo prepara circulares personalizadas para los clientes y proveedores.

    V       F

10. El contador piensa que los ahorros en los gastos de operación no van a compensar el costo de la inversión inicial.

    V       F

Audio

# VOCABULARIO

## COGNADOS

automáticamente
la circular
la computación
el concepto
la electricidad
necesario(a)
obsoleto(a)
la operación
personal
personalizado(a)
posible
rudimentario(a)
el Seguro Social
sofisticado(a)
el uso

## NOMBRES

el alquiler *rent*
la asistencia *attendance*
la ausencia *absence*
la ayuda *help, assistance*
la caja registradora *cash register*
el cobro *collection (of debts)*
el descuento *deduction, reduction*
la entrada *arrival, entry*
el equipo *equipment*
el equipo de computación *computer hardware*
la etiqueta *label*
la gestión *the work or action someone has to do, management*

la hoja de cálculo (análisis) *spreadsheet*
el importe *amount, price*
la inversión *investment*
la máquina *machine*
el presupuesto *estimate, budget*
la unidad óptica *scanner, optic unit*
la vez *time*

## VERBOS

alimentar *to feed*
automatizar *to automate*
conectar *to connect*
gastar *to spend*
parecer[1] *to look like, to seem*
rebajar *to reduce, to diminish*
registrar *to record, to key into (a computer)*

## ADJETIVOS

diseñado(a) *designed*
valioso(a) *valuable*

## OTRAS PALABRAS Y EXPRESIONES

código de barras *UPC (Universal Price Code)*
de nuevo, otra vez *again*
demasiado *too much*
es decir *that is to say, in other words*
fácilmente *easily*
mediante *through, by means of*
(me) temo que... *I am afraid that...*
por cierto *by the way*

---

[1]Irregular first person present indicative: **yo parezco.**

**por concepto (de)** *referring to (a specific item), regarding*
**rendir (e:i) informe** *to report, to give an account*

**según** *as*
**según se reciben** *as they are received, as they come in*

Audio

# VOCABULARIO ADICIONAL

## TÉRMINOS RELACIONADOS CON LA COMPUTADORA

**analógico** *analog*
**el cable USB** *USB cable*
**el componente** *component*
**descargar de la Internet** *download*
**digital** *digital*
**el disco, el disco de programación, el disquete** *computer disk(ette)*
**el disco duro** *hard disc*
**el disco flexible** *floppy disk*
**el escáner, el escanógrafo** *scanner*
**la generación** *generation*
**el gráfico** *graphic*
**la informática** *computer science*
**el manual del usuario (dueño)** *user's (owner's) manual*

**el modem** *modem*
**navegar la red** *to surf the Web*
**la página de la Web** *Web page*
**la pantalla** *screen*
**la pastilla** *microchip*
**el periférico** *peripheral (device)*
**poderoso(a)** *powerful*
**el (la) programador(a)** *programmer*
**la red** *Web, Internet*
**el ratón** *mouse*
**el salvapantallas** *screensaver*
**el soporte físico, el equipo** *hardware*
**el soporte lógico, los programas** *software*
**la tecla** *key*
**el teclado** *keyboard*
**la velocidad** *speed*
**la versión** *version*

## NOTAS CULTURALES

Search

■ **Las compañías o empresas de negocios en los países de habla hispana** (*Types of Companies in Spanish-speaking Countries*) Businesses are organized according to the laws of the country where these are established. The several types of business organizations in Spanish-speaking countries are generally similar among themselves, but they differ considerably from those in the United States.

■ **Sociedad Anónima (S.A.)** or **Compañía Anónima (C.A.) [de Capital Variable (de C.V.)]** This is the business organization that resembles a U.S. corporation the most. The company capital is in the form of stocks. In the case of losses, stockholders are only responsible for the worth of the stocks they share. The abbreviation S.A. should follow the name of the company. The **Sociedad Anónima de Capital Variable (S.A. de C.V.)** is common in Mexico.

- **Sociedad Limitada (S.L.)** or **Sociedad de Responsabilidad Limitada (S. de R.L.)** This is a type of company in which partners are responsible for losses up to the total capital subscribed by them. The name of the company should be followed by the abbreviations **S.L.** or **S. de R.L.,** depending on the case.

- **Sociedad Regular Colectiva** or **Sociedad en Nombre Colectivo** This is a type of company created by two or more partners that agree to do business under a common name. The name of such company is formed by the surnames of the principal partners; for example: **Rodríguez, Sánchez y Cía.**[1] Partners are collectively and individually responsible for the debts of the company up to the total of all their assets.

  - **Sociedad en Comandita (S. en C.)** There are two types of partners in **sociedades en comandita: socios solidarios** (*joint liable partners*) or **socios comanditarios** (*silent or nominal partners*). The partners of the first kind are responsible for losses up to the total of all their assets; the second kind, only up to the total capital they contributed. The abbreviation **S. en C.** should follow the company name.

  - **Sociedad Cooperativa** There are two kinds of cooperatives: that of producers and that of consumers. The first kind consists of associations of small producers who contribute their labor and a little capital. In Spanish-speaking countries, there are many cooperatives of farm workers and of fishermen. The second kind consists of consumer associations that are able to purchase goods wholesale, therefore acquiring the merchandise at lower prices.

  - **Sociedad de Beneficio Mutuo** or **Sociedad Mutualista** These organizations are created for the mutual benefit of their members or for the pursuit of a common interest. These are generally not-for-profit organizations in which the benefits consist of the services provided to their members.

# Actividades

**Dígame...** Answer the following questions, basing your answers on the dialogue.

**1.** ¿Por qué no vino ayer el Sr. Villalba?

_____

**2.** La ayuda de la Sra. Pérez ¿fue menos valiosa de lo que el Sr. Villalba esperaba?

_____

**3.** ¿Cómo puede la Sra. Artiles automatizar la contabilidad de su negocio?

_____

_____

[1]**Cía.** is the abbreviation for **Compañía.**

**4.** ¿Qué hace la computadora después de que los empleados registran los pedidos?

_____

**5.** ¿Cómo "sabe" la computadora qué artículos se vendieron?

_____

**6.** ¿Qué hay que hacer para preparar la nómina usando la computadora?

_____

**7.** ¿Puede la empresa de la Sra. Artiles usar las computadoras que ya tiene? ¿Por qué o por qué no?

_____

**8.** ¿Qué tipos de programas va a necesitar?

_____

**9.** ¿Por qué necesita la Sra. Artiles otro programa de composición de textos?

_____

**10.** ¿Qué otro programa necesita la Sra. Artiles?

_____

 **Hablemos** Interview a classmate, using the following questions. When you have finished, switch roles.

**1.** ¿Sabe Ud. usar una computadora?

**2.** ¿Usa Ud. una computadora en su trabajo o en la universidad?

**3.** ¿Sabe Ud. "alimentar" una computadora con datos?

**4.** ¿Sabe Ud. preparar una nómina?

**5.** ¿Está su nombre en alguna nómina? ¿En cuál?

**6.** ¿Qué por ciento de su sueldo le descuentan? ¿Para qué?

**7.** ¿Usa Ud. algunos programas diseñados para trabajos contables? ¿Los usa en su trabajo o en su casa?

**8.** ¿Sabe Ud. trabajar con un programa de hoja de cálculo? ¿Con cuál?

**9.** Mi programa de composición de textos es rudimentario y está obsoleto. ¿Me puede recomendar uno nuevo? ¿Cuál?

**10.** ¿Cree Ud. que el uso de las computadoras ahorra tiempo y trabajo? ¿Por qué o por qué no?

**Nombre** _____  **Sección** _____  **Fecha** _____

## Vamos a practicar

**A**  Fill in the blanks with the preterit or the imperfect forms of the Spanish equivalents of the verbs in parentheses.

**MODELO**  El contador le _____ (*told*) a la Sra. Artiles que _____ (*he had*) que hacer un inventario.
El contador le **dijo** a la Sra. Artiles que **tenía** que hacer un inventario.

**1.** Ella no _____ (*was*) aquí cuando él _____ (*came*) anoche.

**2.** _____ (*It was*) las ocho de la mañana cuando el contador _____ (*arrived*) a la oficina.

**3.** Cuando el Sr. García _____ (*left*), la recepcionista _____ (*called*) a la Sra. Artiles por el intercomunicador, y le _____ (*told*) que el Sr. Villalba la _____ (*was waiting*).

**4.** El contador le _____ (*told*) a la Sra. Artiles que _____ (*needed*) un equipo de computación más sofisticado.

**5.** La Sra. Artiles _____ (*said*) que el contador _____ (*was going*) a venir hoy.

**6.** El Sr. Villalba no _____ (*could*) terminar el informe porque la Sra. Pérez le _____ (*told*) que no _____ (*could*) ayudarlo.

**7.** La Sra. Artiles _____ (*bought*) un programa de hoja de cálculo cuando el contador le _____ (*told*) que ella _____ (*needed*) automatizar la contabilidad de la empresa.

**B**  Give the Spanish equivalents of the following. Be aware that *at* may translate to mean either **a** or **en.**

**MODELO**  She was *at* work *at* three.
**Ella estaba en su trabajo a las tres.**

**1.** Mrs. Pérez lives at 456 Riverside Street.

_____

**2.** We are going to see her at lunchtime.

_____

**3.** I am going to be at the gate at that time.

_____

**4.** We are going to talk with Mrs. Artiles at the hotel.

_____

**Sirva usted de intérprete**  With two classmates, play the roles of the accountant, the client, and the interpreter who helps them communicate. Switch roles until each of you has played the interpreter's role.

**Contador(a)**  —*I didn't come yesterday because I was preparing the report.*

**Intérprete**  —_____

**Cliente**  —¿Consultó con la Sra. Rodríguez sobre nuestro sistema contable actual?

**Intérprete**  —_____

**Contador(a)**  —*Yes, and her help was very valuable.*

**Intérprete**  —_____

**Cliente**  —Bien, ¿qué cree Ud. que debo hacer?

**Intérprete**  —_____

**Contador(a)**  —*You should automate your accounting system by using computers.*

**Intérprete**  —_____

**Cliente**  —¿Cómo funciona el sistema?

**Intérprete**  —_____

**Contador(a)**  —*First, you need to take inventory of all merchandise in the store and feed all this data into the computer.*

**Intérprete**  —_____

**Cliente**  —Sí, y después registro los pedidos según llegan, pero ¿cómo registro las ventas?

**Intérprete**  —_____

**Contador(a)**  —*Sales are registered automatically each time a salesperson uses a scanner to read the UPC on the label of a product.*

**Intérprete**  —_____

**Cliente**  —Sí, ya lo sé; ese sistema se usa en los supermercados (*supermarkets*).

**Intérprete**  —_____

**Contador(a)**  —*Also, using other programs, you can prepare the financial statements.*

**Intérprete**  —_____

**Cliente**  —Para eso necesito "alimentar" la computadora con los gastos, ¿verdad?

**Intérprete**  —_____

**Contador(a)**  —*Yes, and if you connect a time clock to the computer, it can prepare the payroll.*

**Intérprete**  —_____

**Cliente**  —Además, puedo utilizar la computadora para preparar estados financieros, ¿verdad?

**Intérprete**  —_____

**Nombre** _____  **Sección** _____  **Fecha** _____

**Contador(a)** —*Yes, with a spreadsheet and a database program.*

**Intérprete** —_____

### Sirva usted de traductor

You are the executive assistant to the National Sales Manager of a relatively new computer company. In sorting through your boss's mail, you found the following letter of inquiry written in Spanish. Translate it into English on a separate sheet of paper so your boss can read it.

Sucre, 54
Quito, Ecuador

19 de octubre de 2006

Sr. Jefe de Ventas
Smart Computers, Inc.
4200 Danvers Street
Chicago, IL 60211

Estimado señor:

La firma que represento está interesada en la distribución y venta en Ecuador de las computadoras fabricadas por Smart Computers. Tenemos muestras de sus catálogos y folletos de propaganda en que leímos, con mucho interés, las descripciones de varios tipos de sus computadoras y entendemos que nuestro mercado está en condiciones de absorber una cantidad apreciable de esos equipos. Nos interesan principalmente sus computadoras pequeñas y económicas, pero suficientemente poderosas para resolver dificultades en fábricas, establecimientos comerciales y oficinas públicas.

Nuestra firma distribuye actualmente equipos eléctricos y electrónicos de varias compañías americanas y japonesas. Si Uds. se interesan en esta oferta, estamos en condiciones de ofrecerles las referencias y garantías necesarias.

De usted respetuosamente,

*Rafael Suárez*

Rafael Suárez
Gerente
Electrónica del Pacífico, S. A.

**En estas situaciones** What would you say in the following situations? What might the other person say?

1. You have evaluated the accounting needs of a corporation in Mexico. Tell the manager that the business needs to modernize its accounting system. Recommend that it be done using computers because they can end costly errors. Also explain that the computer can read the UPCs on the company's products with scanners and in doing so can help the business with inventory, sales, and orders.

2. You are the sales manager of a company. Ask the computer programmer if your staff can prepare invoices and orders to suppliers using the computer. Tell him/her that you want the invoices and orders to be personalized. Ask what software programs you will need and find out how much they might cost.

 **Casos** Act out the following scenarios with a partner.

1. An accountant and a company manager speak about automating the company's accounting system.

2. An outside consultant familiarizes employees with their company's new accounting system.

## Un paso más

**A** Review the **Vocabulario adicional** in this lesson and computer vocabulary in previous lessons, and label the following parts of the computers and its peripherals.

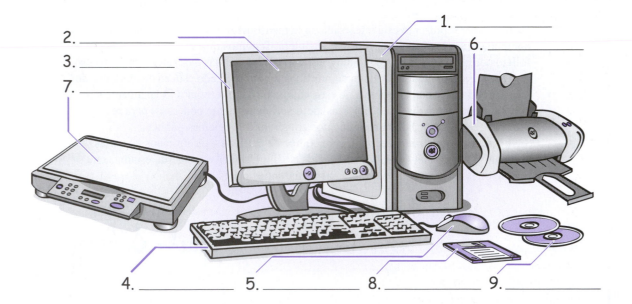

1. _____

2. _____

3. _____

6. _____

7. _____

4. _____

5. _____

8. _____

9. _____

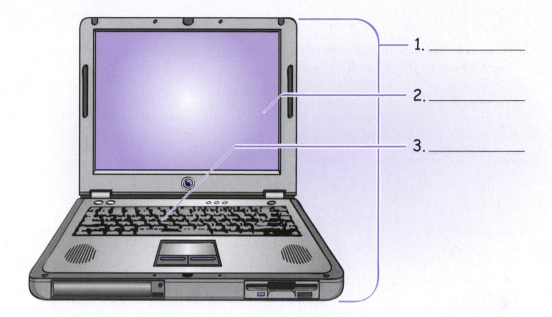

1. _____
2. _____
3. _____

**B** You are looking for a computer for your personal use. Review the **Vocabulario adicional** in this lesson, and use it and other vocabulary you have learned to formulate ten questions for the salespersons at local computer stores. Use a separate sheet of paper.

**C** Now play the role of the computer store clerk to whom you asked the questions in exercise B. Answer those questions on a separate sheet of paper.

**Lectura** After reading this **lectura,** get together with a partner and take turns answering the following questions.

| | |
|---|---|
| El sistema de contabilidad usado° en Latinoamérica | used |
| es similar al empleado° en los Estados Unidos, pero | employed, used |
| en algunos países la contabilidad de los negocios | |
| aún° no está computarizada. | as yet, still |

| | |
|---|---|
| Muchos negocios tienen los recursos° económicos | resources |
| y el deseo de comprar los equipos y los programas | |
| necesarios para computarizar su contabilidad, y | |
| tienen personal capacitado° para trabajar con ellos, | qualified |
| pero no pueden hacerlo porque todavía° la | as yet |
| contabilidad de los negocios está regulada° por | regulated |
| leyes estrictas y obsoletas.° | obsolete |

| | |
|---|---|
| Aun° las grandes empresas multinacionales | Even |
| que hacen negocios en esos países están obligadas° | compelled |
| por ley° a llevar° libros que el uso° de las | law / to use / use |
| computadoras hace innecesarios. | |

1. ¿Cómo son los sistemas de contabilidad usados en Latinoamérica?

2. ¿Cuál es la mayor diferencia entre la contabilidad de los negocios en algunos países de Latinoamérica y en los Estados Unidos?

3. Si una empresa quiere computarizar su contabilidad, ¿qué necesita?

4. ¿Por qué no pueden los negocios de algunos países latinoamericanos establecer sistemas de contabilidad computarizados?

**Y usted...**

1. ¿Piensa que la contabilidad computarizada beneficia a los negocios o que no los beneficia? ¿Por qué?

2. La contabilidad de los negocios, ¿debe estar regulada por leyes estrictas? ¿Por qué?

## Un dicho

**Cuentas claras conservan amistades.**                    *Clear accounts maintain friendships.*

# LECCIÓN 13

# EL IMPUESTO SOBRE LA RENTA

## OBJECTIVES

### Structures

- Changes in meaning with the imperfect and preterit of **conocer, saber,** and **querer**
- **Hace** meaning *ago*
- Uses of **se**
- **¿Qué?** and **¿cuál?** used with **ser**

### Business Communication

- Preparing an income tax return for a Spanish speaker with limited or no knowledge of English

La Sra. Rivas y su contador preparan la declaración de impuestos sobre la renta.

2–4    Los ingresos:

| | |
|---|---|
| **Contador** | —¿Cuál es su nombre completo, señora? |
| **Sra. Rivas** | —María Inés Rivas. |
| **Contador** | —Ud. es cabeza de familia, ¿verdad, señora? |
| **Sra. Rivas** | —Sí, soy viuda y tengo dos hijos que viven conmigo. |
| **Contador** | —¿Sus hijos son menores de edad? |
| **Sra. Rivas** | —Mi hija es mayor de edad, pero estuvo estudiando en la universidad hasta que se graduó hace un mes. |
| **Contador** | —Si el año pasado estudió cinco meses o más puede aparecer como dependiente suya. ¿Su hijo trabaja? |
| **Sra. Rivas** | —Tiene un trabajo de medio tiempo en la universidad donde estudia. |
| **Contador** | —Eso no cuenta, pero si ganó más de $4.600[1], debe hacer su propia declaración de impuestos. ¿Recibe Ud. un sueldo o trabaja por cuenta propia? |
| **Sra. Rivas** | —Soy una de las socias de un negocio. Recibo un sueldo y, además, parte de las utilidades a fin de año, si las hay. |
| **Contador** | —¿Trajo el comprobante de su sueldo y de los descuentos que le hicieron? |
| **Sra. Rivas** | —Sí, aquí está. |

---

[1]This amount varies from year to year.

175

| | |
|---|---|
| **Contador** | —¿Cobra Ud. alguna pensión? |
| **Sra. Rivas** | —Sí, desde que se murió mi esposo recibo una pensión de la compañía donde él trabajaba. |
| **Contador** | —Bien, ¿trajo el documento que acredita los beneficios recibidos por ese concepto? |
| **Sra. Rivas** | —Sí, señor. |
| **Contador** | —¿Recibe Ud. rentas, comisiones o intereses de cuentas bancarias? |
| **Sra. Rivas** | —Éstos son los intereses de mi cuenta de ahorros y de un certificado de depósito a plazo fijo. |
| **Contador** | —¿Tiene bonos, acciones...? |
| **Sra. Rivas** | —Tengo bonos municipales, pero están exentos de impuestos. |
| **Contador** | —¿Tuvo ganancias en su negocio el año pasado? |
| **Sra. Rivas** | —Sí, recibí doce mil setecientos dólares con cincuenta centavos por mi parte de las utilidades del negocio. |
| **Contador** | —¿Algún otro ingreso? ¿Recibió regalos, premios, donaciones, legados, herencias? |
| **Sra. Rivas** | —No, nada de eso. |
| **Contador** | —¿Obtuvo alguna ganancia por la venta de su casa o de otros bienes muebles o inmuebles? |
| **Sra. Rivas** | —Bueno, obtuve 600 dólares en la venta de muebles y otros artículos usados. |
| **Contador** | —Si los vendió por menos de lo que le costaron no tiene que pagar impuestos. |
| **Sra. Rivas** | —No sabía eso, y no sé cuánto costaron algunos de los muebles que vendí. Figúrese, eran de una abuela a la que nunca conocí. |

Las deducciones:

| | |
|---|---|
| **Contador** | —Ahora vamos a hablar de las deducciones. |
| **Sra. Rivas** | —Puedo deducir los intereses de la hipoteca de mi casa, ¿verdad? |
| **Contador** | —Sí, y también los intereses de préstamos sobre la diferencia entre el valor de su casa y lo que debe de la hipoteca. |
| **Sra. Rivas** | —¿Puedo deducir los gastos médicos? |
| **Contador** | —Solamente si exceden del siete y medio por ciento de su ingreso bruto ajustado. |
| **Sra. Rivas** | —¿Y las contribuciones a la iglesia y a las instituciones de caridad? |
| **Contador** | —Sí, como Ud. usa la forma 1040, puede deducirlas, pero necesita los recibos de las donaciones de más de $250. |
| **Sra. Rivas** | —Tengo los cheques cancelados. |
| **Contador** | —Necesito los recibos. Para el Servicio de Rentas Internas los cheques cancelados no son prueba suficiente. |
| **Sra. Rivas** | —Yo quería traerlos, pero mi hija no quiso buscarlos, y yo no tuve tiempo. ¿Qué más puedo descontar? |
| **Contador** | —El dinero que depositó en un Keogh, pero no en una cuenta individual de retiro (IRA), porque Ud. gana más de $35,000. |
| **Sra. Rivas** | —¿Qué es un Keogh? |
| **Contador** | —Es una cuenta de retiro en la cual depositan dinero el empleado y el empleador. |
| **Sra. Rivas** | —¿Se puede descontar algo más? |
| **Contador** | —Sí, ¡Lo que me va a pagar a mí por prepararle la declaración de impuestos! |
| **Sra. Rivas** | —Bien. Mañana le traigo el documento que me faltó. ¿A qué hora se abre la oficina? |
| **Contador** | —A las nueve. |

**¡Escuchemos!** While listening to the dialogue, circle **V (verdadero)** if the statement is true or **F (falso)** if it is false.

2–4

| | |
|---|---|
| **1.** La Sra. María Inés Rivas es cabeza de familia. | V F |
| **2.** Los dos hijos de la Sra. Rivas son mayores de edad. | V F |
| **3.** El hijo de la Sra. Rivas tiene un trabajo de tiempo completo. | V F |
| **4.** La Sra. Rivas no trajo el comprobante de su sueldo. | V F |
| **5.** Los intereses de las cuentas de ahorro no están exentos de impuestos. | V F |
| **6.** La Sra. Rivas recibió $12.700 de herencia de una abuela a la que nunca conoció. | V F |
| **7.** Los intereses de la hipoteca son deducibles. | V F |
| **8.** Todos los gastos médicos son deducibles. | V F |
| **9.** Para deducir las donaciones de caridad de más de $250 necesita los recibos. | V F |
| **10.** La Sra. Rivas no puede deducir depósitos en una cuenta individual de retiro (IRA). | V F |

Audio

## VOCABULARIO

**COGNADOS**

la comisión
completo(a)
la contribución
conveniente
la deducción
el (la) dependiente
la donación, el donativo
la institución
la invitación
médico(a)
municipal
la pensión
tradicional
la universidad

**NOMBRES**

el (la) abuelo(a) *grandfather, grandmother*
la acción *stock, share*
los bienes inmuebles, los inmuebles, los bienes raíces *real estate*
los bienes muebles *personal property*
el bono *bond*
el (la) cabeza de familia *head of household, head of the family*
la caridad *charity*
el certificado de depósito *certificate of deposit (C.D.)*
la cuenta *account*
la cuenta de ahorros *savings account*
la cuenta individual de retiro *individual retirement account (IRA)*

**la declaración de impuestos, la planilla de contribución sobre ingresos** (*P. Rico*) *tax return*

**el (la) empleador(a), el (la) patrón(ona)** *employer*

**el (la) esposo(a)** *husband, wife*

**el fin** *end*

**el fondo mutuo** *mutual fund*

**la forma, la planilla** *form*

**la herencia** *inheritance*

**los hijos**[1] *children*

**la hipoteca** *mortgage*

**la iglesia** *church*

**el impuesto sobre la renta** *income tax*

**el ingreso bruto ajustado, ingreso neto** *adjusted gross income*

**el legado** *bequest*

**los muebles**[2] *furniture*

**el premio** *prize*

**el préstamo** *loan*

**la prueba** *proof*

**el recibo** *receipt*

**el regalo** *gift*

**la renta** *revenue, income*

**el (la) socio(a)** *partner*

**la utilidad, la ganancia** *profit*

**el (la) viudo(a)** *widower, widow*

## VERBOS

**acreditar** *to accredit, to give official authorization*

**aparecer**[3] *to appear*

**conocer** *to meet (for the first time), to know*

**contar (o:ue)** *to count*

**deber** *to owe*

**deducir**[4] *to deduct*

**depositar** *to deposit*

**estudiar** *to study*

**figurarse** *to imagine*

**graduarse** *to graduate*

**morir (o:ue), morirse (o:ue), fallecer** *to die*

**obtener, conseguir (e:i)** *to obtain, to get*

**vivir** *to live*

## ADJETIVOS

**cancelado(a)** *canceled*

**recibido(a)** *received*

**suficiente** *sufficient, enough*

**usado(a), de uso** *used*

## OTRAS PALABRAS Y EXPRESIONES

**a plazo fijo** *fixed rate, fixed term (deposit)*

**el comprobante del sueldo y de los descuentos** *wage and tax statement (W-2S)*

**el (la) cual** *which, what*

**desde que** *since*

**mayor de edad** *of age*

**medio tiempo, media jornada** *part-time*

**menor de edad** *minor*

**ni tampoco** *not either, neither*

**sobre** *on*

**trabajar por cuenta propia** *to be self-employed*

---

[1]The plural form **hijos** may mean *sons* or it may mean *children* if it refers to son(s) and daughter(s).

[2]Used in the plural form to mean the collective *furniture;* the singular form refers to a specific piece of furniture.

[3]First person, present indicative: **yo aparezco.**

[4]First person, present indicative: **yo deduzco.**

Audio

# VOCABULARIO ADICIONAL

## TÉRMINOS RELACIONADOS CON LA DECLARACIÓN DE IMPUESTOS

**alquilar, arrendar** *to rent, to lease*
**conjunto(a)** *joint*
**el (la) contribuyente** *taxpayer*
**debido(a), vencido(a)** *due*
**deducible** *deductible*
**la deducción general** *standard deduction*
**el desempleo** *unemployment*
**el dividendo** *dividend*
**en exceso (de)** *in excess (of )*
**la escala de impuestos** *tax rate table*
**la evasión fiscal** *tax evasion*
**la exclusión** *exclusion*
**la exención** *exemption*
**la forma corta (larga)** *short (long) form*

**el impuesto a la propiedad, la contribución** *property tax*
**el impuesto estatal, el impuesto del estado** *state tax*
**el impuesto sobre la venta** *sales tax*
**los ingresos sujetos a impuestos** *taxable income*
**la miscelánea** *miscellany*
**la multa** *penalty, fine*
**la pensión alimenticia** *alimony*
**el recargo adicional** *additional charge*
**el reembolso** *refund, reimbursement*
**registrar** *to file*
**el renglón** *line (on a paper); item*
**reportar** *to report*
**separado(a)** *separate*
**el subtotal** *subtotal*

## NOTAS CULTURALES

Search

■ The majority of the countries in the Hispanic world, including Spain, have tax systems very different from that of the United States. Most Spanish-speaking nations do impose some sort of income tax upon their residents. However, these governments obtain most of their income through assessed taxes, property taxes, and customs duties. Both Spain and Mexico also collect funds from the **I.V.A. (el impuesto al valor agregado),** or value-added tax (V.A.T.), which is an indirect tax added to the value of products and services in the various phases of production.

■ It is interesting to note that while the number of Spanish-speaking citizens is growing rapidly in the United States, many governmental agencies are slow to become bilingual. The Internal Revenue Service provides a number of helpful publications in both Spanish and English. It does not, however, provide tax forms in Spanish. Tax payers who speak only Spanish may have to find a bilingual friend, family member, or accountant to help them file their tax returns. Another source of help lies in volunteer organizations, such as VITA/TCE (Volunteer Income Tax Assistance/Tax Counseling for the Elderly) and AARP (American Association of Retired Persons), which often provide bilingual assistance at no cost to qualified taxpayers.

■ Using the Internet to file tax forms has become popular in the Hispanic community. At first, some people were attracted to the system because they expected to receive rebates, and this way they would receive them earlier. Then many realized that it was easy to file taxes electronically using any of the many programs available, and that it was safe and less expensive than using a tax preparer.

## Actividades

**Dígame...** Answer the following questions, basing your answers on the dialogue.

**1.** ¿Cuántos dependientes tiene la Sra. Rivas?

_____

**2.** ¿Todavía estudia la hija de la Sra. Rivas en la universidad?

_____

**3.** ¿La Sra. Rivas es empleada o trabaja por cuenta propia?

_____

**4.** El hijo de la Sra. Rivas, ¿trabaja o estudia?

_____

**5.** ¿Desde cuándo recibe una pensión la Sra. Rivas?

_____

**6.** ¿Qué tipos de cuentas bancarias tiene la Sra. Rivas?

_____

**7.** ¿Debe pagar impuestos la Sra. Rivas por el dinero que recibió de la venta de sus muebles viejos? ¿Por qué o por qué no?

_____

**8.** ¿De quién eran algunos de los muebles viejos que vendió la Sra. Rivas?

_____

**9.** ¿Por qué no puede descontar la Sra. Rivas el dinero que puede poner en su cuenta individual de retiro?

_____

**10.** Los cheques cancelados, ¿son prueba suficiente de las donaciones de más de $250?

_____

**Hablemos** Interview a classmate, using the following questions. When you have finished, switch roles.

1. ¿Es Ud. cabeza de familia?

2. ¿Es Ud. mayor de edad?

3. ¿Trabaja Ud. en la universidad donde estudia?

4. ¿En qué banco(s) tiene Ud. su(s) cuenta(s)?

5. ¿Qué tipos de cuentas tiene?

6. ¿Tiene alguna cuenta de retiro?

7. ¿Sabe Ud. qué es un Keogh?

8. ¿Vende Ud. a veces sus muebles viejos?

9. ¿Tiene Ud. casa propia? ¿Tiene que pagar la hipoteca de la casa?

10. ¿Tiene Ud. bonos o acciones?

Quiz

## Vamos a practicar

**A** Fill in the blank with the appropriate forms of **querer, saber,** or **conocer.**

**Modelo** Ayer _____ a tu hija. Yo no _____ que era contadora. Lo _____ ayer.
Ayer **conocí** a tu hija. Yo no **sabía** que era contadora. Lo **supe** ayer.

1. Hace dos días que ella _____ a la Sra. Rivas en la oficina del contador.

2. Yo no _____ que ella _____ al contador. Lo _____ el jueves.

3. Yo _____ depositar más dinero en mi cuenta de retiro, pero mi esposo no _____.

4. ¿_____ Ud. que hay dos tipos de IRA?

5. Ella _____ mandar a su hijo a una universidad local, pero él no _____.

**B** Fill in the blanks with **qué** or **cuál** as needed.

1. ¿_____ es un Keogh?

2. ¿_____ es mejor, la IRA Roth tradicional o la nueva?

3. ¿_____ es su dirección?

4. ¿_____ es un bien inmueble?

5. ¿_____ son sus gastos médicos?

6. ¿_____ es un IRA?

**Lección 13: El impuesto sobre la renta**

**C** Write complete sentences that indicate when the following events happened, using the cue provided and following the model.

**MODELO** ella / graduarse / (*six years ago*)
**Ella se graduó hace seis años.**
**Hace seis años que ella se graduó**.

1. nosotros / conocer al contador / (*two months ago*)

_____

_____

2. mi hermano / morirse / (*four years ago*)

_____

_____

3. yo / conseguir un buen empleo / (*three days ago*)

_____

_____

4. la Sra. Roque / depositar el dinero / (*ten minutes ago*)

_____

_____

5. Aurora / ver a Pedro / (*six weeks ago*)

_____

_____

**Sirva usted de intérprete** With three classmates, play the roles of Sr. Valle, Sra. Valle, the accountant, and the interpreter who helps them communicate. Switch roles until each of you has played the interpreter's role.

**Contador(a)** —*Let's talk first about your income. Do you receive a salary or are you self-employed?*

**Intérprete** —_____

**Sr. Valle** —Yo trabajo para una compañía grande, pero mi esposa trabaja por cuenta propia.

**Intérprete** —_____

**Contador(a)** —*Did you bring your W-2 (wage and tax statement)?*

**Intérprete** —_____

**Sra. Valle** —Sí, aquí está. También tengo aquí los ingresos netos de mi esposo.

**Intérprete** —_____

**Nombre** _____ **Sección** _____ **Fecha** _____

**Contador(a)**    —*Mr. Valle, how do you earn your income?*

**Intérprete**    —_____

**Sra. Valle**    —Yo vendo automóviles y recibo una comisión sobre las ventas.

**Intérprete**    —_____

**Contador(a)**    —*Fine. Do you have any other income?*

**Intérprete**    —_____

**Sr. Valle**    —Sí. Tenemos una casa que alquilamos por $900 mensuales.

**Intérprete**    —_____

**Contador(a)**    —*Did you receive the rent for twelve months?*

**Intérprete**    —_____

**Sr. Valle**    —Sí, pero tuvimos algunos gastos. Aquí están los comprobantes.

**Intérprete**    —_____

**Contador(a)**    —*Do you have any other investments besides the house you now rent?*

**Intérprete**    —_____

**Sra. Valle**    —Tenemos $4,000 en bonos de los Estados Unidos.

**Intérprete**    —_____

**Contador(a)**    —*You have to pay taxes on these bonds when collecting them. Do you own any stocks?*

**Intérprete**    —_____

**Sr. Valle**    —No, no tenemos ninguno.

**Intérprete**    —_____

**Contador(a)**    —*Did you receive any retirement income, a pension, or interest from bank accounts?*

**Intérprete**    —_____

**Sra. Valle**    —Tampoco.

**Intérprete**    —_____

**Contador(a)**    —*Did you put money into an individual retirement account or a Keogh plan, Mr. Valle?*

**Intérprete**    —_____

**Sra. Valle**    —Sí, yo dejo el 7% de mi sueldo en una cuenta de retiro 401k.

**Intérprete**    —_____

**Contador(a)**    —*Did you receive any inheritance or donations?*

**Intérprete**    —_____

**Sra. Valle**    —No. Esos son todos nuestros ingresos.

Intérprete    —_____

Contador(a)    —*Okay, now we're going to talk about your deductions.*

Intérprete    —_____

**Sirva usted de traductor**   Mr. Pulido does not speak English, and he needs to give the following information to the person who is going to help him prepare his tax return. On a separate sheet of paper translate Mr. Pulido's notes so that he can give your translation to his English-speaking tax preparer.

Datos

Nombre: Francisco Pulido Romero
Domicilio (calle, número, ciudad, estado, zona postal):
Calle Palma, 32, Miami, Florida 33165
Estado civil: casado
Nombre de la esposa: Luz María Valle de Pulido
Número de hijos: tres; todos son menores de edad, y viven
     en mi casa.

Ingresos

• Trabajo en una tienda en un centro comercial y gané
     $18.500 el año pasado. Ver el W-2, adjunto.
• Mi esposa trabaja por cuenta propia. Vende mercancía de casa
     en casa. El año pasado ganó $12.341,76 de comisión.
• Nos hicieron los descuentos correspondientes a los impuestos,
     el seguro social y el Medicare.
• Adjunto envío los comprobantes de las cantidades recibidas
     mensualmente.
• Mi esposa depositó $500 en su cuenta individual de retiro.

Egresos

• Pagamos $2.412,87 de intereses en la hipoteca de la casa.
• Pagamos $1.456,00 de impuestos a la propiedad.
• Nuestros gastos médicos fueron $567.
• Mi esposa pagó $1.785,50 por la gasolina y otros gastos del
     carro que usa para su trabajo.
• Ella les hizo regalos a clientes por un total de $231.

**En estas situaciones** What would you say in the following situations? What might the other person say?

1. You work in an accounting office preparing tax returns. Help a client who doesn't speak English. Ask who is the head of the household, if there are any minor children in the home, and if any of the children who are of age are studying full time. Say that children can be declared as dependents only until the date when they finish schooling. Ask if your client receives a salary or is self-employed and if he/she brought a W-2 form. Also, find out if he/she received any inheritances, donations, bequests, prizes, gifts, pensions, revenues, or commissions of any type. If so, ask for written verification(s).

2. One of your Spanish-speaking clients returned today to the tax preparation office where you work to talk about possible income tax deductions. Ask your client how much was paid in interest on the home mortgage and if there is a second mortgage on the house. Ask how much state and municipal tax was paid, and if any contributions to charities or churches were made. Ask for the total of business entertainment expenses. Say that the interest paid on installment purchases and credit card bills cannot be deducted.

 **Casos** Act out the following scenarios with a partner.

1. A tax preparer and a client are working on a tax return form.

2. A husband and wife gather and discuss documents needed to take to the tax preparer's office.

## Un paso más

**A** Review the **Vocabulario adicional** in this lesson, and use it and other vocabulary you have learned to fill in the following excerpt from a U.S. 1040 form with Spanish equivalents.

*Income* _____

1. Wages, tips _____

2. Interest income _____

3. Total dividends, no exclusion _____

4. Capital gains (losses) _____

5. Social Security subject to tax _____

6. All unemployment insurance _____

7. State tax refund _____

8. Alimony received, taxable pensions _____

9. Other income _____

10. Total gross income _____


*Adjustments to income* _____

11. Retirement plans deductions _____

12. Alimony paid _____

13. Total adjustments _____

14. Adjusted gross income (line 10 less line 13) _____


*Itemized deductions* _____

15. Medical expenses in excess of 7.5% of adjusted gross income _____

_____

16. State and local taxes _____

17. Home-mortgage interest _____

18. Charitable contributions _____

19. Miscellaneous deductions in excess of 2% of adjusted gross income _____

_____

20. Subtotal itemized deductions _____

21. Personal exemption(s) _____

22. Standard deduction (if more than line 20) _____

23. Total deductions (lines 20 and 21 or line 22) _____

24. Taxable income (line 14 less line 23) _____

25. Income tax due (see tax rate table) _____

**B** A self-employed friend of yours has asked whether you can recommend a tax preparer. When you tell him that you have seen the following ad in the paper, he asks you several questions. How would you answer them?

**Armendáriz Tax Service**

*Raúl Armendáriz*

**Ex Auditor del Departamento del Tesoro,[1]**

Preparación de Impuestos, Planificación de Impuestos, Contabilidad, Auditorías y toda clase de Representación Legal de Cobros.

**NOTARIO PUBLICO**

Beeper Activado las 24 Horas del día (213) 506-5000

Primera consulta gratis

7 Años de experiencia trabajando para el IRS

**Oficina en el Este de los Angeles 5710 E. Whittier Blvd.**

**(213) 721-8297 (714) 240-TAXS**

1. ¿Dónde trabajó antes el Sr. Raúl Armendáriz?

   _____

2. ¿Dónde está situada la oficina del Sr. Armendáriz?

   _____

3. Además de la preparación de impuestos, ¿qué otros servicios ofrece Armendáriz Tax Service?

   _____

4. ¿Cuánto tiempo de experiencia tiene el Sr. Armendáriz?

   _____

5. ¿Cuánto cobra el Sr. Armendáriz por la primera consulta?

   _____

6. ¿A qué hora se puede llamar por teléfono a Armendáriz Tax Service? ¿Por qué?

   _____

_____

[1]colloquial, in United States for **Ministerio de Hacienda**

**Lectura**  After reading this **lectura,** get together with a partner and take turns answering the following questions.

El sistema tributario° de los países hispanos es muy distinto del usado en los Estados Unidos. Al igual° que aquí, los hispanos en sus países pagan impuestos sobre sus sueldos, que sus empleadores les descuentan automáticamente, y los negociantes° tienen que declarar° sus utilidades a fin de año, y pagan impuestos sobre ellas. Sin embargo,° en la mayoría de esos países, el resto° de la población no tiene que llenar todos los años declaraciones de ingresos, ni calcular° sus propios° impuestos. Estos países no recaudan° la mayor parte de sus ingresos mediante un impuesto a la renta, sino mediante impuestos a la producción o a la venta. El consumidor° los paga como parte del precio de los artículos que compra, en la misma forma° que aquí pagamos los impuestos a la gasolina. Por ese motivo,° los hispanos necesitan mucha ayuda a la hora de preparar sus impuestos.

**sistema...** *tax system*

**Al...** *In the same way*

*business people / declare*

**Sin...** *Nevertheless*
*rest*

*calculate / own*
*collect*

*consumer*

**misma...** *same way*
**Por...** *That is why*

1. ¿Qué impuestos pagan los latinoamericanos?

2. ¿Qué no tienen que hacer los latinoamericanos para pagar sus impuestos?

3. ¿Cómo recaudan la mayor parte de los impuestos los gobiernos latinoamericanos?

4. ¿Cómo pagamos en los Estados Unidos los impuestos a la gasolina?

**Y usted...**

1. ¿Necesita ayuda para preparar su declaración de impuestos? ¿Por qué o por qué no?

2. ¿Qué sistema tributario considera más justo, el que grava (*taxes*) los ingresos o el que grava el consumo? ¿Por qué?

## Un dicho

**El que paga lo que debe, sabe lo que tiene.**　　　　*He who pays his debts, knows what he has.*

# EN LA AGENCIA DE PUBLICIDAD

## OBJECTIVES

### Structures

- The past participle
- The present perfect tense
- The past perfect (pluperfect) tense

### Business Communication

- Determining a client's advertising needs
- Working in sales at a department store

El Sr. Sosa, coproprietario del Bazar Quisqueya, visita una agencia de publicidad.

2–5

**Sr. Sosa** —Mi socia y yo estamos interesados en hacerle propaganda a nuestro negocio.

**Agente** —¿Cuál es su giro?

**Sr. Sosa** —Somos importadores y distribuidores de ropa, y de carteras y otros accesorios de cuero.

**Agente** —¿Quieren hacerles publicidad a todas sus importaciones o solamente a algunos artículos?

**Sr. Sosa** —Principalmente a la ropa de niños, porque es un nuevo renglón que hemos agregado.

**Agente** —¿No quieren hacerle publicidad a la ropa para adultos?

**Sr. Sosa** —No, la ropa para hombres y para mujeres se vende bien todo el año.

**Agente** —¿Cuánto tiempo hace que introdujeron en el mercado este nuevo renglón?

**Sr. Sosa** —Hace más de seis meses, pero no hemos tenido suerte, a pesar de que nuestras confecciones son de primera calidad.

**Agente** —¿Qué prendas de vestir para niños distribuyen Uds.?

**Sr. Sosa** —Para las niñas, vestidos, blusas y faldas. Para los niños, camisas y pantalones. Para todos, pantalones de vaquero y, en el invierno, chaquetas y abrigos.

**Agente** —Sus prendas de vestir, ¿son fabricadas exclusivamente para Uds.?

**Sr. Sosa** —Sí, señor. Tenemos un contrato con una fábrica que nos confecciona artículos diseñados por nosotros, y que llevan nuestra marca.

**Agente** —¿Tienen la marca registrada?

**Sr. Sosa** —Ya hicimos la solicitud a la Oficina de Marcas y Patentes, pero todavía no hemos recibido respuesta.

**Agente** —¿Cuál es el volumen de ventas actual?

**Sr. Sosa** —Nuestras ventas varían notablemente con la estación. Durante el verano pasado las ventas no sobrepasaron los $100,000 mensuales.

| Agente | —La fábrica que produce para Uds., ¿tiene capacidad instalada para poder servir grandes pedidos? |
|---|---|
| Sr. Sosa | —Sí, señor. Ésta es una industria manufacturera típica, y la mano de obra es barata en la República Dominicana. |
| Agente | —Bien, mi consejo es empezar por mejorar la apariencia de sus productos y hacer resaltar sus características especiales. |
| Sr. Sosa | —Nuestros productos son de magnífica calidad, pero hay mucha competencia. Nunca había visto tantas marcas nuevas en el mercado. |
| Agente | —Señor, como Ud. ha visto, la calidad sola no vende. Hacen falta calidad, presentación y publicidad. |
| Sr. Sosa | —¿Cómo puedo mejorar la presentación? |
| Agente | —Por ejemplo, puede presentar los artículos envueltos en bolsas de plástico transparente. Y... ¿cómo son las etiquetas? |
| Sr. Sosa | —Generalmente son de tela, con la marca, el país de origen y otras indicaciones que exige la ley. |
| Agente | —Bien. Hay que cambiarlas; hay que agregarles un logo y un lema. Después, necesita hacer una buena campaña publicitaria. |
| Sr. Sosa | —Yo había pensado en contratar anuncios en los periódicos y revistas de circulación local. |
| Agente | —Pues yo pienso que debemos organizar una campaña de promoción en varias tiendas, precedida de anuncios en la radio y la televisión. |
| Sr. Sosa | —La publicidad por televisión es muy efectiva, pero es muy cara. |
| Agente | —No es tan cara si se hace a través de la compañía de cable local. Y el cable llega a hogares con poder adquisitivo. |
| Sr. Sosa | —Sí, es verdad. |
| Agente | —Nosotros podemos diseñar para Uds. una campaña masiva, con varias opciones en cuanto al costo. |
| Sr. Sosa | —Me parece una magnífica idea. |

 **¡Escuchemos!** While listening to the dialogue, circle **V (verdadero)** if the statement is true or **F (falso)** if it is false.

2–5

1. El Sr. Sosa es uno de los dueños del Bazar Quisqueya.    V    F

2. El Bazar Quisqueya es un negocio de exportación de ropa y de accesorios de cuero.    V    F

3. Los accesorios de cuero son un renglón nuevo del Bazar.    V    F

4. La ropa para adultos se vende bien todo el año.    V    F

5. Las confecciones para niños son de primera calidad.    V    F

6. Hace seis meses que venden ropa para niños.    V    F

7. Las ventas del Bazar Quisqueya no varían mucho con la estación.    V    F

8. La mano de obra es cara en la República Dominicana.    V    F

**9.** Las etiquetas indican el país de origen de las mercancías.

**10.** La publicidad por la televisión por cable es muy cara.

| V | F |
|---|---|
| V | F |

Audio

## VOCABULARIO

### COGNADOS

el agente
el bazar
efectivo(a)
exclusivamente
la idea
la industria
el logo(grama)
masivo(a)
el origen
la patente
el plástico
la presentación
principalmente
la radio
la República Dominicana
transparente

### NOMBRES

el abrigo *coat, sweater*
el anuncio *ad*
la apariencia *appearance*
la blusa *blouse*
la bolsa *bag*
la camisa *shirt*
la campaña de promoción *ad campaign*
la capacidad *means, capacity*
la característica *feature*
la cartera *handbag, purse*
la chaqueta, la chamarra (*Méx.*) *jacket*
la circulación, la tirada *circulation*

la competencia *competition*
el (la) copropietario(a) *co-owner*
el consejo *advice*
la estación *season*
la falda, la saya *skirt*
el giro *line of business*
la indicación *specification*
el invierno *winter*
el lema *slogan*
la marca registrada *registered brand,*
    *trademark*
los pantalones *trousers, pants, slacks*
los pantalones vaqueros, los pantalones
    de mezclilla *jeans*
la publicidad, la propaganda *advertising,*
    *publicity*
el renglón, la línea *line (of merchandise)*
    *item*
el verano *summer*
el vestido *dress*

### VERBOS

agregar *to add*
confeccionar *to make, to prepare, to put*
    *together*
diseñar *to design*
distribuir[1] *to distribute*
exigir[2] *to require, to demand*
introducir[3] *to introduce*
mejorar *to improve*
organizar *to organize*

---

[1]Present indicative forms: **distribuyo, distribuyes, distribuye, distribuimos, distribuyen.**
[2]First person singular: **yo exijo.**
[3]Irregular first person singular: **yo introduzco.**

**presentar** _to present_
**sobrepasar** _to surpass_
**variar**[1] _to change, to vary_

### ADJETIVOS

**envuelto(a)** _wrapped_
**instalado(a)** _installed, available_
**mensual, al mes** _monthly_
**precedido(a)** _preceded_
**solo(a)** _alone_
**tanto(a)** _as(so) much_
**tantos(as)** _so many_

### OTRAS PALABRAS Y EXPRESIONES

**a pesar de (que)** _in spite of (the fact that)_
**la capacidad instalada** _productive capacity_
**generalmente, por lo general** _generally, usually_
**hacer resaltar** _to emphasize_
**notablemente** _notably_
**nunca** _never_
**por ejemplo** _for example_
**tener suerte** _to be lucky_
**únicamente** _only_
**venderse bien** _to sell well_

Audio

# VOCABULARIO ADICIONAL

### TÉRMINOS RELACIONADOS CON LA PUBLICIDAD

**a toda plana** _full-page_
**anunciar** _to advertise_
**la autopista** _expressway, freeway_
**el cartel** _poster_
**la demostración** _show_
**el día de semana, el día de trabajo, el día hábil, el día laborable** _weekday, workday_
**el dibujo** _drawing, design_
**la edición** _edition, issue_
**el ejemplar** _copy, sample_
**en blanco y negro** _in black and white_

**en colores** _in color_
**el éxito** _success_
**filmar** _to film_
**el fin de semana** _weekend_
**el medio publicitario** _advertising media_
**las páginas amarillas** _Yellow Pages_
**la película, el filme** _film_
**publicar** _to publish_
**el sondeo de opinión pública, la encuesta** _poll, survey_
**sugestivo(a), sugerente** _catchy, suggestive_
**el texto** _text_
**la valla, el anuncio panorámico** _billboard_

---

[1]Present indicative forms: **varío, varías, varía, variamos, varían.**

## NOTAS CULTURALES

Search

- The growing number of homes in the United States in which Spanish is spoken as the first language has given rise to more communication and advertising delivered in Spanish through various media. Today, cities with significant Latino populations offer newspapers and magazines in Spanish. Among the newspapers with the greatest circulation are the *Diario de las Américas,* published in Miami, and *La Opinión,* published in Los Angeles. The *Miami Herald,* the newspaper with the largest circulation in Florida, publishes daily a Spanish version called *El Nuevo Herald.*

- As a reflection of the growing importance of Spanish-speaking markets in North America and Latin America, the *Wall Street Journal* inaugurated a Spanish edition a few years ago, replete with advertisements for North American companies and products, as well as business and financial articles. For many years the English magazine *Ladies Home Journal* has published a Spanish version, and not long ago *People* began to publish *People en español.*

- Television is also mindful of the already substantial and rapidly growing markets of Spanish speakers. In the United States, three major channels broadcast in Spanish: Univisión, Telemundo and Telefutura. CNN also broadcasts programs in Spanish destined for audiences in the U.S. as well as Latin America. All these publications have Internet pages, and several companies offer Internet access in Spanish. The most popular are Terra.com, Univision.com, and Hispaniconline.com.

- During the last decade as the consumer power of Hispanic Americans began to represent tens of billions of dollars, many advertising agencies in the United States, particularly those in the Northeast, Southeast, Southwest, and on the West Coast, created departments to cater exclusively to Spanish-speaking consumers.

## Actividades

**Dígame...** Answer the following questions, basing your answers on the dialogue.

**1.** ¿Quién es el Sr. Sosa?

_____

**2.** ¿Por qué va el Sr. Sosa a una agencia de publicidad?

_____

**3.** ¿Qué ha hecho recientemente (*recently*) la empresa del Sr. Sosa?

_____

**4.** ¿Por qué no les va a hacer publicidad a los otros artículos?

_____

**5.** ¿Por qué no tiene ya registrada su marca el Sr. Sosa?

_____

**6.** ¿Por qué dice el Sr. Sosa que no han tenido suerte?

_____

**7.** ¿A cuánto alcanzaron las ventas durante el verano?

_____

**8.** ¿Qué artículos distribuyen el Sr. Sosa y su socia?

_____

**9.** ¿Qué tipo de industria es la industria de confecciones?

_____

**10.** ¿Por qué es la República Dominicana un buen país para poner una industria manufacturera?

_____

**11.** ¿Qué cree el agente que debe hacer el Sr. Sosa?

_____

**12.** ¿Qué cree el agente que necesita un producto para tener éxito en el mercado?

_____

**13.** ¿En qué tipos de anuncios había pensado el Sr. Sosa?

_____

**14.** ¿Qué dice el agente de la publicidad por televisión?

_____

 **Hablemos** Interview a classmate, using the following questions. When you have finished, switch roles.

**1.** ¿Cree Ud. que la publicidad ayuda más a los productos de buena calidad o a los de mala calidad?

**2.** ¿Cree Ud. que la publicidad beneficia al cliente? ¿Por qué o por qué no?

**3.** ¿Cuál cree Ud. que es la publicidad más efectiva? ¿Por qué?

**4.** ¿Compra Ud. los artículos que ve anunciados por televisión? ¿Por qué o por qué no?

**5.** ¿Qué anuncio de television le gusta más? ¿Por qué?

**6.** ¿Cuál le parece más efectivo? ¿Por qué?

**7.** ¿Qué le parece la idea de tener programas de televisión sin anuncios?

**194**     **BASIC SPANISH FOR BUSINESS AND FINANCE**

8. Los anuncios, ¿dicen la verdad acerca de la calidad de los productos?

9. ¿Cree Ud. lo que dicen las etiquetas de los productos? ¿Por qué o por qué no?

10. ¿Prefiere Ud. comprar productos de marcas registradas? ¿Por qué o por qué no?

11. ¿Qué productos ha comprado Ud. después de verlos anunciados en la televisión?

12. ¿Cree Ud. que deben prohibirse los anuncios en los programas para niños? ¿Por qué o por qué no?

# Vamos a practicar

**A** Complete the following sentences with the past participles of the verbs given, using them as adjectives.

**anunciar**

1. Las prendas de vestir _____ en la revista no son de cuero.

2. La campaña de promoción está _____ en el periódico de hoy.

3. Los precios _____ por televisión comienzan mañana.

4. El plástico _____ no es transparente.

**diseñar**

5. La etiqueta fue _____ por la Srta. Martínez.

6. El logo va a ser _____ por mí.

7. No me gustan las prendas de vestir _____ por ella.

8. Los zapatos _____ por él son muy caros.

**escribir**

9. El texto del anuncio _____ por él es muy bueno.

10. Las cartas _____ por la Sra. López vinieron de Puerto Rico.

11. No he leído los libros _____ por ella.

12. La revista está _____ en español.

**B** Complete the following sentences with the present perfect or the pluperfect of the verbs in parentheses, as required.

1. Ellos todavía no _____ (anunciar) la nueva marca de fábrica.

2. Hasta el año pasado nosotros _____ (importar) solamente carteras y botas.

**3.** En este verano las ventas no _____ (sobrepasar) los $4.000 dólares al día.

**4.** La Sra. Vargas no _____ (tener) tiempo de leer el informe todavía.

**5.** Hasta ayer, la Srta. Rojas no _____ (decir) que necesitaba ayuda.

**6.** Él me va a enviar las muestras que yo le _____ (pedir) hoy.

**7.** Quiero comprar las botas que (yo) _____ (ver).

**8.** Yo _____ (poner) las chaquetas nuevas aquí ayer.

**Sirva usted de intérprete** With two classmates, play the roles of Sr. Gutiérrez, the advertising agent, and the interpreter who helps them communicate. Switch roles until each of you has played the interpreter's role.

**Sr. Gutiérrez** —Vengo a verlo porque he decidido hacer alguna publicidad para mi negocio.

**Intérprete** —_____

**Agente** —*What is your line of business?*

**Intérprete** —_____

**Sr. Gutiérrez** —Tengo una tienda de ropa de hombre.

**Intérprete** —_____

**Agente** —*In that line of business there's a lot of competition.*

**Intérprete** —_____

**Sr. Gutiérrez** —Sí, mucha. En el centro comercial donde estamos han abierto varias tiendas de ropa de hombre este año.

**Intérprete** —_____

**Agente** —*Do your ready-made clothes have any special features?*

**Intérprete** —_____

**Sr. Gutiérrez** —Sí, vendemos una línea de ropa con diseños exclusivos.

**Intérprete** —_____

**Agente** —*It's expensive clothing, right?*

**Intérprete** —_____

**Sr. Gutiérrez** —Bueno, la ropa con diseños exclusivos es cara por lo general.

**Intérprete** —_____

**Agente** —*Have you advertised your store?*

**Intérprete** —_____

**Sr. Gutiérrez** —Sí, en los periódicos y revistas locales, pero generalmente los hombres no leen los anuncios de las tiendas.

**Intérprete** —_____

**Agente** —*Have you thought of an ad in the university newspaper?*

**Intérprete** —_____

**Sr. Gutiérrez** —No, no había pensado en eso.

**Intérprete** —_____

**Agente** —*And a TV ad?*

**Intérprete** —_____

**Sr. Gutiérrez** —Eso sí, pero me han dicho que un anuncio por televisión cuesta mucho.

**Intérprete** —_____

**Agente** —*Quite a bit, but TV publicity is the most effective.*

**Intérprete** —_____

## Sirva usted de traductor

Your firm has just begun to export its products to a Spanish-speaking country, and you want to advertise them. These are the options that a local advertising agency offers. Review the **Vocabulario adicional** in this lesson, and then translate these options into English on a separate sheet of paper.

**P** *Publicidad Progreso*
*Gran variedad de medios publicitarios para el mundo hispano*

**PERIÓDICOS:**
- Anuncios a toda plana, en blanco y negro, para publicar en la edición de fin de semana de los periódicos locales.
- Creamos anuncios sugerentes exclusivos para su firma. (No deben tratar de traducir al español sus anuncios en inglés.)

**REVISTAS:**
- Anuncios en colores en revistas semanales, quincenales y mensuales. (Un sondeo de la opinión pública encontró que los consumidores leen más los anuncios en las revistas que en los periódicos.)

**TELEVISIÓN:**
- Más costosa, pero muy efectiva.
- Filmamos películas y anuncios cortos.

**OTROS:**
- Vallas en las autopistas que van al centro.
- Demostraciones en los centros comerciales.
- Anuncios en las páginas amarillas.

## En estas situaciones
What would you say in the following situations? What might the other person say?

1. Your boss at the advertising agency where you work has just assigned you a new client. He/She is a native Spanish speaker who is a partner in a clothing store. Ask the client about the brand of clothing he/she sells and find out where it is made, if it is for men or women, and if it is of good quality. Say that price and appearance are not enough. Ask what the sales volume is at the present time. Advise your client to put an ad in the local papers and an ad on TV, even though television costs a lot.

2. You are in the business of exporting beans to Venezuela. You are now in Venezuela talking with an advertising executive. Say that you have been exporting beans to Venezuela for two years, but that you haven't been lucky because there's a lot of competition. Say that until now, you have never advertised your product. Say that the beans come in small packages with a very attractive logo because the competition demands a good presentation. Ask which newspaper in Venezuela has the highest circulation, and what that daily circulation is.

## Casos
Act out the following scenarios with a partner.

1. An advertising agent speaks to a client who wants to advertise his/her business.

2. A client discusses with an advertising agent his/her dissatisfaction with the new promotional campaign for his/her business.

## Un paso más
Review the **Vocabulario adicional** in this lesson, and match the terms in column **A** with their English equivalents in column **B**.

| **A** | | **B** | |
|---|---|---|---|
| _____ | **1.** la demostración | **a.** | *biweekly* |
| _____ | **2.** la valla | **b.** | *issue* |
| _____ | **3.** el cartel | **c.** | *full-page* |
| _____ | **4.** las páginas amarillas | **d.** | *poster* |
| _____ | **5.** el ejemplar | **e.** | *advertisement* |
| _____ | **6.** quincenal | **f.** | *Yellow Pages* |
| _____ | **7.** el sondeo de opinión pública | **g.** | *show* |
| _____ | **8.** a toda plana | **h.** | *sample* |
| _____ | **9.** la edición | **i.** | *drawing* |
| _____ | **10.** el dibujo | **j.** | *expressway* |
| _____ | **11.** el anuncio | **k.** | *billboard* |
| _____ | **12.** la autopista | **l.** | *poll* |

**BASIC SPANISH FOR BUSINESS AND FINANCE**

## Lectura

After reading this **lectura,** get together with a partner and take turns answering the following questions.

Las confecciones requieren° gran cantidad de | *require*
mano de obra. Cuando la diferencia de salarios
entre los obreros° de los países ricos° y los de | *workers / rich*
los países pobres se hizo notable, las grandes
empresas productoras de ropa hecha° | **ropa...** *ready-made clothes*
trasladaron sus talleres a lo que entonces se
conocía como países del **tercer mundo.**[1] En casi° | *almost*
todos los países de la América Latina se | **se...** *were established*
establecieron talleres° de confecciones que | *workshops*
pagan salarios muy bajos° pero que los países | *low*
aceptan porque resuelven,° en parte, el problema | *solve*
del desempleo° y, porque si les exigen que paguen° | *unemployment / pay*
salarios más altos, las compañías trasladan sus
talleres a otros países aún° más pobres.° | *even /* **más...** *poorer*

1. ¿Cuándo comenzaron las grandes empresas a trasladar sus talleres a los países pobres?

2. Los talleres de confecciones fueron de los (*some of the*) primeros en trasladarse a los países pobres. ¿Por qué?

3. ¿Por qué aceptan los países pobres los talleres de confecciones que pagan salarios bajos?

4. ¿Qué nombre se les da a los países pobres?

**Y usted...**

1. ¿Compra ropa confeccionada en países del **tercer mundo?** ¿Por qué o por qué no?

2. ¿Qué cree que pueden hacer los países ricos para ayudar a los trabajadores del **tercer mundo?**

## Un dicho

**Las arañas hacen su tela en la caja registradora de los negocios que no se anuncian.**

*Spiders build their webs in the cash register of those businesses that do not advertise.*

_____

[1]Hasta que el bloque de países socialistas se desintegró con la caída de la Unión Soviética, se llamaba **primer mundo** a las naciones altamente industrializadas; **segundo mundo** a las naciones del mundo socialista, y **tercer mundo,** a los países poco desarrollados de occidente. Aunque estos nombres ya son obsoletos, todavía se oye hablar del **tercer mundo.** Actualmente, los políticos y economistas se refieren a ellos como **países en vías de desarrollo.**

# LECCIÓN 15

# ABRIENDO CUENTAS

## OBJECTIVES

### Structures

- The future tense
- The conditional tense
- Some uses of the prepositions **a, de,** and **en**

### Business Communication

- Helping customers at the bank

2–6

El Sr. Santana habla con un oficial del Banco Popular de Hialeah, FL, porque quiere abrir una cuenta corriente.

**Sr. Santana** —Buenos días. Deseo abrir una cuenta corriente.

**Empleada** —Siéntese, por favor. ¿Tiene Ud. alguna otra cuenta en este banco?

**Sr. Santana** —No, tengo mi cuenta en el Trust Bank de West Palm Beach, donde yo vivía, pero me mudé a este barrio ayer.

**Empleada** —¿Quiere abrir una cuenta individual o una cuenta conjunta?

**Sr. Santana** —Una cuenta individual, pero me gustaría poner como beneficiarios a mis hijos.

**Empleada** —Bien. Entonces, llene esta planilla y firme estas dos tarjetas, por favor. ¿Cuánto va a depositar?

**Sr. Santana** —Ahora voy a depositar $500 en efectivo y mañana, después de cerrar mi cuenta en el otro banco, depositaré un cheque de caja por el saldo de esa cuenta.

**Empleada** —Ud. sabe que pagamos intereses sobre el saldo de las cuentas corrientes, ¿verdad?

**Sr. Santana** —Sí, ya lo sé. Pero también cobran cuarenta centavos por cada cheque girado.

**Empleada** —Sí, señor, y también cobramos por la impresión de los cheques, pero ambos servicios son gratuitos si mantiene un saldo promedio de más de $1000.

**Sr. Santana** —Me gustaría ver los modelos de cheques personalizados. Quiero seleccionar un modelo.

**Empleada** —En seguida se los mostraré. Ud. tendrá sus cheques en dos semanas.

La Sra. Díaz está en el mismo banco para abrir una cuenta de ahorros.

**Sra. Díaz** —Mi banco quebró y necesito abrir una cuenta de ahorros.

**Empleado** —¿Ud. tenía su cuenta en el Center Bank que se declaró en quiebra?

**Sra. Díaz** —Sí, pero no perdí nada.

| | |
|---|---|
| **Empleado** | —Claro, las cuentas de hasta $100.000 están aseguradas por una agencia del gobierno federal. Bien. ¿Qué tipo de cuenta quiere abrir? |
| **Sra. Díaz** | —Una cuenta conjunta, a nombre mío y de mi hija. |
| **Empleado** | —Debe llenar estas formas, y después Ud. y su hija deberán firmar estas tarjetas. |
| **Sra. Díaz** | —Mi hija vendrá a firmarlas más tarde. Por favor, ¿qué interés están pagando en las cuentas del mercado de dinero? |
| **Empleado** | —El dos y un cuarto por ciento y el tres por ciento en los certificados de depósito a plazo fijo, por dieciocho meses o más. |
| **Sra. Díaz** | —Un banco electrónico está ofreciendo el 4.25%, pero todavía no me hago a la idea de manejar mi dinero por Internet. |
| **Empleado** | —Es el sistema del futuro, pero todavía está dando sus primeros pasos. |
| **Sra. Díaz** | —Por otra parte, no me convendría tener todo mi dinero inmovilizado en un CD (ce-de). |
| **Empleado** | —Entonces necesitará abrir dos cuentas. |

**¡Escuchemos!**  While listening to the dialogue, circle **V (verdadero)** if the statement is true or **F (falso)** if it is false.

2–6

1. El Sr. Santana quiere abrir una cuenta de ahorros en el Banco Popular de Hialeah, FL.  V  F

2. El Sr. Santana se mudó para Hialeah ayer.  V  F

3. Al Sr. Santana le gustaría poner como beneficiaria a su esposa.  V  F

4. El Sr. Santana depositará un cheque de caja por el saldo de su cuenta en otro banco.  V  F

5. El Banco Popular no cobra por los cheques girados si el cliente mantiene un saldo de más de $1.000.  V  F

6. El Sr. Santana tendrá sus cheques personalizados en dos semanas.  V  F

7. El Banco de la Sra. Díaz se declaró en quiebra pero ella no perderá su dinero.  V  F

8. La Sra. Díaz abrirá una cuenta conjunta a nombre suyo y de su esposo.  V  F

9. El Banco de Hialeah no paga intereses en las cuentas del mercado de dinero.  V  F

10. La Sra. Díaz depositará su dinero en un certificado de depósito porque recibirá un interés más alto.  V  F

# VOCABULARIO

### COGNADOS

el (la) beneficiario(a)
federal
individual

### NOMBRES

el barrio, el vecindario, la colonia (*Méx.*)
    *neighborhood*
el cheque de caja  *cashier's check*
la cuenta conjunta  *joint account*
la cuenta corriente, la cuenta de cheques
    (*Méx.*)  *checking account*
la cuenta del mercado de dinero  *money
    market account*
la impresión  *printing*
el promedio  *average*
la quiebra, la bancarrota, la insolvencia
    *bankruptcy, insolvency*

### VERBOS

declararse  *to declare oneself*
mantener[1]  *to keep*
mudarse[2]  *to move (relocate)*
perder (e:ie)  *to lose*
quebrar (e:ie), declararse en quiebra  *to go
    bankrupt, to declare bankruptcy*
sentarse (e:ie)  *to sit down*

### ADJETIVOS

asegurado(a)  *insured*
girado(a)  *drawn*
inmovilizado(a)  *tied up, locked*
mismo(a)  *same*

### OTRAS PALABRAS Y EXPRESIONES

claro, por supuesto  *of course*
convenirle a uno  *to be to one's advantage*
ya lo sé  *I know*

# VOCABULARIO ADICIONAL

### PARA HACER TRANSACCIONES BANCARIAS

a nombre mío, en mi nombre  *in my name*
el (la) banquero(a)  *banker*
el billete (de banco)  *bill, bank note*
el billete falso  *counterfeit bill*
el cajero automático  *automatic teller
    machine (ATM)*
la casa matriz, la oficina principal (*P.Rico*)
    *main office*
el cheque al portador  *check to the bearer*
el cheque sin fondos  *bounced check,
    overdrawn check*

la chequera, el talonario de cheques
    *checkbook*
cobrar (cambiar) un cheque  *to cash a
    check*
el (la) depositante  *depositor*
el depositario  *depositary, receiver*
el estado de cuenta  *statement of account*
extender (girar) un cheque  *to write a
    check*
la moneda fraccionaria, el suelto, la
    calderilla, el menudo (*Cuba, P. Rico*) la
    morralla (*Méx.*)  *small change*

---

[1]Conjugated like **tener.**
[2]The substitution of **moverse** for **mudarse** is frequent in U.S. Spanish, but not admitted by the Real Academia Española.

LECCIÓN 15: ABRIENDO CUENTAS

**la moneda falsa** *counterfeit coin*
**el retiro, la extracción (de dinero)**
  *withdrawal*
**sacar, retirar, extraer dinero** *to withdraw*
  *money*

**el sobregiro** *overdraft*
**el (la)solicitante** *applicant*
**la sucursal** *branch*

## NOTAS CULTURALES

Search

- Each Latin American country has a central bank authorized to issue currency (bills and coins) and to control the activities of commercial banks. In addition to commercial banks, almost all countries have other types of financial institutions, such as development banks, mortgage banks, and savings banks. Development banks are created by the government to service specialized areas of the economy, such as public works, agriculture, and industry. Mortgage banks, created to help families purchase homes, and savings banks are generally private.

- Opening a bank account in Latin America is not as easy as in the United States, especially if it is a checking account. In fact, banking in many Latin American countries is limited to the middle and upper classes. Poor people who earn enough money to save generally deposit their money in the **Caja Postal de Ahorros,** a savings service provided by the post offices in some countries.

- Some Hispanics do not feel comfortable banking electronically. They prefer going to the bank, talking with a person, and leaving the bank with proof of their transactions in black and white. In their countries of origin, the law gives importance to written documents with signatures and seals.

## Actividades

**Dígame...**   Answer the following questions, basing your answers on the dialogues.

**1.** ¿Para qué va al banco el Sr. Santana?

_____

**2.** ¿Por qué quiere el Sr. Santana abrir una cuenta en ese banco?

_____

**3.** ¿Qué tipo de cuenta quiere abrir el Sr. Santana?

_____

**4.** ¿A quiénes va a poner como beneficiarios el Sr. Santana?

_____

**5.** ¿Dónde tiene el Sr. Santana otra cuenta y qué va a hacer con ella?

_____

**6.** ¿Cuánto tendrá que pagar el Sr. Santana por cada cheque girado?

_____

**7.** ¿Cuándo tendrá sus cheques el Sr. Santana?

_____

**8.** ¿Qué está haciendo la Sra. Díaz en ese mismo banco?

_____

**9.** ¿Dónde tenía la Sra. Díaz su cuenta de ahorros?

_____

**10.** ¿Perdió la Sra. Díaz el dinero que tenía en el otro banco? ¿Por qué o por qué no?

_____

**11.** ¿Qué deben hacer la Sra. Díaz y su hija?

_____

**12.** ¿Qué interés paga el banco en las cuentas del mercado de dinero?

_____

 **Hablemos**   Interview a classmate, using the following questions. When you have finished, switch roles.

**1.** ¿Tiene Ud. una cuenta en algún banco? ¿En cuál?

**2.** ¿Está su dinero asegurado por el gobierno federal? ¿Por qué o por qué no?

**3.** ¿Qué tipo(s) de cuenta tiene?

**4.** ¿Gana interés el dinero que tiene en el banco?

**5.** ¿Paga interés su banco en las cuentas corrientes?

**6.** ¿Cuánto cobra su banco por imprimir los cheques personalizados?

**7.** ¿Tiene Ud. más dinero en su cuenta de ahorros o en su cuenta corriente?

**8.** ¿Cree Ud. que es buena idea tener el dinero en una cuenta conjunta? ¿Por qué o por qué no?

# Vamos a practicar

Quiz

**A** Rewrite the following sentences, substituting the future tense of the verbs for the **ir a** + *infinitive* form.

**MODELO**     El banco *va a pagarme* intereses sobre el saldo.
                El banco **me pagará** intereses sobre el saldo.

**1.** El Sr. Santana *va a abrir* una cuenta corriente.

_____

**2.** Yo *voy a mudarme* para este barrio.

_____

**3.** Mis hijos *van a llenar y a firmar* las tarjetas.

_____

**4.** Después *vamos a cerrar* la cuenta en el otro banco.

_____

**5.** Ud. *va a tener* sus cheques en dos semanas.

_____

**6.** Tú no *vas a poder* ganar un interés del ocho por ciento.

_____

**7.** ¿Quién *va a venir* con el dinero?

_____

**8.** No les *va a convenir* tener todo el dinero inmovilizado.

_____

**9.** Ella *va a hacer* los modelos.

_____

**10.** Les *vamos a decir* la verdad (*truth*).

_____

**B**  Report what the following people said.

**MODELO**  Sra. Alba     —Abriré una cuenta en este banco.
      ¿Qué dijo?  **—La Sra. Alba dijo que abriría una cuenta en este banco.**

**1.** Ella          —Llenaré la planilla hoy mismo.

¿Qué dijo?  —_____

**2.** Yo          —Volveré mañana por la tarde.

¿Qué dije?  —_____

**3.** Tú          —No me convendrá tener todo mi dinero inmovilizado.

¿Qué dijiste?  —_____

**4.** Nosotras      —Iremos a otro banco.

¿Qué dijimos?  —_____

**5.** Ud.          —María no podrá firmar hoy.

¿Qué dijo?  —_____

**6.** Ana y Silvia   —Estamos seguras de que no nos gustarán los modelos.

¿Qué dijeron?  —_____

**C**  Complete the following dialogues using **a, de,** or **en.**

**1.** —¿_____ qué hora regresa la Srta. Varela?

—_____ las dos _____ la tarde.

—¿Está _____ el banco?

**2.** —¿Cuándo viene el Sr. Vega _____ Lima?

—El trece de marzo.

—¿Viene _____ avión?

—No, viene _____ autobús.

—¿Va _____ visitar a sus hijos?

—No, no va _____ visitarlos.

**Sirva usted de interprete** With two classmates, play the roles of Srta. Lara, the bank employee, and the interpreter who helps them communicate. Switch roles until each of you has played the interpreter's role.

**Srta. Lara** —Buenas tardes. Quiero abrir una cuenta de ahorros.

**Intérprete** —_____

**Empleado** —*Sit down, please. You have another account at this bank, right?*

**Intérprete** —_____

**Srta. Lara** —Yo tenía una cuenta del mercado de dinero pero la cerré hace tres meses.

**Intérprete** —_____

**Empleado** —*Do you want to open an individual account or a joint account?*

**Intérprete** —_____

**Srta. Lara** —Una cuenta individual, pero quiero poner a mi hijo como beneficiario.

**Intérprete** —_____

**Empleado** —*Fine. Please fill out this form and sign these two cards.*

**Intérprete** —_____

**Srta. Lara** —Voy a depositar $450 en efectivo y un cheque de caja por $500.

**Intérprete** —_____

**Empleado** —*We are now paying two percent on the balance of savings accounts.*

**Intérprete** —_____

**Srta. Lara** —Yo leí que pagaban el dos y medio por ciento.

**Intérprete** —_____

**Empleado** —*That was last week. Interest rates are going down almost every week.*

**Intérprete** —_____

Now play the roles of Sr. and Sra. Madrigal, who want to open a checking account, the bank employee, and the interpreter who helps them communicate.

**Empleado** —*What type of account do you want to open?*

**Intérprete** —_____

**Sr. Madrigal** —Una cuenta corriente a nombre mío y de mi esposa.

**Intérprete** —_____

**Empleado** —*Very well, a joint account. How much are you going to deposit?*

**Intérprete** —_____

**Sr. Madrigal** —Setecientos cincuenta dólares en cheques y $250 en efectivo.

| | |
|---|---|
| **Intérprete** | —_____ |
| **Sr. Madrigal** | —¿Cuánto cuesta la impresión de los cheques? |
| **Intérprete** | —_____ |
| **Empleado** | —*Sixteen dollars for 500 checks.* |
| **Intérprete** | —_____ |
| **Sra. Madrigal** | —¿Cobran por cada cheque girado o cargan una cantidad mensual? |
| **Intérprete** | —_____ |
| **Empleado** | —*We charge thirty-five cents for each check drawn.* |
| **Intérprete** | —_____ |
| **Sra. Madrigal** | —¿Cuándo estarán listos nuestros cheques? |
| **Intérprete** | —_____ |
| **Empleado** | —*In two weeks. Now you must fill out these forms.* |
| **Intérprete** | —_____ |
| **Sr. Madrigal** | —¿Qué interés ganaremos en el depósito? |
| **Intérprete** | —_____ |
| **Empleado** | —*We don't pay interest on checking accounts.* |
| **Intérprete** | —_____ |
| **Sra. Madrigal** | —Entonces lo mejor sería abrir dos cuentas: una cuenta corriente y una cuenta del mercado de dinero. |
| **Intérprete** | —_____ |
| **Empleado** | —*Very well. How much are you going to deposit in each account?* |
| **Intérprete** | —_____ |
| **Sra. Madrigal** | —Depositaremos $300 en la cuenta corriente y $700 en la cuenta del mercado de dinero. |
| **Intérprete** | —_____ |

## Sirva Ud. de traductor

You work at a bank in Asuncion, Paraguay. A colleague has made you a list of phrases that he would like to be able to say to English-speaking business people and tourists. Review the **Vocabulario adicional** and then translate the list into English.

Por favor, gire el cheque al portador.

El depositante debe firmar aquí.

Lo siento, éste es un cheque sin fondos.

Aquí hay un billete falso.

Ésta es una sucursal. La casa matriz está en Buenos Aires.

Su cuenta tiene un sobregiro.

 **En estas situaciones** What would you say in the following situations? What might the other person say?

1. You are a bank employee. Wait on a customer who wants to open an account. Ask what type of account the customer wants to open and how much the deposit will be. The customer must fill out two cards. Say that the bank doesn't charge for each check processed, but it charges a $10 monthly service fee. Also add that the bank doesn't pay interest on checking accounts, but that it pays three percent on money market accounts. Tell your customer that his/her personalized checks will arrive in two or three weeks.

2. You are opening a savings account in Santiago, Chile. Tell the employee that you want to open a savings account and that you will deposit 15,800 pesos. Ask how much interest the bank pays. Say that you want to include your parents as beneficiaries, and that you are going to have the money there for nine months. Ask if you can put the money in a fixed-term certificate of deposit to earn more interest. Say that you left your passport at home, but you will bring it tomorrow and will fill out the forms then.

 **Casos** Act out the following scenarios with a partner.

1. A bank employee speaks to a customer who wants to open an account.

2. A newly married couple discusses opening a savings account together.

## Un paso más

**A** You are an advertising executive with a large bank as your client. Review the **Vocabulario adicional** in this lesson and use it and other vocabulary to create a newspaper ad detailing the services offered by your client.

**B** Review the **Vocabulario adicional** in this lesson and act out the following dialogues in Spanish with a partner.

**1.** —Where can I cash this check?
—Is the check in your name?
—No, it's a check to the bearer.
—At the bank's main office or at a branch, but they're closed now.
—Does the branch have an automatic teller machine?
—Yes.

**2.** —Can you lend me ten dollars?
—I have ten dollars in coins...
—Thanks, but I need a ten-dollar bill.
—I can write you a check, if you want.
—You wrote me an overdrawn check last time!

**Lectura**  After reading this **lectura,** get together with a partner and take turns answering the following questions.

| | |
|---|---|
| La mayoría de los hispanos que llegan a este país son gente pobre° que jamás° ha tenido cuenta en un banco. Como ya dijimos, en casi° todos los países hispanoamericanos los bancos son sólo para las clases media y alta. Cuando los hispanos llegan a este país continúan haciendo todas sus compras al contado,° y esto les hace muy difícil conseguir crédito e, incluso,° tarjetas de crédito. Además, les cuesta trabajo adaptarse° a nuestra forma de manejar° el dinero. En primer lugar,° muchos de ellos son inmigrantes indocumentados que, hasta hace poco, no podían abrir cuentas bancarias. En segundo lugar, muchos no hablan inglés, o lo hablan con dificultad, y temen° no entender claramente° las explicaciones° que les dan en inglés. Pero como los inmigrantes hispanos suman° ya 40 millones, los bancos están cada vez más interesados en tener personal bilingüe calificado.° | **gente...** *poor people / never*<br>*almost*<br><br><br><br>**al...** *cash*<br><br>*even*<br>**les...** *they find it difficult to adapt to our way of handling / to manage /* **En...** *In the first place*<br><br><br><br>*are afraid*<br>*clearly / explanations*<br><br>*add up*<br><br>*qualified* |

1. ¿A qué clase social pertenece la mayoría de los hispanos que llegan a este país?

2. ¿Qué clases sociales tienen acceso a los bancos en la mayoría de los países latinoamericanos?

3. Muchos inmigrantes hispanos hacen sus compras al contado. ¿Por qué?

4. ¿Por qué están interesados ahora los bancos en contratar personal bilingüe?

**Y usted...**

1. ¿Cree que es conveniente permitir que los inmigrantes indocumentados puedan abrir cuentas bancarias? ¿Por qué o por qué no?

2. ¿Qué le recomendaría a un inmigrante indocumentado que quiere conseguir una tarjeta de crédito?

## Un dicho

**Si quieres saber el valor del dinero, pídelo prestado.**

*If you want to know the value of money, borrow it.*

# OTRAS COMUNICACIONES DE NEGOCIOS

- La carta circular
- El memorando o memorándum
- El informe o reporte

- El facsímil (fax)
- El correo electrónico (e-mail, correo-e, emilio)
- La red informática (*Websites on the World Wide Web*)

**La carta circular (*Circular*)** Circulars are form letters circulated to company clients or employees. They are most often used to inform vendors and existing or prospective clients of changes within the company, such as a new name or organizational structure, new management, or the addition of new products or services to the company line. Internal circulars often announce global changes in schedule, benefits, or other matters of importance to employees.

1. Your company needs to send a circular. Read the following two examples. Then, write your company's circular according to its purpose and audience.

**Circular announcing the opening of a business**

_____QUINTERO, LÓPEZ Y CÍA. _____

Compraventa de frutas al mayoreo[1]    Juárez No. 647   Guadalajara, Jalisco

15 de junio del 2006

Estimados señores:

Les participamos[2] que ante el notario público de esta ciudad, Sr. Lic. Roberto Calderón García, hemos constituido una Sociedad Regular Colectiva[3], que se dedicará a la compraventa de frutas al mayoreo, la cual girará bajo la razón social[4] de
QUINTERO, LÓPEZ Y CÍA.

Por nuestra experiencia en el giro, estamos seguros de poder ofrecer a nuestros clientes la mayor eficiencia y rapidez en la atención de sus pedidos.

Atentamente,
QUINTERO, LÓPEZ Y CÍA.

*Pedro Quintero*
Pedro Quintero
Administrador General

[1] **al...** *wholesale*    [2] *give notice*    [3] **Sociedad...** *General Partnership*    [4] **razón...** *trade name*

**Circular from a business to potential clients**

**Bancosur**

Avenida Universidad 1500   México, D.F.   03339

24 de octubre del 2006

Estimado cliente:

   Tenemos el agrado[1] de comunicarle que Bancosur, a partir de esta fecha, le ofrece una alternativa más para invertir[2] su dinero, con la garantía de intereses fijos mayores a los actuales. Este nuevo instrumento de inversión se puede establecer a plazos de 3, 6, 9 y 12 meses para que Ud. elija el que mejor se adapte a sus necesidades.
   Le agradecemos su preferencia y esperamos seguir contando con su confianza. Visite Ud. la oficina de su agrado donde nuestros asesores de inversiones[3] tendrán mucho gusto en ampliar esta información.

Atentamente,
BANCOSUR
Div. Promoción de Inversiones

[1]_pleasure_   [2]_to invest_   [3]**asesores...**_investment officers_

## El memorando (*Memorandum*)

**El memorando (*Memorandum*)** Memorandums are used for internal communication within a company. As shown in the models, their format is simpler than that of a business letter or circular.

**2.** You need to send a memo to a coworker in Mexico City. Read the following examples. Then, write your memo. Use regular stationery.

---

*MEMORANDO*

| | |
|---|---|
| *Fecha:* | 15 de febrero 2006 |
| *Hora:* | 10:30 |
| *Asunto:* | Solicitud de informe |

*De:*  Jefe de Ventas

*A:*  Jefe de Contabilidad

Por favor, envíeme el saldo de la cuenta del Sr. Juan López.

---

*MEMORANDO*

*A:*  Fermín Domínguez

*De:*  Alberto González  *A. G.*

*Fecha:*  7 de mayo del 2006

*Asunto:*  Mal uso de los vehículos de la empresa

Las cuentas por reparación de vehículos de la empresa durante los primeros cuatro meses del presente año se elevaron un 17% sobre las de igual período del año anterior. El jefe del taller de reparaciones[1] informa que el exceso de reparaciones se debe a que los vehículos no están recibiendo el mantenimiento adecuado.[2]

Sírvase[3] notificar a todos los choferes la obligación que tienen de cumplir las disposiciones de la empresa en relación al mantenimiento de sus equipos. La administración impondrá sanciones a aquéllos que no cumplan dichas disposiciones.

---

[1]**taller...** *mechanic's shop*  [2]**mantenimiento...** *adequate maintenance*  [3]*Please*

## El informe o reporte (_Report_) Reports generally are used to inform one's boss of the result or progress of an action.

**3.** You must write a report for your boss. Read the following example. Then, write your report. Use regular stationery.

---

### LIBRERÍA MINERVA
#### Santurce, Puerto Rico

**A:** Carmen Bernal, Gerente           6 de julio, 2006
**De:** Dora León, J. de Personal

**ASUNTO:** Compra de un equipo de oficina.
**PROPOSICIÓN:** Comprar una fotocopiadora para el Departamento de
                Personal, con un costo de $4.000.
**EXPLICACIÓN:** Actualmente el Departamento de Personal utiliza la
fotocopiadora del Departamento de Contabilidad para hacer copias
de sus cartas y documentos. Nuestras necesidades son ahora mucho
mayores que las que teníamos cuando se dispuso[1] el sistema actual.

     La pérdida de tiempo de trabajo de los empleados que deben ir
de uno a otro departamento para hacer las copias es superior a
la inversión.
**CONCLUSIÓN:** Recomendamos la compra del equipo.

                              Atentamente,

                              _Dora León_

                              Dora León
                              Jefa de Personal

---

[1]**se...** _was set_

**El facsímil (fax)** Technological advances have made possible two quicker ways of transmitting information: the fax machine and electronic mail via the computer. These are not new forms of communication, but rather, new means of sending information from one place to another.

Faxes allow us to instantly transmit letters, contracts, and any other kinds of communication, including those with graphic elements or photographs. The transmitted documents are usually accompanied by a cover sheet that includes the name, telephone number, and fax number of both the sender and the addressee, the date, and the subject or purpose of the transmission.

4. Bancaribe lent you the money to pay for college. You need to send them a fax to let them know that they have billed you twice this month. Fill out the following fax cover sheet, and include the message that you want to send.

---

### Bancaribe

Calle de San Francisco, 237

San Juan, PR 00901

NÚM. DE FACSÍMIL (787) 351-6040

FAX

NÚMERO DE FACSÍMIL AL QUE SE ENVÍA ESTA HOJA: _____

A: _____

_____

_____

_____

_____

DE: _____

_____

_____

FECHA: _____

NÚM DE PÁGINAS, INCLUIDA ESTA HOJA:

_____

ASUNTO: _____

_____

_____

_____

De haber cualquier problema o error en esta transmisión, favor de comunicarse con: _____ ,
tel. (787) 351-6041.

APARTADO POSTAL 8431  SAN JUAN, PUERTO RICO  00901

---

## El correo electrónico (e-mail, "emilio", correo-e)

E-mail communication is mainly used for sending messages of a more informal kind, and may be seen as the electronic counterpart to the note that was used as a means of more informal intra-office communication. However, the e-mail's range of communication also allows for follow-up communication after any kind of Internet transaction.

**5.** Write an e-mail to your supervisor requesting vacation time for the upcoming year. Read the following example; then write your e-mail.

---

*De:* **Diego Santoro, Jefe de Ventas**
*Enviado el:* **7 de febrero de 2006**
*Para:* **Juan Álvarez, Jefe de Producción**
*Asunto:* **Disminución[1] de la producción**

**Explicación:**    Las ventas de enero fueron un 10% menos que las del año anterior y, en consecuencia, tenemos un exceso de mercancía en almacén.

**Recomendación:**    Eliminar un día de trabajo a la semana hasta que el nivel de mercancía en almacén baje al nivel normal para esta fecha del año.

---

[1] *Decrease*

## La red informática (*Websites on the World Wide Web*) Websites, portals, and web pages allow both consumers and enterprises to quickly find information about business and merchandise, and to make transactions.

Subj:    **Registro de pedido EL CORTE INGLÉS**
Date:    12/3/05 1:06:29 PM Pacific Standard Time
From:    clientes@elcorteingles.es
To:      LuisKely@aol.com
*Sent from the Internet*

### http://www.elcorteingles.es/

**De:**          El Corte Inglés / Comercio Electrónico
**Enviado el:** 3 de diciembre de 2005 a las 22:4
**Para:**        LUIS LEBREDO
**Asunto:**      Recepción de su pedido n° 20011203220449

Estimado Sr. **LEBREDO:**
El Departamento de Comercio Electrónico de El Corte Inglés le quiere agradecer la confianza que ha depositado en nuestra organización y aprovechar esta ocasión para confirmarle que **la tramitación y el envío de su pedido ya ha sido registrado en nuestros sistemas informáticos,** siendo los datos del mismo los siguientes:

| PARA FACTURACIÓN: | PARA ENVÍO: |
|---|---|
| LUIS LEBREDO | LUIS LEBREDO |
| CL CONESTOGA 1510 | CL CONESTOGA 1510 |
| REDLANDS - CALIFORNIA | REDLANDS - CALIFORNIA |

| ARTÍCULOS DEL PEDIDO | UNIDADES | PRECIO | IMPORTE |
|---|---|---|---|
| DICCIONARIO DE LA LENGUA ESPAÑOLA | 1 | 39,68 EURO | 39,68 EURO |
| GRATIS ESTE MARCAPÁGINAS METALIZADO EN PLATA | 1 | 0,00 EURO | 0,00 EURO |
| SUS PEDIDOS DE NAVIDAD ENVUELTOS PARA LA OCASIÓN | 1 | 0,00 EURO | 0,00 EURO |
| **GASTOS DE ENVÍO** | | | 12,8 EURO |
| **IMPORTE TOTAL PEDIDO** | | | 52,55 EURO |

Atentamente,
Departamento de Atención al Cliente
El Corte Inglés

Si quiere conocer la situación en la que se encuentra su pedido ahora mismo, puise aquí. Le recordamos que en todo momento podrá usted conocer la situación de su pedido pulsando sobre el ícono situado en la parte superior derecha de todas nuestras tiendas de comercio electrónico.

**Nombre** _____  **Sección** _____  **Fecha** _____

6. Go to **Yahoo! en español** (http://espanol.yahoo.com) and browse for a country such as Mexico, Spain, or Argentina. Look for business headlines by clicking links such as **Noticias, Finanza,** or **Economia.** Then browse for the same type of information in a different country. Are both countries dealing with similar issues?

## LECCIONES 11-15 REPASO

### Práctica de vocabulario

**A** Circle the word or phrase that does not belong in each group.

1. arreglo   iguala   caso
2. asiento de diario   final   contabilidad
3. paso   ganancia   pérdida
4. balance general   contador   reloj
5. esposo   playa   hijo
6. morir   vivir   evaluar
7. empresa   circulación   tirada
8. de nuevo   por supuesto   otra vez
9. máquina   invierno   verano

10. bazar   tienda   copropietarío
11. fabricar   producir   mantener
12. empezar   recomendar   comenzar
13. modernizar   reorganizar   parecer
14. barrio   saldo   vecindario
15. nómina   salario   sueldo
16. planilla   hijos   forma
17. publicidad   propaganda   quiebra

**B** Circle the word or phrase that best completes each sentence.

1. Quiero (explicar / importar / modernizar) el sistema de contabilidad.
2. El contador va a preparar los balances de (problemas / ausencia / comprobación).
3. Tenemos errores (costosos / actuales / anteriores) en los informes a los clientes.
4. Los empleados de la oficina hacen los asientos de (casos / equipos / diario) y los pases al mayor.
5. Periódicamente ellos preparan los estados de pérdidas y (ganancias / entradas / herencias).
6. Ellos necesitan (alimentar / automatizar / imprimir) la contabilidad del negocio.
7. Me figuro que su ayuda es muy (valiosa / diseñada / segura) para ellos.
8. El (alquiler / gasto / reloj) marca las entradas y salidas de los empleados.
9. Con el sistema (cancelado / nuevo / solo) no van a ahorrar dinero tampoco.
10. Ellos tienen que hacer un (cobro / inventario / presupuesto) de toda la mercancía disponible.
11. Mis hijos son menores de (legado / bono / edad).
12. Ellos terminaron su (carrera / cabeza / caridad) el año pasado.
13. Mi esposa trabaja por cuenta (propia / cancelada / recibida).
14. Recibo una pensión de la compañía desde que se (vendió / acreditó / murió) mi esposo.
15. ¿Puedo deducir los intereses de la (abuela / hipoteca / acción) de mi casa?

**16.** A las etiquetas tiene que (organizarles / introducirles / agregarles) un logo y un lema.

**17.** Estas chaquetas se venden únicamente en (ley / invierno / país).

**18.** Las etiquetas con la marca son de (verano / vestido / tela).

**19.** Los artículos se venden (precedidos / envueltos / mensuales) en un plástico transparente.

**20.** Uds. necesitan organizar una (cartera / competencia / campaña) de promoción en varias tiendas.

**21.** ¿Quiere Ud. abrir una cuenta individual o una cuenta (actual / tradicional / conjunta)?

**22.** ¿Cuánto cobran Uds. por cada cheque (girado / inmovilizado / anterior)?

**23.** El banco se (mostró / gustó / declaró) en quiebra hace una semana.

**24.** ¿Cuánto va a depositar Ud. en (efectivo / gobierno / empresa)?

**25.** Su cuenta está (asegurada / diseñada / usada) por el gobierno federal.

**C**    Match the questions in column **A** with the answers in column **B**.

**A**

**1.** ¿Quiénes llevan la contabilidad de la firma? _____
**2.** ¿Qué ha pasado con el negocio? _____
**3.** ¿Están aquí los libros? _____
**4.** ¿Qué vas a preparar? _____
**5.** ¿El programa es sofisticado? _____
**6.** ¿Cómo se preparan los estados financieros? _____
**7.** ¿La computadora registra las asistencias? _____
**8.** ¿Él es mayor de edad? _____
**9.** ¿Es Ud. casada? _____
**10.** ¿Puedo deducir los intereses de la hipoteca? _____
**11.** ¿Tiene Ud. dependientes? _____
**12.** ¿Recibe Ud. un sueldo? _____
**13.** ¿Cómo están envueltos? _____
**14.** La mano de obra, ¿es barata? _____
**15.** ¿En qué estación vende Ud. más? _____
**16.** ¿Cobran Uds. por la impresión de cheques? _____
**17.** ¿Qué tipo de cuenta quiere abrir? _____
**18.** ¿A quiénes va a poner como beneficiarios? _____

**B**

**a.** Ha crecido mucho.
**b.** No, es menor.
**c.** Sí, y las ausencias.
**d.** No, viuda.
**e.** A mis hijos.
**f.** No, hemos agregado un nuevo renglón.
**g.** Una cuenta de ahorros individual.
**h.** Sí, y parte de las utilidades.
**i.** El próximo junio.
**j.** No, es muy rudimentario.
**k.** La nómina.
**l.** Sí, pienso que la he visto antes.
**m.** Sí, diez dólares por 200 cheques.
**n.** La computadora los prepara automáticamente.
**o.** No, es costosa.
**p.** Sí, y la de mujer también.
**q.** En invierno.
**r.** Sí, y los gastos médicos.

**A**                                              **B**

**19.** ¿Cuándo se gradúa?                    _____  **s.** En plástico transparente.

**20.** ¿Conoces a la Sra. Santana?          _____  **t.** Sí, dos.

**21.** ¿Siguen vendiendo los mismos artículos? _____  **u.** Sí, yo los traje.

**22.** ¿Se vende bien la ropa de hombre?     _____  **v.** Los empleados.

## Situaciones del mundo de las empresas
Review the **Notas culturales** and **Lecturas** of the past five lessons and then read the following scenarios. Find out what went wrong, and propose possible solutions in Spanish.

1. Total annual sales in our company were over $4,000,000,000 this year. In a marketing brochure to be distributed throughout Latin America, I wrote: **Nuestras ventas anuales superan (*exceed*) los cuatro billones de dólares.**

2. Enrique Mota does not speak English. He wants to file his federal tax form. I advised him that the Internal Revenue Service has forms available in Spanish.

3. My company wants to reach the Latino market. I told my supervisor that she would only need to contact Univision, Telemundo, or Telefutura because the main U.S. networks that broadcast in English do not have affiliates that broadcast their programs in Spanish.

# SOLICITANDO PRÉSTAMOS

## OBJECTIVES

### Structures

- The present subjunctive
- The subjunctive with verbs of volition
- The absolute superlative

### Business Communication

- Informing bank customers about different types of loans

José, un estudiante de Puerto Rico, necesita que le den un préstamo para poder pagar sus estudios.

2-7

**José** —Necesito un préstamo para pagar la matrícula y los demás gastos de la universidad.

**Empleado** —¿Dónde estudia?

**José** —Estudio administración de empresas en la Universidad de Arizona, pero este año no me dieron beca.

**Empleado** —¿Cuánto ganan sus padres?

**José** —Mi padre murió el año pasado. Mi madre gana bastante, más de[1] $80.000 al año.

**Empleado** —Lo siento, pero Ud. no reúne los requisitos necesarios para recibir este tipo de préstamo.

**José** —Es que mi madre quiere que estudie aquí, en Puerto Rico, y no me quiere dar dinero para irme a Arizona.

**Empleado** —Yo le aconsejo que hable con su mamá para tratar de resolver el problema.

Elena, una joven recién graduada, pide un préstamo para poner un negocio.

**Elena** —Necesito un préstamo para abrir un pequeño negocio.

**Oficial del banco** —¿Conoce Ud. las disposiciones de la Administración de Pequeños Negocios?

**Elena** —Sí, y también he obtenido asesoramiento legal, económico y financiero.

**Oficial del banco** —¿Qué negocio piensa abrir?

**Elena** —Una tienda de ropa para niños.

**Oficial del banco** —¿Cuánto dinero necesita?

**Elena** —Cincuenta mil dólares.

---

[1]**Más de** is used for *more than* when speaking of numbers.

**Oficial del banco**   —¿Necesitará muchos empleados su establecimiento?
**Elena**   —No, por ahora solamente dos.

Evelia y su novio Carlos deciden comprar una casa porque van a casarse.

**Carlos**   —Queremos financiar la compra de una casa. Necesitamos tomar $90.000 en hipoteca.
**Oficial del banco**   —¿Es una casa nueva o ya fue habitada?
**Carlos**   —Ya fue habitada. Los dueños viven allí ahora.
**Oficial del banco**   —¿Uds. quieren asumir la hipoteca original?
**Evelia**   —No, las tasas de interés están más bajas ahora que cuando los dueños la compraron.
**Oficial del banco**   —¿Están interesados en una tasa de interés fija o variable?
**Carlos**   —Fija, a treinta años. Queremos aprovechar que las tasas de interés están bajísimas.
**Oficial del banco**   —¿Cuáles son sus ingresos?
**Carlos**   —Yo trabajo en las oficinas del condado y gano $28.000 anuales. Ella tiene una tienda de ropa. Tiene un sueldo de $30.000, más las ganancias a fin de año.

La Sra. Sonia de la Rosa solicita un préstamo personal.

**Sra. de la Rosa**   —Vengo a solicitar un préstamo personal. Necesito $2.000 para pagar algunas deudas.
**Oficial del banco**   —¿Tiene Ud. casa propia?
**Sra. de la Rosa**   —Sí, mi esposo y yo tenemos un condominio que estamos pagando.
**Oficial del banco**   —Entonces le sugiero que pida un préstamo sobre la diferencia entre el valor del condominio y lo que debe de la hipoteca.
**Sra. de la Rosa**   —¿Qué ventajas tiene ese tipo de préstamo?
**Oficial del banco**   —Para Ud. tiene dos ventajas: paga una tasa de interés menor y puede deducir el interés pagado de los impuestos federal y estatal.
**Sra. de la Rosa**   —El problema es que nosotros compramos el condominio hace tres meses, y el pago inicial fue sólo el 5% del precio.
**Oficial del banco**   —Entonces tenemos que descartar esta opción. Llene esta planilla y ya le diremos si reúne los requisitos necesarios para obtener un préstamo personal.
**Sra. de la Rosa**   —Para calificar[1] para el préstamo, ¿necesito un aval u otro tipo de garantía?
**Oficial del banco**   —Eso no lo sabremos hasta después de estudiar su caso.

**¡Escuchemos!** While listening to the dialogue, circle **V (verdadero)** if the statement is true or **F (falso)** if it is false.

2–7

1. José quiere que el banco le preste dinero para pagar la matrícula.   V     F

2. Él reúne los requisitos para ese tipo de préstamos.   V     F

3. La madre de José quiere que él estudie en Puerto Rico.   V     F

---

[1]**Calificar** has not been accepted by the *Academia* as an equivalent of **reunir los requisitos,** but it is commonly used to express this concept.

4. Su padre también prefiere que él estudie allí.      V      F

5. El oficial del banco le aconseja a Elena que lea las disposiciones de
   la Administración de Pequeños Negocios.      V      F

6. Evelia y Carlos quieren comprar una casa que ya fue habitada.      V      F

7. El oficial del banco les sugiere que tomen una hipoteca a 15 años.      V      F

8. La Sra. de la Rosa y su esposo compraron un condominio hace tres meses.      V      F

9. Los esposos de la Rosa pagaron solamente el 20% del precio del condominio.      V      F

10. El oficial no sabe si la Sra. de la Rosa va a necesitar un aval.      V      F

Audio

# VOCABULARIO

### COGNADOS

**el condominio**
**económico(a)**
**el estudiante**
**la garantía**
**legal**
**variable**

### NOMBRES

**la administración de empresas (negocios)**
    *business administration*
**la Administración de Pequeños Negocios**
    *Small Business Administration*
**el asesoramiento** *advice, consulting*
**el aval** *collateral*
**la beca** *scholarship*
**el condado** *county*
**el (la) dueño(a), el (la) propietario(a)**
    *owner*
**la madre** *mother*
**la matrícula** *registration, registration fees*
**el (la) novio(a)** *boyfriend (girlfriend)*
**el (la) oficial del banco** *bank officer*
**el padre** *father*
**los padres** *parents*
**el pago** *payment*

**el pago (la cuota) inicial, la entrada, el**
    **enganche** (*Méx.*) *down payment*
**la tasa de interés, el interés** *interest rate*
**la ventaja** *advantage*

### VERBOS

**aconsejar** *to advise*
**aprobar (o:ue)** *to approve*
**asumir** *to assume*
**casarse** *to get married*
**descartar** *to rule out*
**esperar** *to hope*
**financiar** *to finance*
**negar (e:ie)** *to deny*
**reunir (los requisitos), "calificar"** *to qualify*
**sugerir (e:ie)** *to suggest*

### ADJETIVOS

**fijo(a)** *fixed*
**habitado(a)** *occupied (i.e., a house)*

### OTRAS PALABRAS Y EXPRESIONES

**allí** *there*
**poner (abrir) un negocio** *to set up a business*
**recién, recientemente** *recently*
**tener casa propia** *to own a house*

## VOCABULARIO ADICIONAL

**VOCABULARIO RELACIONADO CON LOS PRÉSTAMOS**

**la aprobación**  *approval*
**la identificación**  *identification, I.D.*
**insolvente**  *insolvent*
**el interés simple (compuesto)**  *simple (compound) interest*

**la liquidez**  *liquidity*
**el (la) prestamista**  *lender, pawnbroker*
**el presupuesto**  *budget*
**el rendimiento**  *yield*
**tasar**  *to value, to appraise*
**el (la) testigo**  *witness*

### NOTAS CULTURALES

Latin American banks pay high interest rates on savings accounts, but they also charge high interest rates on loans and credit cards. The high cost of credit impedes the development of new businesses and in some countries, as in Argentina in 2001 and 2002, may drive existing companies with outstanding loans into bankruptcy. Latin American companies must also compete with foreign firms, which can obtain loans in their own countries and are thus at an advantage for establishing and expanding businesses. While this situation is unfair to domestic investors, these countries need foreign investment, and thus maintain in effect policies that favor international business interests. This strategy has met with mixed results, however, since serious investors seek more stable economic and financial conditions than many Latin American countries have to offer.

## Actividades

**Dígame...**   Answer the following questions, basing your answers on the dialogues.

**1.** ¿Quién es José y qué necesita?

_____

**2.** ¿Qué estudia José?

_____

**3.** ¿Por qué no reúne José los requisitos necesarios para recibir un préstamo?

_____

**4.** ¿Qué tipo de tienda va a abrir Elena? ¿Cuántos empleados necesitará?

_____

**5.** ¿Dónde trabajan Evelia y su novio?

_____

**6.** ¿Cuánto dinero ganan Evelia y Carlos juntos?

_____

**7.** ¿Van a asumir Carlos y Evelia la hipoteca original? ¿Por qué o por qué no?

_____

**8.** ¿Por qué quiere la Sra. de la Rosa un préstamo personal?

_____

**9.** ¿Qué tipo de préstamo le sugiere el oficial del banco?

_____

 **Hablemos** Interview a classmate, using the following questions. When you have finished, switch roles.

**1.** ¿Pide Ud. un préstamo todos los años para pagar su matrícula? ¿Por qué o por qué no?

**2.** ¿Qué carrera estudia Ud.?

**3.** ¿Le ayuda alguien a pagar los gastos de la universidad?

**4.** ¿Ud. reúne los requisitos para recibir un préstamo para pagar la matrícula?

**5.** ¿Piensa Ud. abrir algún negocio en el futuro (*future*)?

**6.** ¿Qué tipo de negocio le gustaría abrir?

**7.** ¿Tiene dinero para abrir el negocio que desea?

**8.** Si no tiene el dinero, ¿cómo podría conseguirlo? ¿Necesitaría un aval?

**9.** ¿Es suya la casa o el condominio donde vive?

**10.** ¿Cuándo es conveniente asumir la hipoteca original de una casa o de un condominio?

 **Quiz**

# Vamos a practicar

**A** Rewrite the following sentences according to the new cue.

**MODELO**   Yo asumo la hipoteca.
El banco no quiere **que yo asuma la hipoteca.**

**1.** José pide un préstamo para pagar la matrícula.

La madre de José quiere _____

**2.** Carlos no ha decidido qué va a estudiar.

Su novia quiere que _____

**3.** Yo estudio aquí.

Mis padres me sugieren que _____

**4.** Elena pone una tienda de ropa para niños.

Su esposo prefiere que _____

**5.** El banco me presta $5.000.

Necesito que _____

**6.** Tú tomas $50.000 en hipoteca sobre tu casa.

Te aconsejo que _____

**7.** Ellos asumen la hipoteca original.

Nosotros les recomendamos que _____

**B** Rewrite the following sentences using the absolute superlative of the underlined adjectives.

**MODELO**      Aquí, la ropa es *barata*.
              Aquí la ropa es **muy barata.** / Aquí, la ropa es **baratísima.**

**1.** Las tasas de interés están *bajas*.

_____/_____

**2.** Ella está *interesada* en asumir la hipoteca.

_____/_____

**3.** Es un trabajo *original*.

_____/_____

**4.** La tienda necesita *muchos* empleados.

_____/_____

**5.** Mis ingresos son *pequeños*.

_____/_____

**6.** No puedo resolver *tantos* problemas

_____/_____

**Sirva usted de intérprete** With two classmates, play the roles of Alberto, a student from Uruguay; the bank officer; and the interpreter who helps them communicate. Switch roles until each of you has played the interpreter's role.

| | |
|---|---|
| **Alberto** | —Necesito un préstamo para pagar la matrícula de la universidad. |
| **Intérprete** | —_____ |
| **Oficial del banco** | —*Are you an American citizen?* |
| **Intérprete** | —_____ |
| **Alberto** | —Sí, soy americano. No hablo muy bien el inglés porque mis padres se mudaron para Uruguay cuando era muy pequeño. |
| **Intérprete** | —_____ |
| **Oficial del banco** | —*Where are you studying?* |
| **Intérprete** | —_____ |
| **Alberto** | —Aquí, en la Universidad de California en San Diego. |
| **Intérprete** | —_____ |
| **Oficial del banco** | —*How much do your parents earn?* |
| **Intérprete** | —_____ |
| **Alberto** | —Muy poco, si se cambia a dólares. |
| **Intérprete** | —_____ |
| **Oficial del banco** | —*I understand. You must fill out this form and sign it.* |
| **Intérprete** | —_____ |

**Sirva usted de traductor** You are working for a branch of Banco Nacional in Bogota. Review the **Vocabulario adicional** in this lesson, and then translate the following instructions into English for an American coworker who is not fluent in Spanish.

1. Quiero que les pida una identificación a las personas que deseen cambiar cheques de viajero.

   _____

2. No cambie cheques personales de más de $100 sin la aprobación de su jefe.

   _____

3. Dígales a los clientes que pueden cambiar sus cheques en dólares o en moneda nacional.

   _____

4. Dígales que pueden ganar hasta un 8% de interés compuesto en depósitos a plazo fijo.

   _____

5. Dígales que el rendimiento es de más de un 9%.

   _____

**En estas situaciones**  What would you say in the following situations? What might the other person say?

You are a bank officer. Take care of the following customers.

1. A couple needs a loan to buy a house. Ask how much money they need to buy the house, if it is new or already occupied, and if they are going to assume the existing mortgage. Say that interest rates are low now. Ask if they're interested in a fixed or variable interest rate. Find out what their income is, where they work, and the address of the house they want to buy.

2. A client needs a personal loan. Ask for the amount the client wants to borrow. Find out about the client's income and place of employment. Ask about any real estate and debts he/she has. Say that a home equity loan can be considered, but that if the house was bought only a few months ago, that option must be ruled out. Point out that collateral or another guarantee will be needed.

 **Casos**  Act out the following scenarios with a partner.

1. A bank officer speaks to a student who needs a loan to pay for schooling.

2. A bank officer speaks to a customer who needs a loan to start a business.

3. A couple discusses their options for a home loan.

 **Un paso más**  A good friend approaches you about a loan. Review the **Vocabulario adicional** in this lesson and use it and other vocabulary to discuss the proposition, as well as other options for your friend's needs. Don't forget to be thorough, and be sure to clearly define the terms of the loan.

 **Lectura**  After reading this *lectura,* get together with a partner and take turns answering the following questions.

Desde que los hispanos son un factor importante a la hora de las elecciones, los políticos han comenzado a preocuparse° de ellos, y a facilitar su acceso a beneficios a los que siempre tuvieron derecho de acuerdo con nuestras leyes, pero de los que apenas se les informaba. Entre esos beneficios está el acceso a préstamos para estudiantes universitarios y para los pequeños negocios. Hoy el gobierno federal y los gobiernos estatales les hacen propaganda en español a estos programas, y los hispanos están empezando a hacer buen uso de ellos.

*worry*

1. ¿Por qué han comenzado a preocuparse los políticos por los derechos de los inmigrantes hispanos?

2. ¿Por qué no disfrutaban muchos hispanos de beneficios a los que tenían derecho?

**3.** ¿Cuáles son algunos de estos beneficios?

**4.** ¿Qué hacen actualmente el gobierno federal y los gobiernos estatales para que los hispanos conozcan sus derechos?

**Y usted...**

**1.** ¿Cree que es justo que los inmigrantes hispanos tengan los mismos derechos que los ciudadanos americanos? ¿Por qué o por qué no?

**2.** ¿Piensa que el gobierno debe hacer publicaciones en los idiomas de los inmigrantes o que los inmigrantes deben aprender inglés?

## Un dicho

**Los bancos no prestan dinero a quienes lo necesitan, sino a quienes pueden devolvérselo con intereses.**

*Banks do not lend money to those who need it, but to those who are able to repay it with interest.*

## LECCIÓN 17

# COMPRANDO UNA CASA

## OBJECTIVES

### Structures

- The subjunctive to express emotion
- The subjunctive with some impersonal expressions
- Formation of adverbs

### Business Communication

- Advising clients about the purchase or sale of real estate
- Refinancing properties

---

La Sra. Bernal, corredora de bienes raíces, habla con la Sra. Abreu, que está interesada en comprar una casa.

2–8

| | |
|---|---|
| **Sra. Abreu** | —Estoy interesada en esta casa que anuncian en el periódico de hoy. |
| **Sra. Bernal** | —¿Quiere que la lleve a verla? |
| **Sra. Abreu** | —Sí, ya la vi por fuera y me gustó mucho, pero temo que sea demasiado cara para mí. |
| **Sra. Bernal** | —El dueño pide $320.000 por ella. Dice que no está dispuesto a rebajarla, pero si le gusta, ¿por qué no le hace una oferta? |
| **Sra. Abreu** | —Para comprarla, tengo que vender mi casa. ¿Cree Ud. que el dueño acepte iniciar los trámites de la venta con tal condición? |
| **Sra. Bernal** | —Sí, señora. La mayor parte de las transacciones de bienes raíces dependen de esa contingencia. |
| **Sra. Abreu** | —Uds. pueden encargarse de la venta de mi casa, ¿verdad? |
| **Sra. Bernal** | —Desde luego. ¿Cuánto piensa pedir por su casa? |
| **Sra. Abreu** | —Según el tasador, la propiedad vale unos $220.000, y todavía debo unos $86.000. |
| **Sra. Bernal** | —Bien. Le aconsejo que pida $225.000, para que Ud. pueda negociar el precio que desea. |
| **Sra. Abreu** | —Me parece una buena idea. ¿A cuánto llegarían los gastos relacionados con la venta de mi casa? |
| **Sra. Bernal** | —Si la vende en $220.000 nuestra comisión será de $13.200, y los gastos de cierre serán unos $1.200, incluidos los gastos legales y el traspaso de la escritura. |
| **Sra. Abreu** | —Entonces quedará un saldo a mi favor de poco más de $119.000. Bien, ¿cuándo puedo ver la otra casa? |
| **Sra. Bernal** | —Siento no poder llevarla ahora mismo, pero puedo llevarla esta tarde. |

En la casa:

**Sra. Bernal** —Como Ud. ve, la casa está situada en un barrio muy elegante. La mayor parte de sus vecinos serán profesionales y ejecutivos de empresas.

**Sra. Abreu** —La fachada es muy bonita y el jardín está muy bien cuidado.

**Sra. Bernal** —Me alegro de que le guste. La casa está construida en varios niveles. La sala y el comedor están hundidos.

**Sra. Abreu** —Me gusta mucho la chimenea de piedra en la sala de estar.

**Sra. Bernal** —Esta casa fue construida a la orden, sin sacrificar la calidad al ahorro.

**Sra. Abreu** —Sí, las alfombras son de primera, y el piso de la cocina y de los baños es de losas de cerámica, ¿verdad?

**Sra. Bernal** —Sí, lo único de linóleo en la casa es el piso del cuarto de lavar.

**Sra. Abreu** —Es una lástima que las cortinas del comedor estén manchadas. ¿Cómo está el techo?

**Sra. Bernal** —Estos techos de tejas duran muchísimo, pero de todos modos, el propietario ordenó recientemente una inspección del techo y de comején.

**Sra. Abreu** —Está recién pintada, ¿verdad?

**Sra. Bernal** —Sí, y también remodelaron la cocina. Ahora tiene una cocina eléctrica y tiene dos hornos: uno convencional y otro de microondas.

**Sra. Abreu** —La lavadora de platos también es nueva, ¿no?

**Sra. Bernal** —Sí, señora.

Dos días después, en la oficina de la Sra. Bernal:

**Sra. Abreu** —Bien, quiero comprar la casa. ¿Qué entrada tendría que dar para comprarla?

**Sra. Bernal** —El banco generalmente requiere un mínimo de veinte por ciento. Si el dueño acepta su oferta de $310.000, entonces la entrada sería de $62.000.

**Sra. Abreu** —Ya consulté con mi banco y "califico" para un préstamo de hasta $265.000. ¿Cuánto tendría que pagar mensualmente si la hipoteca es de $200.000?

**Sra. Bernal** —A ver... al siete y tres cuartos por ciento, por treinta años... serían $1.366,05, más los gastos de seguro y contribuciones.

**Sra. Abreu** —¡Ojalá que acepten la oferta!

> **VENTA DE CASAS**
> **Se vende: $245.000**
>
> (o la mejor oferta)
> 3 recámaras, 2 baños, sala de estar, garaje para dos carros. Calefacción y aire acondicionado. Muy bien situada. Cerca de escuelas. Hipoteca asumible, al 7%
>
> Teléfono: (213) 406-5249

**2–8**

**¡Escuchemos!** While listening to the dialogue, circle **V (verdadero)** if the statement is true or **F (falso)** if it is false.

1. La Sra. Bernal vende casas y condominios.  V   F

2. La Sra. Abreu quiere comprar un condominio.  V   F

3. La Sra. Abreu no vio la casa por fuera.  V   F

4. Ella teme que la casa sea muy cara para ella.  V   F

5. Para comprar esa casa no es necesario que venda la suya.  V   F

6. La Sra. Abreu siente que la corredora no pueda llevarla a ver la casa hoy.  V   F

7. La corredora se alegra de que la casa le guste a la Sra. Abreu.  V   F

8. No remodelaron la cocina recientemente.  V   F

9. Generalmente los bancos requieren un mínimo del 20% del precio.  V   F

10. La Sra. Abreu no sabe si "califica" para un préstamo de más de $200.000.  V   F

**Audio**

# VOCABULARIO

### COGNADOS

**asumible**
**la contingencia**
**eléctrico(a)**
**elegante**
**el garaje**
**la inspección**
**el linóleo**
**el mínimo**
**el (la) profesional, el (la) profesionista**
   (*Méx.*)
**recientemente**
**la transacción**

### NOMBRES

**la alfombra** *carpet*
**la chimenea** *fireplace*

**la cocina** *kitchen, stove*
**el comedor** *dining room*
**el comején, la termita** *termite*
**el (la) corredor(a) de bienes raíces** *real estate agent, realtor*
**el cuarto de lavar** *laundry room*
**la escritura** *deed*
**la escuela** *school*
**la fachada** *facade*
**los gastos de cierre** *closing costs*
**el horno** *oven*
**el jardín** *garden*
**la lavadora de platos, el lavaplatos** *dishwasher*
**la losa, la baldosa** *tile*
**el microondas** *microwave*
**el nivel** *level*

la **piedra** *stone*
la **propiedad** *property*
la **sala** *living room*
la **sala (el salón) de estar** *family room*
el (la) **tasador(a)** *appraiser*
el **techo** *roof*
la **teja** *roof tile*
el **traspaso** *transfer*
el (la) **vecino(a)** *neighbor*

## ADJETIVOS

**bonito(a), lindo(a)** *beautiful*
**construido(a)** *built*
**cuidado(a)** *cared (for), kept*
**hundido(a)** *sunken*
**manchado(a)** *stained*
**mil** *one thousand*
**pintado(a)** *painted*
**tal** *such*

## VERBOS

**alegrarse** *to be happy, to be glad*

**durar** *to last*
**negociar** *to negotiate*
**remodelar** *to remodel*
**sacrificar** *to sacrifice*
**sentir (e:ie), lamentar** *to regret, to be sorry*
**temer** *to fear, to be afraid of*
**valer**[1] *to be worth*

## OTRAS PALABRAS Y EXPRESIONES

**ahora mismo** *right now*
**cerca (de)** *near*
**construido(a) [hecho(a)] a la orden** *custom built*
**demasiado** *too*
**es (una) lástima** *it's a pity*
**estar dispuesto(a)** *to be willing*
**hasta** *up to*
**lo único** *the only thing*
**mensualmente, al mes** *monthly*
**¡Ojalá!** *I hope..., If only...*
**poner a la venta** *to put up for sale*
**por fuera** *from (the) outside*
**se vende** *for sale*

Audio

# VOCABULARIO ADICIONAL

## PARA HABLAR DE LA VIVIENDA (*HOUSING*)

### EL EXTERIOR

los **árboles frutales** *fruit trees*
el **césped, la yerba, el zacate** (*Méx.*), el **pasto** *lawn, grass*
la **entrada para vehículos** *driveway*
el **estuco** *stucco*
el **ladrillo** *brick*
la **madera** *wood*
el **patio** *patio*
la **piscína, la alberca** (*Méx.*) *swimming pool*
el **sistema de riego automático** *automatic sprinkler system*

el **tejamanil** (*Méx.*), **tejamaní** (*Antillas*) *shingle*

### EL INTERIOR

el **apartamento, el departamento** *apartment*
la **conección para el cable** *cable outlet*
el **cuarto (el dormitorio, la habitación, la recámara) principal** *master bedroom*
los **electrodomésticos** *appliances*
el **enchufe** *electrical outlet, socket*
el **gabinete, el estante** *cabinet, shelf*

———————————
[1] Irregular first-person indicative: **yo valgo.**

el granito  *granite*
la lámpara  *light*
la lavadora  *washing machine*
el mármol  *marble*
el refrigerador (empotrado), la nevera
    (*P. Rico*) (*built in*) *refrigerator*
la secadora  *dryer*

**MÁS PALABRAS Y FRASES ÚTILES PARA LOS CORREDORES DE BIENES RAÍCES**

la Administración Federal de Hipotecas
    *Federal Housing Authority* (*FHA*)
el inmueble  *building, real estate*
inspeccionar  *to inspect*
los puntos  *points*
se alquila  *for rent*
traspasar  *to transfer*

**NOTAS CULTURALES**

Search

Purchasing real estate in Latin American countries is not easy, unless the buyer is paying cash. In general, banks do not grant long-term loans to individuals, and they are not always willing to finance more than 50% of the cost of the property. The process by which real estate is acquired is very different from that required in the United States. A purchase is usually made through the intervention of a notary public, who in Latin American countries must be a lawyer. The notary draws up a purchase and sale agreement that must be signed, in his or her presence, by the buyer, the seller, and a certain number of witnesses. The document is then filed in an office called the Registry of Property.

# Actividades

**Dígame...**  Answer the following questions, basing your answers on the dialogue.

**1.** ¿Con quién habla la Sra. Abreu?

_____

**2.** ¿En qué casa está interesada?

_____

**3.** ¿Cuánto pide el dueño por la casa?

_____

**4.** ¿Qué tiene que hacer la Sra. Abreu para poder comprar esa casa?

_____

**5.** ¿Cuánto debe todavía la Sra. Abreu de la hipoteca de su casa?

_____

**6.** ¿Cuánto vale su casa? ¿Está dispuesta a rebajar el precio?

_____

**7.** ¿Qué gastos relacionados con la venta de su casa tendría que pagar?

_____

**8.** ¿Qué partes de la casa le gustan a la Sra. Abreu?

_____

**9.** ¿Qué partes de la casa tienen pisos de losas de cerámica?

_____

**10.** ¿Cuál es la única habitación que tiene piso de linóleo?

_____

**11.** ¿Qué ordenó el dueño de la casa recientemente?

_____

**12.** ¿Cómo es la cocina de la casa?

_____

**13.** ¿A qué interés le dan la hipoteca?

_____

**14.** ¿Cuánto tendría que pagar mensualmente?

_____

 **Hablemos** Interview a classmate, using the following questions. When you have finished, switch roles.

**1.** ¿Es Ud. propietario de su casa?

**2.** ¿Cómo es el barrio donde Ud. vive?

**3.** ¿Cuántos dormitorios tiene su casa o apartamento? ¿Cuántos baños?

**4.** El piso de su casa, ¿es de losas, linóleo, madera o tiene alfombra?

**5.** ¿Le gustan más los techos de tejamanil o los de tejas?

**6.** ¿Cuánto tiempo hace que pintaron su casa?

**7.** ¿Remodelaron su casa alguna vez? ¿Qué le hicieron?

**8.** Cuando Ud. compra algo, ¿sacrifica la calidad por el ahorro?

# Vamos a practicar

**A**  Rewrite the following sentences according to the new cue.

**MODELO**    Los gastos de cierre *son* unos $1.500.
        Es posible que **los gastos de cierre sean unos $1.500.**

**1.** La alfombra *está* manchada.

Es una lástima que _____

**2.** El techo *tiene* comején.

Temo que _____

**3.** Ud. *rebaja* el precio de la casa.

Espero que _____

**4.** Esta casa *tiene* termitas.

Puede ser que _____

**5.** El corredor de bienes raíces *va* a ver el condominio.

Es necesario que _____

**6.** El dueño *ordena* una inspección del techo.

¡Ojalá que _____ !

**7.** Ellos *ponen* hornos convencionales en las cocinas.

Es posible que _____

**8.** Estas tejas *duran* muchísimo.

Es imposible que _____

**9.** Esa compañía *sacrifica* la calidad por el ahorro.

Siento que _____

**10.** *Se queda* con un beneficio de $500.

Es probable que _____

**B** Complete the following sentences with the adverb forms of the words in parentheses.

Ella no había ido _____ a la oficina. (inmediato)

Ella no había ido **inmediatamente** a la oficina.

**1.** Ellos pintaron la casa _____. (reciente)

**2.** _____ van a comprar la casa. (probable)

**3.** Pago la hipoteca _____. (mensual)

**4.** El tasador inspeccionó el techo _____ y _____. (lento, cuidadoso)

**5.** Tiene _____ un baño. (sólo)

## Sirva usted de intérprete

With two classmates, play the roles of Sr. Mendoza, the real estate agent, and the interpreter who helps them communicate. Switch roles until each of you has played the interpreter's role.

**Corredora** —*The owner is asking $99,900 for the house.*

**Intérprete** —_____

**Sr. Mendoza** —Bien, vamos a verla.

**Intérprete** —_____

**Corredora** —*You own a house, right?*

**Intérprete** —_____

**Sr. Mendoza** —Sí, y quiero venderla para comprar otra en un vecindario mejor.

**Intérprete** —_____

**Corredora** —*How much are you asking for your house?*

**Intérprete** —_____

**Sr. Mendoza** —Setenta mil dólares. En el barrio han vendido otras similares por $75.000.

**Intérprete** —_____

**Corredora** —*How much do you still owe on the mortgage?*

**Intérprete** —_____

**Sr. Mendoza** —Veintidós mil dólares. Yo compré la casa cuando estaban más baratas.

**Intérprete** —_____

**Corredora** —*We can sell your house and you will be left with a balance in your favor of $45,000.*

**Intérprete** —_____

| | |
|---|---|
| **Sr. Mendoza** | —Con eso puedo dar la entrada de la nueva casa, y me queda algún dinero disponible para comprar muebles. |
| **Intérprete** | —_____ |
| **Corredora** | —*If you make the minimum down payment, the monthly payments will be bigger.* |
| **Intérprete** | —_____ |

**Sirva usted de traductor**   An executive in your company is being transferred to Mexico and is looking for a house to rent. Review the **Vocabulario adicional** in this lesson, and then translate the following fax that has just arrived from a Mexican realtor on a separate sheet of paper.

---

26/6  CASAMEX  9:48  FAX

26 de junio, 2006

Atención: Sr. Daniel Soyer

Distinguido Sr. Soyer:

Creo que he encontrado el tipo de casa que Ud. busca.
Tiene una sala grande, cuatro recámaras y dos baños.
La cocina es grande y tiene cocina eléctrica,
lavaplatos, microondas y refrigerador. El jardín
tiene un sistema de riego automático y en el patio
hay muchos árboles frutales. La casa también tiene
alberca. La fachada es de ladrillos rojos y la casa
tiene un garaje para un coche.

Si le interesa esta casa, podré darle más información
sobre las condiciones de alquiler la próxima semana.

Marta Ruiz
INMUEBLES CASAMEX

---

**En estas situaciones**   What would you say in the following situation? What might the other person say?

You are a real estate agent talking with a client. Discuss how a house appears from the outside. Say that the owner is asking $86,000 and that you don't know if she'll go down in price, but that, in any case, an offer can be made. Find out if the client needs to sell his/her house in order to buy the other one. Find out how much is still owed on the mortgage, how much the client plans to ask for the house, and if less will be accepted. Mention that with a 20% down payment, the monthly payments would be $917. Point out that the neighborhood is ten minutes away from downtown, that the living room carpet is stained but that the owner is going to change it, and that the fireplace is very pretty. Say that there will be a termite inspection very soon, and that you can sell the client's current house if he/she wants to buy this one.

**Casos**  Act out the following scenarios with a partner.

1. A real estate agent is talking with a prospective buyer.

2. Two friends discuss their options regarding buying a new house.

**Un paso más**  You have found a house you want to buy! Review the **Vocabulario adicional** in this lesson and use it and other vocabulary to formulate a list of ten questions to ask the real estate agent about it.

**Lectura**  After reading this **lectura,** get together with a partner and take turns answering the following questions.

Hasta hace poco,° la mayor parte de los hispanos que emigraban° a los Estados Unidos lo hacían con la idea de regresar a sus países de origen tan pronto como cambiaran° las circunstancias políticas o económicas que los habían obligado a emigrar. La idea de que su estancia° aquí sería transitoria hacía que pocos pensaran en° tener casa propia. En las últimas décadas, sin embargo, la gran mayoría de los inmigrantes hispanos vienen para quedarse,° porque han perdido la esperanza de que sus naciones puedan superar° sus crisis económicas o políticas a corto plazo° y lograr° un estándar de vida similar al de este país. Por eso están comprando casas y, ya hoy, el 48% de todos los hispanos en los Estados Unidos son propietarios de sus viviendas.

**Hasta...** *until recently*
*emigrated*

*changed*

*stay*
**pensaran...** *thought about*

**vienen...** *come to stay*
**puedan...** *may overcome*
**a...** *in a short term*
*attain*

1. En general, ¿qué obliga a muchos hispanos a emigrar a los Estados Unidos?

2. Hasta hace poco, ¿con qué idea venían los inmigrantes hispanos?

3. ¿Con qué idea vienen ahora? ¿Por qué?

4. Como resultado de esta nueva realidad, ¿qué están haciendo los hispanos inmigrantes?

**Y usted...**

1. ¿Cree que los inmigrantes son un beneficio o una carga (*burden*) para este país? ¿Por qué?

2. ¿Piensa que el inglés debería ser el idioma oficial de los Estados Unidos? ¿Por qué o por qué no?

# Un dicho

**La peor gestión es la que no se hace.**          *The worst task is that which is not made.*

# ALQUILANDO UN LOCAL COMERCIAL

## OBJECTIVES

### Structures

- The subjunctive to express doubt, disbelief, and denial
- The subjunctive to express indefiniteness and nonexistence
- Diminutive suffixes

### Business Communication

- Renting commercial space

Roberto y Anita alquilan un local para su negocio.

2–9

| | |
|---|---|
| **Roberto** | —Señorita, venimos por el anuncio de los locales de negocio en un centro comercial de la calle Ocho. |
| **Corredora** | —¿Ya han visto los locales? ¿Cuál les interesa? |
| **Roberto** | —Estamos interesados en el número 27 de la planta baja. |
| **Corredora** | —Ése ya está alquilado. ¿Les interesaría el 127? Está en el primer piso, exactamente sobre el que Uds. quieren. |
| **Roberto** | —No creo que nos convenga. ¿No tiene otro que esté en la planta baja? |
| **Corredora** | —El número 18 está vacío, pero es mucho más grande y más caro. |
| **Anita** | —¿Cuánto mide ese local? |
| **Corredora** | —Veinte por treinta; es decir, 600 pies cuadrados. |
| **Anita** | —¿Cuánto piden de alquiler? |
| **Corredora** | —Tres dólares y veinticinco centavos por pie cuadrado con un contrato por un mínimo de tres años. |
| **Roberto** | —Anita, por favor, préstame tu calculadora. |
| **Corredora** | —No se moleste en sacar la cuenta; son $1.950 mensuales. |
| **Anita** | —(*A Roberto*) ¿Qué te parece? |
| **Roberto** | —Anita, recuerda que no queremos pagar más de $1.500 de alquiler. |
| **Anita** | —Sí, pero dudo que encontremos un lugar mejor para la tienda. |
| **Roberto** | —(*A la corredora*) ¿Podemos ir a verlo? |
| **Corredora** | —Sí, cómo no. Voy a buscar la llave. |

En el centro comercial:

| | |
|---|---|
| **Roberto** | —¿Cuál es el número 18? |
| **Anita** | —Es aquél, a la derecha. ¡Qué bien situado está! Cerca de la salida de una de las escaleras mecánicas. |
| **Corredora** | —Sí, y de este lado van a poner una juguetería y del otro una tienda de galletas. Esos son dos lugares que todos los niños quieren visitar. |
| **Roberto** | —Dudo que esa proximidad nos convenga. Son muchos los padres que evitan esas tiendas cuando traen a sus hijos. |
| **Anita** | —Sí, pero acuérdate de que la mayoría de los regalos para niños son juguetes, ropa y dulces. Así lo encuentran todo en un solo lugar. |
| **Roberto** | —Quizás tengas razón. |

Otra vez en la oficina:

| | |
|---|---|
| **Roberto** | —Nos quedamos con el local. ¿Cuáles son las condiciones? |
| **Corredora** | —Las de costumbre: tres meses de depósito y los pagos por adelantado. |
| **Roberto** | —¿Cuándo podemos firmar el contrato? |
| **Corredora** | —Primero deben llenar esta planilla. Necesitamos que nos autoricen para investigar su crédito. |
| **Anita** | —Podemos adaptar el espacio a nuestras necesidades, ¿verdad? |
| **Corredora** | —Sí, claro, si no afectan la estructura del edificio. |
| **Anita** | —Solamente necesitamos probadores, escaparates y estantes de exhibición y algunos anaqueles. |

**¡Escuchemos!** While listening to the dialogue, circle **V (verdadero)** if the statement is true or **F (falso)** if it is false.

2–9

1. Roberto y Anita están interesados en un local de la planta alta.  V  F

2. El local de la planta baja no está alquilado todavía.  V  F

3. Ellos no creen que les convenga un local en la planta alta.  V  F

4. El local que está vacío es mucho más pequeño.  V  F

5. Roberto duda que la proximidad a una juguetería les convenga.  V  F

6. Sin embargo, Anita cree que esa proximidad les conviene.  V  F

7. Roberto dice que quizás Anita tenga razón.  V  F

8. La corredora no necesita que Roberto y Anita la autoricen para investigar su crédito.  V  F

9. El dueño no les permite que adapten el local a sus necesidades.  V  F

10. Pueden modificar el local si no afectan la estructura del edificio.  V  F

Audio

# Vocabulario

## COGNADOS

la estructura
exactamente
la proximidad

## NOMBRES

el anaquel, el entrepaño  *shelf*
el centro comercial  *shopping center*
los dulces  *sweets, confections*
el edificio  *building*
la escalera rodante, la escalera mecánica
    *escalator*
el escaparate, la vidriera  *shop window,*
    *display window*
el estante  *open cabinet with shelves*
el fondo  *down payment*
la galleta, la galletica, la galletita  *cookie*
la juguetería  *toy shop*
el lado  *side*
el local, el espacio comercial  *space*
el lugar  *place*
la mayoría, la mayor parte  *majority*
el pie (cuadrado)  *(square) foot*
el probador  *fitting room*

## VERBOS

acordarse (o:ue)  *to remember*
adaptar  *to adapt*
afectar  *to affect*
autorizar  *to authorize*
convenir[1]  *to suit, to be good for*
dudar  *to doubt*
interesar  *to interest*
investigar  *to investigate*
molestar(se)  *to bother*
prestar  *to lend*
quedarse con  *to take, to keep*

## ADJETIVOS

alquilado(a)  *rented*
cuadrado(a)  *square*
vacío(a), desocupado(a)  *vacant, empty*

## OTRAS PALABRAS Y EXPRESIONES

aquél  *that (over there)*
en fondo, en depósito, de enganche
    *(Méx.)  (in) deposit (down payment)*
por adelantado  *in advance*
¡qué...!  *how...!*
sacar la cuenta, calcular  *to add up*
sobre  *above, over*
tener razón  *to be right*

Audio

# Vocabulario adicional

## PARA ALQUILAR UN LOCAL

el arrendamiento, el arriendo  *lease*
el (la) arrendatario(a)  *lessee*
la constancia  *proof*
convenir en  *to agree on*

## ESTABLECIMIENTOS COMERCIALES
## (*Businesses*)

la barbería  *barber shop*
la carnicería  *meat market*

_____

[1]Conjugated like **venir.**

LECCIÓN 18: ALQUILANDO UN LOCAL COMERCIAL

| | |
|---|---|
| **la casa de empeño(s), el monte de piedad, el Montepío**  *pawnshop* | **la mueblería**  *furniture factory or store* |
| **la dulcería**  *candy store* | **la panadería**  *bakery* |
| **la farmacia**  *drugstore* | **la peluquería, el salón de belleza**  *beauty parlor, salon* |
| **la ferretería**  *hardware store* | **la perfumería**  *perfume store* (*department*) |
| **la florería, la floristería** (*España*)  *flower shop* | **la pescadería**  *fish market* |
| **los (grandes) almacenes, la tienda por departamentos**  *department store* | **el supermercado**  *supermarket* |
| **la joyería**  *jewelry store* | **el taller de mecánica, el taller mecánico**  *auto shop* |
| **la lavandería**  *laundry* | **la tintorería**  *dry cleaning shop* |
| | **la zapatería**  *shoe store* |

**NOTAS CULTURALES**

- Due to the difficulties of obtaining mortgage loans, most Latin Americans live in rented dwellings. Since eviction laws in most Spanish-speaking countries favor owners over tenants, many investors choose real estate investments as a guaranteed way to make money. This practice reduces the amount of capital available to business and industry, augmenting already high interest rates.

- Since most real estate transactions have to be made in cash, many Latin Americans try to pay for their homes in full. Many of them participate in capitalization plans, which are modified insurance policies at fixed term. The subscriber pays a monthly premium in order to have the right, at the end of the term, to withdraw all the money stipulated in the policy. If a subscriber dies before the end of the term, his or her heirs receive the sum. These policies allow Latin Americans a long-term, stable way to save for major cash purchases.

# Actividades

**Dígame...** Answer the following questions, basing your answers on the dialogue.

**1.** ¿Qué local les interesa a Roberto y a Anita?

_____

**2.** ¿Por qué no pueden alquilar ese local?

_____

**3.** ¿Qué otros espacios están disponibles?

_____

**4.** ¿Cuánto mide el local número dieciocho?

_____

**5.** ¿Qué le recuerda Roberto a Anita?

_____

**6.** ¿Qué duda Anita?

_____

**7.** ¿Por cuánto tiempo les ofrecen el contrato?

_____

**8.** ¿Qué negocios van a abrir a uno y otro lado del local?

_____

**9.** ¿Por qué cree Anita que esa proximidad les conviene?

_____

**10.** ¿Cuánto deben dejar de depósito para alquilar el local?

_____

**11.** ¿Por qué deben llenar una planilla antes de firmar el contrato?

_____

**12.** Anita y Roberto pueden adaptar el local con una condición. ¿Cuál es esa condición?

_____

**13.** ¿Qué necesitan hacer en el local?

_____

**Hablemos** Interview a classmate, using the following questions. When you have finished, switch roles.

**1.** ¿Hay algún centro comercial cerca de su casa? ¿Cómo se llama?

**2.** ¿Le gustaría abrir una tienda algún día? ¿Qué tipo de tienda?

**3.** ¿Estaría su tienda en la planta baja?

**4.** ¿Qué otras tiendas le gustaría tener al lado de la suya?

**5.** Cuando va a una tienda, ¿utiliza el elevador o prefiere subir por la escalera rodante?

**6.** ¿Le gusta mirar los escaparates de las tiendas?

**Nombre** _____  **Sección** _____  **Fecha** _____

Quiz

# Vamos a practicar

Rewrite the following sentences according to the cue.

> **MODELO**  Se acuerda **de eso.**
> No hay nadie que **se acuerde de eso.**

**1.** La proximidad de una juguetería nos conviene.

Dudo que _____

**2.** Los padres evitan las tiendas de galleticas y dulces.

No creo que _____

**3.** Ella quiere pagar más de mil dólares de alquiler mensual.

No estoy seguro de que _____

**4.** Necesitamos afectar la estructura del local.

No es verdad que _____

**5.** Hay un espacio que se adapta a nuestras necesidades.

Buscamos un espacio que _____

**6.** Uds. nos autorizan a investigar su crédito.

¿Hay alguien que _____?

**7.** El local mide 800 pies cuadrados.

No hay ningún local que _____

**8.** Le interesa alquilar un espacio más grande.

¿Conoces a alguien a quien _____?

**9.** Quiere poner una juguetería.

¿Sabes de alguien que _____?

**10.** Tú puedes ir a hacer el depósito hoy.

Dudo que _____

**Sirva usted de intérprete**   With two classmates, play the roles of Sra. Álvarez, the real estate agent, and the interpreter who helps them communicate. Switch roles until each of you has played the interpreter's role.

**Sra. Álvarez**   —Estoy interesada en alquilar un local en el centro comercial de la calle Magnolia.

**Intérprete**   —_____

**Corredor**   —*Which one? We have three vacant spaces there.*

**Intérprete**   —_____

**Sra. Álvarez**   —El local que yo quiero está en la planta baja, al lado de una joyería.

**Intérprete**   —_____

**Corredor**   —*That one is already rented, but we have another one on the second floor, next to a toy shop.*

**Intérprete**   —_____

**Sra. Álvarez**   —Sí, lo vi, pero creo que es demasiado grande.

**Intérprete**   —_____

**Corredor**   —*It is only five feet longer than the other one.*

**Intérprete**   —_____

**Sra. Álvarez**   —¿Cuánto piden de alquiler?

**Intérprete**   —_____

**Corredor**   —*Seven dollars per square foot, with a minimum lease period of four years.*

**Intérprete**   —_____

**Sra. Álvarez**   —Lo siento, pero yo no creo que pueda pagar un alquiler tan alto.

**Intérprete**   —_____

**Corredor**   —*Well, that's okay, but I doubt you'll find a place like this for less money.*

**Intérprete**   —_____

**Sirva usted de traductor**  Mr. Richard Elliot, an American in Panama, needs to sign the following leasing contract. Review the **Vocabulario adicional** in this lesson, and then translate the contract for him on a separate sheet of paper.

---

### CONTRATO DE ARRENDAMIENTO

_____

De una parte el Sr. José Zamora Sosa, propietario del Edificio Zamora, situado en Alcalá número 125, en la ciudad de Panamá, y de la otra parte el Sr. Richard Elliot como arrendatario, convienen en:

1. El propietario alquila al arrendatario el local número 101 del edificio antes mencionado.
2. El arrendatario debe pagar un alquiler de cuatrocientos dólares mensuales ($400.00) por el local mencionado.
3. El arrendatario debe pagar los alquileres por adelantado y entregar el alquiler de un mes en depósito.
4. El arrendatario debe usar el local para oficina.
5. El presente contrato es válido por cinco años a partir de la fecha de su firma.

Y, para constancia, el arrendatario y el propietario firman el presente contrato en Panamá, a 4 de noviembre del 20—.

_____          _____
          Propietario                               Arrendatario

---

**En estas situaciones**  What would you say in the following situation? What might the other person say?

You are a real estate agent, talking with a client who wants to rent commercial space. The space he/she is interested in is rented, but you have a similar one on the ground floor. Tell him/her that the place on the ground floor is more expensive because it is 680 square feet; it is next to a toy shop, and you doubt a better place can be found. Mention that the place has display windows and counters, but it doesn't have fitting rooms. Modifications can be made if they do not affect the structure of the building. Say that you need to investigate his/her credit, but first you need him/her to sign a form to authorize the investigation.

**Casos**  Act out the following scenarios with a partner.

1. An employee from the rental office of a shopping center takes care of a potential customer, who wants to rent commercial space.

2. Two business partners discuss a space for rent for their new shopping center.

**Nombre** _____ **Sección** _____ **Fecha** _____

**Un paso más**  You are a real estate broker. What listings would you recommend to clients who are looking for the following types of commercial space?

> ## ALQUILER DE LOCALES COMERCIALES
>
> Anaheim
> ### SEA SU PROPIO JEFE
> 900-3600 pies$^2$, tienda–oficina para alquilar. Excelente local, buen alquiler y contrato. No espere más. Vea: 9300–9386 Katella Ave.
> (800) 426–2971
> (310) 947–1686
>
> Bell Gardens
> ### LOCALES COMERCIALES
> Se renta, esquina de Florence y Garfield, adecuados para florería, renta de video, autopartes, carnicería, panadería o cualquier otro negocio. Alquileres empiezan desde $500. Para más informes llamar al (310) 923–2788.
>
> Los Ángeles
> ### ESTACIÓN DE ALQUILER
> Excelente negocio para estilistas, cuidado de piel, etc. Un mes de alquiler gratis. Mes a mes. Llame en inglés a Alvina, (818) 702–0343.
>
> Los Ángeles
> ### LOCALES EN EXCELENTE ÁREA
> Beverly Blvd. y Western. 600 p$^2$, mucho tráfico. (213) 654–1464
>
> Los Ángeles
> ### PARA TIENDA U OFICINA
> $850 mensuales. 3071 W. Pico Blvd., cerca de Western y Pico Blvd. Nuevo edificio.
> (213) 737–1333
> Preguntar por Norma.

1. space suitable for opening a video rental shop
2. space with at least 2500 square feet
3. space in a new building
4. space that comes with the first month's rent free
5. space suitable for a store, on a corner lot of a busy street

**Lectura**  After reading this **lectura,** get together with a partner and take turns answering the following questions.

Muchos inmigrantes hispanos, cuando ganan lo
suficiente para invertir, piensan en tener su
propio° negocio. Su sueño° es "independizarse",°          *own / dream / to be independent*
esto es, ser sus propios jefes. En sus países no
es común° que la clase media invierta en la bolsa,°       *usual / stock exchange*
compre bonos o fondos mutuos. Aquí siguen
pensando igual; por eso hoy hay miles de pequeños
negocios hispanos en los Estados Unidos. Los
negocios que más les atraen,° o que se sienten°          *attract / feel*
más preparados° para dirigir, son restaurantes,          *qualified*
tiendas de comestibles° o de ropa, mercados de           **tiendas...** *grocery stores*
productos agrícolas, guarderías infantiles,°             **guarderías...** *children's nurseries*
periódicos y estaciones de radio, jardines y todos
los negocios relacionados con la agricultura.
En California, Texas y Florida los negocios
hispanos representan un alto porcentaje de las
economías estatales, y proporcionan trabajo a
miles de obreros.

1. ¿Qué deseo tienen muchos inmigrantes hispanos cuando ganan lo suficiente para invertir? ¿Para qué?

2. Normalmente, ¿en qué no invierte la clase media en los países hispanos? ¿Qué pasa cuando miembros de esa clase están en este país?

3. ¿Qué tipos de negocios se sienten preparados para dirigir?

4. ¿En qué estados hay un alto porcentaje de negocios hispanos?

**Y usted...**

1. ¿Le interesaría más invertir su dinero en la bolsa o abrir un negocio?

2. ¿Qué tipo de negocio le interesaría? ¿Por qué?

# Un dicho

**El cliente siempre tiene la razón.**          *The customer is always right.*

# VENDIENDO Y COMPRANDO SEGUROS

## OBJECTIVES

### Structures

- The subjunctive after certain conjunctions
- The present perfect subjunctive
- Uses of the present perfect subjunctive

### Business Communication

- Selling insurance to a Spanish-speaking prospective client

Una agente visita a la Sra. Aguirre para venderle un seguro de vida.

2–10

| | |
|---|---|
| **Agente** | —¿Tiene Ud. hijos, Sra. Aguirre? |
| **Sra. Aguirre** | —Sí, tengo dos hijos. |
| **Agente** | —Espero que haya pensado qué será de ellos cuando Ud. les falte. |
| **Sra. Aguirre** | —No creo que haya pensado mucho en esa eventualidad. Soy bastante joven todavía. |
| **Agente** | —Pero cuando Ud. sea mayor, el seguro de vida le costará más. |
| **Sra. Aguirre** | —Tengo 45 años. ¿Cuánto me costaría el seguro ahora? |
| **Agente** | —Por cada mil dólares de cobertura, pagaría una prima de un dólar y noventa centavos. |
| **Sra. Aguirre** | —¿La cobertura incluye la muerte por cualquier motivo? |
| **Agente** | —Sí, excepto por suicidio durante los dos años después de la firma de la póliza. |
| **Sra. Aguirre** | —Déjeme una copia de la póliza y literatura. Tan pronto como las lea la llamaré. |

El Sr. Caro compra un seguro de automóviles.

| | |
|---|---|
| **Sr. Caro** | —Necesito un seguro para mi coche. |
| **Agente** | —¿Quiere un seguro contra todo riesgo o uno que cubra solamente la responsabilidad civil? |
| **Sr. Caro** | —Uno que cubra lo que exige la ley. El coche es muy viejo y no vale la pena asegurarlo contra robos o contra los daños que sufra. |
| **Agente** | —En este estado, una póliza que cubra la responsabilidad civil es suficiente. |
| **Sr. Caro** | —¿Qué cubre la póliza más barata de ese tipo? |
| **Agente** | —Hasta $15.000 por daños a las personas, con un máximo de $30.000 por accidente, y $5.000 por daños a la propiedad. Esta póliza sólo cubre al conductor y a los pasajeros del otro coche. |

| | |
|---|---|
| **Sr. Caro** | —¿Y qué pasa en caso de que mi seguro no alcance para pagar los gastos médicos? |
| **Agente** | —Entonces Ud. es responsable por la diferencia; por eso le recomiendo que compre una póliza con mayor cobertura, por si hay que pagar atención médica y hospitalaria. |
| **Sr. Caro** | —¿Cuánto me costaría una cobertura de responsabilidad civil de $50.000 por persona? |
| **Agente** | —¿Quién va a manejar el coche? |
| **Sr. Caro** | —Solamente yo. Bueno, mi novia lo maneja algunas veces. |
| **Agente** | —¿Cuántos años hace que Uds. tienen licencia de conducir? |
| **Sr. Caro** | —Yo, cuatro años, y mi novia, tres. |
| **Agente** | —¿Han tenido Uds. algún accidente? |
| **Sr. Caro** | —Yo choqué hace dos meses, pero el juez declaró culpable al otro chofer. |
| **Agente** | —¿Han pagado multas por violaciones de las leyes del tránsito? |
| **Sr. Caro** | —Mi novia ha pagado dos por no hacer caso a las señales de parada, y yo una por pasar con la luz roja y otra por exceso de velocidad. |
| **Agente** | —Lo siento. No podemos venderle una póliza. Uds. tienen demasiadas violaciones y esto es un riesgo para nosotros. |
| **Sr. Caro** | —¿Qué puedo hacer? No debo conducir sin seguro. |
| **Agente** | —Ud. tendrá que llamar a la agencia del estado que se encarga de los conductores que están en su situación para que lo aseguren. |

La Sra. Llano quiere comprar un seguro para su negocio.

| | |
|---|---|
| **Agente** | —¿Es suyo el edificio? |
| **Sra. Llano** | —No, yo solamente soy una de las propietarias del negocio. |
| **Agente** | —En ese caso puede comprar un seguro que cubra los equipos, los muebles y enseres, y la mercancía de su negocio. |
| **Sra. Llano** | —Me interesa un seguro contra robos y contra incendios. |
| **Agente** | —Yo le aconsejo que asegure su negocio contra todo riesgo. |
| **Sra. Llano** | —¿Qué cubre la póliza contra todo riesgo? |
| **Agente** | —Tenemos un seguro comprensivo que incluye la restitución de pérdidas por daños causados por robos, fuegos, motines, inundaciones y otros fenómenos naturales como nevadas, tornados, huracanes, etc. |
| **Sra. Llano** | —¿No incluye terremotos? |
| **Agente** | —No, señora. Ése es un seguro aparte, y nuestra compañía no lo ofrece ahora. |
| **Sra. Llano** | —Y si un trabajador o un cliente sufre lesiones u otros daños en nuestro establecimiento, ¿está nuestra responsabilidad civil cubierta por esa póliza? |
| **Agente** | —Sí, señora. |

**BASIC SPANISH FOR BUSINESS AND FINANCE**

**Nombre** _____ **Sección** _____ **Fecha** _____

**¡Escuchemos!** While listening to the dialogue, circle **V (verdadero)** if the statement is true or **F (falso)** if it is false.

2–10

1. El agente espera que la Sra. Aguirre haya pensado qué será de sus hijos cuando ella les falte.  V  F

2. Cuando la Sra. Aguirre sea mayor, el seguro le costará menos.  V  F

3. La Sra. Aguirre quiere que el agente le deje una copia de la póliza.  V  F

4. Ella llamará al agente cuando haya leído la póliza.  V  F

5. El Sr. Caro quiere un seguro contra todo riesgo.  V  F

6. La póliza más barata sólo cubre al conductor y a los pasajeros del coche del Sr. Caro.  V  F

7. El Sr. Caro no cree que su novia haya pagado multas por exceso de velocidad.  V  F

8. El agente no le vende una póliza al Sr. Caro porque él y su novia tienen demasiadas violaciones.  V  F

9. La Sra. Llano es la dueña del edificio.  V  F

10. La póliza que le ofrece el agente cubre la responsabilidad civil en caso de que un cliente sufra un accidente.  V  F

Audio

# VOCABULARIO

**COGNADOS**

el accidente
comprensivo(a)
la eventualidad
excepto
el huracán
la literatura
la póliza
precisamente
responsable
la restitución
el suicidio
el tornado
la violación

**NOMBRES**

**la cobertura** *coverage*
**los enseres** *fixtures*
**el exceso de velocidad** *speeding*
**el fenómeno natural, la fuerza mayor**
 *natural phenomenon, act of God*
**el fuego, el incendio** *fire*
**la inundación** *flood*
**la lesión** *injury*
**la luz** *light*
**el motín** *riot*
**el motivo** *cause, reason*
**la muerte** *death*
**la multa** *fine, ticket*

la **nevada** *snowstorm*
la **prima** *premium*
la **responsabilidad civil** *liability*
el **robo** *theft, burglary, robbery*
el **seguro, la aseguranza** (*coll.*) *insurance*
el **seguro de vida** *life insurance*
la **señal de parada** *stop sign*
el **terremoto, el temblor de tierra**
    *earthquake*
el **(la) trabajador(a)** *worker*
el **tránsito** *traffic*
la **vida** *life*

### VERBOS

**aconsejar** *to advise*
**alcanzar** *to be enough, to reach*
**asegurar** *to insure*
**chocar** *to collide, to have a collision*
**faltar** *to be lacking*
**incluir** *to include*

### ADJETIVOS

**causado(a)** *caused*
**cubierto(a)** *covered*
**culpable** *at fault, guilty*
**joven** *young*
**mayor** *older*
**rojo(a)** *red*

### OTRAS PALABRAS Y EXPRESIONES

**algunas veces** *sometimes*
**la atención médica y hospitalaria** *medical*
    *and hospital care*
**bastante** *quite*
**contra** *against*
**declarar culpable** *to declare at fault*
**en caso de que** *in case* (*that*)
**en cuanto** *as soon as*
**hacer caso** *to pay attention*
**hay que** *one must, it is necessary to*
**para que, a fin de que** *so that*
**por cualquier motivo** *for any reason*
**¿Qué será de...?** *What will become of...?*
**valer la pena** *to be worth it*

Audio

# VOCABULARIO ADICIONAL

### PARA HABLAR DE LOS SEGUROS

**a favor de** *on behalf of*
el **(la) asegurado(a), el (la) subscriptor(a)**
    *policyholder*
el **(la) asegurador(a)** *insurer, insurance*
    *company*
la **indemnización** *compensation,*
    *indemnification*
la **invalidez** *disability, disablement*
la **probabilidad de vida, la expectativa de**
    **vida** *life expectancy*

la **reclamación** *claim*
la **renta vitalicia** *life annuity*
el **rescate** *surrender value*
el **seguro de accidentes de trabajo** *work-*
    *ers' compensation insurance*
el **seguro de grupo, el seguro colectivo**
    *group insurance*
el **seguro de salud** *health insurance*
el **seguro dotal** *endowment insurance*
la **tercera persona, el tercero** *third party*

**NOTAS CULTURALES**

Search

- Taking out insurance is not a widespread practice among Latinos. Even though property insurance and life insurance are the types of insurance most frequently bought in Latin America, much more property is uninsured than insured, and only a small percentage of Latin Americans buy life insurance. In some countries, there is a growing availability of very inexpensive life insurance policies whose benefits barely cover funeral expenses.

- Auto insurance is not mandatory in most countries, and consequently is not considered essential by many. Health insurance is not provided through a workplace-based system similar to that of the United States; instead, Latin Americans who can afford it purchase coverage for their families themselves. Long before there were HMOs in the United States, Spanish-speaking countries had similar organizations called **asociaciones mutualistas** that offered their members doctor's visits, prescription drugs, and hospital care for a modest monthly fee. Middle-class families generally join one of these "clinics"; the poor rely on public hospitals and clinics, which are usually free of charge, for their health care.

# Actividades

**Dígame...**   Answer the following questions, basing your answers on the dialogues.

1. ¿Cree la Sra. Aguirre que necesita un seguro de vida? ¿Por qué o por qué no?

   _____

2. ¿Qué edad tiene la Sra. Aguirre?

   _____

3. ¿Cuánto va a pagar por el seguro si lo compra ahora?

   _____

4. ¿Qué motivo de muerte no cubre el seguro?

   _____

5. ¿Para qué quiere la Sra. Aguirre una copia de la póliza y literatura?

   _____

6. ¿Qué tipos de seguro de carros le ofrece la agente al Sr. Caro?

   _____

7. ¿Por qué no está interesado el Sr. Caro en un seguro contra todo riesgo?

   _____

**8.** ¿Cuánto paga la póliza que cubre la responsabilidad civil?

_____

**9.** ¿Qué ocurre si el seguro no cubre el total de los gastos médicos?

_____

**10.** ¿Qué le recomienda la agente al Sr. Caro?

_____

**11.** ¿Por qué no asegura la Sra. Llano el edificio de su negocio?

_____

**12.** ¿Qué riesgos cubre el seguro comprensivo?

_____

**13.** ¿Qué riesgo no está incluido en la póliza que le ofrece la agente?

_____

 **Hablemos** Interview a classmate, using the following questions. When you have finished, switch roles.

**1.** ¿Tiene Ud. algún seguro? ¿Cuál(es)?

**2.** ¿Ha pensado Ud. qué será de su familia cuando Ud. les falte?

**3.** ¿Quién paga su seguro médico?

**4.** ¿Qué cubre su seguro de salud?

**5.** ¿Cuánto tiempo de atención hospitalaria cubre su seguro?

**6.** ¿Exigen las leyes de su estado que se tenga seguros contra todo riesgo?

**7.** ¿Ha tenido Ud. un accidente de automóvil alguna vez?

**8.** ¿Pagó su compañía de seguro todos los daños?

**9.** ¿Maneja otra persona su coche algunas veces?

**10.** ¿Ud. siempre para su coche cuando el semáforo (*traffic light*) está en rojo?

**11.** ¿Ha pagado Ud. alguna multa por exceso de velocidad?

**12.** ¿Vale la pena asegurar su auto contra robos? ¿Por qué o por qué no?

# Vamos a practicar

**A** Combine the following sentences, using the cues given.

**MODELO** ¿A quién llamo? / Él tiene un accidente. (en caso de que)
**¿A quién llamo en caso de que él tenga un accidente?**

**1.** ¿Qué será de ellos? / Yo les falto. (cuando)

_____

**2.** No pagará los daños. / El juez lo declara culpable. (hasta que)

_____

**3.** Lo llamaré. / Leo la póliza. (tan pronto como)

_____

**4.** Van a pagar la prima. / Tienen dinero. (en cuanto)

_____

**5.** No compraré el seguro. / Cubre los daños por inundación. (a menos que)

_____

**B** Rewrite the following sentences to indicate that the events to which they refer took place in the past. Follow the model.

**MODELO** Ojalá que ella *compre* el seguro.
**Ojalá que ella haya comprado el seguro.**

**1.** Espero que la póliza *cubra* el total de la atención médica.

_____

**2.** Dudo que ella *asegure* los enseres contra inundaciones.

_____

**3.** No creo que le *pongan* una multa por exceso de velocidad.

_____

**4.** Es posible que el seguro no *alcance* para la atención hospitalaria.

_____

**5.** Temo que *choque* el coche nuevo.

_____

## Sirva usted de intérprete

With two classmates, play the roles of Sr. Alonso, the insurance agent, and the interpreter who helps them communicate. Switch roles until each of you has played the interpreter's role.

**Sr. Alonso** —Deseo asegurar mi negocio contra fuego y contra robos.

**Intérprete** —_____

**Agente** —*What type of business do you have?*

**Intérprete** —_____

**Sr. Alonso** —Yo importo vegetales.

**Intérprete** —_____

**Agente** —*Do you want to insure the building or the merchandise and the fixtures?*

**Intérprete** —_____

**Sr. Alonso** —El edificio no es mío. Deseo asegurar solamente lo que está dentro del edificio: los equipos, los muebles y enseres, y la mercancía.

**Intérprete** —_____

**Agente** —*Where is your business located?*

**Intérprete** —_____

**Sr. Alonso** —Cerca de Malibú.

**Intérprete** —_____

**Agente** —*In that case, I think that you must buy flood insurance also.*

**Intérprete** —_____

**Sr. Alonso** —No, no lo necesito. Mi negocio está situado en un lugar alto.

**Intérprete** —_____

## Sirva usted de traductor

You are helping set up an office for your company in a Spanish-speaking country. While you were out to lunch, an insurance broker called to answer several questions you had about his company's services. Review the **Vocabulario adicional** in this lesson, and then translate the notes your assistant took so that you can fax them to your boss in the United States. Use a separate sheet of paper.

Llamada del Sr. Ramírez de Seguros Múltiples
lunes 28/4

Quiere que Ud. sepa lo siguiente:

—Con el seguro de vida de que Uds. hablaron,
si el asegurado fallece, la beneficiaria
recibirá una renta vitalicia.

—La probabilidad de vida de un hombre de 60
años es de 76 años.

—La compañía recomienda que no se asegure la
vida a favor de una tercera persona.

—En diez años, el importe del rescate de esta
póliza será de unos siete mil dólares.

—La póliza no cubre indemnizaciones por
accidentes debidos a fuerza mayor.

**En estas situaciones** What would you say in the following situations? What might the other person say?

1. You are an insurance agent meeting with a customer who doesn't speak English. Ask if the client has a life insurance policy. Find out the customer's age and let him/her know that, for that age, the premium is one dollar and fifty cents for every thousand dollars of coverage. Say that, in case of accidental death, the company pays double, that the policy doesn't cover suicide during the first two years after the signing, and that you can provide a copy of the policy to be read later.

2. You are in Mexico. Buy a local automobile insurance policy. Tell the agent that you're going to be driving in Mexico for two weeks. Ask what type of car insurance is required by law in Mexico. Say that you do not want insurance that covers all risks. Say that you have decided to buy only the required insurance.

**Nombre** _____ **Sección** _____ **Fecha** _____

**Casos**  Act out the following scenarios with a partner.

1. An insurance agent discusses life insurance with a client.

2. An insurance agent sells car insurance to a young couple.

3. A person interested in buying insurance for his/her business talks about it with an agent.

**Un paso más**  You need to find a new insurance company for your employees. Review the **Vocabulario adicional** in this lesson and use it and other vocabulary to formulate a list of ten questions for agents of prospective providers on a separate sheet of paper.

**Lectura**  After reading this **lectura,** get together with a partner and take turns answering the following questions.

Venderles seguros a los hispanos no es fácil. La mayoría de ellos nunca tuvo seguro de ningún tipo en su país de origen, excepto quizás el seguro social, al que pertenecen automáticamente cuando empiezan a trabajar. Hay que recordar° que muchos inmigrantes hispanos que viven en este país son campesinos° y obreros no calificados° que llegaron buscando el trabajo que allá les faltaba. Quizás° lo primero que debería hacer un agente de seguros antes de tratar con un cliente hispano, es averiguar sutilmente° por qué está aquí, y cuál era su situación económica en su país. Los que provienen° de la clase media o de la alta, que ya conocían los beneficios de los seguros, los compran tan pronto su economía se lo permite.°

*remember*

*farmers* / **obreros...** *unqualified workers*

*Maybe*

*subtly*

*come from*

*allows*

1. ¿Por qué no es fácil venderles seguros a los hispanos?

2. En sus países, ¿cuándo tienen derecho los hispanos al seguro social?

3. ¿Qué tipos de trabajos desempeñan la mayoría de los hispanos en este país?

4. ¿Qué es lo primero que un agente de seguros debería averiguar?

5. ¿Qué hacen los hispanos que provienen de las clases media o alta?

**Y usted...**

1. ¿Qué tipo de seguro considera indispensable o muy importante? ¿Por qué?

2. ¿Cree que, a veces, es mejor ahorrar dinero para afrontar (*to face*) ciertos riesgos? ¿Por qué o por qué no?

## Un dicho

**Nunca compres pesos a peseta.**        *If an offer looks too good to be true, it probably is not true.*

# LECCIÓN 20

# EN EL BUFETE DE UNA ABOGADA

## OBJECTIVES

### Structures

- The imperfect subjunctive
- Uses of the imperfect subjunctive
- *If* clauses

### Business Communication

- Discussing a civil case with a client
- Preparing a will

La Sra. Reyes tuvo un accidente y quiere entablar una demanda.

**2–11**

| | |
|---|---|
| **Sra. Reyes** | —Quiero entablar una demanda contra la compañía Alfa. |
| **Abogada** | —¿Por qué motivo? |
| **Sra. Reyes** | —Un camión de la empresa chocó mi coche por detrás. |
| **Abogada** | —¿Hubo heridos? ¿Quiénes iban en el coche? |
| **Sra. Reyes** | —Mi esposo y yo. Él sufrió una herida en la frente y ahora le duele mucho la cabeza. |
| **Abogada** | —¿Y a Ud. no le pasó nada? |
| **Sra. Reyes** | —A mí me duelen el cuello y la espalda, y estoy muy nerviosa. |
| **Abogada** | —Lo mejor sería que fueran a ver a un médico especialista que les voy a recomendar. ¿Dice Ud. que el camión le pegó a su coche por detrás? |
| **Sra. Reyes** | —Sí, yo había parado en un semáforo. El chofer estaba borracho. |
| **Abogada** | —¿Está Ud. segura? |
| **Sra. Reyes** | —Sí, le hicieron la prueba del alcohol y resultó positiva. Su compañía de seguros me ofreció reparar mi carro y darme una compensación de $5.000,00, pero no acepté. |
| **Abogada** | —Hizo bien. En la demanda pediremos el pago de los daños causados al coche, los gastos médicos de Ud. y de su esposo y compensaciones por los sufrimientos de ambos. |
| **Sra. Reyes** | —¿Cuánto cree que podemos obtener? |
| **Abogada** | —Por lo menos veinte mil dólares para cada uno. |
| **Sra. Reyes** | —¿Cuáles son sus honorarios? ¿Necesito adelantarle alguna suma? |
| **Abogada** | —Ahora Ud. pagará solamente los gastos. Después, cuando ganemos el caso, yo recibiré el treinta por ciento de la cantidad que les sea adjudicada. |
| **Sra. Reyes** | —¿Y si no ganamos? |

**Abogada**  —Si no ganan, no me debe nada. ¿Puedo tratar de llegar a un arreglo con la compañía antes del juicio?

**Sra. Reyes**  —Sí, creo que sería preferible evitar el juicio, si Ud. cree que podemos obtener un arreglo equitativo.

Ese mismo día, el Sr. Cruz habla con otro abogado porque quiere hacer testamento.

**Sr. Cruz**  —Doctor,[1] deseo hacer testamento. Viajo mucho y no querría que mis hijos tuvieran problemas con la herencia si me pasara algo.

**Abogado**  —Hace bien, Sr. Cruz. Si Ud. muriera intestado sus herederos tendrían muchísimos problemas.

**Sr. Cruz**  —Los pleitos de abintestato son largos y caros, ¿no?

**Abogado**  —Exactamente. Bueno, ¿cuáles son sus bienes?

**Sr. Cruz**  —Mi casa, mi participación en un negocio de importación, algunos bonos y dinero invertido en varios fondos mutuos.

**Abogado**  —¿A quiénes desea dejar sus bienes?

**Sr. Cruz**  —A mis hijos, a partes iguales. Soy viudo.

**Abogado**  —En ese caso, si el monto total de sus bienes es de más de $1.300.000, le recomiendo que haga un fideicomiso, para evitar que sus hijos paguen el impuesto a la herencia.

**Sr. Cruz**  —Desafortunadamente no tengo tanto. Creo que en mi caso un testamento simple es suficiente.

**Abogado**  —Entonces necesita nombrar un albacea que administrará la herencia desde el momento en que Ud. fallezca hasta que se repartan sus bienes.

**Sr. Cruz**  —Bien. Otra cosa, también me gustaría firmar un documento para que, si estoy muriéndome sin remedio, no me prolonguen la vida inútilmente.

**Abogado**  —Muy bien. ¿Piensa Ud. donar sus órganos cuando muera?

**Sr. Cruz**  —Sí.

**Abogado**  —Muy bien. Vuelva dentro de tres días para que firme el testamento y los otros documentos que voy a redactar.

**¡Escuchemos!**  While listening to the dialogue, circle **V (verdadero)** if the statement is true or **F (falso)** if it is false.

2–11

1. El esposo de la Sra. Reyes sufrió una herida en la frente.  V  F

2. Ella sabe que le hicieron la prueba del alcohol al otro chofer.  V  F

3. Ella no cree que la prueba del alcohol resultará positiva.  V  F

4. La abogada necesita que la Sra. Reyes le adelante los gastos.  V  F

5. La abogada no pedirá compensación por el sufrimiento de los Reyes.  V  F

---

[1]Lawyers are addressed as **doctor(a)** in most Spanish-speaking countries. In Mexico, however, the term **licenciado(a)** is used. Spanish-speaking people continue to observe these customs in the United States when talking to a Latino lawyer.

**6.** El Sr. Cruz quisiera que sus hijos no tuvieran problemas con la herencia si él les faltara.

V     F

**7.** Aunque el Sr. Cruz muriera intestado, no habría un juicio de abintestato.

V     F

**8.** El abogado le recomendó que hiciera un fideicomiso si tenía bienes por menos de $1.300.000.

V     F

**9.** El Sr. Cruz quiere que no le prolonguen la vida artificialmente.

V     F

**10.** Él no quiere donar sus órganos cuando muera.

V     F

Audio

# VOCABULARIO

### COGNADOS

**el alcohol**
**la compensación**
**el (la) especialista**
**intestado(a)**
**el órgano**
**la participación**
**positivo(a)**
**preferible**
**total**

### NOMBRES

**el abintestato**  *intestate case*
**el (la) abogado(a)**  *lawyer*
**el (la) albacea**  *executor*
**los bienes**  *assets*
**el bufete**  *law office*
**la cabeza**  *head*
**el cuello**  *neck*
**la demanda, el pleito**  *lawsuit, litigation*
**el fideicomiso**  *trust, living trust*
**la frente**  *forehead*
**el (la) heredero(a)**  *heir*
**la herida**  *wound*
**los honorarios**  *fees*
**el juicio**  *trial*

**la prueba**  *test*
**el semáforo**  *traffic light*
**el sufrimiento**  *suffering*
**la suma, el monto**  *amount, sum*
**el testamento**  *will*

### ADJETIVOS

**adjudicado(a)**  *awarded*
**borracho(a)**  *drunk*
**equitativo(a)**  *fair, reasonable*
**grave**  *serious*
**invertido(a)**  *invested*
**largo(a)**  *long*
**nervioso(a)**  *nervous*

### VERBOS

**adelantar**  *to pay in advance*
**administrar**  *to manage*
**donar**  *to donate*
**ganar**  *to win*
**nombrar**  *to name, to appoint, to retain (a lawyer)*
**pasar**  *to happen*
**pegar**  *to hit*
**prolongar**  *to prolong*
**redactar**  *to write, to compose*

reparar, componer, arreglar  _to repair, to fix_
repartir  _to divide_
resultar  _to follow, to result_

### OTRAS PALABRAS Y EXPRESIONES

a partes iguales  _in equal parts_
hacer bien  _to do the right thing_
¿Hubo heridos?  _Was anybody hurt?_

inútilmente  _uselessly_
lo mejor  _the best thing_
llegar a un arreglo  _to make a deal, to reach an agreement_
entablar una demanda, demandar  _to file a lawsuit, to sue_
por detrás  _from behind_
sin remedio  _without hope_

Audio

# VOCABULARIO ADICIONAL

### PERSONAS QUE PARTICIPAN EN UN JUICIO

el (la) abogado(a) acusador(a)  _prosecutor_
el (la) acusado(a), el (la) reo  _defendant (in a criminal case)_
el (la) demandado(a)  _defendant (in a civil case)_
el (la) demandante  _plaintiff_
el (la) fiscal  _district attorney_
el (la) intérprete  _interpreter_
el (la) juez  _judge_
el jurado  _jury, juror_
el (la) perito(a), el (la) experto(a)  _expert witness_
el (la) policía  _police officer_
la policía  _police department_
el (la) taquígrafo(a), el (la) estenógrafo(a)  _stenographer, shorthand writer_
el (la) tercero(a)  _third party (in a lawsuit)_
el (la) traductor(a)  _translator_
el (la) tutor(a)  _guardian_

### EN RELACIÓN CON EL JUICIO

el auto de prisión  _warrant_
las circunstancias atenuantes (agravantes)  _special circumstances_

la comparecencia  _appearance_
la confesión  _confession_
la declaración  _deposition_
declarar  _to depose_
declararse culpable (inocente)  _to plead guilty (not guilty)[1]_
la denuncia  _denunciation_
la sentencia, el fallo  _sentence, decision_
violar la ley  _to break the law_

### LOS VEREDICTOS

culpable  _guilty_
inocente, absuelto(a)  _not guilty_
no ha lugar  _the petition is not granted_

### OTROS DELITOS (_Crimes_)

el asalto  _assault_
el asesinato  _murder_
la calumnia  _slander, false charge_
el delito mayor, el delito grave  _felony[2]_
el delito menor, el delito menos grave  _misdemeanor_
la entrada ilegal  _trespassing_
la extorsión  _extortion_
el fraude, la estafa  _fraud_
el homicidio  _manslaughter_

---

[1] _To plead no contest_ has no equivalent in the Spanish-speaking countries' judicial system. It means **aceptar el castigo sin aceptar la culpabilidad.**
[2]**Felonía** and _felony_ are false cognates. **Felonía** means _disloyalty, treachery._ It is not a crime.

---

**la infracción, la falta** *infraction*
**manejar (conducir) bajo los efectos (del alcohol, de las drogas)** *driving under the influence (DUI) (of alcohol, drugs), driving while intoxicated*

**el soborno, la mordida** (*Méx.*) *bribe*
**la venta (la posesión) de drogas** *sale (possession) of drugs*

---

## NOTAS CULTURALES

■ Spanish-speaking countries base their legal systems on Roman law, mostly as reflected in the Napoleonic Code. The United States adheres to Anglo-Saxon common law traditions. These legal differences may affect business relations between Latin American nations and the United States.

■ One of the aspects of business law that is very different between these two legal systems pertains to product liability. In the United States, laws are designed for the protection of the consumer; plaintiffs are often awarded large sums of money for pain and suffering resulting from negligence on the part of a company. In Mexico, for example, the law only allows for specific material losses that a plaintiff may have incurred. Another major difference is in the area of discrimination. These laws, long vital in the United States due to a history of racial tension, have expanded to include discrimination due to age, sex, religion, and sexual orientation. In most of Latin America these laws do not exist, although labor laws are generally much stronger in the Hispanic world than in the United States. Justice in Spanish-speaking countries is administered by judges rather than by juries.

■ The gap between these two philosophies of law was one of the concerns in the negotiations for the North American Free Trade Agreement (NAFTA), or, in Spanish, **Tratado de Libre Comercio de América del Norte (TLCAN).** While business between the United States and Mexico has increased since its passage, the incompatibilities of the two legal systems continue to pose problems. Attorneys well-versed in both systems are seeing an increase in their workloads as they become important players in international commerce for companies on both sides of the border.

## Actividades

**Dígame...** Answer the following questions, basing your answers on the dialogues.

**1.** ¿Para qué vino la Sra. Reyes al bufete de la abogada?

_____

**2.** ¿Qué le sucedió al esposo de la Sra. Reyes?

_____

**3.** ¿Le sucedió algo a la Sra. Reyes?

_____

**4.** ¿Qué acababa de hacer la Sra. Reyes cuando le chocaron el coche por detrás?

_____

**5.** ¿Por qué está segura la Sra. Reyes de que el chofer del camión estaba borracho?

_____

**6.** ¿Qué va a pedir la abogada en la demanda?

_____

**7.** ¿Cuánto recibirá la abogada de la compensación que reciban la Sra. Reyes y su esposo?

_____

**8.** ¿Cuánto le deberá pagar la Sra. Reyes a la abogada si no ganan el caso?

_____

**9.** ¿En qué caso puede la abogada llegar a un arreglo con la compañía Alfa, según la Sra. Reyes?

_____

**10.** ¿Por qué no quiere el Sr. Cruz morir intestado?

_____

**11.** ¿Qué le recomienda el abogado para que sus hijos no tengan que pagar el impuesto a la herencia?

_____

**12.** ¿Por qué dice el Sr. Cruz que no necesita hacer un fideicomiso?

_____

**13.** ¿Cuáles son los bienes del Sr. Cruz?

_____

**14.** ¿Qué otros documentos quiere firmar el Sr. Cruz?

_____

**Nombre** _____ **Sección** _____ **Fecha** _____

 **Hablemos**  Interview a classmate, using the following questions. When you have finished, switch roles.

1. ¿Ha puesto Ud. una demanda alguna vez?

2. ¿Ha sufrido Ud. algún accidente en su coche?

3. ¿Sufrió alguien alguna herida?

4. ¿Sufrió su coche daños importantes?

5. ¿Recibió Ud. alguna compensación por los daños, los gastos médicos y por el sufrimiento?

6. ¿Tiene Ud. testamento?

7. ¿Por qué cree Ud. que es una buena idea hacer testamento?

8. ¿A quién le piensa dejar los bienes cuando Ud. muera?

9. ¿Tiene Ud. algún documento firmado para que no le prolonguen la vida cuando se esté muriendo?

10. ¿Va a donar sus órganos?

Quiz
## Vamos a practicar

**A**  Rewrite the following sentences using the new cues.

**MODELO**  No hay nadie que *pueda* hacerlo.
No había nadie que **pudiera** hacerlo.

1. Ella quiere que Ud. le *ponga* una demanda a la compañía Alfa.

   Ella quería que _____

2. Lo mejor es que *vaya* a ver a un médico especialista.

   Lo mejor sería que _____

3. Teme que el camión le *choque* por detrás.

   Temía que _____

4. Pide que su herencia se *reparta* entre sus hijos.

   Pidió que _____

5. La abogada nos recomienda que *nombremos* un albacea.

   La abogada nos recomendó que _____

6. No creemos que *quiera* preparar el testamento.

   No creíamos que _____

**B**    Combine the two sentences into one using the conditional **si.**

**MODELO**    Mi hijo *es* menor de edad. / *Nombraré* un tutor.
                **Si mi hijo fuera menor de edad nombraría un tutor.**

**1.** La abogada *está* en su bufete. / *Voy* a verla.

_____

**2.** Nos *chocan* el coche. / *Ponemos* una demanda.

_____

**3.** *Tienes* dos hijos. / *Repartes* tus bienes a partes iguales.

_____

**4.** Le *hacen* la prueba del alcohol. / *Resulta* positiva.

_____

**5.** Me *pasa* algo. / Mis hijas *reciben* todos mis bienes.

_____

**6.** *Sufro* una herida grave. / No *puedo* trabajar.

_____

## Sirva usted de intérprete   With two classmates, play the roles of Sr. Rosado, the lawyer, and the interpreter who helps them communicate. Switch roles until each of you has played the interpreter's role.

**Sr. Rosado**    —Vengo a verla porque quiero poner una demanda contra una compañía.

**Intérprete**    —_____

**Abogada**    —*Why?*

**Intérprete**    —_____

**Sr. Rosado**    —Un camión de esa firma chocó contra mi casa.

**Intérprete**    —_____

**Abogada**    —*Is your house insured?*

**Intérprete**    —_____

**Sr. Rosado**    —Sólo contra incendios e inundaciones.

**Intérprete**    —_____

**Abogada**    —*And the company doesn't want to pay the damages done to the property?*

**Intérprete**    —_____

**Sr. Rosado** —Bueno, nos ofrece $6.000 por los daños a la casa y pagar los gastos médicos de mi esposa.

**Intérprete** —_____

**Abogada** —*What happened to your wife in the accident?*

**Intérprete** —_____

**Sr. Rosado** —Sufrió heridas en el cuello y en la frente. Aquí está el informe médico.

**Intérprete** —_____

**Abogada** —*Has your wife had any problems since the accident?*

**Intérprete** —_____

**Sr. Rosado** —Sí, le duele la cabeza todos los días y está tan nerviosa que no puede trabajar.

**Intérprete** —_____

**Abogada** —*How did the accident happen?*

**Intérprete** —_____

**Sr. Rosado** —El chofer estaba borracho. Pasó el semáforo con la luz roja y, después de chocar con otro coche, chocó contra mi casa.

**Intérprete** —_____

**Abogada** —*Are you sure that the driver was drunk?*

**Intérprete** —_____

**Sr. Rosado** —Sí, le hicieron la prueba del alcohol y resultó positiva.

**Intérprete** —_____

**Abogada** —*And where was your wife?*

**Intérprete** —_____

**Sr. Rosado** —Ella estaba en la puerta, hablando con una vecina.

**Intérprete** —_____

**Abogada** —*Very well. The case interests me.*

**Intérprete** —_____

## Sirva usted de traductor

You and your boss are traveling in the Dominican Republic. She wants to follow a major trial involving your company that is currently going on in the United States. Review the **Vocabulario adicional** and then translate the following excerpt from a local newspaper for her.

---

## Empieza juicio contra Juan López

**NUEVA YORK –**
El juicio de Juan López empezó ayer a las ocho de la mañana. El juez no aceptó la solicitud del fiscal de posponer el juicio. El primer testigo no pudo identificar al reo. Los peritos van a empezar a declarar mañana. La defensa afirmó que el acusado tendrá que ser declarado inocente a menos que la policía consiga más pruebas.

---

**En estas situaciones**   What would you say in the following situations? What might the other person say?

1. You are a lawyer talking with a client who wants to write a will. Ask about your client's spouse and children, including the children's ages. Ask what assets there are, to whom they are to be left, and who will be named executor. Explain what an executor is. Ask if he/she plans to leave anything to a school, church, or other organization. Also find out if your client's spouse has a will.

2. You are a client who wants to sue a doctor. Tell the lawyer that you were hurt in a collision, were seen by the doctor, and were told that you had no problem although you complained of a headache, but did not have what seemed to be serious wounds. Your headaches have continued. A new doctor says a neck injury from the accident is causing your pain but now there is no treatment. You can expect the headaches and pain to continue, perhaps for the rest of your life.

**Casos**   Act out the following scenarios with a partner.

1. A lawyer is taking care of a client who wants to write a will.

2. A lawyer is talking with a client who wants to sue a company.

**Un paso más**   You are an attorney, and a client of yours has been accused of a crime. Review the **Vocabulario adicional** in this lesson and use it and other vocabulary to prepare a description of the trial process and a list of ten questions you will want to ask your client.

**Lectura**  After reading this **lectura,** get together with a partner and take turns answering the following questions.

Los sistemas judiciales de los países hispanos son muy diferentes del sistema judicial de los Estados Unidos. La culpabilidad° o la inocencia de los acusados en la jurisdicción penal, y la solución de los conflictos en la jurisdicción civil, no está, en la mayoría de los países hispanos, a cargo de° jurados, sino de jueces y tribunales. En general, los hispanos opinan° que la administración de la justicia debe estar a cargo de abogados, es decir, de personas calificadas para interpretar la ley, y no de ciudadanos no entrenados° para esa función. Ésta es una de las razones° por las que muchos hispanos buscan excusas para no servir de° jurados. Los hispanos también creen que la función de los notarios requiere entrenamiento° legal. Por eso, para ser notario en un país hispano hay que ser abogado. Desde luego, los notarios hispanos tienen más funciones que sus homólogos° en los Estados Unidos. Por ejemplo,° pueden legalizar matrimonios,° compras de inmuebles y otros contratos.

_guilt_

**a...** _assigned to_

_think_

_trained_
_reasons_
**servir...** _serve as_

_training_

_counterparts_
**Por...** _For example_
_marriages_

1. En la mayoría de los países hispanos, ¿quiénes declaran culpables o inocentes a los acusados de cometer delitos?

2. ¿Quiénes resuelven las demandas civiles?

3. ¿Por qué no están de acuerdo muchos hispanos con el sistema de jurados?

4. ¿Por qué cree Ud. que, en los países hispanos, solamente los abogados pueden ser notarios?

**Y usted...**

1. ¿Qué sistema judicial prefiere, el de jurados o el de jueces y tribunales? ¿Por qué?

2. ¿Ha servido Ud. de jurado alguna vez? ¿Cree Ud. estar capacitado para determinar con justicia la culpabilidad o inocencia de un acusado?

# Un dicho

**El que tenga tienda que la atienda, y si no, que la venda.**  _Business requires attention._

# DOCUMENTOS DE NEGOCIOS

- Documentos mercantiles
- Instrumentos de crédito
- Contratos

## Documentos mercantiles (*Business documents*)

**El recibo (*Receipt*)**  Read the following receipts and answer the questions that follow.

**1. Recibo de arrendamiento o subarrendamiento de inmueble**

No. Reg. Fed. de Contribuyentes _____

NOMBRE ____ Javier Gómez ____
(arrendador o subarrendador)

DOMICILIO ____ Calle Doce 32 ____

población _____ entidad federativa _____

RECIBI DE ____ María Monsalvo ____

DOMICILIO ____ Calle de los Reyes 343, Nº 18 ____
(ubicación del inmueble y no. ext. e int.)

Seiscientos pesos
(cantidad con letra)

LA CANTIDAD DE ____ $600

I.V.A. _____

RENTA DEL MES Y AÑO _____ I.S.R. _____

_____ TOTAL ____ $600

lugar _____ fecha ____ 10/9 ____ Firma ____

## 2. Recibo de pago de trabajo por cuenta propia

No. __45__                                                     por $ __82 50/__

*Recibí de* __la__ *Sra.* __Juana Osuna__

*la cantidad de* __Ochenta y dos 50/00 pesos__

*por* __la reparación de una caja registradora__

_____

__4__ *de* __enero__ *del 20*__06__

*Pedro Hernández*

## 3. Recibo de pago de honorarios

| No. Reg. Fed. de Contribuyentes _____ | No. Reg. I.M.S.S. _____ | Ced. o Reg. Correspondiente _____ |
|---|---|---|

**NOMBRE** __Lic. Mariana García de León__
apellido paterno, materno y nombre(s) o asociación o sociedad civil o profesional

**DOMICILIO** __Calle de la Cuesta, 381__ tel. __24-31-720__

población _____ entidad federativa _____

**RECIBI DE:** __Susana Reyes Hidalgo__
__Mil quinientos pesos__
(cantidad con letra)

**DOMICILIO** __Juárez, 38__

**LA CANTIDAD DE** __$1.500__

**I.S.R.** __—__

**CONCEPTO** __Servicios legales__

**I.V.A.** __$150__

**TOTAL** __$1.650__

lugar __Puebla__        fecha __11/9__        Firma __M. García de León__

Now, answer the following questions.

**1.** ¿Por qué recibió dinero el Sr. Gómez de la Srta. Monsalvo?

_____

**2.** ¿Cuánto paga ella de alquiler al mes?

_____

**3.** ¿Qué trabajo hizo el Sr. Hernández?

_____

**4.** ¿Cuánto cobró el Sr. Hernández por su trabajo?

_____

**5.** ¿Qué profesión tiene la Lic. García de León?

_____

**6.** ¿Cuánto cobró la Lic. García de León en este caso?

_____

**El pedido** (*Purchase order*)  Read the information in the purchase order and answer the questions that follow.

---

LIBRERÍA MINERVA
Calvo Sotelo No. 560                    PEDIDO No.       164
Madrid, España

A: Editorial Austral                    Fecha: 19 oct. 2006
Domicilio: Sarmiento, 645               Entrega: 30 días fecha
Buenos Aires, Argentina                 Remitir por: Avión

| Cantidad | Descripción | Encuadernación[1] | Precio/U. | Total |
|---|---|---|---|---|
| 25 | Borges: Ficciones | Rústica | $2,00 | $50,00 |
| 10 | Sarmiento: Facundo | " | 1,75 | 17,50 |
| 5 | Rodó: Ariel | " | 2,50 | 12,50 |
| | | | TOTAL | $80,00 |

Favor enviar  por expreso aéreo.

Instrucciones adicionales:  Empacar correctamente

*Nota*: Precio US $ según catálogo          Departamento de Compras
         1 septiembre del 2006 .
                                             *Juan González*
Original: Proveedor                          Jefe de Compras

---

[1]**encuadernación:** binding

**1.** ¿Cuántos libros se pidieron?

_____

**2.** ¿Cómo van a enviarlos?

_____

**3.** ¿En qué moneda debe pagar el cliente?

_____

**La factura** (*Invoice*)   Read the invoices on the following pages and answer the questions that follow.

SERVICIO OFICIAL

# SEAT.

Taller autorizado
núm. 05576

TELEFONOS
51 21 46 - 51 32 45

MARIA DE LEZO,
núm. 26

**Talleres Bengoechea**

LAVADO - ENGRASE - REPARACION DE AUTOMOVILES
EXPOSICION Y VENTA - SERVICIO GRUA

RENTERIA, _10_ DE _Octubre_ _____ DEL 2006
(Gulpúzcoa)

D. _Pablo Izurieta_

REPARACION COCHE: _Panda 1989_

| CONCEPTO | IMPORTE | |
|---|---|---|
| | Euros | Cts. |
| MANO DE OBRA[1] . . . . . . . . . . . . . | 153 | 85 |
| MATERIALES. . . . . . . . . . . . . . . | 269 | 23 |
| ENGRASE Y CAMBIO DE ACEITE[2] . . . . . . . . . | | |
| . | | |
| | | |
| | | |
| | | |
| | | |
| SUMA. . . . . . . . . . . . | 423 | 08 |
| 2,70 % I.G.T.E. . . . . . . . . . | 11 | 42 |
| TOTAL EUROS. . . . . . . . | 434 | 50 |

NOTA: Para evitar demoras, la factura de la reparación de su coche va en forma extractada.
Si desea una relación detallada de los trabajos realizados, le rogamos lo solicite a nuestro Cajero.
Muchas gracias **SEAT**

TALLERES BENGOECHEA

Ibepacón-60074 M

**PAGAR DE CONTADO**

CONFORME, **N.º** _26_

_Maria del Río_

[1] **mano...** *labor*   [2] **engrase...** *lube and oil change*

*Karpatos S.R.L.*[1]

Fabricación - Importación
Equipajes - Mochilas - Bolsos Deportivos
Cerrito 274 Tel. 35-1970
(1010) Capital Federal
IVA RESPONSABLE INSCRIPTO

**B**  N° 0003- 00009632

| Día | Mes | Año |
|-----|-----|-----|
| 18  | 8   | 06  |

C.U.I.T. 30-55568791-1
Ing. Brutos N° 195153-10  **FACTURA**
Caja Prev. C.N.P.S. Ind. y Com.
Inscripción N° 55568791

SEÑOR *José Castillo*  TEL. *64-43-21*

CALLE *Ocho, 71*  N° *341*

LOCALIDAD _____

IVA   No Respon. ☐   Exento ☐   Cons. Final ☒   CUIT

CONDICIONES DE VENTA: Contado ☒  Cta. Cte. ☐  REMITO N°

| CANTIDAD | DETALLE | PRECIO | TOTAL |
|----------|---------|--------|-------|
| 3 | Mochila[2] de cuero negro $ | 230.00 | |
| | I.V.A | 69.00 | |
| | | | |
| | | | |
| | | | |
| | | | |
| | | | |
| | | | |
| | | | |
| | | | |
| | | | |
| | | | |
| | | | |
| | | | |
| | **TOTAL $** | | 299.00 |

ORIGINAL

Imprimió:  Cresingraf S.A.
C.U.I.T.: 33-62540937-9
Fecha de impresión: Mayo 92

[1]**Sociedad de Responsabilidad Limitada...** *Limited Liability Company*  [2]*backpack*

1. ¿Por qué recibió el Sr. Uzurieta la factura de Talleres Bengochea?

   _____

2. ¿Cuánto costó la mano de obra?

   _____

3. ¿Cuál es el giro de Karpatos S.R.L.?

   _____

4. ¿Qué compró el Sr. Castillo?

   _____

5. ¿Cuánto costó cada mochila?

   _____

6. ¿Cuánto pagó de impuesto el Sr. Castillo?

   _____

# Instrumentos de crédito (*Credit documents*)

**La letra de cambio (*Bill of exchange*)**  The **letra de cambio** is the most common instrument of payment in both Spain and Latin America. It involves three parties, each of which can be either a person or a business: the **girador** (party that orders payment of a determined amount of money), the **girado** (party that will pay the amount indicated), and the **beneficiario** (person or business authorized to receive payment). In the model below, the **girador** is *Pedro Delgado Infante;* the **girado** is *Flores y Cía.;* and the **beneficiario** is *Fábrica de Muebles de Aluminio, S.A.*

The most common means of expressing the due date, or **vencimiento,** of the letter of credit are **a fecha fija** (by a certain date), **a la vista** (as soon as the bill of exchange is presented), or by a certain time after the bill of exchange is presented (for example, **a tres días vista**).

As a business document, the **letra de cambio** has been in use for centuries. Before it was possible to communicate easily between one place and another, it was customary to make several copies of the document, which were called **primera de cambio, segunda de cambio,** and so on. Today it is more common to make a single copy, called **única de cambio,** as in the model.

## LETRA DE CAMBIO

No. 189       $ 50.000,00

Monterrey, N.L., 4 de enero de 20 06

A la vista _____ Se servirá (n) Ud (s) mandar pagar

incondicionalmente por ésta única Letra de Cambio en esta plaza

a la orden de Fábrica de Muebles de Aluminio, S.A. la cantidad de

CINCUENTA MIL PESOS 00/100

Valor recibido en mercancías que sentarán[1] Ud(s) en cuenta # 7349260 según aviso[2] de

A Flores y Cía.
Aguila No. 285
Monterrey, Nueva León

s.s.s. *Pedro Delgado Infante*
Pedro Delgado Infante

SEGURIDAD       506

[1] **que sentarán** *should be entered*      [2] **aviso** *notification*

Use the **letra de cambio** on the previous page to answer the following questions.

**1.** ¿Quiénes son el girador, el girado y el beneficiario en la letra de cambio?

_____

**2.** ¿Cuánto dinero recibirá la fábrica de muebles de aluminio?

_____

**El pagaré (*Promissory note, I.O.U.*)** Like a bill of exchange, a **pagaré** represents a written promise to pay a certain amount of money by a certain date. Laws in effect in Spanish-speaking countries make it easier to collect on debts guaranteed by a bill of exchange than by a **pagaré.**

## PAGARE

| PAGARE No. | 185 | | BUENO POR | $ | 1000,00 |
|---|---|---|---|---|---|

Por el presente pagaré reconoceré _____ deber y _____ estar _____ obligado _____ a pagar en
esta ciudad o en cualquier otra en que se _____ me _____ requiera de pago a _____ Orlando Martínez Vega
_____ o a su orden el día _____ 18 de noviembre de 2006
_____ la cantidad de _____ $1000

| Mil pesos 00/100 |
|---|

Valor recibido en _____ mercancías _____ a _____ mi
_____ entera satisfacción. La cantidad que ampara[1] este pagaré es parte de cantidad mayor por la cual se otorgan[2] otros pagarés con
vencimientos posteriores y queda expresamente convenido que si no es pagado este documento precisamente a su vencimiento, se darán por
vencidos anticipadamente[3] los demás pagarés a que se refiere ésta cláusula.
Este pagaré mercantil está regido[4] por la Ley General de   Títulos y Operaciones de Crédito en su artículo 173 parte final y artículos
correlativos[5], por no ser pagaré domiciliado.
De no verificarse el pago de la cantidad que este pagaré expresa el día de su vencimiento abonaré,[6] _____ en efectivo _____ el rédito de _____ 10
_____ por ciento mensual por todo el tiempo que esté insoluto[7], sin perjuicio[8] al cobro más los gastos que se originen.

Otorgante _____ Antonio García Prieto _____     10 de febrero _____ de 20 _____ 06
Domicilio _____ Av. Salinas 35 - Tecate _____     Firma _____ Antonio García Prieto

**S**EGURIDAD     507

[1] **ampara** *supports*   [2] **se otorgan** *are issued*   [3] **anticipadamente** *ahead of time*   [4] **regido** *to be in force*   [5] **correlativos** *related*
[6] **abonaré** *I'll pay*   [7] **insoluto** *unsolved*   [8] **sin perjuicio** *not affecting*

**1.** ¿Quién debe pagar los mil pesos del pagaré?

_____

**2.** ¿A quién se los debe pagar?

_____

**El vale (*Voucher*)**   The **vale** is used to order advance payment of small amounts of money. This is generally an advance on salary, or payment made for work not finished.

## Vale de Caja

| Importe en letra | |
| --- | --- |
| Ochenta pesos | $ 80,00 |

**Por Concepto de**
Adelanto sobre su sueldo del mes de marzo del año actual

**Con Cargo[1] a**
Arturo Ugarte Valles

| Fecha 2/2 | Firma |

[1] **Con Cargo** *drawn on*

1. ¿Cuánto le debe entregar la caja (*petty cash*) al Sr. Ugarte?

   _____

2. ¿Del sueldo de qué mes le van a descontar el dinero al Sr. Ugarte?

   _____

**Contratos**   Review each contract, circling cognates as you encounter them. Try to figure out from context the meaning of other unknown words, and answer the questions.

1. Si un mexicano compra esta póliza de seguro, ¿está asegurado su coche en los Estados Unidos?

   _____

2. El 2 por ciento de los daños sufridos por un coche es de $560. ¿Lo paga todo la compañía? ¿Por qué o por qué no?

   _____

Nombre _____ Sección _____ Fecha _____

---

### Póliza de seguro de automóviles Aseguradora Cuauhtémoc S.A.

**Gerencia Regional**
Pasaje Alamos y Jalapa No. 1008-A
Centro Cívico Comercial
Tel. 57-15-24
Mexicali, B.C.

POLIZA No. _____

La compañía mencionada, que en lo adelante[1] se llamará "La Compañía", asegura dentro de los límites de la República Mexicana, a favor del Asegurado: _____

Dirección: _____

_____

llamado en adelante "El Asegurado", de conformidad con las condiciones de esta póliza, y durante el plazo establecido, contra aquellos riesgos de la especificación de riesgos que más adelante aparece que sufra o cause el vehículo descrito a continuación

Marca: _____ Modelo: _____

Año: _____ Motor No. : _____

La cantidad máxima a que asciende la cobertura que se otorga[2] mediante esta póliza, queda determinada en la especificación de riesgos siguiente :

| Riesgo | Límite de responsabilidad |
|---|---|
| **Vehículo asegurado** | |
| Choque | $ _____ |
| Fuego, robo | $ _____ |
| **Responsabilidad civil** | |
| Daños a propiedad de terceros | $ _____ |
| Lesiones o muerte de terceros | |
| Cada persona | $ _____ |
| Cada accidente | $ _____ |
| **Gastos médicos** | |
| Ocupantes del vehículo | |
| Cada persona | $ _____ |
| Cada accidente | $ _____ |

Deducibles

Choques, vuelcos[3], rotura de cristales, 2% de la suma asegurada o $500, la mayor de las dos cantidades. Fuego, robo, alborotos[4] populares, temblor, erupción volcánica, explosiones y derrumbes[5], 5% de la suma asegurada o $1.000, la mayor de las dos cantidades.

Plazo establecido para el seguro

Tiempo: _____

De: _____ / _____ / _____      Hora: _____ _____ a.m.
         día          mes          año

A: _____ / _____ / _____
Costo de la póliza

Prima: _____ Impuesto: _____ Total: _____

Conformes:

_____        _____
Agente del asegurador                                          Asegurado

[1]**en (lo) adelante** *from now on*   [2]**se otorga** *is stipulated*   [3]**vuelco** *overturning*   [4]**alborotos...** *riots*   [5]**derrumbe** *collapse*

# CONTRATO INDIVIDUAL DE TRABAJO

CONTRATO INDIVIDUAL DE TRABAJO QUE CELEBRAN, POR UNA PARTE _____
_____ A QUIEN EN LO SUCESIVO SE LE DENOMINARA "EL PATRON", Y
POR LA OTRA _____ A QUIEN EN LO SUBSECUENTE SE
DENOMINARA "EL TRABAJADOR" O "EMPLEADO", AL TENOR DE LAS SIGUIENTES DECLARACIONES Y CLAUSULAS:

## DECLARACIONES

I.-Declara "EL PATRON":
Estar constituido como _____ conforme[1] a las leyes del país; nacionalidad _____
_____ ; edad _____ año _____ ; estado civil _____ Registro Federal de Contribuyentes o
Registro Patronal No. _____ con domicilio en _____

II.-Declara "EL TRABAJADOR" o "EMPLEADO":
Nacionalidad _____ ; edad _____ años; sexo _____ ; estado civil _____ ; Registro Federal de
Contribuyentes _____ ; con domicilio en _____

## CLAUSULAS

1a.-El contrato se celebra por _____ siendo sólo modificable, suspendido,
rescindido o terminado conforme a la Ley Federal del Trabajo.

2a.-"EL TRABAJADOR" o "EMPLEADO" se compromete a realizar servicios personales bajo la supervisión y dependencia del "PATRON",
como _____ en el domicilio o área
_____

3a.-La jornada[2] diaria será de_____ horas  por ser jornada_____ , quedando repartida de las_____
_____ a las _____ y de _____ a _____ , y el día _____
de las _____ a _____ descansando el día _____
conforme al artículo 69 de la Ley Federal del Trabajo.

4a.-Se conviene en que el salario o sueldo que se ofrecerá a cambio de los servicios especificados en el presente  es el siguiente:
Salario o sueldo fijo por _____ $ _____
Salario o sueldo fijo por hora $ _____
Salario o sueldo a destajo, conforme a la siguiente tarifa: _____
sometiéndose a los descuentos exigidos por la Ley del Seguro Social, la Ley Impuesto sobre la Renta, _____

El pago de éste se efectuará conforme a la ley monetaria, los días _____ de cada _____
_____ y en _____

5a.-De acuerdo al artículo 74 de la Ley Federal del Trabajo serán días de descanso obligatorio[3]: el 1º de enero, 5 de febrero, 21 de marzo, 1º
de mayo, 16 de septiembre, 20 de noviembre y el 1º de diciembre de cada 6 años, cuando corresponda a la  Transmisión del Poder Ejecutivo
Federal, el 25 de diciembre y aquellos en los que se comprendan las vacaciones a las que hace mención la cláusula sexta, el trabajador
percibirá su salario o sueldo íntegro, promediándose las percepciones contenidas en los últimos días efectivamente trabajados si se calcula a
destajo.

6a.-"EL TRABAJADOR" o "EMPLEADO"  tendrá derecho a 6 días de vacaciones al año de servicios prestados, que aumentará a razón de dos
días por año hasta sumar doce, por cada año posterior. Después del cuarto año éstas aumentarán en dos días, por cada cinco años de
servicio. Las vacaciones comenzarán cada año el _____

7a.-"EL TRABAJADOR" o "EMPLEADO" conviene en someterse a los chequeos médicos que el "P ATRON" ordene periódicamente, en los
términos de la fracción X del artículo 134 de la Ley Federal del Trabajo en el concepto de que el médico que los practique será designado y
retribuido por "EL PATRON".

**Seguridad**                                                                                                    **8601**

[1]**conforme**  *according to*    [2]**jornada...**  *working hours, day's work*    [3]**dias...**  *compulsory vacations*

8a.-En los casos de que "EL TRABAJADOR" o "EL EMPLEADO", hubiere[1] de laborar por mayor tiempo al establecido en la jornada máxima legal, el "PATRON" retribuirá las primeras 9 horas a la semana con un 100% y las ulteriores a un 200% más de salario por hora, sin perjuicio de las sanciones respectivas.

9a.-En el caso de que el "TRABAJADOR" sea mayor de 14 años, pero menor de 16, el presente contrato debe ser autorizado por los padres o tutores[2], o en su defecto por el Sindicato[3] al cual pertenezca[4], la Junta Local de Conciliación y Arbitraje, el Inspector del Trabajo o la Autoridad Política de acuerdo con el Art. 23 de la Ley Federal del Trabajo.

10a.-Las partes convienen que en caso de controversia se estará a lo establecido en el presente, y en lo que fuere omiso[5] se entenderá a lo dispuesto por la Ley Federal del Trabajo, o el Reglamento Interior de Trabajo del cual se entrega un ejemplar al "TRABAJADOR" o "EMPLEADO", bajo la jurisdicción de la Junta de Conciliación y Arbitraje del Distrito Federal.

### LUGAR PARA CLAUSULAS EXTRAORDINARIAS O ACLARACIONES

_____
_____
_____
_____
_____
_____
_____

Leído que fue por las partes el documento ante los testigos que firman e impuestos contenido y conscientes de las obligaciones que se engendran, así como las que la ley les impone lo fiman por _____ en _____ el _____ del mes de _____ del 20 _____ quedando un ejemplar en poder del "TRABAJADOR" y _____ en poder del "PATRON".

**FIRMA DEL "PATRON"**

**"TRABAJADOR" O "EMPLEADO"
DECLARO QUE RECIBI COPIA
DEL PRESENTE CONTRATO**

_____

_____

**TESTIGO**

**TESTIGO**

_____

_____

**Seguridad**

8601

[1]**hubiere...** *will work*   [2]**tutor** *guardian*   [3]**sindicato** *union*   [4]**pertenezca** *belongs*   [5]**omiso** *omitted*

Refer to the **Contrato individual de trabajo** on pages 290–291 to answer the following questions.

**1.** Una de las partes en un contrato de trabajo es "el trabajador"; ¿cuál es la otra?

_____

**2.** ¿A cuántos días de vacaciones al año tendrá derecho el trabajador según el contrato?

_____

**3.** ¿Quiénes deben autorizar los contratos de trabajadores menores de 16 años?

_____

# CONTRATO DE ARRENDAMIENTO[1]
## CON FIADOR[2]

CONTRATO DE ARRENDAMIENTO DE _____
                                                      vivenda o local

**de la casa No.** _____ **de** _____

**que celebran, como arrendatario**[3] _____
                                                     inquilino[4] que declara ser mayor de edad

**y como arrendador**[5] _____
                                      propietario

**con domicilio** _____

**sujetándolo a las clásulas siguientes:**

1a. El inquilino pagará al arrendador o a quien sus derechos represente la cantidad de $ _____

por el arrendamiento mensual de la localidad mencionada arriba, que se cubrirá en moneda nacional con toda puntualidad por meses adelantados, en el despacho o domicilio del arrendador o de quien sus derechos represente, y que comenzará a contarse desde la fecha en que se firme este contrato.

2a. El término del arrendamiento será

3a. Si al terminar el plazo fijado en la cláusula anterior, continúa el inquilino ocupando la localidad, a partir de entonces la duración del arrendamiento será voluntario y, por lo tanto cualquiera de los contratantes lo puede dar por concluído a su arbitrio. Cuando el arrendador lo dé por terminado notificará al inquilino que desocupe dentro del plazo[6] de_____ a contar de la fecha en que le haga la notificación; en el cual caso no pagará el inquilino sino lo que está debiendo al desocupar, lo que deberá hacer dentro del plazo señalado, para el cual efecto renuncia al de dos meses que concede el Art. 2478 del Código Civil. Si el inquilino es quien decide desocupar la localidad, lo notificará al arrendador por escrito[7] con_____ días de anticipación, que comenzarán a contarse a partir de la fecha en que el arrendador reciba dicha notificación quedando éste facultado para anunciar desde luego el alquiler de la localidad y ponerle cédulas.

4a. Toda mensualidad será pagada íntegra[8], aun cuando el inquilino sólo ocupe la localidad parte del mes.

5a. Aunque el arrendador reciba las rentas en fecha distinta de la estipulada, o admita abonos por cuenta de las mismas, no se entenderá novado este Contrato, ni en cuanto a los términos, ni en cuanto a la forma de pago.

6a. La Localidad se destinará exclusivamente para _____ y si el inquilino hace otro uso de ella, ésta será motivo suficiente para obligarlo a que la desocupe, aun cuando todavía esté corriendo el plazo fijado en la cláusula 2a. de este Contrato.

7a. No podrá el inquilino, sin consentimiento del arrendador dado por escrito ceder o subarrendar la localidad o parte de la misma.

8a. Tampoco, podrá el inquilino, sin consentimiento del arrendador por escrito, hacer obras en la localidad, y todas las que hiciere, sean de la clase que fueren, quedarán en beneficio de la finca. De una manera expresa queda convenido que se reputarán como obras las que deben quedar a beneficio de la casa, las instalaciones que el inquilino hiciera para alumbrado y calefacción eléctricos. En caso de que el inquilino falte al cumplimiento de esta cláusula, será responsable de los daños y perjuicios que se causen y deberá devolver la localidad en el estado en que la haya recibido.

9a. No podrá el inquilino retener la renta en ningún caso, ni bajo ningún título, ni judicial, ni extrajudicialmente ni por falta de composturas o reparaciones que el arrendador dejase de hacer, sino que pagará íntegramente la renta en la fecha estipulada para el cual efecto renuncia los beneficios que le conceden los Art. 2412, 2413, 2414 y 2490 del Código Civil.

10a. El inquilino recibe la localidad aseada[9], con sus pisos en buen estado, las puertas y las vidrieras con su herraje y todo lo demás de acuerdo con el inventario que aparece al final de este Contrato; todo lo cual devolverá al terminarse el arrendamiento, con el deterioro natural del uso, siendo por su cuenta los gastos de reparación, y se obliga a indemnizar al arrendador de cualquier deterioro posterior que apreciare en la localidad arrendada causado por su culpa o negligencia. El inquilino conservará aseados y al corriente los fregaderos, caños y excusados de la localidad, y todas las composturas que requieran durante el tiempo que la ocupe, serán de su exclusiva cuenta.

11a. Si el inquilino estableciere en la localidad alguno de los negocios enumerados en el Art. 137 de la Ley de Hacienda vigente, quedará obligado a hacer su instalación directa de agua potable y pagará por su cuenta la cuota correspondiente, ya que la Ley sólo obliga al arrendador a proporcionar el referido líquido para usos domésticos.

12a. Si en la casa a que pertenece la localidad objeto de este Contrato, hay otros arrendatarios, no podrá hacer el inquilino uso de los patios, corredores, escaleras y azoteas si no es únicamente para el tránsito para el servicio indispensable de la localidad arrendada, en este caso, se le prohibe expresamente tener animales que molesten o perjudiquen a los demás inquilinos o maltraten la finca.

13a. Firma este Contrato _____
como fiador solidario del inquilino y declara que es propietario de _____
_____
y señala como su domicilio _____
Hace renuncia de los beneficios de orden y excusión, consignados en los Arts. 2812, 2814 y 2825 del Código Civil. Además de dichos artículos, el fiador renuncia los números 2818, 2820, 2823, 2825, 2842, 2845, 2847 y 2848 del propio ordenamiento y acepta las renuncias que en este Contrate hace el inquilino. No cesará la responsabilidad del fiador, sino hasta cuando el arrendador se dé por recibido de la localidad y de todo cuanto se le deba por virtud de este Contrato, aun cuando el arrendamiento dure más tiempo del fijado por el Art. 2478 del Código Civil por lo que, igualmente, renuncia el fiador este Art. _____

## INVENTARIO

Carraduras _____     Vidrios _____

Picaportes _____     Llaves _____

Instalación completa para alumbrado eléctrico compuesta de alambre, sockets, apagadores, etc. para _____ lámparas,

Instalación de baño compuesta de _____ de _____ de 20 ___

| ARRENDADOR | FIADOR | ARRENDATARIO |
| --- | --- | --- |
| _____ | _____ | _____ |

[1]**arrendamiento**   *lease, rent*    [2]**fiador**   *guarantor*    [3]**arrendatario**   *leasee, tenant*    [4]**inquilino**   *tenant (of a house)*

[5]**arrendador**   *lessor, landlord*    [6]**plazo**   *term*    [7]**por escrito**   *in writing*    [8]**integra**   *entire, complete*    [9]**aseado**   *clean*

Refer to the **Contrato de arrendamiento** to answer the following questions.

**1.** ¿Cuáles son las dos partes en un contrato de arrendamiento?

_____

**2.** ¿Cuál de las dos partes es el propietario de la vivienda o del local?

_____

**LECCIONES 16–20** **REPASO**

## Práctica de vocabulario

**A** Circle the word or phrase that does not belong in each group.

**1.** dueño   condado   propietario

**2.** beca   madre   padre

**3.** novio   casarse   ventaja

**4.** nivel   techo   teja

**5.** cocina   tipo   horno

**6.** entrada   lavaplatos   enganche

**7.** comején   termita   lugar

**8.** inspección   losa   baldosa

**9.** espacio   local   lado

**10.** escaparate   jardín   vidriera

**11.** galleticas   probadores   dulces

**12.** entrepaño   estante   fideicomiso

**13.** cobertura   huracán   terremoto

**14.** fenómeno natural   tornado   enseres

**15.** muerte   tránsito   vida

**16.** nevada   multa   exceso de velocidad

**17.** abogado   bufete   fuerza mayor

**18.** cabeza   semáforo   frente

**19.** cuello   juicio   pleito

**20.** testamento   heredero   prueba

**21.** tan pronto como   en cuanto   a fin de que

**22.** graduarse   terminar de estudiar   empezar a estudiar

**B** Circle the word or phrase that best completes each sentence.

**1.** Ellos esperan (llenar los requisitos / no ha lugar / descartar) para un préstamo.

**2.** Este condominio es nuevo. Nunca fue (desocupado / redactado / habitado).

**3.** ¿La hipoteca tiene un interés (hundido / fijo / cuidado) o variable?

**4.** Mi padre quiere (sugerir / aprobar / asumir) la hipoteca original.

**5.** Para poner el negocio necesito (asesoramiento / aval / deuda) legal.

**6.** El propietario ordenó una inspección del techo y de (cuota inicial / comején / temblor).

**7.** La mayor parte de sus (incendios / vecinos / anaqueles) serán ejecutivos de empresas.

**8.** Necesito hablar con el corredor de (bienes / trabajadores / compañías) raíces.

**9.** Siento que las (alfombras / contribuciones / ofertas) estén manchadas.

**10.** Los techos son de (chimeneas / baños / tejas).

**11.** La (galletita / llave / fachada) del edificio es muy bonita.

**12.** El edificio no está vacío; está (cuadrado / pintado / alquilado).

**13.** Nos alegramos de que el local esté cerca de la escalera (rodante / hundida / cara).

**14.** Vamos a comprar dulces y (pies / entrepaños / galleticas) para los niños.

**15.** Ellos no pueden (adaptarnos / autorizarnos / afectarnos) para investigar su crédito.

**16.** ¿Cuánto tendría que pagar por cada mil dólares de (muerte / cobertura / lesión)?

**17.** Mi coche (chocó / financió / pasó) y no tengo seguro.

**18.** ¡Ojalá que declaren (cubierto / joven / culpable) al otro chofer!

**19.** El seguro incluye las pérdidas causadas por fenómenos naturales como (motines / robos / tornados).

**20.** Él se pasó la (lesión / luz / inundación) roja y le pusieron una multa.

**21.** Vamos a pedir compensación por nuestros (cuellos / bufetes / sufrimientos) y por los daños sufridos.

**22.** No hizo testamento y los pleitos de abintestato son caros y (nerviosos / largos / pintados).

**23.** Él no quiere que le (repartan / prolonguen / resulten) la vida inútilmente.

**24.** Compraron una casa grande. (Resolvieron / Aconsejaron / Aprovecharon) que las tasas de interés estaban bajísimas.

**25.** La recién graduada pedirá un préstamo (en cuenta / es decir / en caso de) que no le den la beca.

**26.** No quiero (donar / lamentar / ofrecer) mis órganos cuando muera.

**27.** El chofer del otro coche estaba (equitativo / borracho / cuadrado).

**C** Match the questions in column **A** with the answers in column **B**.

**A**

**1.** ¿Ud. quiere asumir la hipoteca original?

**2.** ¿El condominio está habitado?

**3.** ¿Qué negocio piensa abrir?

**4.** ¿De qué es la chimenea?

**5.** ¿Tengo que pagar comisiones?

**6.** ¿Cuánto debo dar de entrada?

**7.** ¿Quiénes serán mis vecinos?

**8.** ¿Dónde están situados los locales?

**9.** ¿Cuánto mide el local?

**10.** ¿Adónde vas a llevar a los niños?

**11.** ¿Cuáles son las condiciones?

**12.** ¿Necesitan tener probadores?

**B**

_____ **a.** En un centro comercial.

_____ **b.** Sí, y gastos de cierre.

_____ **c.** Para sacar unas cuentas.

_____ **d.** Cuatrocientos pies cuadrados.

_____ **e.** No, porque ahora las tasas de interés están más bajas.

_____ **f.** Con el abogado.

_____ **g.** Sí, los dueños viven allí.

_____ **h.** El 20%.

_____ **i.** Veinte años.

_____ **j.** De piedra.

_____ **k.** Su esposo y sus hijos.

_____ **l.** A la juguetería.

**A**                                                          **B**

13. ¿Para qué necesitas la calculadora?        _____ **m.** Sí, contra robos.

14. ¿Por qué le impusieron una multa?          _____ **n.** Las de costumbre.

15. ¿Quiere asegurar su coche?                 _____ **o.** Profesionales y ejecutivos.

16. ¿Qué edad tiene Ud.?                        _____ **p.** Una tienda de ropa.

17. ¿Quiénes son sus herederos?                _____ **q.** Por exceso de velocidad.

18. ¿Con quién hablaron Uds.?                   _____ **r.** Sí, y escaparates de exhibición.

## Situaciones del mundo de las empresas  Review the **Notas culturales** and **Lecturas** of the past five lessons and then read the following scenarios. Find out what went wrong, and propose possible solutions in Spanish.

1. Elena wants to buy a condo by the ocean in Mexico. She needs to finance 80% of the total price. I advised her to get a loan from a Mexican bank because interest rates in Mexico are lower than in the United States.

   _____

   _____

   _____

   _____

2. A friend wants to open a business in Honduras. I told him he should carefully plan how to provide health insurance to his employees since in all Spanish-speaking countries companies are required to provide health insurance to their employees.

   _____

   _____

   _____

   _____

3. My friend, Florinda Pereyra, told me that in her country of origin she used to pay a monthly fee to a **clínica mutualista** that provided health care. I told her such a concept must derive from the HMO health care model of the United States.

   _____

   _____

   _____

   _____

**4.** My company has recently established business relationships with Mexico. Since NAFTA is now in effect, I am confident that, should legal difficulties arise, I would be able to solve these through the U.S. justice system and solely in accordance with U.S. law.

_____

_____

_____

_____

**5.** While engaged in a casual conversation with a Cuban citizen, I said that there is no real justice when the defendant is not tried by a jury of his (her) peers.

_____

_____

_____

_____

# APPENDIX A

# INTRODUCTION TO SPANISH SOUNDS AND THE ALPHABET

Sections marked with a Web-audio icon are recorded on the website that supplements this text. Repeat each Spanish word after the speaker, imitating as closely as possible the correct pronunciation.

## The Alphabet

| LETTER | NAME | LETTER | NAME | LETTER | NAME | LETTER | NAME |
|--------|------|--------|------|--------|------|--------|------|
| a | a | h | hache | ñ | eñe | t | te |
| b | be | i | i | o | o | u | u |
| c | ce | j | jota | p | pe | v | ve |
| d | de | k | ka | q | cu | w | doble ve |
| e | e | l | ele | r | ere | x | equis |
| f | efe | m | eme | rr | erre | y | i griega |
| g | ge | n | ene | s | ese | z | zeta |

## The Vowels

**1.** The Spanish **a** has a sound similar to the English *a* in the word *father.* Repeat:

Ana    casa    banana    mala    dama    mata

**2.** The Spanish **e** is pronounced like the English *e* in the word *eight.* Repeat:

este    René    teme    déme    entre    bebe

**3.** The Spanish **i** is pronounced like the English *ee* in the word *see.* Repeat:

sí    difícil    Mimí    ir    dividir    Fifí

**4.** The Spanish **o** is similar to the English *o* in the word *no,* but without the glide. Repeat:

solo    poco    como    toco    con    monólogo

**5.** The Spanish **u** is similar to the English *ue* sound in the word *Sue.* Repeat:

Lulú    un    su    universo    murciélago

## The Consonants

1. The Spanish **p** is pronounced like the English *p* in the word *spot*. Repeat:

   pan     papá     Pepe     pila     poco     pude

2. The Spanish **c** in front of **a, o, u, l,** or **r** sounds similar to the English *k*. Repeat:

   casa     como     cuna     clima     crimen     cromo

3. The Spanish **q** is only used in the combinations **que** and **qui,** in which the **u** is silent, and also has a sound similar to the English *k*. Repeat:

   que     queso     Quique     quinto     quema     quiso

4. The Spanish **t** is pronounced like the English *t* in the word *stop*. Repeat:

   toma     mata     tela     tipo     atún     Tito

5. The Spanish **d** at the beginning of an utterance or after **n** or **l** sounds somewhat similar to the English *d* in the word *David*. Repeat:

   día     dedo     duelo     anda     Aldo

   In all other positions, the **d** has a sound similar to the English *th* in the word *they*. Repeat:

   medida     todo     nada     Ana dice     Eva duda

6. The Spanish **g** also has two sounds. At the beginning of an utterance and in all other positions, except before **e** or **i,** the Spanish **g** sounds similar to the English *g* in the word *sugar*. Repeat:

   goma     gato     tengo     lago     algo     aguja

   In the combinations **gue** and **gui,** the **u** is silent. Repeat:

   Águeda     guineo     guiso     ligue     la guía

7. The Spanish **j,** and **g** before **e** or **i,** sounds similar to the English *h* in the word *home*. Repeat:

   jamás     juego     jota     Julio     gente     Genaro     gime

8. The Spanish **b** and the **v** have no difference in sound. Both are pronounced alike. At the beginning of the utterance or after **m** or **n,** they sound similar to the English *b* in the word *obey*. Repeat:

   Beto     vaga     bote     vela     también     un vaso

   Between vowels, they are pronounced with the lips barely closed. Repeat:

   sábado     yo voy     sabe     Ávalos     Eso vale

9. In most Spanish-speaking countries, the **y** and the **ll** are similar to the English *y* in the word *yet*. Repeat:

   yo     llama     yema     lleno     ya     lluvia     llega

10. The Spanish **r (ere)** is pronounced like the English *tt* in the word *gutter.* Repeat:

| | | | | | |
|---|---|---|---|---|---|
| cara | pero | arena | carie | Laredo | Aruba |

The Spanish **r** in an initial position and after **l, n,** or **s,** and **rr (erre)** in the middle of a word are pronounced with a strong trill. Repeat:

| | | | | | |
|---|---|---|---|---|---|
| Rita | Rosa | torre | ruina | Enrique | Israel |
| perro | parra | rubio | alrededor | derrama | |

11. The Spanish **s** sound is represented in most of the Spanish-speaking world by the letters **s, z,** and **c** before **e** or **i.** The sound is very similar to the English sibilant *s* in the word *sink.* Repeat:

| | | | | |
|---|---|---|---|---|
| sale | sitio | solo | seda | suelo |
| zapato | cerveza | ciudad | cena | |

In most of Spain, the **z,** and **c** before **e** or **i,** is pronounced like the English *th* in the word *think.* Repeat:

| | | |
|---|---|---|
| zarzuela | cielo | docena |

12. The letter **h** is silent in Spanish. Repeat:

| | | | | | |
|---|---|---|---|---|---|
| hilo | Hugo | ahora | Hilda | almohada | hermano |

13. The Spanish **ch** is pronounced like the English *ch* in the word *chief.* Repeat:

| | | | | |
|---|---|---|---|---|
| muchacho | chico | coche | chueco | chaparro |

14. The Spanish **f** is identical in sound to the English *f.* Repeat:

| | | | | |
|---|---|---|---|---|
| famoso | feo | difícil | fuego | foto |

15. The Spanish **l** is pronounced like the English *l* in the word *lean.* Repeat:

| | | | | | |
|---|---|---|---|---|---|
| dolor | ángel | fácil | sueldo | salgo | chaval |

16. The Spanish **m** is pronounced like the English *m* in the word *mother.* Repeat:

| | | | | |
|---|---|---|---|---|
| mamá | moda | multa | médico | mima |

17. In most cases, the Spanish **n** has a sound similar to the English *n.* Repeat:

| | | | | |
|---|---|---|---|---|
| nada | norte | nunca | entra | nene |

The sound of the Spanish **n** is often affected by the sounds that occur around it. When it appears before **b, v,** or **p,** it is pronounced like the English *m.* Repeat:

| | | | | |
|---|---|---|---|---|
| invierno | tan bueno | un vaso | un bebé | un perro |

18. The Spanish **ñ (eñe)** has a sound similar to the English *ny* in the word *canyon.* Repeat:

| | | | | | |
|---|---|---|---|---|---|
| muñeca | leña | año | señorita | piña | señor |

19. The Spanish **x** has two pronunciations, depending on its position. Between vowels, the sound is similar to the English *ks*. Repeat:

examen          boxeo          exigente          éxito

Before a consonant, the Spanish **x** sounds like the English *s*. Repeat:

expreso          excusa          exquisito          extraño

## Linking

In spoken Spanish, the various words in a phrase or sentence are not pronounced as isolated elements, but they are combined. This is called *linking*.

1. The final consonant of a word is pronounced together with the initial vowel of the following word. Repeat:

   Carlos anda      un ángel      el otoño      unos estudiantes

2. The final vowel of a word is pronounced together with the initial vowel of the following word. Repeat:

   su esposo        la hermana      ardua empresa      la invita

3. When the final vowel of a word and the initial vowel of the following word are identical, they are pronounced slightly longer than one vowel. Repeat:

   Ana alcanza      me espera      mi hijo      lo olvida

   The same rule applies when two identical vowels appear within a word. Repeat:

   cooperación        crees        leemos        coordinación

4. When the final consonant of a word and the initial consonant of the following word are the same, they are pronounced as one consonant with slightly longer-than-normal duration. Repeat:

   el lado      un novio      Carlos salta      tienes sed      al leer

## Rhythm

Rhythm is the variation of sound intensity that we usually associate with music. Spanish and English each regulate these variations in speech differently, because they have different patterns of syllable length. In Spanish the length of the stressed and unstressed syllables remains almost the same, while in English stressed syllables are considerably longer than unstressed ones. Pronounce the following Spanish words, enunciating each syllable clearly.

| | | |
|---|---|---|
| es-tu-dian-te | bue-no | Úr-su-la |
| com-po-si-ción | di-fí-cil | ki-ló-me-tro |
| po-li-cí-a | Pa-ra-guay | |

Because the length of the Spanish syllables remains constant, the greater the number of syllables in a given word or phrase, the longer the phrase will be.

## Intonation

Intonation is the rise and fall of pitch in the delivery of a phrase or a sentence. In general, Spanish pitch tends to change less than English, giving the impression that the language is less emphatic.

As a rule, the intonation for normal statements in Spanish starts in a low tone, raises to a higher one on the first stressed syllable, maintains that tone until the last stressed syllable, and then goes back to the initial low tone, with still another drop at the very end.

Tu amigo viene mañana.          José come pan.
Ada está en casa.                     Carlos toma café.

## Syllable Formation in Spanish

General rules for dividing words into syllables are as follows.

### Vowels

1. A vowel or a vowel combination can constitute a syllable.

   a-lum-no          a-bue-la          Eu-ro-pa

2. Diphthongs and triphthongs are considered single vowels and cannot be divided.

   bai-le       puen-te       Dia-na       es-tu-diáis       an-ti-guo

3. Two strong vowels (**a, e, o**) do not form a diphthong and are separated into two syllables.

   em-ple-ar          vol-te-ar          lo-a

4. A written accent on a weak vowel (**i** or **u**) breaks the diphthong, thus the vowels are separated into two syllables.

   trí-o       dú-o       Ma-rí-a

### Consonants

1. A single consonant forms a syllable with the vowel that follows it.

   po-der          ma-no          mi-nu-to

   NOTE: **rr** is considered a single consonant: **pe-rro.**

2. When two consonants appear between two vowels, they are separated into two syllables.

   al-fa-be-to          cam-pe-ón          me-ter-se          mo-les-tia

   EXCEPTION: When a consonant cluster composed of **b, c, d, f, g, p,** or **t** with **l** or **r** appears between two vowels, the cluster joins the following vowel: **so-bre, o-tros, ca-ble, te-lé-gra-fo.**

**3.** When three consonants appear between two vowels, only the last one goes with the following vowel.

ins-pec-tor          trans-por-te          trans-for-mar

EXCEPTION: When there is a cluster of three consonants in the combinations described in rule 2, the first consonant joins the preceding vowel, and the cluster joins the following vowel: **es-cri-bir, ex-tran-je-ro, im-plo-rar, es-tre-cho.**

# Accentuation

In Spanish, all words are stressed according to specific rules. Words that do not follow the rules must have a written accent to indicate the change of stress. The basic rules for accentuation are as follows.

**1.** Words ending in a vowel, **n,** or **s** are stressed on the next-to-the-last syllable.

**hi**-jo          **ca**-lle          **me**-sa          fa-**mo**-sos
flo-**re**-cen     **pla**-ya         **ve**-ces

**2.** Words ending in a consonant, except **n** or **s,** are stressed on the last syllable.

ma-**yor**     a-**mor**     tro-pi-**cal**     na-**riz**     re-**loj**     co-rre-**dor**

**3.** All words that do not follow these rules must have the written accent.

ca-**fé**          **lá**-piz          **mú**-si-ca          sa-**lón**
**án**-gel         **lí**-qui-do        fran-**cés**          **Víc**-tor
sim-**pá**-ti-co   rin-**cón**          a-**zú**-car          **dár**-se-lo
sa-**lió**         **dé**-bil           e-**xá**-me-nes       **dí**-me-lo

**4.** Pronouns and adverbs of interrogation and exclamation have a written accent to distinguish them from relative pronouns.

—¿**Qué** comes?                        *"What are you eating?"*
—La pera que él no comió.               *"The pear that he did not eat."*

—¿**Quién** está ahí?                   *"Who is there?"*
—El hombre a quien tú llamaste.         *"The man whom you called."*

—¿**Dónde** está?                       *"Where is he?"*
—En el lugar donde trabaja.             *"At the place where he works."*

**5.** Words that have the same spelling but different meanings take a written accent to differentiate one from the other.

| el | *the* | él | *he, him* | te | *you* | té | *tea* |
| **mi** | *my* | **mí** | *me* | **si** | *if* | sí | *yes* |
| **tu** | *your* | **tú** | *you* | **mas** | *but* | más | *more* |

# APPENDIX B

# VERBS

## Regular Verbs

### Model -ar, -er, -ir verbs

| INFINITIVE | | |
|---|---|---|
| **amar** (*to love*) | **comer** (*to eat*) | **vivir** (*to live*) |

| GERUND | | |
|---|---|---|
| **amando** (*loving*) | **comiendo** (*eating*) | **viviendo** (*living*) |

| PAST PARTICIPLE | | |
|---|---|---|
| **amado** (*loved*) | **comido** (*eaten*) | **vivido** (*lived*) |

### SIMPLE TENSES

#### *Indicative Mood*

| PRESENT | | |
|---|---|---|
| (*I love*) | (*I eat*) | (*I live*) |
| am**o** | com**o** | viv**o** |
| am**as** | com**es** | viv**es** |
| am**a** | com**e** | viv**e** |
| am**amos** | com**emos** | viv**imos** |
| am**áis**[1] | com**éis** | viv**ís** |
| am**an** | com**en** | viv**en** |

| IMPERFECT | | |
|---|---|---|
| (*I used to love*) | (*I used to eat*) | (*I used to live*) |
| am**aba** | com**ía** | viv**ía** |
| am**abas** | com**ías** | viv**ías** |
| am**aba** | com**ía** | viv**ía** |
| am**ábamos** | com**íamos** | viv**íamos** |
| am**abais** | com**íais** | viv**íais** |
| am**aban** | com**ían** | viv**ían** |

---

[1] **Vosotros amáis:** The **vosotros** form of the verb is used primarily in Spain. This form has not been used in this text.

## PRETERIT

| (*I love*) | (*I ate*) | (*I lived*) |
|---|---|---|
| amé | comí | viví |
| amaste | comiste | viviste |
| amó | comió | vivió |
| amamos | comimos | vivimos |
| amasteis | comisteis | vivisteis |
| amaron | comieron | vivieron |

## FUTURE

| (*I will love*) | (*I will eat*) | (*I will live*) |
|---|---|---|
| amaré | comeré | viviré |
| amarás | comerás | vivirás |
| amará | comerá | vivirá |
| amaremos | comeremos | viviremos |
| amaréis | comeréis | viviréis |
| amarán | comerán | vivirán |

## CONDITIONAL

| (*I would love*) | (*I would eat*) | (*I would live*) |
|---|---|---|
| amaría | comería | viviría |
| amarías | comerías | vivirías |
| amaría | comería | viviría |
| amaríamos | comeríamos | viviríamos |
| amaríais | comeríais | viviríais |
| amarían | comerían | vivirían |

### *Subjunctive Mood*

## PRESENT

| ([*that*] *I* [*may*] *love*) | ([*that*] *I* [*may*] *eat*) | ([*that*] *I* [*may*] *live*) |
|---|---|---|
| ame | coma | viva |
| ames | comas | vivas |
| ame | coma | viva |
| amemos | comamos | vivamos |
| améis | comáis | viváis |
| amen | coman | vivan |

| ([*that*] I [*might*] love) | ([*that*] I [*might*] eat) | ([*that*] I [*might*] live) |
|---|---|---|
| am**ara(-ase)** | com**iera(-iese)** | viv**iera(-iese)** |
| am**aras(-ases)** | com**ieras(-ieses)** | viv**ieras(-ieses)** |
| am**ara(-ase)** | com**iera(-iese)** | viv**iera(-iese)** |
| am**áramos** **(-ásemos)** | com**iéramos** **(-iésemos)** | viv**iéramos** **(-iésemos)** |
| am**arais(-aseis)** | com**ierais(-ieseis)** | viv**ierais(-ieseis)** |
| am**aran(-asen)** | com**ieran(-iesen)** | viv**ieran(-iesen)** |

### *Imperative Mood (Command Forms)*

| (*love*) | (*eat*) | (*live*) |
|---|---|---|
| am**a** (tú) | com**e** (tú) | viv**e** (tú) |
| am**e** (Ud.) | com**a** (Ud.) | viv**a** (Ud.) |
| am**emos** (nosotros) | com**amos** (nosotros) | viv**amos** (nosotros) |
| am**ad** (vosotros) | com**ed** (vosotros) | viv**id** (vosotros) |
| am**en** (Uds.) | com**an** (Uds.) | viv**an** (Uds.) |

## COMPOUND TENSES

**PERFECT INFINITIVE**

| **haber amado** | **haber comido** | **haber vivido** |
|---|---|---|

**PERFECT PARTICIPLE**

| **habiendo amado** | **habiendo comido** | **habiendo vivido** |
|---|---|---|

### *Indicative Mood*

**PRESENT PERFECT**

| (*I have loved*) | (*I have eaten*) | (*I have lived*) |
|---|---|---|
| he amado | he comido | he vivido |
| has amado | has comido | has vivido |
| ha amado | ha comido | ha vivido |
| hemos amado | hemos comido | hemos vivido |
| habéis amado | habéis comido | habéis vivido |
| han amado | han comido | han vivido |

## PLUPERFECT

| (*I had loved*) | (*I had eaten*) | (*I had lived*) |
|---|---|---|
| había amado | había comido | había vivido |
| habías amado | habías comido | habías vivido |
| había amado | había comido | había vivido |
| | | |
| habíamos amado | habíamos comido | habíamos vivido |
| habíais amado | habíais comido | habíais vivido |
| habían amado | habían comido | habían vivido |

## FUTURE PERFECT

| (*I will have loved*) | (*I will have eaten*) | (*I will have lived*) |
|---|---|---|
| habré amado | habré comido | habré vivido |
| habrás amado | habrás comido | habrás vivido |
| habrá amado | habrá comido | habrá vivido |
| | | |
| habremos amado | habremos comido | habremos vivido |
| habréis amado | habréis comido | habréis vivido |
| habrán amado | habrán comido | habrán vivido |

## CONDITIONAL PERFECT

| (*I would have loved*) | (*I would have eaten*) | (*I would have lived*) |
|---|---|---|
| habría amado | habría comido | habría vivido |
| habrías amado | habrías comido | habrías vivido |
| habría amado | habría comido | habría vivido |
| | | |
| habríamos amado | habríamos comido | habríamos vivido |
| habríais amado | habríais comido | habríais vivido |
| habrían amado | habrían comido | habrían vivido |

## *Subjunctive Mood*

## PRESENT PERFECT

| ([*that*] *I* [*may*] have loved) | ([*that*] *I* [*may*] have eaten) | ([*that*] *I* [*may*] have lived) |
|---|---|---|
| haya amado | haya comido | haya vivido |
| hayas amado | hayas comido | hayas vivido |
| haya amado | haya comido | haya vivido |
| | | |
| hayamos amado | hayamos comido | hayamos vivido |
| hayáis amado | hayáis comido | hayáis vivido |
| hayan amado | hayan comido | hayan vivido |

| PLUPERFECT (two forms: **-ra, -se**) | | |
|---|---|---|
| (*[that]* I *[might]* have loved) | (*[that]* I *[might]* have eaten) | (*[that]* I *[might]* have lived) |
| hubiera(-iese) amado | hubiera(-iese) comido | hubiera(-iese) vivido |
| hubieras(-ieses) amado | hubieras(-ieses) comido | hubieras(-ieses) vivido |
| hubiera(-iese) amado | hubiera(-iese) comido | hubiera(-iese) vivido |
| hubiéramos(-iésemos) amado | hubiéramos(-iésemos) comido | hubiéramos(-iésemos) vivido |
| hubierais(-ieseis) amado | hubierais(-ieseis) comido | hubierais(-ieseis) vivido |
| hubieran(-iesen) amado | hubieran(-iesen) comido | hubieran(-iesen) vivido |

## Stem-Changing Verbs

### The -ar and -er stem-changing verbs

Stem-changing verbs are those that have a change in the root of the verb. Verbs that end in **-ar** and **-er** change the stressed vowel **e** to **ie** and the stressed **o** to **ue.** These changes occur in all persons, except the first and second persons plural of the present indicative, present subjunctive, and command.

| INFINITIVE | PRESENT INDICATIVE | IMPERATIVE | | PRESENT SUBJUNCTIVE |
|---|---|---|---|---|
| **cerrar** (*to close*) | cierro | | — | cierre |
| | cierras | | cierra | cierres |
| | cierra | (Ud.) | cierre | cierre |
| | cerramos | | cerremos | cerremos |
| | cerráis | | cerrad | cerréis |
| | cierran | (Uds.) | cierren | cierren |

| INFINITIVE | PRESENT INDICATIVE | IMPERATIVE | PRESENT SUBJUNCTIVE |
|---|---|---|---|
| **perder** (*to lose*) | pierdo pierdes pierde | — pierde (Ud.) pierda | pierda pierdas pierda |
| | perdemos perdéis pierden | perdamos perded (Uds.) pierdan | perdamos perdáis pierdan |
| **contar** (*to count, to tell*) | cuento cuentas cuenta | — cuenta (Ud.) cuente | cuente cuentes cuente |
| | contamos contáis cuentan | contemos contad (Uds.) cuenten | contemos contéis cuenten |
| **volver** (*to return*) | vuelvo vuelves vuelve | — vuelve (Ud.) vuelva | vuelva vuelvas vuelva |
| | volvemos volvéis vuelven | volvamos volved (Uds.) vuelvan | volvamos volváis vuelvan |

Verbs that follow the same pattern include the following.

| | | | |
|---|---|---|---|
| **acertar** | *to guess right* | **entender** | *to understand* |
| **acordarse** | *to remember* | **llover** | *to rain* |
| **acostar(se)** | *to go to bed* | **mostrar** | *to show* |
| **almorzar** | *to have lunch* | **mover** | *to move* |
| **atravesar** | *to go through* | **negar** | *to deny* |
| **cegar** | *to blind* | **nevar** | *to snow* |
| **cocer** | *to cook* | **pensar** | *to think, to plan* |
| **colgar** | *to hang* | **probar** | *to prove, to taste* |
| **comenzar** | *to begin* | **recordar** | *to remember* |
| **confesar** | *to confess* | **resolver** | *to decide on* |
| **costar** | *to cost* | **rogar** | *to beg* |
| **demostrar** | *to demonstrate, to show* | **sentar(se)** | *to sit down* |
| **despertar(se)** | *to wake up* | **soler** | *to be in the habit of* |
| **empezar** | *to begin* | **soñar** | *to dream* |
| **encender** | *to light, to turn on* | **tender** | *to stretch, to unfold* |
| **encontrar** | *to find* | **torcer** | *to twist* |

## The -ir stem-changing verbs

There are two types of stem-changing verbs that end in **-ir:** one type changes stressed **e** to **ie** in some tenses and to **i** in others and stressed **o** to **ue** or **u;** the second type always changes stressed **e** to **i** in the irregular forms of the verb.

Type I

**-ir:**

| | | | |
|---|---|---|---|
| **e:ie** | or | **i** | |
| **o:ue** | or | **u** | |

These changes occur as follows.

*Present Indicative:* all persons except the first and second plural change **e** to **ie** and **o** to **ue.** *Preterit:* third person, singular and plural, changes **e** to **i** and **o** to **u.** *Present Subjunctive:* all persons change **e** to **ie** and **o** to **ue,** except the first and second persons plural, which change **e** to **i** and **o** to **u.** *Imperfect Subjunctive:* all persons change **e** to **i** and **o** to **u.** *Imperative:* all persons except the second person plural change **e** to **ie** and **o** to **ue;** first person plural changes **e** to **i** and **o** to **u.** *Present Participle:* changes **e** to **i** and **o** to **u.**

| | Indicative | | Imperative | Subjunctive | |
|---|---|---|---|---|---|
| **INFINITIVE** | **PRESENT** | **PRETERIT** | | **PRESENT** | **IMPERFECT** |
| **sentir** | siento | sentí | — | sienta | sintiera(-iese) |
| (*to feel*) | sientes | sentiste | siente | sientas | sintieras |
| | siente | sintió | (Ud.) sienta | sienta | sintiera |
| PRESENT | sentimos | sentimos | sintamos | sintamos | sintiéramos |
| PARTICIPLE | sentís | sentisteis | sentid | sintáis | sintierais |
| sintiendo | sienten | sintieron | (Uds.) sientan | sientan | sintieran |
| **dormir** | duermo | dormí | — | duerma | durmiera(-iese) |
| (*to sleep*) | duermes | dormiste | duerme | duermas | durmieras |
| | duerme | durmió | (Ud.) duerma | duerma | durmiera |
| PRESENT | dormimos | dormimos | durmamos | durmamos | durmiéramos |
| PARTICIPLE | dormís | dormisteis | dormid | durmáis | durmierais |
| durmiendo | duermen | durmieron | (Uds.) duerman | duerman | durmieran |

Other verbs that follow the same pattern include the following.

| | | | |
|---|---|---|---|
| **advertir** | *to warn* | **herir** | *to wound, to hurt* |
| **arrepentir(se)** | *to repent* | **mentir** | *to lie* |
| **consentir** | *to consent, to pamper* | **morir** | *to die* |
| **convertir(se)** | *to turn into* | **preferir** | *to prefer* |
| **discernir** | *to discern* | **referir** | *to refer* |
| **divertir(se)** | *to amuse oneself* | **sugerir** | *to suggest* |

Type II     -ir:     e:i

The verbs in this second category are irregular in the same tenses as those of the first type. The only difference is that they only have one change: **e:i** in all irregular persons.

| | Indicative | | Imperative | Subjunctive | |
|---|---|---|---|---|---|
| **INFINITIVE** | **PRESENT** | **PRETERIT** | | **PRESENT** | **IMPERFECT** |
| **pedir** | pido | pedí | — | pida | pidiera(-iese) |
| (*to ask for,* | pides | pediste | pide | pidas | pidieras |
| *to request*) | pide | pidió | (Ud.) pida | pida | pidiera |
| PRESENT | pedimos | pedimos | pidamos | pidamos | pidiéramos |
| PARTICIPLE | pedís | pedisteis | pedid | pidáis | pidierais |
| pidiendo | piden | pidieron | (Uds.) pidan | pidan | pidieran |

Verbs that follow this pattern include the following.

| | | | |
|---|---|---|---|
| **competir** | *to compete* | **reír(se)** | *to laugh* |
| **concebir** | *to conceive* | **reñir** | *to fight* |
| **despedir(se)** | *to say good-bye* | **repetir** | *to repeat* |
| **elegir** | *to choose* | **seguir** | *to follow* |
| **impedir** | *to prevent* | **servir** | *to serve* |
| **perseguir** | *to pursue* | **vestir(se)** | *to dress* |

# Orthographic-Changing Verbs

Some verbs undergo a change in the spelling of the stem in certain tenses in order to maintain the original sound of the final consonant. The most common verbs of this type are those with the consonants **g** and **c.** Remember that **g** and **c** have a soft sound in front of **e** or **i** and a hard sound in front of **a, o,** or **u.** In order to maintain the soft sound in front of **a, o,** and **u, g** and **c** change to **j** and **z,** respectively. And in order to maintain the hard sound of **g** and **c** in front of **e** and **i, u** is added to the **g** (**gu**) and **c** changes to **qu.**

The following important verbs undergo spelling changes in the tenses listed below.

1. Verbs ending in **-gar** change **g** to **gu** before **e** in the first person of the preterit and in all persons of the present subjunctive.

   **pagar** (*to pay*)
   *Preterit:* pa**gu**é, pagaste, pagó, etc.
   *Pres. Subj.:* pa**gu**e, pa**gu**es, pa**gu**e, pa**gu**emos, pa**gu**éis, pa**gu**en

   Verbs that follow the same pattern: **colgar, jugar, llegar, navegar, negar, regar, rogar.**

2. Verbs ending in **-ger** and **-gir** change **g** to **j** before **o** and **a** in the first person of the present indicative and in all persons of the present subjunctive.

   **proteger** (*to protect*)
   *Pres. Ind.:* prote**j**o, proteges, protege, etc.
   *Pres. Subj.:* prote**j**a, prote**j**as, prote**j**a, prote**j**amos, prote**j**áis, prote**j**an

   Verbs that follow the same pattern: **coger, corregir, dirigir, elegir, escoger, exigir, recoger.**

3. Verbs ending in **-guar** change **gu** to **gü** before **e** in the first person of the preterit and in all persons of the present subjunctive.

   **averiguar** (*to find out*)
   *Preterit:* averi**gü**é, averiguaste, averiguó, etc.
   *Pres. Subj.:* averi**gü**e, averi**gü**es, averi**gü**e, averi**gü**emos, averi**gü**éis, averi**gü**en

   The verb **apaciguar** follows the same pattern.

4. Verbs ending in **-guir** change **gu** to **g** before **o** and **a** in the first person of the present indicative and in all persons of the present subjunctive.

   **conseguir** (*to get*)
   *Pres. Ind.:* consi**g**o, consigues, consigue, etc.
   *Pres. Subj.:* consi**g**a, consi**g**as, consi**g**a, consi**g**amos, consi**g**áis, consi**g**an

   Verbs that follow the same pattern: **distinguir, perseguir, proseguir, seguir.**

5. Verbs ending in **-car** change **c** to **qu** before **e** in the first person of the preterit and in all persons of the present subjunctive.

**tocar** (*to touch, to play* [*a musical instrument*])
*Preterit:*     to**qu**é, tocaste, tocó, etc.
*Pres. Subj.:* to**qu**e, to**qu**es, to**qu**e, to**qu**emos, to**qu**éis, to**qu**en

Verbs that follow the same pattern: **atacar, buscar, comunicar, explicar, indicar, pescar, sacar.**

6. Verbs ending in **-cer** and **-cir** preceded by a consonant change **c** to **z** before **o** and **a** in the first person of the present indicative and in all persons of the present subjunctive.

**torcer** (*to twist*)
*Pres. Ind.:*  tuer**z**o, tuerces, tuerce, etc.
*Pres. Subj.:* tuer**z**a, tuer**z**as, tuer**z**a, tor**z**amos, tor**z**áis, tuer**z**an

Verbs that follow the same pattern: **convencer, esparcir, vencer.**

7. Verbs ending in **-cer** and **-cir** preceded by a vowel change **c** to **zc** before **o** and **a** in the first person of the present indicative and in all persons of the present subjunctive.

**conocer** (*to know, to be acquainted with*)
*Pres. Ind.:*  cono**zc**o, conoces, conoce, etc.
*Pres. Subj.:* cono**zc**a, cono**zc**as, cono**zc**a, cono**zc**amos, cono**zc**áis, cono**zc**an

Verbs that follow the same pattern: **agradecer, aparecer, carecer, entristecer, establecer, lucir, nacer, obedecer, ofrecer, padecer, parecer, pertenecer, reconocer, relucir.**

8. Verbs ending in **-zar** change **z** to **c** before **e** in the first person of the preterit and in all persons of the present subjunctive.

**rezar** (*to pray*)
*Preterit:*     re**c**é, rezaste, rezó, etc.
*Pres. Subj.:* re**c**e, re**c**es, re**c**e, re**c**emos, re**c**éis, re**c**en

Verbs that follow the same pattern: **abrazar, alcanzar, almorzar, comenzar, cruzar, empezar, forzar, gozar.**

9. Verbs ending in **-eer** change the unstressed **i** to **y** between vowels in the third person singular and plural of the preterit, in all persons of the imperfect subjunctive, and in the present participle.

**creer** (*to believe*)
*Preterit:*     creí, creíste, cre**y**ó, creímos, creísteis, cre**y**eron
*Imp. Subj.:* cre**y**era(ese), cre**y**eras, cre**y**era, cre**y**éramos, cre**y**erais, cre**y**eran
*Pres. Part.:* cre**y**endo

**Leer** and **poseer** follow the same pattern.

10. Verbs ending in **-uir** change the unstressed **i** to **y** between vowels (except **-quir,** which has the silent **u**) in the following tenses and persons.

**huir** (*to escape, to flee*)
*Pres. Part.:* huyendo
*Past Part.:* huido
*Pres. Ind.:* huyo, huyes, huye, huimos, huís, huyen
*Preterit:* huí, huiste, huyó, huimos, huisteis, huyeron
*Imperative:* huye, huya, huyamos, huid, huyan
*Pres. Subj.:* huya, huyas, huya, huyamos, huyáis, huyan
*Imp. Subj.:* huyera(ese), huyeras, huyera, huyéramos, huyerais, huyeran

Verbs that follow the same pattern: **atribuir, concluir, constituir, construir, contribuir, destituir, destruir, disminuir, distribuir, excluir, incluir, influir, instruir, restituir, sustituir.**

11. Verbs ending in **-eír** lose one **e** in the third person singular and plural of the preterit, in all persons of the imperfect subjunctive, and in the present participle.

**reír(se)** (*to laugh*)
*Preterit:* reí, reíste, rió, reímos, reísteis, rieron
*Imp. Subj.:* riera(ese), rieras, riera, riéramos, rierais, rieran
*Pres. Part.:* riendo

**Freír** and **sonreír** follow the same pattern.

12. Verbs ending in **-iar** add a written accent to the **i,** except in the first and second persons plural of the present indicative and subjunctive.

**fiar(se)** (*to trust*)
*Pres. Ind.:* fío, fías, fía, fiamos, fiáis, fían
*Pres. Subj.:* fíe, fíes, fíe, fiemos, fiéis, fíen

Verbs that follow the same pattern: **ampliar, criar, desviar, enfriar, enviar, esquiar, guiar, telegrafiar, vaciar, variar.**

13. Verbs ending in **-uar** (except **-guar**) add a written accent to the **u,** except in the first and second persons plural of the present indicative and subjunctive.

**actuar** (*to act*)
*Pres. Ind.:* actúo, actúas, actúa, actuamos, actuáis, actúan
*Pres. Subj.:* actúe, actúes, actúe, actuemos, actuéis, actúen

Verbs that follow the same pattern: **acentuar, continuar, efectuar, exceptuar, graduar, habituar, insinuar, situar.**

14. Verbs ending in **-ñir** remove the **i** of the diphthongs **ie** and **ió** in the third person singular and plural of the preterit and in all persons of the imperfect subjunctive. They also change the **e** of the stem to **i** in the same persons.

**teñir** (*to dye*)
*Preterit:*     teñí, teñiste, **tiñó,** teñimos, teñisteis, **tiñeron**
*Imp. Subj.:*   **tiñe**ra(ese), **tiñe**ras, **tiñe**ra, **tiñé**ramos, **tiñe**rais, **tiñe**ran

Verbs that follow the same pattern: **ceñir, constreñir, desteñir, estreñir, reñir.**

## Some Common Irregular Verbs

Only those tenses with irregular forms are given below.

**adquirir** (*to acquire*)
*Pres. Ind.:*   adquiero, adquieres, adquiere, adquirimos, adquirís, adquieren
*Pres. Subj.:*  adquiera, adquieras, adquiera, adquiramos, adquiráis, adquieran
*Imperative:*   adquiere, adquiera, adquiramos, adquirid, adquieran

**andar** (*to walk*)
*Preterit:*     anduve, anduviste, anduvo, anduvimos, anduvisteis, anduvieron
*Imp. Subj.:*   anduviera (anduviese), anduvieras, anduviera, anduviéramos, anduvierais, anduvieran

**avergonzarse** (*to be ashamed, to be embarrassed*)
*Pres. Ind.:*   me avergüenzo, te avergüenzas, se avergüenza, nos avergonzamos, os avergonzáis, se avergüenzan
*Pres. Subj.:*  me avergüence, te avergüences, se avergüence, nos avergoncemos, os avergoncéis, se avergüencen
*Imperative:*   avergüénzate, avergüéncese, avergoncémonos, avergonzaos, avergüéncense

**caber** (*to fit, to have enough room*)
*Pres. Ind.:*    quepo, cabes, cabe, cabemos, cabéis, caben
*Preterit:*      cupe, cupiste, cupo, cupimos, cupisteis, cupieron
*Future:*        cabré, cabrás, cabrá, cabremos, cabréis, cabrán
*Conditional:*   cabría, cabrías, cabría, cabríamos, cabríais, cabrían
*Imperative:*    cabe, quepa, quepamos, cabed, quepan
*Pres. Subj.:*   quepa, quepas, quepa, quepamos, quepáis, quepan
*Imp. Subj.:*    cupiera (cupiese), cupieras, cupiera, cupiéramos, cupierais, cupieran

**caer** (*to fall*)
*Pres. Ind.:*    caigo, caes, cae, caemos, caéis, caen
*Preterit:*      caí, caíste, cayó, caímos, caísteis, cayeron
*Imperative:*    cae, caiga, caigamos, caed, caigan
*Pres. Subj.:*   caiga, caigas, caiga, caigamos, caigáis, caigan
*Imp. Subj.:*    cayera (cayese), cayeras, cayera, cayéramos, cayerais, cayeran
*Past Part.:*    caído

**conducir** (*to guide, to drive*)

| | |
|---|---|
| *Pres. Ind.:* | conduzco, conduces, conduce, conducimos, conducís, conducen |
| *Preterit:* | conduje, condujiste, condujo, condujimos, condujisteis, condujeron |
| *Imperative:* | conduce, conduzca, conduzcamos, conducid, conduzcan |
| *Pres. Subj.:* | conduzca, conduzcas, conduzca, conduzcamos, conduzcáis, conduzcan |
| *Imp. Subj.:* | condujera (condujese), condujeras, condujera, condujéramos, condujerais, condujeran |

(All verbs ending in **-ducir** follow this pattern.)

**convenir** (*to agree*) See **venir.**

**dar** (*to give*)

| | |
|---|---|
| *Pres. Ind.:* | doy, das, da, damos, dais, dan |
| *Preterit:* | di, diste, dio, dimos, disteis, dieron |
| *Imperative:* | da, dé, demos, dad, den |
| *Pres. Subj.:* | dé, des, dé, demos, deis, den |
| *Imp. Subj.:* | diera (diese), dieras, diera, diéramos, dierais, dieran |

**decir** (*to say, to tell*)

| | |
|---|---|
| *Pres. Ind.:* | digo, dices, dice, decimos, decís, dicen |
| *Preterit:* | dije, dijiste, dijo, dijimos, dijisteis, dijeron |
| *Future:* | diré, dirás, dirá, diremos, diréis, dirán |
| *Conditional:* | diría, dirías, diría, diríamos, diríais, dirían |
| *Imperative:* | di, diga, digamos, decid, digan |
| *Pres. Subj.:* | diga, digas, diga, digamos, digáis, digan |
| *Imp. Subj.:* | dijera (dijese), dijeras, dijera, dijéramos, dijerais, dijeran |
| *Pres. Part.:* | diciendo |
| *Past Part.:* | dicho |

**detener** (*to stop, to hold, to arrest*) See **tener.**

**entretener** (*to entertain, to amuse*) See **tener.**

**errar** (*to err, to miss*)

| | |
|---|---|
| *Pres. Ind.:* | yerro, yerras, yerra, erramos, erráis, yerran |
| *Imperative:* | yerra, yerre, erremos, errad, yerren |
| *Pres. Subj.:* | yerre, yerres, yerre, erremos, erréis, yerren |

**estar** (*to be*)

| | |
|---|---|
| *Pres. Ind.:* | estoy, estás, está, estamos, estáis, están |
| *Preterit:* | estuve, estuviste, estuvo, estuvimos, estuvisteis, estuvieron |
| *Imperative:* | está, esté, estemos, estad, estén |
| *Pres. Subj.:* | esté, estés, esté, estemos, estéis, estén |
| *Imp. Subj.:* | estuviera (estuviese), estuvieras, estuviera, estuviéramos, estuvierais, estuvieran |

**haber** (*to have*)

| | |
|---|---|
| *Pres. Ind.:* | he, has, ha, hemos, habéis, han |
| *Preterit:* | hube, hubiste, hubo, hubimos, hubisteis, hubieron |
| *Future:* | habré, habrás, habrá, habremos, habréis, habrán |
| *Conditional:* | habría, habrías, habría, habríamos, habríais, habrían |

| *Imperative:* | he, haya, hayamos, habed, hayan |
| *Pres. Subj.:* | haya, hayas, haya, hayamos, hayáis, hayan |
| *Imp. Subj.:* | hubiera (hubiese), hubieras, hubiera, hubiéramos, hubierais, hubieran |

**hacer** (*to do, to make*)

| *Pres. Ind.:* | hago, haces, hace, hacemos, hacéis, hacen |
| *Preterit:* | hice, hiciste, hizo, hicimos, hicisteis, hicieron |
| *Future:* | haré, harás, hará, haremos, haréis, harán |
| *Conditional:* | haría, harías, haría, haríamos, haríais, harían |
| *Imperative:* | haz, haga, hagamos, haced, hagan |
| *Pres. Subj.:* | haga, hagas, haga, hagamos, hagáis, hagan |
| *Imp. Subj.:* | hiciera (hiciese), hicieras, hiciera, hiciéramos, hicierais, hicieran |
| *Past Part.:* | hecho |

**imponer** (*to impose, to deposit*) See **poner.**

**introducir** (*to introduce, to insert, to gain access*) See **conducir.**

**ir** (*to go*)

| *Pres. Ind.:* | voy, vas, va, vamos, vais, van |
| *Imp. Ind.:* | iba, ibas, iba, íbamos, ibais, iban |
| *Preterit:* | fui, fuiste, fue, fuimos, fuisteis, fueron |
| *Imperative:* | ve, vaya, vayamos, id, vayan |
| *Pres. Subj.:* | vaya, vayas, vaya, vayamos, vayáis, vayan |
| *Imp. Subj.:* | fuera (fuese), fueras, fuera, fuéramos, fuerais, fueran |

**jugar** (*to play*)

| *Pres. Ind.:* | juego, juegas, juega, jugamos, jugáis, juegan |
| *Imperative:* | juega, juegue, juguemos, jugad, jueguen |
| *Pres. Subj.:* | juegue, juegues, juegue, juguemos, juguéis, jueguen |

**obtener** (*to obtain*) See **tener.**

**oír** (*to hear*)

| *Pres. Ind.:* | oigo, oyes, oye, oímos, oís, oyen |
| *Preterit:* | oí, oíste, oyó, oímos, oísteis, oyeron |
| *Imperative:* | oye, oiga, oigamos, oíd, oigan |
| *Pres. Subj.:* | oiga, oigas, oiga, oigamos, oigáis, oigan |
| *Imp. Subj.:* | oyera (oyese), oyeras, oyera, oyéramos, oyerais, oyeran |
| *Pres. Part.:* | oyendo |
| *Past Part.:* | oído |

**oler** (*to smell*)

| *Pres. Ind.:* | huelo, hueles, huele, olemos, oléis, huelen |
| *Imperative:* | huele, huela, olamos, oled, huelan |
| *Pres. Subj.:* | huela, huelas, huela, olamos, oláis, huelan |

**poder** (*to be able*)

| *Pres. Ind.:* | puedo, puedes, puede, podemos, podéis, pueden |

| *Preterit:* | pude, pudiste, pudo, pudimos, pudisteis, pudieron |
| *Future:* | podré, podrás, podrá, podremos, podréis, podrán |
| *Conditional:* | podría, podrías, podría, podríamos, podríais, podrían |
| *Imperative:* | puede, pueda, podamos, poded, puedan |
| *Pres. Subj.:* | pueda, puedas, pueda, podamos, podáis, puedan |
| *Imp. Subj.:* | pudiera (pudiese), pudieras, pudiera, pudiéramos, pudierais, pudieran |
| *Pres. Part.:* | pudiendo |

**poner** (*to place, to put*)

| *Pres. Ind.:* | pongo, pones, pone, ponemos, ponéis, ponen |
| *Preterit:* | puse, pusiste, puso, pusimos, pusisteis, pusieron |
| *Future:* | pondré, pondrás, pondrá, pondremos, pondréis, pondrán |
| *Conditional:* | pondría, pondrías, pondría, pondríamos, pondríais, pondrían |
| *Imperative:* | pon, ponga, pongamos, poned, pongan |
| *Pres. Subj.:* | ponga, pongas, ponga, pongamos, pongáis, pongan |
| *Imp. Subj.:* | pusiera (pusiese), pusieras, pusiera, pusiéramos, pusierais, pusieran |
| *Past Part.:* | puesto |

**querer** (*to want, to wish, to like*)

| *Pres. Ind.:* | quiero, quieres, quiere, queremos, queréis, quieren |
| *Preterit:* | quise, quisiste, quiso, quisimos, quisisteis, quisieron |
| *Future:* | querré, querrás, querrá, querremos, querréis, querrán |
| *Conditional:* | querría, querrías, querría, querríamos, querríais, querrían |
| *Imperative:* | quiere, quiera, queramos, quered, quieran |
| *Pres. Subj.:* | quiera, quieras, quiera, queramos, queráis, quieran |
| *Imp. Subj.:* | quisiera (quisiese), quisieras, quisiera, quisiéramos, quisierais, quisieran |

**resolver** (*to decide on*)

| *Past Part.:* | resuelto |

**saber** (*to know*)

| *Pres. Ind.:* | sé, sabes, sabe, sabemos, sabéis, saben |
| *Preterit:* | supe, supiste, supo, supimos, supisteis, supieron |
| *Future:* | sabré, sabrás, sabrá, sabremos, sabréis, sabrán |
| *Conditional:* | sabría, sabrías, sabría, sabríamos, sabríais, sabrían |
| *Imperative:* | sabe, sepa, sepamos, sabed, sepan |
| *Pres. Subj.:* | sepa, sepas, sepa, sepamos, sepáis, sepan |
| *Imp. Subj.:* | supiera (supiese), supieras, supiera, supiéramos, supierais, supieran |

**salir** (*to leave, to go out*)

| *Pres. Ind.:* | salgo, sales, sale, salimos, salís, salen |
| *Future:* | saldré, saldrás, saldrá, saldremos, saldréis, saldrán |
| *Conditional:* | saldría, saldrías, saldría, saldríamos, saldríais, saldrían |
| *Imperative:* | sal, salga, salgamos, salid, salgan |
| *Pres. Subj.:* | salga, salgas, salga, salgamos, salgáis, salgan |

**ser** (*to be*)

| | |
|---|---|
| *Pres. Ind.:* | soy, eres, es, somos, sois, son |
| *Imp. Ind.:* | era, eras, era, éramos, erais, eran |
| *Preterit:* | fui, fuiste, fue, fuimos, fuisteis, fueron |
| *Imperative:* | sé, sea, seamos, sed, sean |
| *Pres. Subj.:* | sea, seas, sea, seamos, seáis, sean |
| *Imp. Subj.:* | fuera (fuese), fueras, fuera, fuéramos, fuerais, fueran |

**suponer** (*to assume*) See **poner.**

**tener** (*to have*)

| | |
|---|---|
| *Pres. Ind.:* | tengo, tienes, tiene, tenemos, tenéis, tienen |
| *Preterit:* | tuve, tuviste, tuvo, tuvimos, tuvisteis, tuvieron |
| *Future:* | tendré, tendrás, tendrá, tendremos, tendréis, tendrán |
| *Conditional:* | tendría, tendrías, tendría, tendríamos, tendríais, tendrían |
| *Imperative:* | ten, tenga, tengamos, tened, tengan |
| *Pres. Subj.:* | tenga, tengas, tenga, tengamos, tengáis, tengan |
| *Imp. Subj.:* | tuviera (tuviese), tuvieras, tuviera, tuviéramos, tuvierais, tuvieran |

**traducir** (*to translate*) See **conducir.**

**traer** (*to bring*)

| | |
|---|---|
| *Pres. Ind.:* | traigo, traes, trae, traemos, traéis, traen |
| *Preterit:* | traje, trajiste, trajo, trajimos, trajisteis, trajeron |
| *Imperative:* | trae, traiga, traigamos, traed, traigan |
| *Pres. Subj.:* | traiga, traigas, traiga, traigamos, traigáis, traigan |
| *Imp. Subj.:* | trajera (trajese), trajeras, trajera, trajéramos, trajerais, trajeran |
| *Pres. Part.:* | trayendo |
| *Past Part.:* | traído |

**valer** (*to be worth*)

| | |
|---|---|
| *Pres. Ind.:* | valgo, vales, vale, valemos, valéis, valen |
| *Future:* | valdré, valdrás, valdrá, valdremos, valdréis, valdrán |
| *Conditional:* | valdría, valdrías, valdría, valdríamos, valdríais, valdrían |
| *Imperative:* | vale, valga, valgamos, valed, valgan |
| *Pres. Subj.:* | valga, valgas, valga, valgamos, valgáis, valgan |

**venir** (*to come*)

| | |
|---|---|
| *Pres. Ind.:* | vengo, vienes, viene, venimos, venís, vienen |
| *Preterit:* | vine, viniste, vino, vinimos, vinisteis, vinieron |
| *Future:* | vendré, vendrás, vendrá, vendremos, vendréis, vendrán |
| *Conditional:* | vendría, vendrías, vendría, vendríamos, vendríais, vendrían |
| *Imperative:* | ven, venga, vengamos, venid, vengan |
| *Pres. Subj.:* | venga, vengas, venga, vengamos, vengáis, vengan |
| *Imp. Subj.:* | viniera (viniese), vinieras, viniera, viniéramos, vinierais, vinieran |
| *Pres. Part.:* | viniendo |

**ver** (*to see*)

| | |
|---|---|
| *Pres. Ind.:* | veo, ves, ve, vemos, veis, ven |
| *Imp. Ind.:* | veía, veías, veía, veíamos, veíais, veían |
| *Preterit:* | vi, viste, vio, vimos, visteis, vieron |
| *Imperative:* | ve, vea, veamos, ved, vean |
| *Pres. Subj.:* | vea, veas, vea, veamos, veáis, vean |
| *Imp. Subj.:* | viera (viese), vieras, viera, viéramos, vierais, vieran |
| *Past. Part.:* | visto |

**volver** (*to return*)

| | |
|---|---|
| *Past Part.:* | vuelto |

# APPENDIX C

## USEFUL CLASSROOM EXPRESSIONS

You will hear your teacher use the following directions and general terms in class. Take time to familiarize yourself with them.

- When the teacher is speaking to the whole class:

| | |
|---|---|
| **Abran sus libros, por favor.** | *Open your books, please.* |
| **Cierren sus libros, por favor.** | *Close your books, please.* |
| **Escriban, por favor.** | *Write, please.* |
| **Escuchen, por favor.** | *Listen, please.* |
| **Estudien la lección...** | *Study Lesson...* |
| **Hagan el ejercicio número...** | *Do exercise number...* |
| **Levanten la mano.** | *Raise your hands.* |
| **Repasen el vocabulario.** | *Review the vocabulary.* |
| **Repitan, por favor.** | *Repeat, please.* |
| **Siéntense, por favor.** | *Sit down, please.* |
| **Vayan a la página...** | *Go to page...* |

- When the teacher is speaking to one student:

| | |
|---|---|
| **Continúe, por favor.** | *Go on, please.* |
| **Lea, por favor.** | *Read, please.* |
| **Vaya a la pizarra, por favor.** | *Go to the chalkboard, please.* |

- Some other words used in the classroom.

| | | | |
|---|---|---|---|
| **diccionario** | *dictionary* | **palabra** | *word* |
| **dictado** | *dictation* | **presente** | *present, here* |
| **examen** | *exam* | **prueba** | *quiz* |
| **horario de clases** | *class schedule* | **tarea** | *homework* |

## Length

la pulgada = *inch*
el pie = *foot*
la yarda = *yard*
la milla = *mile*

1 centímetro (cm) = .3937 pulgadas (*less than 1/2 inch*)
1 metro (m) = 39.37 pulgadas (*1 yard, 3 inches*)
1 kilómetro (km) (1.000 metros) = .6214 millas (*5/8 mile*)

## Weight

la onza = *ounce*
la libra = *pound*
la tonelada = *ton*

1 gramo (g) = .03527 onzas
100 gramos = 3.527 onzas (*less than 1/4 pound*)
1 kilogramo (kg) (1.000 gramos) = 2.2 libras

## Liquid Measure

la pinta = pint
el cuarto (de galón) = quart
el galón = gallon

1 litro (l) = 1.0567 cuartos (de galón) (*slightly more than a quart*)

## Surface

el acre = *acre*
1 hectárea = 2.471 acres

# Temperature

°C = Celsius (*Celsius*) or centigrade (*centígrado*); °F = Fahrenheit (*Fahrenheit*)
0° C = 32° F (*freezing point of water*)
37° C = 98.6° F (*normal body temperature*)
100° C = 212° F (*boiling point of water*)

Conversión de grados Fahrenheit a grados centígrados °C = 5/9 (°F −32)
Conversión de grados centígrados a grados Fahrenheit °F = 9/5 (°C) + 32

# SPANISH-ENGLISH VOCABULARY

The Spanish-English and English-Spanish vocabularies contain all active and passive vocabulary that appears in the manual. Active vocabulary includes words and expressions appearing in the *Vocabulario* and in the *Vocabulario adicional* lists. Passive vocabulary consists of those words and phrases that are given an English gloss in readings, exercises, activities, and authentic documents. These items are followed by a number indicating the lesson in which each word appears for the first time. *Vocabulario adicional* and *English glossed* items are indicated by the abbreviations *v.a.* and *g.*, respectively.

The following abbreviations are also used in the vocabularies:

| | | | |
|---|---|---|---|
| *adj.* | adjective | *L.A.* | Latin America |
| *adv.* | adverb | *m.* | masculine noun |
| *col.* | colloquial | *Méx.* | Mexico |
| *f.* | feminine noun | *pl.* | plural noun |
| *form.* | formal | *sing.* | singular noun |
| *inf.* | infinitive | | |

## A

**a** to, 1; at, 1
— **cargo de** assigned to, g. 20
¿— **cómo está el cambio?** What's the rate of exchange?, 2
— **corto plazo** in a short term, g. 17
— **favor de** on behalf of, v.a. 19
— **fin de que** so that, 19
— **jornada completa** full-time, v.a. 10
— **la derecha (izquierda)** to the right (left), 2
— **la hora del almuerzo** at lunch time, 4
— **la llegada** upon arrival, v.a. 1
— **la semana** weekly, 10
— **la una** at one o'clock, g. 1
— **la vista** as soon as presented (*bill of exchange*), s. 4
— **las (+ *time*)** at (+ *time*), 1
— **las (los) demás** to other people, g. 10
— **media jornada** part-time, v.a. 10
— **medio día** part-time, v.a. 10
— **medio tiempo** part-time, v.a. 10
— **nombre mío** in my name, v.a. 15
— **partes iguales** in equal parts, 20
— **partir de** starting, 3
— **partir del día** as of (+ *date*), v.a 3
— **pesar de (que)** in spite of (the fact that), 14
— **plazo fijo** fixed term (deposit), 13
¿— **qué distancia?** how far?, 3
¿— **qué hora?** at what time?, 1
¿— **quién(es)?** whom, v.a. 2
— **su cargo** at your expense, s. 2
— **sus órdenes** at your service, 10

— **tiempo completo** full-time, v.a. 10
— **toda plana** full-page, v.a. 14
— **todo el mundo** the world over, 9
— **tres cuadras de** three blocks from, 7
— **veces** sometimes, 6
— **ver** let's see, 6
**abintestato** (*m.*) intestate case (dying without a will), 20
**abogado(a)** lawyer (*m., f.*), 20
— **acusador(a)** prosecutor, v.a. 20
**abonar** to pay, s. 4
**abrasivo(a)** abrasive, g. p
**abrecartas** (*m.*) letter opener, v.a. 10
**abrigo** (*m.*) coat, sweater, 14
**abrir** to open, 2
— **un negocio** to set up a business, 16
**abrocharse el cinturón de seguridad** to fasten one's seat belt, v.a. 1
**absuelto(a)** (*m., f.*) not guilty, v.a. 20
**abuelo(a)** grandfather, grandmother, 13
**acceso** (*m.*) access, 7
**accesorio** (*m.*) accessory, 5
**accidente** (*m.*) accident, 19
**acción** (*f.*) stock, 13; share, 13
**aceite** (*m.*) oil, v.a. 8
**acelerador** (*m.*) accelerator, v.a. 6
**aceptar** to accept, 2
**acera** (*f.*) sidewalk, 8
**acerca de** about, 7
**aconsejar** to advise, 16
**acordarse (o:ue)** to remember, 18
**acreditado(a)** well-established, 6
**acreditar** to credit, v.a. 11; to give official authorization, 13
**acreedor(a)** (*m., f.*) creditor, v.a. 11
**activo** (*m.*) assets, v.a. 11

**actual** current, 6; present, 6
**actualmente** presently, 10
**acumulador** (*m.*) battery, v.a. 6
**acusado(a)** (*m., f.*) defendant (*in a criminal case*), v.a. 20
**acusador(a)** (*m., f.*) prosecutor, v.a. 20
**acuse de recibo** (*m.*) return receipt, v.a. 7
**adaptar** to adapt, 18
**adaptarse** to become adapted to, g. 15
**adecuado(a)** adequate, s. 3
**adelantar** to pay in advance, 20
**además** besides, 6
**adicional** additional, g. 1
**adiestramiento** (*m.*) training, g. 5
**adiós** good-bye, p
**adjetivo** (*m.*) adjective, g. p
**adjudicado(a)** awarded, 20
**adjunto** (*m.*) enclosure, s. 2
**adjunto(a)** attached, v.a. 11
**administración** (*f.*) administration, g. p
— **de empresas (negocios)** business administration, 16
— **de Pequeños Negocios** Small Business Administration, 16
— **Federal de Hipotecas** Federal Housing Authority (FHA), v.a. 17
**administrador(a)** (*m., f.*) administrator, manager, g. p
**administrar** to manage, 20
**aduana** (*f.*) customs, 1
**aéreo(a)** air, 9
**aerolínea** (*f.*) airline, v.a. 1
**aeropuerto** (*m.*) airport, 1
**afectar** to affect, 18
**agarrar** to take, 8
**agencia** (*f.*) agency, g. p
— **de publicidad** advertising agency, p

**agente** (*m., f.*)　agent, g. p
— **viajero(a)** (*m., f.*)　traveling
salesperson, 6
**agrado** (*m.*)　pleasure, s. 3
**agregar**　to add, 14
**agrícola**　agricultural, g. 11
**agua caliente (fría)** (*f.*, but **el agua**)　hot
(cold) water, v.a. 3
**aguacate** (*m.*)　avocado, v.a. 4
**ahora**　now, 1
— **mismo**　right now, 17
**ahorita**　now (*Méx.*), 1; in a while, 1
**ahorrar**　to save, 7
**ahorro** (*m.*)　savings, 6
**aire**　(*m.*) air, 3
— **acondicionado**　air conditioning, 3
**ají** (*m.*)　chili (pepper), 4
**ajuste** (*m.*)　adjustment; reconciliation,
v.a. 11
**al**　to the, 4
— **alcance**　within reach, g. 6
— **año**　yearly, 10
— **contado**　cash, g. 15
— **detall**　retail, 5
— **detalle**　retail, 5
— **día**　daily, 8
— **día siguiente**　the next day, 4
— **fondo**　in the back, 5
— **gusto**　any style, to order; to taste,
v.a. 4
— **horno**　baked, v.a. 4
— **igual**　in the same way, g. 13
— **llegar**　upon arrival, v.a. 1
— **mayoreo**　wholesale, 5
— **menudeo**　retail, 5
— **mes**　monthly, 17
— **poco rato**　a while later, 3
— **por mayor**　wholesale, 5
— **por menor**　retail, 5
— **respecto**　about that, 10; about
the matter, 10
— **ritmo de**　according to, s. 3
— **toda plana**　full-page, v.a. 14
— **vapor**　steamed, v.a. 20
**albacea** (*m., f.*)　executor, 20
**alberca** (*f.*) (*Méx.*) swimming pool,
v.a. 17
**alboroto** (*m.*)　riot, s. 4
**alcanzar**　to be enough, 19; to reach, 19
**alcohol** (*m.*)　alcohol, 20
**alcohólico(a)**　alcoholic, 2
**alegrarse**　to be happy, 17; to be glad, 17
**alfarería** (*f.*)　pottery (*i.e.*, the craft), 9;
pottery shop, 9
**alfombra** (*f.*)　carpet, 17
**algo**　something, v.a. 5
¿— **que declarar?**　anything to
declare?, 2
¿— **más?**　anything else?, 3
**algodón** (*m.*)　cotton, 9
**algún(alguno-a)**　any, 7
**alguna vez**　ever, v.a. 5
**algunas veces**　sometimes, 19
**alimentar**　to feed, 12
**alimentos frescos** (*m., f.*)　fresh foods, s. 1
**allá**　there, over there, 3
**allí**　there, 16

**almacén** (*m.*)　warehouse, v.a. 5
**grandes almacenes** (*m. pl.*)　department store, g. 1
**almeja** (*f.*)　clam, v.a. 4
**almohada** (*f.*)　pillow, 1
**almorzar** (o:ue)　to have lunch, 10
**almuerzo** (*m.*)　lunch, 4
**alquilado(a)**　rented, 18
**alquilar**　to rent, 8; to lease, v.a. 13
**alquiler** (*m.*)　rent, 12
**altavoz** (*m.*)　loudspeaker, 1
**alto(a)**　high, 9
**alto** (*m.*)　height, 7; depth (*of a
container*), 7
**altoparlante** (*m.*)　loudspeaker, 1
**ambos(as)**　both, 3
**americano(a)**　American, g. p
**amistades** (*f. pl.*)　friends, g. 12
**amortiguador** (*m.*)　shock absorber, 6
**amparar**　to support, s. 4
**analógico**　analog, v.a. 12
**anaquel** (*m.*)　shelf, 18
**ancho** (*m.*)　width, 7
**anexo** (*m.*)　enclosure, s. 2
**animales vivos** (*m., pl.*)　live animals, s. 1
**anotar**　to write down, to note, to jot
down, 5
**antefirma** (*f.*)　sender's company name, s. 2
**anterior**　previous, 11; former, 11
**antes (de)**　before, 1
— **de decidir**　before deciding, g. 6
**anticipadamente**　ahead of time, s. 4
**anticipo** (*m.*)　advance payment, v.a. 5
**anual**　yearly, 10
**anunciado(a)**　advertised, g. 1
**anunciar**　to announce, 1; advertise,
v.a. 14
**anuncio** (*m.*)　ad, 14
— **panorámico**　billboard, v.a. 14
**año** (*m.*)　year, 10
**apagar la luz**　to turn off the light, v.a. 3
**aparecer**　to appear, 13
**apariencia** (*f.*)　appearance, 14
**apartado postal** (*m.*)　post office box,
v.a. 7
**apartamento** (*m.*)　apartment, 3
**aparte**　separately, 7; in addition to, 7
**apellido** (*m.*)　last name, P; surname, p
— **materno**　mother's last name, s. 1
— **paterno**　father's last name, s. 1
**apenas**　scarcely, 9; hardly, 9
**apio** (*m.*)　celery, v.a. 4
**apreciable**　noticeable, g. 4
**aprobación** (*f.*)　approval, v.a. 16
**aprobar** (o:ue)　to approve, 16
**aprovechar**　to take advantage, g. 5
**aquél** (*m.*)　that (over there), 18
**aquí**　here, 2
— **tiene...**　here's..., 4
**aranceles** (*m. pl.*) (customs) duty, 2
**araña** (*f.*)　spider, g. 14
**árboles frutales** (*m. pl.*)　fruit trees, 17
**archivador** (*m.*)　file, filing cabinet
(*España*), v.a. 10
**archivar**　to file, v.a. 10
**archivo** (*m.*)　file, filing cabinet, v.a. 10
**área** (*f.*, but **el área**)　area, 7

**arrancar**　to start, 8
**arreglar**　to repair, to fix, v.a. 8
**arreglo** (*m.*)　arrangement, 11
**arrendador(a)**　lessor, landlord, s. 4
**arrendamiento** (*m.*)　lease, v.a. 18
**arrendar**　to rent, to lease, v.a. 13
**arrendatario(a)** (*m., f.*)　lessee, v.a. 18;
tenant, s. 4
**arriendo** (*m.*)　lease, v.a. 18
**arriesgarse**　to take risks, g. 11
**arroz** (*m.*)　rice, 4
**artesanía** (*f.*)　artcraft, 8; handicraft, 8
**artículo** (*m.*)　article, 5; item, 5
**asado(a)**　grilled, 4; broiled, 4; roasted, 4
**asalto** (*m.*)　assault, v.a. 20
**ascensor** (*m.*)　elevator, 3
**aseado(a)**　clean, s. 4
**asegurado(a)** (*adj.*)　insured, 15; (*m., f.*)
policyholder, v.a. 19
**asegurador(a)**　insurer (*m., f.*); insurance
company, v.a. 19
**aseguranza** (*f.*) (*Méx.*) insurance, 19
**asegurar**　to ensure, 3; to insure, 19
— **se**　to make sure, g. 9
**asesinato** (*m.*)　murder, v.a. 20
— **de primer (segundo) grado**　first
(second) degree murder, v.a. 20
**asesor(a) de inversiones** (*m., f.*)　investment officer, s. 3
**asesoramiento** (*m.*)　advice, 16; consulting, 16
**así**　thus, this way, g. 5
— **que**　so, 10
**asiduidad** (*f.*)　frequency (of business
orders), *s. 3*
**asiento** (*m.*)　seat, 1; entry, 11
— **de diario**　journal entry, 11
— **de pasillo**　aisle seat, 1
— **de ventanilla**　window seat, 1
**asistencia** (*f.*)　attendance, 12
**asistente** (*m., f.*)　assistant, 11
**asociación** (*f.*)　association, g. p
**aspirante** (*m., f.*)　applicant, v.a. 10
**asumible**　assumable, 17
**asumir**　to assume, 16
**asunto** (*m.*)　reference line; subject, s. 2
**atacar**　to attack, g. 11
**atención** (*f.*)　attention, 1
— **médica y hospitalaria**　medical
and hospital care, 19
**atender** (e:ie)　to assist, 5; to attend, 5;
to wait on, 5
**aterrizaje** (*m.*)　(plane) landing, v.a. 1
**atraer**　to atract, g. 18
**atún** (*m.*)　tuna, v.a. 4
**audífonos** (*m., pl.*)　headset, v.a. 7
**aumentar**　to increase, 9
**aumento** (*m.*)　increase, 9; raise, 9
**aún**　as yet, still, g. 11
**aunque**　although, g. 4
**ausencia** (*f.*)　absence, 12
**auto** (*m.*)　car, 6
— **de prisión**　warrant, v.a. 20
**autobús** (*m.*)　bus, 8
**automáticamente**　automatically, 12
**automático(a)**　automatic, 8
**automatizar**　to automate, 12

　**BASIC SPANISH FOR BUSINESS AND FINANCE**

**automóvil** (*m.*)   car, 6
**autopista** (*f.*)   expressway, v.a. 14; freeway, v.a. 14
**autorizar**   to authorize, 18
**auxiliar de vuelo** (*m., f.*)   flight attendant, 1
**aval** (*m.*)   collateral, 16
**avenida** (*f.*)   avenue, 8
**avería** (*f.*)   damage (merchandise during transport), 9
**averiguar**   to find out, 9
**aves** (*f. pl.*)   poultry, fowl, v.a. 4
**avión** (*m.*)   plane
**avisar**   to inform, 8; to give notice, 8
**aviso** (*m.*)   notification, s. 4
**ayer**   yesterday, 11
**ayuda** (*f.*)   help, 12; assistance, 12
**ayudante** (*m., f.*)   assistant, 11
**ayudar**   to help, 9

## B

**bacalao** (*m.*)   cod, v.a. 4
**bagre** (*m.*)   bagre (*freshwater fish*), 4
**bajar**   to go down, 2
**bajarse**   to get off, 8
**bajo(a)**   low, g. 14
**balance** (*m.*)   balance, 11
— **de comprobación**   trial balance, 11
— **general**   balance sheet, 11
**balboa** (*m.*)   currency of Panama, g. 2
**baldosa** (*f.*)   tile, 17
**bancario(a)** (*adj.*)   bank, banking, 6
**bancarrota** (*f.*)   bankrupcy, insolvency, 15
**banco** (*m.*)   bank, g. p
— **electrónico**   electronic bank, 15
**banda elástica** (*f.*)   rubber band, v.a. 10
**banquero(a)** (*m., f.*)   banker, v.a. 15
**banqueta** (*f.*)   sidewalk (*Méx.*), 8
**bañadera** (*f.*)   bathtub, v.a. 3
**baño** (*m.*)   bathroom, v.a. 1; toilet, v.a. 1
**barato(a)**   inexpensive, v.a. 5; cheap, v.a. 5
**barbería** (*f.*)   barber shop, v.a. 18
**barco** (*m.*)   ship; boat, v.a. 9
**barrera** (*f.*)   barrier, g. 11
**barrio** (*m.*)   neighborhood, 15
**base** (*f.*)   base, g. 3
**bastante**   quite, 19
**batería** (*f.*)   battery, v.a. 6
**baúl** (*m.*)   trunk, v.a. 6
**bazaar** (*m.*)   bazaar, store, 14
**beber**   to drink, 4
**bebida** (*f.*)   drink, 2
**beca** (*f.*)   scholarship, 16
**beneficiario(a)** (*m., f.*)   beneficiary, g. p; person or business authorized to receive payment (bill of exchange), s. 4
**beneficio adicional (marginal)** (*m.*)   fringe benefit, 10
**beneficioso(a)**   advantageous, g. 5
**berro** (*m.*)   watercress, v.a. 4
**bien**   fine, P; well, P
— **cocido(a)**   well done, v.a. 4
— **cocinado(a)**   well done, v.a. 4
— **terminado(a)**   well made, 5

**bienes** (*m. pl.*)   assets, 20
— **inmuebles**   real estate, 13
— **muebles**   personal property, 13
— **raíces**   real estate, 13
**bienvenido(a)**   welcome, 2
**bife** (*m.*)   steak (*Arg.*), g. 4
**biftec** (*m.*)   steak, g. 4
**bilingüe**   bilingual, 10
**billete** (*m.*)   ticket, 1
— **de banco**   bill, v.a. 15; bank note, v.a. 15
— **de ida**   one-way ticket, 1
— **de ida y vuelta**   round-trip ticket, 1
— **falso**   counterfeit bill, v.a. 15
**billón**   trillion, g. 11
**bistec** (*m.*)   steak, v.a. 4
**blanquillo** (*m.*)   egg (*Méx.*), 4
**blusa** (*f.*)   blouse, 14
**bocina** (*f.*)   horn, klaxon, v.a. 6
**bolígrafo** (*m.*)   ballpoint pen, v.a. 3
**bolívar** (*m.*)   currency of Venezuela, g. 2
**boliviano** (*m.*)   currency of Bolivia, g. 2
**bolsa** (*f.*)   bag, 14; stock exchange, g. 18
— **de aire** (*f.*)   air bag, v.a. 6
**bolso(a)** (*m., f.*)   handbag, 2; carry-on bag, 2
**bomba de agua** (*f.*)   water pump, v.a. 8
**bonito(a)**   beautiful, 17
**bonito** (*m.*)   tuna, v.a. 4
**bono** (*m.*)   bond, 13
**borracho(a)**   drunk, 20
**botones** (*m.*)   bellhop, 3
**boulevard, bulevar** (*m.*)   boulevard, 8
**brécol** (*m.*)   broccoli, v.a. 4
**breve**   brief, p
**bróculi** (*m.*)   broccoli, v.a. 4
**bruto(a)**   gross, v.a. 9
**buen**   well, 9
**buen(o)(a)**   good, 4
**buenas noches**   good evening, P; good night, P
**buenas tardes**   good afternoon, p
**buenos días**   good morning, P; good day, p
**bufete** (*m.*)   office (of a lawyer), 20
**bujía** (*f.*)   spark plug, v.a. 6
**bulto** (*m.*)   package, 2; bundle, 2
**buque** (*m.*)   ship; boat, v.a. 9
**buró** (*m.*)   desk, v.a. 10
**buscar**   to look for, 5
**buzón** (*m.*)   mailbox, 7

## C

**caballero** (*m.*)   gentleman, v.a. 1
**caber**   to fit, 9
**cabeza** (*f.*)   head, 20
— **de familia** (*m., f.*)   head of household (of the family), 13
**cable** (*m.*)   cable, v.a. 12
**cada**   each, 5
**cadena** (*f.*)   chain, 5
**café** (*m.*)   coffee, 4
— **con leche**   café au lait, 4
— **expreso**   espresso, 4; strong black coffee, 4

— **solo**   espresso, 4; strong black coffee, 4
**cafetería** (*f.*)   cafeteria, 4
**caja** (*f.*)   box; petty cash, s. 4
— **de bolas**   ball bearings, v.a. 6
— **registradora**   cash register, 12
**cajero(a)** (*m., f.*)   teller, v.a. 15
**cajero automático** (*m.*)   automatic teller machine, v.a. 15
**cajuela** (*f.*)   trunk (*Méx.*), v.a. 6
**cajetilla** (*f.*)   pack, package, g. 2
**calamar** (*m.*)   squid, v.a. 4
**calculador(a)** (*m., f.*)   calculator, g. p
— **de bolsillo**   pocket calculator, v.a. 2
**calcular**   to calculate, g. 13
**calderilla** (*f.*)   small change, v.a. 15
**calefacción** (*f.*)   heating, v.a. 3
**calendario** (*m.*)   calendar, g. p
**calidad** (*f.*)   quality, 5
**calificación** (*f.*)   qualification, v.a. 10
**calificado(a)**   qualified, g. 15
**calificar** (*col.*)   to qualify, 16
**calle** (*f.*)   street, p
**calumnia** (*f.*)   slander, false charge, v.a. 20
**cámara** (*f.*)   camera, 2
— **de video**   video camera, 2
— **fotográfica**   (photographic) camera, 2
**camarero(a)** (*m., f.*)   waiter, 4; waitress, 4
**camarón** (*m.*)   shrimp, v.a. 4
**cambiar**   to change, 2; to exchange, 2
— **un cheque**   to cash a check, v.a. 15
**cambio** (*m.*)   change, v.a. 6; shift, 8
— **de aceite**   oil change, v.a. 6
— **manual**   standard shift, 8
— **mecánico**   standard shift, 8
**caminar**   to walk, 2
**camión** (*m.*)   bus (*Méx.*), 8; truck, 9
**camioneta** (*f.*)   van, v.a. 9
**camisa** (*f.*)   shirt, 14
**campaña de promoción** (*f.*)   promotion campaign, 14
**campesino(a)**   farmer, g. 19
**canasta** (*f.*)   basket, g. 7
**cancelado(a)**   canceled, 13
**candente**   burning, g. 11
**candidato(a)** (*m., f.*)   candidate, 10; applicant, 10
**cangrejo** (*m.*)   crab, v.a. 4
**cantidad** (*f.*)   quantity, 5
**capacidad** (*f.*)   means, capacity, 14
— **instalada**   productive capacity, 14
**capacitado(a)**   qualified, g. 12
**capital** (*f.*)   capital (i.e., city), 6
**capital** (*m.*)   capital (i.e., assets), v.a. 11
**característica** (*f.*)   feature, 14
**cárcel** (*f.*)   jail, g. 2
**carga** (*f.*)   shipment, 9; load, 9
**cargamento** (*m.*)   shipment, 9; load, 9
**cargar**   to charge, 7; to load, 9
**cargo** (*m.*)   title, v.a. 5; employment, v.a. 5
**caridad** (*f.*)   charity, 13
**carne** (*f.*)   meat, v.a. 4
— **asada**   steak (*Méx.*), v.a. 4
— **de res**   beef, v.a. 4
**carnicería** (*f.*)   meat market, v.a. 18
**caro(a)**   expensive, 5

**carrera** (*f.*)   studies, 13; schooling, 13; career, 13

**carretera** (*f.*)   highway, v.a. 9

**carro** (*m.*)   car, 6

**carrocería** (*f.*)   body (*of an automobile*), v.a. 6

**carta** (*f.*)   letter, 7

— **certificada**   registered (certified) letter, v.a. 7

— **circular**   circular, s. 2

— **de negocios**   business letter, s. 2

— **de recomendación**   letter of recommendation, v.a. 10

**cartel** (*m.*)   poster, v.a. 14

**cartera** (*f.*)   handbag, 14; purse, 14

**cartero(a)** (*m., f.*)   mail carrier, v.a. 7

**casa** (*f.*)   firm, 1; business, 1; company, 1; house, 4

— **de cambio**   currency exchange office, 2

— **de empeño(s)**   pawnshop, v.a. 18

— **de huéspedes**   boarding house, g. 3

— **matriz**   main office, v.a. 15

— **propia**   one's own home

**casado(a)**   married, p

**casarse**   to get married, 16

**casetera** (*f.*)   VCR, v.a. 2

**casi**   almost, 2

**casilla de correo** (*f.*)   post office box, v.a. 7

**caso** (*m.*)   case, 11

**causado(a)**   caused, 19

**cena** (*f.*)   dinner; supper, g. 4

**centavo** (*m.*)   cent, v.a. 2

**centímetro** (*m.*)   centimeter, 7

**centro** (*m.*)   center, 3

— **comercial**   shopping center, 18; mall, 4

— **de la ciudad**   downtown, 3; center of the city, 3

**cerca (de)**   near, 17

**cercano(a)**   near, 7; close by, 7

**cerdo** (*m.*)   pork, v.a. 4

**cerrar (e:ie)**   to close, 5

**certificado de depósito**   certificate of deposit (C.D.), 13

**cesantear**   to fire (*i.e., an employee*), v.a. 10

**césped** (*m.*)   lawn, 17; grass, 17

**chamaco(a)** (*m., f.*) (*Méx.*)   child, 5

**chamarra** (*Méx.*)   jacket, 14

**champú**   shampoo, v.a. 3

**chaqueta** (*f.*)   jacket, 14

**chasis** (*m.*)   chassis, v.a. 6

**checar** (*col, Méx.*)   to check, v.a. 8

**cheque** (*m.*)   check, g. p

— **al portador**   check to the bearer, v.a. 15

— **de caja**   cashier's check, 15

— **de viajero**   traveler's check, 2

— **sin fondos**   bounced check, v.a. 15; overdrawn check, v.a. 15

**chequear**   to check, v.a. 8

**chequera** (*f.*)   checkbook, v.a. 15

**chícharos** (*m. pl.*)   peas, v.a. 4

**chile** (*m.*)   chili (pepper), 4

**chimenea** (*f.*)   fireplace, 17

**chinche** (*f.*)   thumbtack, v.a. 10

**chocar**   to collide, 19; to have a collision, 19

**chofer** (*m., f.*)   chauffeur, 8; driver, 8

**cigarrillo** (*m.*)   cigarette, 2

**cinturón de seguridad** (*m.*)   seat belt, v.a. 1

**circulación** (*f.*)   circulation, 14

**circular** (*f.*)   circular, 12

**circunstancias atenuantes (agravantes)** (*f., pl.*)   special circumstances, v.a. 20

**cita** (*f.*)   appointment, 5

**ciudad** (*f.*)   city, 4

**ciudadano(a)** (*m., f.*)   citizen, 2

**civilizado(a)**   civilized, g. p

**claramente**   clearly, g. 15

**claro**   of course, 15

**clase** (*f.*)   class, g. 3

— **acomodada**   upper class, g. 6

— **media**   middle class, g. 3

— **turística**   tourist class, v.a. 1

**cláusula** (*f.*)   clause g. p

**clave** (*f.*)   code, 7

**claxon** (*m.*)   horn, klaxon, v.a. 6

**cliente** (*m., f.*)   client, 5; customer, 5

**cobertura** (*f.*)   coverage, 19

**cobija** (*f.*) (*Méx.*)   blanket, 1

**cobrar**   to charge, g. 1

— **o devolver (C.OD.)**   collect on delivery (C.O.D.), v.a. 9

— **un cheque**   to cash a check, v.a. 15

**cobro** (*m.*)   collection (*of debts*), 12

**cocina** (*f.*)   kitchen, 17; stove, 17

**coche** (*m.*)   car, 6

**código** (*m.*)   code, 7

**coger**   to take, 8

**cojinetes** (*m. pl.*)   roller bearings, v.a. 6

**colocar**   to place, 18

**colón** (*m.*)   currency of Costa Rica and El Salvador, g. 2

**colonia** (*Méx.*) (*f.*)   neighborhood, 15

**coma** (*f.*)   comma, g. 2

**comedor** (*m.*)   dining room, 17

**comején** (*m.*)   termite, 17

**comenzar (e:ie)**   to begin, 5

**comer**   to eat, 4

**comercial**   commercial, g. p

**comida** (*f.*)   lunch, 4; meal, 13; food, 13

**comisión** (*f.*)   commission, 13

**como**   as, 4

**cómo no**   certainly, 1; of course, 1

**¿cómo?**   how?, 4

— **¿está Ud.?**   how are you?, p

— **¿son?**   what are (they) like?, 4

**compacto(a)**   compact, 8

**compañía** (*f.*)   company, g. p

**comparar**   to compare, 6

**comparecencia** (*f.*)   appearance, v.a. 20

**compatible**   compatible, 9

**compensación** (*f.*)   compensation, 20

**compensar**   to compensate, 6

**competencia** (*f.*)   competition, 14

**competir (e:i)**   to compete, 6

**competitivo(a)**   competitive, 6

**completar**   to fill out (a form), 1

**completo(a)**   complete, full, 13

**componente** (*m.*)   component, v.a. 12

**componer**   to repair, 20; to fix, 20

**composición de textos** (*f.*)   word processing, 10

**compra** (*f.*)   buying, 6; purchase, v.a. 5

**comprador(a)** (*m., f.*)   buyer, 1

**comprar**   to buy, 5

**compraventa** (*f.*)   purchase and sale agreement, v.a. 5

**comprender**   to understand, 5

**comprensivo(a)**   comprehensive, 19

**comprobante** (*m.*)   claim check, 2; (written) proof or verification, 2; (written) proof or receipt, 13

— **del sueldo y de los descuentos**   wage and tax statement (W-2), 13

**computación** (*f.*)   computation, 12

**computador(a)** (*m., f.*)   computer, g. p

— **portátil**   laptop computer, 2

**común**   usual, g. 18

**comunicación** (*f.*)   communication, 7

**con**   with, P

— **cargo**   drawn on, s. 4

— **pocas millas** (*i.e., a car*)   with not too many miles on it. g 8

— **propiedad** (*i.e., hablar*)   correctly, g. 10

— **que cuenta**   available, 7

**¿— quién?**   with whom?, 11

**¿— quién desea Ud. hablar?**   with whom would you like to speak?, P

— **referencia a**   with regard to, s. 2

**conceder un crédito**   to extend credit, v.a. 5

**concepto** (*m.*)   concept, 12

**conciliar**   reconcile, v.a. 11

**condado** (*m.*)   county, 16

**condición** (*f.*)   condition, g. p

**condiciones de costumbre en la plaza (el mercado)**   usual terms in the market, 6

**condiciones de pago**   terms of payment, 6

**condominio** (*m.*)   condominium, 16

**conducir**   to drive, 8

— **bajo los efectos del alcohol (de las drogas)**   driving under the influence (DUI) of alcohol (drugs), driving while intoxicated, v.a. 20

**condueño(a)** (*m., f.*)   co-owner, 14

**conección para el cable**   cable outlet, v.a. 17

**conectar**   to connect, 12

**confeccionar**   to make, 14; to prepare, 14; to put together, 14

**confecciones** (*f., pl.*)   ready-made clothes, 5

**conferencia** (*f.*) **telefónica**   phone conference, v.a. 7

**confesión** (*f.*)   confession, v.a. 20

**confidencial**   confidential, s. 2

**confirmar**   to confirm, v.a. 1

**conforme a**   according to, s. 4

**congelado(a)**   frozen, 4

**conjunto(a)**   joint, v.a. 13

**conjunto** (*m.*)   set, 5

**conmigo**   with me, 6

**conocer**   to know, 7; to meet for the first time, 13

**conocido(a)**   known, g. 5

**conseguir (e:i)**   to obtain, 13; to get, 13

**consejo** (*m.*) advice, 14
**conservar** to mantain, g. 12
**consignatario(a)** (*m., f.*) consignee, v.a. 9
**consistir (en)** to consist (of), 10
**constancia** (*f.*) proof, v.a. 18
**construido(a)** built, 17
    **— a la orden** custom built, 17
**consultar** to consult, 11
**consumidor(a)** (*m., f.*) consumer, 6
**contabilidad** (*f.*) accounting, 11
**contable** accounting, 11
**contador(a)** (*m., f.*) accountant, 11
    **— público(a) titulado(a)** Certified Public Accountant (C.P.A.), v.a. 11
**contar (o:ue)** to count, 13
**contenedor** (*m.*) container, 9
**contener** to contain, 7
**contingencia** (*f.*) contingency, 17
**continuar** to continue, 10
**contra** against, 19
**contratar** to hire, 10; to employ, 10
**contrato** (*m.*) contract, g. p
**contribución** (*f.*) contribution, 13; (real estate) tax, 13
**contribuir** to contribute, 10
**contribuyente** (*m., f.*) taxpayer, v.a. 13
**conveniente** convenient, 13
**convenir** to suit, 18; to be good for, 18
    **—en** to agree on, v.a. 18
    **—le a uno** to be to one's advantage, 15
**conversación** (*f.*) conversation, p
**conversar** to talk, 1
**copa** (*f.*) glass, 4
**copia** (*f.*) copy, g. p
**copropietario** (*m.*) co-owner, 14
**corbina** (*f.*) sea bass, 4
**corchetera** (*f.*) stapler, v.a. 10
**cordero** (*m.*) lamb, v.a. 4
**córdoba** (*m.*) currency of Nicaragua, g. 2
**corredor(a) de bienes raíces** (*m., f.*) real estate agent, 17; realtor, 17
**correlativo(a)** related, s. 4
**correo** (*m.*) post office, 7
    **— aéreo** air mail, 7
    **— electrónico** electronic mail (e-mail), 7
**correr con** to be in charge of, 9
**correspondencia** (*f.*) mail, correspondence, v.a. 7
    **— comercial** business correspondence, s. 2
**cortinas** (*f., pl.*) curtains, v.a. 3
**cosa** (*f.*) thing, 7
**cosechero(a)** grower, g. 7
**costar (o:ue)** to cost, 6
    **— trabajo** to pay dearly, g. 15
**coste** (*m.*) cost, g. p
**costo** (*m.*) cost, g. p
    **—, seguro y flete (C.S.F.)** cost, insurance, and freight (C.I.F.), v.a. 9
**costoso(a)** costly, 11
**creación** (*f.*) creation, 5
**crecer** to grow, 11
**crédito** (*m.*) credit, g. p.
**creer** to believe, 6; to think, 6
**crudo(a)** rare, v.a. 4
**cruzar** to cross, 8

**cuadra** (*f.*) block, 7
**cuadrado(a)** square, 18
**cuadrar** to reconcile, v.a. 11
**cual** (*m., f.*) which, what, 13
**¿cuál?** which?, 3; what?, 3
**cualquier(a)** any, g. 2
**cuando** when, 4
    **— termina de comer** when he/she finishes eating, 4
**¿cuándo?** when?, 1
**¿cuánto(a)?** how much?, 3
**¿cuántos(as)?** how many?, 3
**cuarto** (*m.*) room, 3
    **— de lavar** laundry room, 17
    **— principal** master bedroom, v.a. 17
**cúbico(a)** cubic, 9
**cubierto(a)** covered, 19
**cubrir** to cover, 8
**cuello** (*m.*) neck, 20
**cuenta** (*f.*) bill, 4; account, 13
    **— a (por) cobrar** account receivable, v.a. 11
    **— a (por) pagar** account payable, v.a. 11
    **— acreedora** credit account, v.a. 11
    **— conjunta** joint account, 15
    **— corriente** checking account, v.a. 11
    **— de ahorros** savings account, 13
    **— de cheques** checking account (*Méx.*), 15
    **— del mercado de dinero** money market account, 15
    **— deudora** debit account, v.a. 11
    **— individual de retiro** individual retirement account (I.R.A.), 13
**cuentas claras** clean accounts, g. 12
**cuero** (*m.*) leather, 9
**cuerpo (de la carta)** (*m.*) body (of a letter), s. 2
**cuidado (a)** cared for, 17; kept, 17
**cuidadosamente** carefully, s. 2
**culpabilidad** guilt, g. 20
**culpable** at fault, 19; guilty, 20
**cumplir** to fulfill, g. 9
**cuota inicial** (*f.*) down payment, 16
**curriculum vitae** (*m.*) résumé, v.a. 10

## D

**dama** (*f.*) lady, v.a. 1
**daño** (*m.*) damage, 9
**dar** to give, 3
    **— a la calle** to overlook the street, 3
**datos** (*m. pl.*) information, 3; data, 3
**de** of, 1; from, 1
    **— acuerdo (con)** in accordance (with), 5
    **— costumbre** usual, 6
    **— enganche** deposit (down payment) (*Méx.*), 18
    **— la izquierda (derecha)** to the left (right), 2
    **— nada** you're welcome, p
    **— nuevo** again, 12

**— primera (calidad)** top quality, 5
**— todos modos** anyway, 7; in any case, 7
**— un lugar a otro** from one place to another, 8
**— uso** used, 13
**debajo (de)** underneath, v.a. 1
**debe** (*m.*) debit, v.a. 11
**deber** must, 2; should, 2; to have to, 2; to owe, 13
**debido(a)** due, v.a. 13
**debitar** to debit, v.a. 11
**decidir** to decide, 8
**decímetro** (*m.*) decimeter, 9
**decir** to say, 7; to tell, 7
**declaración** (*f.*) deposition, v.a. 20
    **— de aduana** customs form, 1
    **— de impuestos** tax return, 13
**declarar** to declare, 2; to depose, v.a. 20
    **—culpable** to declare at fault, 19
    **—se** to declare oneself, 15
    **—se culpable (inocente)** to plead guilty (not guilty), v.a. 20
    **—se en quiebra** to declare bankruptcy, 15
**deducción** (*f.*) deduction, 13
    **— general** standard deduction, v.a. 13
**deducible** deductible, v.a. 13
**deducir** to deduct, 13
**defender** to defend, g. 11
**defensa** (*f.*) (car) bumper, v.a. 6
**dejar** to leave (behind), 4
    **— de ser** to be no longer, s. 3
    **se lo puedo — en...** I can give it to you for..., 8
**delito** (*m.*) crime, g. 2
    **— mayor (grave)** felony, v.a. 20
    **— menor (menos grave)** misdemeanor, v.a. 20
**demanda** (*f.*) lawsuit, 20
**demandado(a)** (*m., f.*) defendant (*in a civil case*), v.a. 20
**demandante** plaintiff, v.a. 20
**demandar** to file a lawsuit, 20; to sue, 20
**demasiado** too much, 12; too, 17
**demora** (*f.*) delay, 1
**demorar** to take (*time*), 4; to last (*a length of time*), 4
**demostración** (*f.*) show, v.a. 14
**denuncia** (*f.*) denunciation, v.a. 20
**departamento** (*m.*) apartment, v.a. 17
**depender (de)** to depend (on), 6
**dependiente** (*m., f.*) dependent, 13
**depositante** (*m., f.*) depositor, v.a. 15
**depositar** to deposit, 13
**depositario(a)** depositary; receiver, v.a. 15
**derechos** (*m. pl.*) (customs) duty, 2
**derrumbe** (*m.*) collapse, s. 4
**desarrollo** (*m.*) development, g. 5
**desayuno** (*m.*) breakfast, 4
**descafeinado(a)** decaffeinated, 4
**descarga** (*f.*) unloading, 9
**descargar** to unload, 9
**descartar** to rule out, 16
**descender** to descend, g. p
**descontar (o:ue)** to give a discount of, 6

**descripción del contenido de trabajo** (*f.*) job description, 10

**descuento** (*m.*) discount, 5; deduction, 12; reduction, 12

**desde** from, 1; since, g. 5
— **luego** of course, 6
— **que** since, 13

**desear** to wish, 1; to want, 1

**desempleo** (*m.*) unemployment, v.a. 13

**deshonesto(a)** dishonest, g. 2

**desocupado(a)** vacant, 18; empty, 18

**desocupar la habitación** to check out; to vacate a room, v.a. 3

**despedida** (*f.*) farewell, g. p; closing, s. 2

**despedir (e:i)** to fire (*i.e.,* an employee), v.a. 10

**despegue** (*m.*) take-off, v.a. 1

**después** later, 2

**después (de)** after, 2

**destacador** (*m.*) highlighter, v.a. 10

**destinatario(a)** (*m., f.*) addressee, 7; recipient, s. 2

**destino** (*m.*) destination, v.a. 9

**detallista** (*m., f.*) retailer, 10

**deuda** (*f.*) debt, v.a. 11, 16

**deudor(a)** (*m., f.*) debtor, v.a. 11

**devolver (o:ue)** to return, v.a. 9

**día** (*m.*) day, 2
— **de semana (de trabajo)** weekday, v.a. 14; workday, v.a. 14
— **hábil (laborable)** weekday; workday, v.a. 14

**dibujo** (*m.*) drawing, v.a. 14; design, v.a. 14

**dicho** (*m.*) saying, g. p

**diferencia** (*f.*) difference, 2

**dificultad** (*f.*) difficulty, 6

**Dígale que pase.** Tell him/her to come in., 10

**digital** digital, v.a. 12

**digo** I mean, 7

**dinero** (*m.*) money, 7
— **en efectivo** cash, v.a. 2

**dirección** (*f.*) address, p

**directamente** directly, 6

**directorio telefónico** (*m.*) phone book, 7

**disco** (*m.*) diskette, v.a. 12
— **(de programación)** (*m.*) computer disk(ette), v.a. 12
— **duro** hard drive, v.a. 12
— **flexible** floppy disk drive, v.a. 12

**discutir** to discuss, 5

**diseñado(a)** designed, 12

**diseñar** to design, 14

**diseño** (*m.*) design, 5

**disponerse** to set (in place), s. 3

**disponible** available, 5

**disposición** (*f.*) regulation, 7

**disquete** (*m.*) computer disk(ette), v.a. 12

**distinto(a)** different, 9

**distribuir** to distribute, 14

**distrito industrial** (*f.*) industrial zone, 4

**dividendo** (*m.*) dividend, v.a. 13

**divisa** (*f.*) hard currency, g. 5

**divorciado(a)** divorced, p

**doble** (*m.*) double, 9; twice, 9

**documento** (*m.*) document, g. p

**dólar** (*m.*) dollar, 2; currency of the United States, Puerto Rico, and El Salvador

**doler (o:ue)** to hurt, 8; to feel pain, 8

**domicilio** (*m.*) address, P

**donación** (*f.*) donation, 13

**donar** to donate, 20

**donativo** (*m.*) donation, 13

**¿dónde?** where?, 1

**dormitorio** (*m.*) bedroom
— **principal** master bedroom, v.a. 17

**droga** (*f.*) drug, v.a. 20

**ducha** (*f.*) shower, v.a. 3

**dudar** to doubt, 18

**dueño(a)** (*m., f.*) owner, 16

**dulce** (*m.*) sweet, 18; confection, 18

**dulcería** (*f.*) candy store, v.a. 18

**durante** during, v.a. 1

**durar** to last, 17

## E

**e** and, g. 8

**echar** to drop, 7

**económico(a)** economic(al), 16

**edad** (*f.*) age, 5

**edición** (*f.*) edition, v.a. 14; issue, v.a. 14

**edificio** (*m.*) building, 18

**efectivo** (*m.*) cash, v.a. 11

**efectivo(a)** effective, 14

**efectuarse** to take place, s. 3

**egreso** (*m.*) expenditure, v.a. 11

**ejemplar** (*m.*) copy, v.a. 14; sample, v.a. 14

**el** the, g. p

**electricidad** (*f.*) electricity, 12

**eléctrico(a)** electric, 17

**electrodoméstico** (*m.*) appliance, v.a. 17

**elegante** elegant, 17

**elevador** (*m.*) elevator, 3

**eliminar** to remove, g. 11

**ella misma** herself, 8

**embalaje** (*m.*) packing, packaging, 9

**emergencia** (*f.*) emergency, v.a. 1

**emigrar** to emigrate, g. 17

**empezar (e:ie)** to begin, 5

**empleado(a)** (*m., f.*) employee, 1; clerk, 1; employed, g. 12; used, g. 12
— **de cuello blanco** white-collar worker

**empleador(a)** (*m., f.*) employer, 13

**emplear** to hire, 10; to employ, 10

**empleo** (*m.*) employment, 10

**empresa** (*f.*) enterprise, 11; company, 11

**en** in, 1; on, 1; at, 1
— **blanco y negro** in black and white, v.a. 14
— **casa** at home, 10
— **caso de que** in case, 19
— **colores** in color, v.a. 14
— **cuanto** as soon as, 19
— **cuanto a** in regard to, 7
— **depósito** (*m.*) deposit (*down payment*), 18
— **exceso (de)** in excess (of), v.a. 13
— **existencia** in stock, 6

— **fondo** (in) deposit (*down payment*), 18
— **la misma forma** in the same way, g. 13
— **lo adelante** from now on, s. 4
— **mi nombre** in my name, v.a. 15
— **primer lugar** in the first place, g. 15
— **primera clase** (*f.*) in first class, 1
— **punto** sharp, v.a. 5
— **¿— qué puedo (podemos) servirle?** how may I (we) help you?, p
— **realidad** indeed, g. 2
— **seguida** right away, 1
— **seguida va para allá** he's on his way there, 3
— **todo el mundo** the world over, g. 7

**encargar** to entrust, 11

**encargarse (de)** to take charge (of), 9; to see after, 9

**enchufe** (*m.*) electrical outlet; socket, v.a. 17

**encontrar (o:ue)** to meet, 8

**encuadernación** (*f.*) binding, s. 4

**encuesta** (*f.*) poll, v.a. 14; survey, v.a. 14

**enganche** (*m.*) (*Méx.*) down payment, 16

**engrase** (*m.*) lubrication, v.a. 6

**ensalada** (*f.*) salad, 4

**ensamblar** assemble, g. 5

**enseñar** to show, 8

**enseres** (*m., f.*) fixtures, 19

**entablar una demanda** to file a lawsuit, 20; to sue, 20

**entender (e:ie)** to understand, 5

**entonces** then, 4

**Entonces llamo más tarde.** I'll call later, then., p

**entrada** (*f.*) arrival, 12; entry, 12; down payment, 16
— **iiegal** trespassing, v.a. 20
— **para vehículos** driveway, v.a. 17

**entrar** to enter, 9

**entre** between, g. 5

**entrega al día siguiente** overnight delivery, v.a. 7

**entrega especial** (*f.*) special delivery, v.a. 7

**entregar** to deliver, v.a. 7

**entrenado(a)** trained, g. 20

**entrenamiento** training, g. 20

**entrepaño** (*m.*) shelf, 18

**entrevista** (*f.*) interview, 10

**enviar** to send, 7

**envío** (*m.*) shipment, s. 2

**envuelto(a)** wrapped, 14

**equipaje** (*m.*) baggage, 2

**equipo** (*m.*) equipment, 12; hardware, v.a. 12
— **de computación** computer hardware, 12
— **electrónico** electronic device, v.a. 1

**equitativo(a)** fair, 20; reasonable, 20

**equivalente** equivalent, 10

**error** (*m.*) error, 11

**es decir** that is to say, g. 3; in other words, 12

**Es la una** It's one o'clock, g. 1

**es (una) lástima**  it's a pity, 17
**escala** (*f.*)  stopover, 1
 — **de impuestos** (*f.*)  tax rate table, v.a. 13
**escalera** (*f.*)  stairs, 2
 — **mecánica**  escalator, v.a. 2
 — **rodante**  escalator, 18
**escáner** (*m.*)  scanner, v.a. 12
**escanógrafo** (*m.*)  scanner, v.a. 12
**escaparate** (*m.*)  shop window, 18; display window, 18
**escoger**  to choose, 10
**escribir**  to write, 2
**escritorio** (*m.*)  desk, v.a. 10
**escritura** (*f.*)  deed, 17
**escuchar**  to listen, 5
**escuela** (*f.*)  school, 17
**escusado** (*m.*)  bathroom (toilet) (*Méx.*), v.a. 1
**ese(a)**  that, g. 6
**eso es todo**  that's all, 3
**espacio comercial** (*m.*)  commercial space, 18
**español** (*m.*)  Spanish, g. p
**especialidad** (*f.*)  specialty, 4
**especialista** (*m., f.*)  specialist, 20
**esperar**  to wait (for) 10; to expect, 10; to hope, 16
**esposo(a)** (*m., f.*)  husband, 13; wife, 13
**esquina** (*f.*)  corner, 8
 — **superior derecha (izquierda)**  upper right (left) corner, v.a. 7
**estable**  stable, 2
**establecer**  to establish, g. 14
**establecimiento** (*m.*)  establishment, 9; shop, 9
 — **comercial**  business, g. 18
**estación** (*f.*)  station, 9; season, 14
 — **de servicio**  service station, v.a. 8
**estacionamiento** (*m.*)  parking; parking lot, v.a. 8
**estacionar**  to park, v.a. 8
**estado** (*m.*)  state, v.a. 2
 — **civil**  marital status, v.a. 13
 — **de cuenta**  statement of account, v.a. 2
 — **de pérdidas y ganancias**  profit and loss statement, 11
 — **financiero**  financial statement, 11
**Estados Unidos** (*m. pl.*)  United States, g. 2
**estafa** (*f.*)  fraud, v.a. 20
**estampilla** (*f.*)  (postage) stamp, v.a. 7
**estancia**  stay, g. 17
**estante** (*m.*)  open cabinet with shelves, 18
**estar**  to be, 3
 — **a (su) disposición**  to be at (your) disposal, 5
 — **acostumbrado(a)** (*i.e.*, to a service) to take for granted, g. 8
 — **bien si...**  (to be) all right if..., 5
 — **de acuerdo**  to agree, g. 7
 — **dispuesto(a) a**  to be willing to, 17
 — **seguro(a)**  to be certain, 6
**este(a)**  this, 5
**estenógrafo(a)** (*m., f.*)  stenographer, shorthand writer, v.a. 20
**estofado(a)**  stewed, v.a. 4

**estos(as)**  these, 5
**estructura** (*f.*)  structure, 18
**estuco** (*m.*)  stucco, v.a. 17
**estudiante** (*m., f.*)  student, 16
**estudiar**  to study, 13
**etiqueta** (*f.*)  label, 12
**euro** (*m.*)  currency of the European Union, g. 2
**evaluar**  to evaluate, 11; to assess, 11
**evasión fiscal** (*f.*)  tax evasion, v.a. 13
**eventualidad** (*f.*)  eventuality, 19
**evitar**  to avoid, 1
**exactamente**  exactly, 18
**exceder**  to exceed, 7
**excepto**  except, 19
**exceso de velocidad** (*m.*)  speeding, 19
**exclusión** (*f.*)  exclusion, v.a. 13
**exclusivamente**  exclusively, 14
**exclusivo(a)**  exclusive, 5
**exención** (*f.*)  exemption, v.a. 13
**exigir**  to require, 14; to demand, 14
**éxito** (*m.*)  success, v.a. 14
**expectativa de vida** (*f.*)  life expectancy, v.a. 19
**expedir (e:i)**  to issue, s. 1
**experiencia** (*f.*)  experience, 10
**experto(a)** (*m., f.*)  expert witness, v.a. 20
**explicación** (*f.*)  explanation, g. 15
**explicar**  to explain, 11
**exportación** (*f.*)  export, v.a. 5
**exportar**  to export, 6
**expreso(a)**  express, 9
**extender (e:ie) un cheque**  to write a check, v.a. 15
**exterior** (*m.*)  exterior, g. 17
**extorsión** (*f.*)  extortion, v.a. 20
**extracción de dinero**  withdrawal, v.a. 15
**extraer dinero**  to withdraw money, v.a. 15
**extranjero(a)** (*m., f.*)  foreigner, 2

**F**

**fábrica** (*f.*)  factory, 6
**fabricación** (*f.*)  manufacture, 5
**fabricado(a)**  manufactured, 5
**fabricar**  to manufacture, 5
**fachada** (*f.*)  facade, 17
**fácil**  easy, g. 10
**fácilmente**  easily, 12
**facsímil(e)** (*m.*)  facsimile, 7; fax, 7
**factoría** (*f.*)  factory, g. p
**factura** (*f.*)  invoice, s. 4
**facturar el equipaje**  to check the luggage, v.a. 1
**falda** (*f.*)  skirt, 14
**fallecer**  to die, 13
**fallo** (*m.*)  sentence, v.a. 20; decision, v.a. 20
**falta** (*f.*)  infraction, v.a. 20
**faltar**  to be lacking, 19
**familiares** (*m. pl.*)  relatives, s. 1
**farmacia** (*f.*)  drugstore, v.a. 18
**farol** (*m.*)  light, v.a. 8
**favor de** (+ *inf.*)  please (do something), 1
**fax** (*m.*)  facsimile, 7; fax, 7
**fecha** (*f.*)  date, 2
 — **de cierre**  closing date, v.a. 11

 — **de nacimiento**  date of birth, v.a. 2
 — **de vencimiento**  expiration, date, 3; due date, v.a. 11
 — **fija**  by a certain date, s. 4
**federal**  federal, 15
**felonía** (*f.*)  disloyalty, treachery, g. 20
**fenómeno natural** (*m.*)  natural phenomenon, 19; act of God, 19
**ferretería** (*f.*)  hardware store, v.a. 18
**ferrocarril** (*m.*)  railroad, 9; train, 9
**fiador(a)**  guarantor, s. 4
**fibra** (*f.*)  fiber, 9
**ficha** (*f.*)  token, v.a. 7
**fideicomiso** (*m.*)  trust, living trust, 20
**fielmente**  faithfully, g. 6
**figurarse**  to imagine, 13
**fijar**  to fix, g. 6
**fijo(a)**  fixed, 16
**fila** (*f.*)  row, 1; line, 2
**filmar**  to film, v.a. 14
**filme** (*m.*)  film, v.a. 14
**filtro de aire (aceite)** (*m.*)  air (oil) filter, 6
**fin** (*m.*)  end, 13
 — **de semana**  weekend, v.a. 14
**final**  final, 11
**financianmiento** (*m.*)  financing, 16
**financiar**  to finance, 16
**financiero(a)**  financial, 11
**firma** (*f.*)  firm, g. p; business, 1; company, 1; signing, g. 5; signature, 2
**firmar**  to sign, 2
**fiscal** (*m., f.*)  district attorney, v.a. 20
**flete** (*m.*)  freight, 9
**florería** (*f.*)  flowershop, v.a. 18
**floristería** (*España*) (*f.*)  flowershop, v.a. 18
**folio** (*m.*)  folio (page) (*i.e.*, in accounting books), v.a. 11
**folleto** (*m.*)  booklet, 7
**fondo** (*m.*)  down payment, 18
 — **mutuo** (*m.*)  mutual fund, 13
**fondos** (*m. pl.*)  funds; deposits, v.a. 11
**forma** (*col.*) (*f.*)  form, 13
 — **corta (larga)**  short (long) form, 13
 — **de pago** (*f.*)  means of payment, 6
**formulario** (*m.*)  form, s. 1
**fotocopiadora** (*f.*)  photocopier, g. p
**frágil**  fragile, 9
**franco a bordo**  free on board (F.O.B.), v.a. 9
**franqueo** (*m.*)  postage, v.a. 7
**fraude** (*m.*)  fraud, v.a. 20
**frazada** (*f.*)  blanket, 1
**frecuente**  frequent, g. 2
**freno** (*m.*)  brake, 6
**frente** (*f.*)  forehead, 20
 — **a**  in front of, 8
**fresco(a)**  fresh, 4
**frijol** (*m.*)  bean, 4
**frívolo(a)**  frivolous, g. p
**frito(a)**  fried, v.a. 4
**frontera** (*f.*)  border, 9; frontier, 9
**fuego** (*m.*)  fire, 19
**fuerte**  strong, 4
**fuerza mayor** (*f.*)  natural phenomenon, 19; act of God, 19

**fumar** to smoke, 1
**funcionar** to work, 3
**futuro** (*m.*) future, g. 16

## G

**gabinete** (*m.*) cabinet, v.a. 17
**galleta** (*f.*) cookie, 18
**galletica** (*f.*) cookie, 18
**galletita** (*f.*) cookie, 18
**gamba** (*f.*) shrimp (*España*), v.a. 4
**ganancia** (*f.*) profit, 11; earnings, 11
**ganar** to earn, v.a. 10; to win, 20; to profit, g. 5
**gandola** (*Ven.*) (*f.*) trailer, 9
**garaje** (*m.*) garage, 17
**garantía** (*f.*) guarantee, 16
**gasolina** (*f.*) gasoline, g. p
— **sin plomo** unleaded gasoline, v.a. 8
**gasolinera** (*f.*) service station, v.a. 8
**gastar** to spend, 12
**gastos** (*m. pl.*) expenses, v.a. 11
— **de cierre** closing costs, 17
— **de representación** entertainment expenses, v.a. 11
— **generales** overhead expenses, v.a. 11
— **varios** sundry expenses, v.a. 11
**generación** (*f.*) generation, v.a. 12
**generalmente** generally, 14
**gente** (*f.*) people, g. 5
**géneros** (*m. pl.*) goods, v.a. 2
**gente** (*f.*) people, g. 3
**gerente** (*m., f.*) administrator, P; director, P; manager, p
— **general** (*m., f.*) general manager, p
**gestión** work or actions someone has to do or has done, 12
**girado(a)** drawn, 15; party that will pay the amount indicated (bill of exchange), s. 4
**girador(a)** (*m., f.*) party that orders payment of a determined amount (bill of exchange), s. 4
**girar un cheque** to write a check, v.a. 15
**giro** (*m.*) line of business, 14
— **postal** money order, 7
**gobierno** (*m.*) government, g. 6
**goma** (*f.*) tire, v.a. 6; rubber band (*Puerto Rico*), v.a. 10
**grabadora de vídeo** (*f.*) VCR, v.a. 2
**gracias** thank you, P
**muchas** thank you very much, P
**graduarse** to graduate, 13
**gráfico** (*m.*) graphic, v.a. 12
**gran(de)** big, 2; large, 2
**grandes almacenes** (*m. pl.*) department store, v.a. 18
**granito** (*m.*) granite, v.a. 17
**grapa** (*f.*) staple, v.a. 10
**grapadora** (*f.*) stapler, v.a. 10
**gratis** free of charge, 7
**gratuito(a)** free of charge, 7
**grave** serious, 20
**grúa** (*f.*) tow truck, v.a. 8

**guachinango** (*m.*) red snapper (*Méx.*), 4
**guagua** (*f.*) (*I.Canarias, Antillas*) bus, 8
**guajolote** (*m.*) turkey (*Méx.*), v.a. 4
**guanajo** (*m.*) turkey (*Cuba*), v.a. 4
**guantero(a)** (*m., f.*) glove compartment, v.a. 6
**guaraní** (*m.*) currency of Paraguay, g. 2
**guardabarros** (*m.*) fender, v.a. 6
**guardafangos** (*m.*) fender, v.a. 6
**guardería infantil** (*f.*) children's nursery, g. 18
**guía** (*f.*) consignment note (trucking), v.a. 9
— **de teléfonos** phone book, 7
**guiar** to drive, 8
**guisado(a)** stewed, v.a. 4
**guisantes** (*m.*) peas, v.a. 4
**gustar** to be pleasing, 8; to like, 8

## H

**haber** (*m.*) credit, v.a. 11
**habitación** (*f.*) room, 3
**habitado(a)** occupied (i.e., a house), 16
**habla** (*m.*) language, g. 12
**hablar** to speak, 5; to talk, 5
**hacer** to do, 5; to make, 5; to build, g. 14
— **aduana** to go through customs
— **bien** to do the right thing, 20
— **caso** to pay attention, 19
— **falta** to need, 8
— **resaltar** to emphasize, 14
— **un pedido** to place an order, 6
**hacerse a la idea** to feel comfortable with an idea, 15
**hacia** to, 2; toward, 2
**hasta** until, 3; up to, 17
— **hace poco** until recently, g. 17
— **llegar a** up to, until one hits
— **mañana** see you tomorrow, p
**hay** there is, 3; there are, 3
— **de todo** there are all kinds of things
— **que** one must, it is necessary to, 19
**hecho** (*m.*) fact, event, g. 11
**hecho(a)** made, g. 7
— **a la orden** custom built, 17
**heredero(a)** (*m., f.*) heir, 20
**herencia** (*f.*) inheritance, 13
**herida** (*f.*) wound, 20
**hermano (hno.)** (*m.*) brother, 10
**hervido(a)** boiled, v.a. 4
**hijo(a)** (*m., f.*) son, 7; daughter, 7
**hijos** (*m. pl.*) children, 13
**hipoteca** (*f.*) mortgage, 13
**hispano(a)** Hispanic; Spanish, g. 12
**historia** (*f.*) tale, g. 2
**hizo bien** you did the right thing, 11
**hoja de análisis** (*f.*) spreadsheet, 12
**hoja de cálculo** (*f.*) spreadsheet, 12
**hoja de vida** (*f.*) résumé, v.a. 10
**hombre** (*m.*) man, 3
— **de negocios** business man, 3
**homicidio** (*m.*) manslaughter, v.a. 20
**homólogo(a)** counterpart, g. 20
**honorario** (*m.*) fee, 20

**hora** (*f.*) hour, time, v.a. 5
**horario** (*m.*) schedule, 10
**horneado(a)** baked, v.a. 4
**horno** (*m.*) oven, 17
**hotel** (*m.*) hotel, g. p
**hoy** today, 2
— **mismo** this very day, 5
**huachinango** (*m.*) red snapper, 4
**¿Hubo heridos?** Was anybody hurt?, 20
**huésped** (*m., f.*) guest, 3
**huevo** (*m.*) egg, 4
**hundido(a)** sunken, 17
**huracán** (*m.*) hurricane, 19

## I

**idea** (*f.*) idea, 14
**identificación** (*f.*) identification (I.D.), v.a. 16
**idioma** (*m.*) language, g. 6
**iglesia** (*f.*) church, 13
**igual (que)** equal to, 10; the same as, 10
**iguala** (*f.*) arrangement (*Cuba*), 11
**importación** (*f.*) import, v.a. 5
**importado(a)** imported, v.a. 5
**importador(a)** (*m., f.*) importer, v.a. 5
**importar** to import, 5; to matter, 11
**importe** (*m.*) amount, 12; price, 12
**impresión** (*f.*) printing, 15
**impreso** (*m.*) printed matter, 7
**impresor(a)** (*m., f.*) printer, v.a. 10
**imprimir** to print, v.a. 15
**impuesto** (*m.*) (customs) duty, 2; tax, 3
— **a la propiedad** property tax, v.a. 13
— **al valor agregado (I.V.A.)** value-added tax (VAT), g. 1
— **estatal (del estado)** state tax, v.a. 13
— **sobre la renta** income tax, 13
— **sobre la venta** sales tax, v.a. 13
**incendio** (*m.*) fire, 19
**incluido(a)** included, 10; including, 10
**incluir** to include, 19
**incluso(a)** included, g. 15
**incómodo(a)** uncomfortable, g. 8
**inconveniente** (*m.*) inconvenience, 3
**indemnización** (*f.*) compensation, v.a. 19; indemnification, v.a. 19
**independizarse** to become independent, g. 18
**indicación** (*f.*) specification, 14
**indicar** to indicate, 6
**individual** individual, 15
**industria** (*f.*) industry, 14
**industrial** industrial, g. p
**influencia** (*f.*) influence, g. 4
**influir** to influence, g. 4
**información** (*f.*) information, g. p
**informática** (*f.*) computer science, v.a. 12
**informe** (*m.*) report, 7
**informes** (*m. pl.*) information, 7
**infracción** (*f.*) infraction, v.a. 20
**ingeniero(a)** (*m., f.*) engineer, g. 10
**inglés** (*m.*) English (language), g. p

**ingreso** (*m.*) income, g. 6
— **bruto** gross income, 13
— **bruto ajustado** adjusted gross income, 13
— **libre de impuestos** tax-free income, v.a. 13
— **neto** adjusted gross (net) income, 13
— **sujeto a impuestos** taxable income, v.a. 13
**inicial** initial, s. 2
**inmigración** (*f.*) immigration, 2
**inmovilizado(a)** tied up, 15; locked, 15
**inmuebles** (*m. pl.*) real estate, 13; buildings, v.a. 17
**innecesario(a)** unnecessary, 6
**inocente** not guilty, v.a. 20
**inodoro** (*m.*) toilet, v.a. 3
**inquilino(a)** (*m., f.*) renter, s. 4
**insignificante** insignificant, 2
**insoluto(a)** unsolved, s. 4
**insolvencia** (*f.*) bankruptcy, 15; insolvency, 15
**insolvente** insolvent, v.a. 16
**inspección** (*f.*) inspection, 17
**inspeccionar** to inspect, v.a. 17
**inspector(a)** (*m., f.*) inspector, 2
**instalado(a)** installed, 14; available, 14
**instantáneo(a)** instant, 4
**institución** (*f.*) institution, 13
**instrumentos de crédito** (*m. pl.*) credit documents, s. 4
**íntegro(a)** entire, complete, s. 4
**intensivo(a)** intensive, g. 11
**intercambio** (*m.*) interchange, g. 9
**intercomunicador** (*m.*) intercom, 5
**interés** (*m.*) interest, g. p
— **simple (compuesto)** simple (compound) interest, v.a. 16
**interesado(a)** interested, 5
**interesar** to interest, 18
**interior** interior, 3
**internacional** international, 7
**Internet** (*f.*) Internet, 7
**intérprete** (*m., f.*) interpreter, 20
**interurbano(a)** inner cities, g. 8
**intestado(a)** intestate, 20
**introducción de datos** (*f.*) data entry, 10
**introducir** to introduce, 14
**inundación** (*f.*) flood, 19
**inútilmente** uselessly, 20
**invalidez** (*f.*) disability; disablement, v.a. 19
**inventario** (*m.*) inventory, v.a. 11
**inversión** (*f.*) investment, 12
**invertido(a)** invested, 20
**invertir (e:ie)** to invest, 10
**investigar** to investigate, 18
**invierno** (*m.*) winter, 14
**invitación** (*f.*) invitation, 13
**ir** to go, 3
— **a (+ *inf.*)** to be going (to do something), 3
— **por su cuenta** to be paid by you, 6
**itinerario** (*m.*) itinerary, v.a. 9

**J**

**jabón** (*m.*) soap, v.a. 3
**jamás** never, g. 15
**jardín** (*m.*) garden, 17
**jefe(a)** (*m., f.*) boss, 5
— **de compras** purchasing manager, p
— **de familia** head of household, s. 1
— **de ventas** sales manager, 5
**jornada** (*f.*) working hours, day's work, s. 4
**jornal** (*m.*) daily wage(s), v.a. 10
**joven** young, 19
**joyería** (*f.*) jewelry store, v.a. 18
**jubilación** (*f.*) retirement, 10
**jueves** (*m.*) Thursday, 1
**juez** (*m., f.*) judge, v.a. 20
**juguetería** (*f.*) toy shop, 18
**juicio** (*m.*) trial, 20
**junta** (*f.*) meeting, 5
**jurado** (*m.*) jury, v.a. 20

**K**

**kilo** (*m.*) kilogram, 7
**kilogramo** (*m.*) kilogram, 7
**kilómetro** (*m.*) kilometer, 3

**L**

**La línea está ocupada.** The line is busy. p
**la mayor parte** the majority, 17; most, 17
**la que** that which, what
**lado** (*m.*) side, 18
**ladrillo** (*m.*) brick, v.a. 17
**lamentar** to be sorry for, 3; to regret, 3
**lámpara** (*f.*) lamp, v.a. 17
**lana** (*f.*) wool, 9
**langosta** (*f.*) lobster, v.a. 4
**lápiz** (*m.*) pencil, v.a. 10
**larga distancia** (*f.*) long distance, 7
**largo** (*m.*) length, 7
**largo(a)** long, 20
**las de** those, 6
**las demás** the rest, the others, 9
**las nuestras** ours, 6
**lavabo** (*m.*) bathroom sink, v.a. 3
**lavadora** (*f.*) washing machine, v.a. 17
— **de platos** dishwasher, 17
**lavandería** (*f.*) laundry, v.a. 18
**lavaplatos** (*m.*) dishwasher, 17
**leche** (*f.*) milk, 4
**lechuga** (*f.*) lettuce, v.a. 4
**lectura** (*f.*) reading, g. 1
**leer** to read, 4
**legado** (*m.*) bequest, 13
**legal** legal, 16
**lejos (de)** far (from), 7
**lema** (*m.*) slogan, 14
**lempira** (*m.*) currency of Honduras, g. 2
**lenguado** (*m.*) sole, 4
**lesión** (*f.*) injury, 19
**letra de cambio** (*f.*) bill of exchange, s. 4
**ley** (*f.*) law, g. 12

**libra** (*f.*) pound, 7
**libre de derechos (impuestos)** duty-free, v.a. 2
— **a bordo (L.A.B.)** free on board (F.O.B.), v.a. 9
**libro** (*m.*) book, 11
— **de actas** minute book, v.a. 11
— **de caja** cash book, v.a. 11
— **de ventas** sales book, v.a. 11
— **diario** journal, 11
— **mayor** general ledger, 11
— **talonario** (*Spain*) checkbook, v.a. 15
**licencia** (*f.*) license, 8
**liga** (*f.*) rubber band (*Méx., Cuba*), v.a. 10
**limpiaparabrisas** (*m.*) windshield wiper, v.a. 6
**limpio(a)** clean, v.a. 3
**lindo(a)** beautiful, 17
**línea** (*f.*) line, 6
— **está ocupada** line is busy, p
**linóleo** (*m.*) linoleum, 17
**liquidar** to liquidate; to pay off, v.a. 11
**liquidez** (*f.*) liquidity, v.a. 16
**líquido** (*m.*) liquid, v.a. 6
— **de frenos** brake fluid, v.a. 6
— **de la transmisión** transmission fluid, v.a. 8
**lista** (*f.*) list, 6
**listo(a)** ready, 3
**literatura** (*f.*) literature, 19
**llamada** (*f.*) call, 7
— **a cobrar** collect call, v.a. 7
— **de larga distancia** long-distance call, 7
**llamar** to call, 2
**me llamo...** my name is..., 3
**llanta** (*f.*) tire, v.a. 6
**llave** (*f.*) key, 3
**llegar (a)** to arrive (in), 1
— **a un arreglo** to make a deal, 20; to reach an agreement, 20
**llenar** to fill out (a form), 1
— **los requisitos** to qualify, v.a. 10
**lleno(a)** full, 8
**llevar** to take (someone or something someplace), 2; to carry, 9
— **a cabo** to take place, g. 8
— **la contabilidad** to keep the books, 11
**lo (la)** it, 7
— **mejor** the best thing, 20
— **que** that which, 5
— **siento** I'm sorry, p
— **único** the only thing, 17
**local** (*adj.*) local, 6; commercial space, 18
**logo(grama)** (*m.*) logo, 14
**lograr** to succeed, to attain, g. 17
— **ponerse de acuerdo** to reach an agreement, g. 9
**los** the, g. p
**los de** those, 6
**los demás** the rest, 9; the others, 9
**los nuestros** ours, 6
**losa** (*f.*) tile, 17

**lubricación** (*f.*)   lubrication, v.a. 6
**luego**   then, later 1
**lugar** (*m.*)   place, 18
**lujo** (*m.*)   luxury, g. 6
**lunes** (*m.*)   Monday, 6
**luz** (*f.*)   light, v.a. 6

## M

**madera** (*f.*)   wood, v.a. 17
**madre** (*f.*)   mother, 16
**¡magnífico!**   great!, 7; magnificent, 7
**maleta** (*f.*)   suitcase, 2
**maletero(a)** (*m., f.*)   car trunk, v.a. 6;
   porter, 2; skycap, 2
**maletín de mano** (*m.*)   handbag, 2;
   carry-on bag, 2
**malo(a)**   bad, 5
**manchado(a)**   stained, 17
**mandar**   to send, 7
**manejar**   to drive, 8; to operate; to manage, g. 15
   **— bajo los efectos del alcohol (de
   las drogas)**   driving while intoxicated, v.a. 20
**mano de obra** (*f.*)   labor, g. 5
**manta** (*f.*)   blanket, 1
**mantener**   to keep, 15
**mantenimiento adecuado** (*m.*)   adequate maintenance, g. 8
**manual del usuario (dueño)** (*m.*)   user's
   (owner's) manual
**manufacturero(a)**   manufacturing, g. 11
**mañana**   tomorrow, 1; morning (*f.*), 10
**máquina** (*f.*)   car (*Cuba*), 6; machine, 12
   **— contestadora** (*f.*)   answering
   machine, 10
   **— copiadora** (*f.*)   copying machine,
   v.a. 10
   **— de escribir** (*f.*)   typewriter, v.a. 10
**marca** (*f.*)   brand, 6
   **— de fábrica**   manufacturer's trademark, v.a. 5
   **— registrada**   trademark, trade
   name, 14
**marcado(a)**   marked, 5
**marcador** (*m.*)   marker, v.a. 10
**marcar**   to dial, 7; to mark, 8; to indicate, 8
**marisco** (*m.*)   seafood, 4; shellfish, 4
**mármol** (*m.*)   marble, v.a. 17
**más**   plus, 3; further, g. 1
   **— de**   more than, g. 16
   **— fácil**   easier, g. 5
   **— o menos**   more or less, 3
   **— tarde**   later, 9
**masivo(a)**   massive, 14
**matasellos** (*m.*)   postmark, v.a. 7
**materia prima** (*f.*)   raw material, v.a. 5
**material** (*m.*)   material, 10
**matrícula** (*f.*)   registration, 16; registration fees, 16
**matrimonio** (*m.*)   marriage, g. 20
**mayor**   larger, s. 2; grown up, 5; older, 19
   **— de edad**   of age, 13
   **la — parte**   the majority, 8

**mayoría** (*f.*)   majority, g. 3
**mayorista** (*m., f.*)   wholesaler, 10
**Me llamo**   My name is, 3
**Me temo que...**   I'm afraid that..., 12
**media jornada**   part-time, 13
**mediano(a)**   medium, 8
**mediante**   through, 12; by means of, 12
**medicamento** (*m.*)   medicine, 2; drug, 2
**medicina** (*f.*)   medicine, 2; drug, 2
**médico(a)**   medical, 13
**medida** (*f.*)   measure, 7; measurement,
   7; dimension, 7
**medio(a)**   half, 2
**medio** (*m.*)   middle, g. 3
**medio publicitario**   advertising media,
   v.a. 14
**medio tiempo**   part-time, 13
**medios** (*m. pl.*)   means, 7; system, 7
   **— de comunicación**   media, 7
   **— de transporte**   means of transportation, 8
   **— publicitarios**   advertising, v.a. 14
**medir (e:i)**   to measure, 7
**mejor**   better, 4
**mejorar**   to improve, 14
**membrete** (*m.*)   letterhead, v.a. 7
**memorando** (*m.*)   memorandum,
   memo, s. 3
**memoria** (*f.*)   memory, v.a. 7
**mencionar**   to mention, 10
**menor**   less, 7
   **— de edad**   minor, 13
**menos de**   less than, 4
**mensaje** (*m.*)   message, 10
**mensual**   monthly, v.a. 10
**mensualmente**   monthly, 17
**menú** (*m.*)   menu, 4
**menudeo** (*m.*)   retail, 5
**menudo** (*m.*)   small change (*Cuba*),
   v.a. 15
**mercadería** (*f.*)   merchandise, 6
**mercado** (*m.*)   market, 5
**mercancía** (*f.*)   merchandise, g. p
**mercancías** (*f. pl.*)   goods, v.a. 2
**mero** (*m.*)   halibut, 4
**mes** (*m.*)   month, 10
   **al —**   monthly, 14
**mesa** (*f.*)   table, 4
**mesero(a)** (*m., f.*)   waiter (waitress), 4
**mesonero(a)** (*Ven.*)   waiter (waitress), 4
**metro** (*m.*)   meter, 9; subway, g. 8
**mexicano(a)**   Mexican, 1
**México**   Mexico, 1
**mi (mis)**   my, 2
**microonda** (*f.*)   microwave, 17
**mil**   one thousand, 17
**millardo** (*m.*)   billion, g. 11
**mínimo** (*m.*)   minimum, 17
**minoría** (*f.*)   minority, g. 6
**minorista** (*m., f.*)   retailer, 10
**minuto** (*m.*)   minute, 1
**mirar**   to look at, 2
**miscelánea** (*f.*)   miscellany, v.a. 13
**mismo(a)**   same, 15
   **ella —**   herself, 8
**mixto(a)**   mixed, 4
**mochila** (*f.*)   backpack, s. 4

**modelo** (*m.*)   model, 5
**modem** (*m.*)   modem, v.a. 12
**modernizar**   modernize, 11
**modo** (*m.*)   way, g. 4
**molestar(se)**   to bother, 18
**momento** (*m.*)   moment, 5
**moneda** (*f.*)   currency; coin, v.a. 2
   **— falsa**   counterfeit coin, v.a. 15
   **— fraccionaria**   small change, v.a. 15
**monte de piedad** (*m.*)   pawnshop,
   v.a. 18
**montepío** (*m.*)   pawnshop, v.a. 18
**monitor** (*m.*)   monitor, 2
**monto** (*m.*)   amount, 20; sum, 20
**mordida** (*f.*)   bite, g. 2; bribe (*Méx.*), g. 2
**morir(se) (o:ue)**   to die, 13
**mostrador** (*m.*)   counter, 1
**mostrar (o:ue)**   to show, 8; to exhibit,
   g. 7
**motín** (*m.*)   riot, 19
**motivo** (*m.*)   reason, 19
**motor** (*m.*)   motor, engine, v.a. 6
   **— de arranque**   starter, v.a. 6
**movimiento** (*m.*)   movement, g. 8
**mozo(a)** (*m., f.*)   waiter (waitress), 4
**muchas gracias**   thank you very much, p
**mucho(a)**   much, 3
**Mucho gusto en conocerlo(a).**   Pleased
   to meet you., 10
**muchos(as)**   many, 4
**mudarse**   to move (relocate), 15
**mueblería** (*f.*)   furniture factory or store,
   v.a. 18
**muebles** (*m. pl.*)   furniture, 13
**muerte** (*f.*)   death, 19
**muestra** (*f.*)   sample, 7
**mujer** (*f.*)   woman, 3
   **— de negocios**   business woman, 3
**multa** (*f.*)   fine, v.a. 13; ticket, 19; penalty, v.a. 13
**mundo** (*m.*)   world, 9
   **— de las empresas**   corporate world,
   r. 1
   **a todo el —**   the world over, 9
**municipal**   municipal, 13
**muy**   very, 3
   **— bien**   very well, P

## N

**nacimiento** (*m.*)   birth. v.a. 2
**nacional**   national, 9
**nada**   nothing, 3
   **— más**   nothing else, 3
**nadie**   no one, 6
**navegar la red**   to surf the web, v.a. 12
**necesario(a)**   necessary, 12; needed, 12
**necesidad** (*f.*)   necessity, 11; need, 11
**necesitar**   to need, 1
**negar (e:ie)**   to deny, 16
**negociante** (*m., f.*)   businessperson, g. 13
**negociar**   to negotiate, 17
**negocio(s)** (*m.*)   business, 1
**nervioso(a)**   nervous, 20
**neumático** (*m.*)   tire, v.a. 6
**nevada** (*f.*)   snowstorm, 19

**nevera** (*f.*) refrigerator, v.a. 17
**ni** neither, nor, 6
— **...ni** neither ... nor, g. 11
**ni ... tampoco** not either, 13; neither, 13
**ningún (ninguno/a)** none, 6
**niño** (*m.*) child, 5
**nivel** (*m.*) level, 17
**no** no, g. 1
**no ha lugar** the petition is not granted, v.a. 20
**no obstante** nevertheless, s. 2
**nombrar** to name, 20; to appoint, 20; to retain (*a lawyer*), 20
**nombre** (*m.*) name, p
**nómina** (*f.*) payroll, 11
**nos** to us, 7
**notablemente** notably, 14
**novio(a)** (*m., f.*) fiancé(e), 16; boyfriend, 16; girlfriend, 16
**nuestro(a)** our, 2
**nuevo(a)** new, g. 9
**nuevo sol** (*m.*) currency of Peru, g. 2
**número** (*m.*) number, 1
— **de teléfono** (*m.*) telephone number, p
**nunca** never, 14

## O

**o** or, 1
**obligar** to compel, g. 12
**obrero(a)** worker, g. 14
— **no calificado(a)** unqualified worker, g. 19
**obsoleto(a)** obsolete, 12
**obtener** to obtain, 13; to get, 13
**ocupado(a)** busy, 5
**ocupar** to ocupy, g. 4
**ocurrir** to happen, v.a. 2; to occur, 9
**oferta** (*f.*) offer, 6; bid, 6; deal, 6
**oficial de banco** (*m., f.*) bank officer, 16
**oficina** (*f.*) office, g. p
— **de correos** post office, 7
— **principal** main office (*Puerto Rico*), v.a. 15
**oficinista** (*m., f.*) office clerk, 10
**ofrecer** to have available, 7
**¡ojalá!** I hope, 17; if only, 17
**omiso(a)** omitted, s. 4
**ómnibus** (*m.*) bus, 8
**opción** (*f.*) option, 10
**operación** (*f.*) operation, 12
**operador(a)** (*m., f.*) operator, 7
**operar** to operate, g. p
**opinar** to think about, g. 20
**orden** (*f.*) order, 5
— **de compra** (*f.*) purchase order, 5
**ordenador** (*m.*) computer (*España*), 2
— **portátil** (*m.*) laptop computer, 2
**ordenar** to order, 6
**Organización de Mantenimiento de la Salud (OMS)** Health Maintenance Organization (HMO), g. 10
**organizar** to organize, 14
**órgano** (*m.*) organ, 20
**origen** (*m.*) origin, 14

**oro** (*m.*) gold, g. p
**otorgar** to issue, s. 4
**otra vez** again, 12
**otro(a)** other, another, 1

## P

**padre** (*m.*) father, 16
**padres** (*m. pl.*) parents, 16
**pagar** to pay, 2
— **a plazos** to pay in installments, v.a. 5
— **al contado** to pay in cash, v.a. 5
— **exceso de equipaje** to pay excess luggage
**pagaré** (*m.*) promissory note, I.O.U., s. 4
**página de la Web** (*f.*) Web page, v.a. 12
**páginas amarillas** (*f. pl.*) Yellow Pages, v.a. 14
**pago** (*m.*) payment, 16
— **inicial** down payment, 16
**país** (*m.*) country, v.a. 2
**países en desarrollo** developing countries, g. 11
**palabra** (*f.*) word, g. p
**pan** (*m.*) bread, 4
— **francés** french toast (*Méx.*), g. 4
— **tostado** toast, 4
**panadería** (*f.*) bakery, v.a. 18
**pantalones** (*m., pl.*) trousers, 14
— **de vaqueros (de mezclilla)** jeans, 14
**pantalla** (*f.*) screen, v.a. 12
**papa** (*f.*) potato, v.a. 4
**papel** (*m.*) **de cartas** stationery, v.a. 3
**papel higiénico** toilet paper, v.a. 3
**paquete** (*m.*) package, 7
**para** to, 1; for, 1; in order to, 1
— **conversar** to talk, g. 1
— **que** so that, 19
— **servirle** at your service, p
— **uso personal** for personal use, 2
**parabrisas** (*m.*) windshield, v.a. 6
**parachoques** (*m.*) bumper, v.a. 6
**parada** (*f.*) (bus) stop, 8
— **de autobuses** bus stop, v.a. 2
— **de camiones** (*Méx.*) bus stop, v.a. 2
— **de taxis** taxi stop, 2
**parar** to stop, v.a. 8
**parecer** to look like, 12; to seem, 12
**pargo** (*m.*) red snapper, 4
**parquímetro** (*m.*) parking meter, v.a. 8
**parte** (*f.*) part, 8; party, 20
**participación** (*f.*) participation, 20
**participar** to participate, to give notice, s. 3
**pasado(a)** last, 10; past, 10
**pasaje** (*m.*) ticket, 1
— **de ida** one-way ticket, 1
— **de ida y vuelta** round-trip ticket, 1
**pasajero(a)** (*m., f.*) passenger, 1
**pasaporte** (*m.*) passport, 2
**pasar** to come in, P; to pass, 2; to go through 2; to happen, 20
— **al mayor** to enter in the ledger, v.a. 11

**Pase.** Come in., p
**pase** (*m.*) entry; pass, 16
— **al mayor** general ledger entry, 11
— **de abordar** boarding pass, v.a. 1
**pasivo** (*m.*) liabilities, v.a. 11
**paso** (*m.*) step, 15
**un — más** one step further, g. 1
**pastilla** (*f.*) microchip, v.a. 12
**pasto** (*m.*) lawn, 17; grass, 17
**patata** (*f.*) potato, v.a. 4
**patente** (*f.*) patent, 14
**patio** (*m.*) patio, yard, v.a. 17
**pato** (*m.*) duck, v.a. 4
**patria** (*f.*) country, fatherland, g. 4
**patrón(ona)** (*m., f.*) employer, 13
**pavo** (*m.*) turkey, v.a. 4
**pedido** (*m.*) order, 5; purchase order, s. 2
**pedir (e:i)** to ask for, 7
— **prestado** to borrow, g. 15
**pegar** to hit, 20
**película** (*f.*) film, v.a. 14
**peligroso(a)** risky, g. 8
**peluquería** (*f.*) beauty parlor, v.a. 18; salon, v.a. 18
**penetrar** to penetrate, to enter (*i.e., a market*), 6
**pensar (en) (e:ie)** to think (about), g. 17; to plan, 9
**pensión** (*f.*) boarding house; g. 3 pension, 13
— **alimenticia** alimony, v.a. 13
**pequeño(a)** small, 2
**perder (e:ie)** to lose, 15
**pérdida** (*f.*) loss, 11
**perdón** pardon me, excuse me, 2
**perdonar** to forgive, 11
**perdone** excuse me, 11
**¡perfecto!** perfect!, 1
**perfumería** (*f.*) perfume store, v.a. 18
**periférico** (*m.*) peripheral (device), v.a. 12
**periódicamente** periodically, 11
**periódico** (*m.*) newspaper, 1
**perito(a)** (*m., f.*) expert witness, v.a. 20
**permitir** to allow, g. 19
**pero** but, 2
**persona** (*f.*) person, 3
**personal** (*m.*) personnel, 10; (*adj.*) personal, 12
**personalizado(a)** personalized, 12
**pertenecer** to belong, s. 4
**pesar** to weigh, 7
**pescadería** (*f.*) fish market, v.a. 18
**pescado** (*m.*) fish, 4
**peseta** (*f.*) currency of Spain, g. p
**peso** (*m.*) currency of several Latin American countries, g. 2; weight, 7
— **bruto** gross weight, v.a. 9
— **muerto** dead weight, v.a. 9
— **neto** net weight, v.a. 9
**petrolero(a)** oil (*adj.*), g. 6
**pie** (*m.*) (**cuadrado**) (square) foot, 18
**piedra** (*f.*) stone, 17
**pieza** (*f.*) piece, 5; part, 6
**pinchado(a)** flat (tire), v.a. 8
**pintado(a)** painted, 17

**piscina** (*f.*)   swimming pool, v.a. 17
**piso** (*m.*)   floor, 3
**pito** (*m.*)   horn, klaxon, v.a. 6
**pizarra** (*f.*)   bulletin board, v.a. 10
**plan** (*m.*)   plan, g. p
**planilla** (*f.*)   form, 13
— **de contribución sobre ingresos**
tax return (*Puerto Rico*), 13
**planta** (*f.*)   plant,
— **alta**   upstairs, v.a. 2
— **baja**   ground floor, 2; downstairs, 2
**plástico** (*m.*)   plastic, 14
**platillo** (*Méx.*)   dish, g. 4
**plazo** (*m.*)   term, installment, s. 3
**pleito** (*m.*)   lawsuit, 20
**población** (*f.*)   people, g. 3
**pobre**   poor, g. 3
**pocas veces**   not frequently, 6
**poco**   a little, 6
— **tiempo**   a short time, g. 4
**un** —   a little, 9
**pocos(as)**   a few, g. 3
**poder (o:ue)**   can, 6; to be able, 6; may,
g. 2
**poderoso(a)**   powerful, v.a. 12
**policía** (*f.*)   police department; (*m., f.*)
police officer, v.a. 20
**póliza** (*f.*)   policy, 19
**pollo** (*m.*)   chicken, v.a. 4
**ponchado(a)** (*col.*)   flat (*tire*), v.a. 8
**poner**   to put, 10
— **a la venta**   to put up for sale, 17
— **un negocio**   to set up a business, 16
— **una demanda**   to file a lawsuit,
20; to sue, 20
**popular**   popular, 4
**por**   by, 1; on, 1; through, 1; for, 3
— **adelantado**   in advance, 18
— **aquí**   this way, 3
— **ciento**   percent, 5
— **cierto**   by the way, 12
— **concepto (de)**   referring to (a specific item), 12; regarding, 12
— **cualquier motivo**   for any
reason, 19
— **detrás**   from behind, 20
— **día**   per day, 3
— **ejemplo**   for example, 14
— **escrito**   in writing, s. 4
— **ese motivo**   that is why, g. 6
— **favor**   please, p
— **fuera**   (from) the outside, 17
— **la mañana**   in the morning, 1
— **otra parte**   in addition, s. 2
¿— **qué?**   why? 6
— **supuesto**   of course, 15
— **último**   finally, lastly, 7
— **vía aérea (férrea, marítima)**   by
air (rail, boat), v.a. 9
**porque**   because, 6
**portátil**   portable, 2
**porte** (*m.*)   postage, v.a. 7
— **debido**   postage due, v.a. 7
— **pagado**   postage paid, v.a. 7
**posdata** (*f.*)   postscript, s. 2
**posesión de drogas** (*f.*)   possession of
drugs, v.a. 20

**posible**   possible, 12
**posición** (*f.*)   job, 10; post, 10;
position, 10
**positivo(a)**   positive, 20
**postre** (*m.*)   dessert, 4
**postulante** (*m., f.*)   applicant, 10
**practicar**   to practice, g. p
**precedido(a)**   preceded, 14
**precio** (*m.*)   price, 5
— **de compra**   purchase price, v.a. 5
— **de venta**   selling price, v.a. 5
**precisamente**   precisely, 19; exactly, 19
**preferible**   preferable, 20
**preferir (e:ie)**   to prefer, 5
**pregunta** (*f.*)   question, 7
**preguntar**   to ask, 10
**preguntarse**   to wonder, 9; to ask oneself, 9
**premio** (*m.*)   prize, 13
**prenda de vestir** (*f.*)   garment, 5; clothing, 5
**prender la luz**   to turn on the light, v.a. 3
**preocuparse**   to worry, g. 16
**preparación** (*f.*)   qualification, v.a. 10
**preparado(a)**   qualified, g. 18
**preparar**   to prepare, g. 4
**presencia** (*f.*)   presence, g. 10
**presentación** (*f.*)   presentation, 14;
appearance, 14
**presentar**   to present, 14
**presilla** (*f.*)   staple (*Cuba*), v.a. 10; paper
clip (*Cuba*), v.a. 10
**presilladora** (*f.*)   stapler (*Cuba*), v.a. 10
**prestaciones adicionales** (*f.*)   fringe
benefit, 10
**prestamista** (*m.*)   lender; pawnbroker, 16
**préstamo** (*m.*)   loan, 13
**prestar**   to lend, 18
**presupuesto** (*m.*)   estimate, 12; budget, 12
**prima** (*f.*)   premium, 19
**primer(o)(a)**   first, 5
**primero**   first, 2
**principalmente**   principally, 14;
mostly, 14
**principio** (*m.*)   beginning, g. 9
**privado(a)**   private, 7
**probabilidad de vida** (*f.*)   life expectancy, v.a. 19
**probador** (*m.*)   fitting room, 18
**problema** (*m.*)   problem, 11
**procesamiento de textos** (*m.*)   word
processing, 10
**producir**   to manufacture, 5
**producto** (*m.*)   product, g. p
**profesional** (*m., f.*)   professional, 17
**profesionista** (*m., f.*)   professional, 17
**programa** (*m.*)   program, g. p; software,
v.a. 12
— **de manejo (administración) (de
base) de datos** (*m.*)   database
management program, 10
**programador(a)** (*m., f.*)   programmer,
v.a. 12
**prohibido(a)**   forbidden, v.a. 1
**prolongar**   to prolong, 20
**promedio** (*m.*)   average, 15
**promover (o:ue)**   to promote, g. 5

**propaganda** (*f.*)   advertisement, 7;
advertising, 14; publicity, 14
**propiedad** (*f.*)   property, 17
**propietario(a)** (*m., f.*)   owner, 16
**propina** (*f.*)   tip, 4
**propio(a)**   own, g. 5
**proveedor(a)** (*m., f.*)   supplier, 6;
provider, 6
**provenir**   to come from, g. 19
**proximidad** (*f.*)   proximity, 18
**próximo(a)**   next, 6
**prueba** (*f.*)   proof, 13; test, 20
**publicar**   to publish, v.a. 14
**publicidad** (*f.*)   advertising, 14; publicity, 14
**pueblo** (*m.*)   town, 8
**puerta** (*f.*)   door, 1; gate, 1
**pues**   because, 7; since, 7
**puerco** (*m.*)   pork, v.a. 4
**puesto** (*m.*)   job, 10; post, 10;
position, 10
— **desempeñado**   position held
**punto** (*m.*)   point, v.a. 17

## Q

**que**   than, 4; that, g. 2; which, 5
— **pasa**   passing by, 2
**¡qué...!**   how...!, 18
**¿qué?**   what, 1; which, 1
¿— **hora es?**   What time is it?, 1
¿— **se le ofrece?**   What can I do for
you?, 9
¿— **será de...?**   What will become of
...?, 19
**quebrar (e:ie)**   to go bankrupt, 15
**quedar**   to be located, 2
— **se (con)**   to take, 18; to keep, 18
**querer (e:ie)**   to want, 5; to wish, 5
**quetzal** (*m.*)   currency of Guatemala, g. 2
**quiebra** (*f.*)   bankruptcy, 15;
insolvency, 15
**¿quién(es)?**   who?, v.a. 1
**quincenal**   biweekly; every two weeks,
v.a. 10
**quizás**   maybe, g. 19

## R

**radiador** (*m.*)   radiator, v.a. 8
**radio** (*f.*)   radio, 14
— **de batería (de pilas)**   battery-
operated radio, v.a. 2
**rastra** (*Cuba*) (*f.*)   trailer
**ratón** (*m.*)   mouse, v.a. 12
**razón** (*f.*)   reason, g. 20
**razón social** (*f.*)   trade name, s. 3
**realidad** (*f.*)   reality, g. 4
**rebajar**   to reduce, 12; to diminish, 12
**recado** (*m.*)   message, 10
**recalentarse (e:ie)**   to overheat, v.a. 8
**recámara** (*f.*)   room (*Méx.*), 3
— **principal**   master bedroom,
v.a. 17
**recargo adicional** (*m.*)   additional
charge, v.a. 13

**recaudar** to collect, g. 13
**recepción** (*f.*) reception desk, 3; front desk, 3
**recepcionista** (*m., f.*) receptionist, g. p
**recibido(a)** received, 13
**recibir** to receive, 6
**recibo** (*m.*) receipt, 13
**recién** recently, 16; newly, 16
**recientemente** recently, 17
**reclamación** (*f.*) claim, v.a. 19
**reclinar** to recline, v.a. 1
**recomendar (e:ie)** to recommend, 7
**recordar (o:ue)** to remember, g. 19
**recursos** (*m. pl.*) resources, g. 12
**red** (*f.*) Internet, 7; Web, v.a. 12
   **redes ferroviarias** railroad lines, g. 8
**redactar** to write, to compose, 20
**reembolso** (*m.*) refund, 13; reimbursement; v.a. 13
**referencia** (*f.*) reference, 10
**reflejar** to reflex, g. 6
**refrigerador** (*m.*) refrigerator, v.a. 17
   **— empotrado** built-in refrigerator, v.a. 17
**regadera** (*Méx.*) shower, 3
**regalo** (*m.*) gift, 13
**regatear** to bargain, g. 1
**regido(a)** to be in force, s. 4
**registrar** to record, 12; to key into (a computer), 12; to file, v.a. 13
**regresar** to return, 1; to come (go) back, 1
**regulación** (*f.*) regulation, 7
**regular** to regulate, g. 12
**relación** (*f.*) relation, 9
**relacionado(a)** related, 17
**reloj** (*m.*) clock, v.a. 10; watch, v.a. 10
**rellenar** to fill out (*a form*), 1
**relleno(a)** stuffed, v.a. 4
**remarcador del último número** (*m.*) last number redial, v.a. 7
**remitente** (*m., f.*) sender, v.a. 7
**remodelar** to remodel, 17
**remolcador** (*m.*) tow truck, v.a. 8
**rendimiento** (*m.*) yield, v.a. 16
**rendir (e:i) informe** to report, 12; to give an account, 12
**renglón** (*m.*) line (*on paper*), v.a. 13; line (*of merchandise*), 14; item, v.a. 13
**renta** (*f.*) revenue, 13; income, 13
   **— vitalicia** life annuity, v.a. 19
**rentar** (*col.*) to rent, 8
**renunciar (a)** to resign (from), 10
**reo** (*m., f.*) defendant (*in a criminal case*), v.a. 20
**reorganizar** to reorganize, 11
**reparación** (*f.*) repair, 6
   **taller de —** (*m.*) repair shop, 6
**reparar** to repair, v.a. 8; to fix, 20
**repartir** to divide, 20
**reportar** to report, v.a. 13
**representar** to represent, 11
**República Dominicana** (*f.*) Dominican Republic, 14
**repuesto** (*m.*) spare part, 6
**requerir (e:ie)** to require, g. 14

**requisito** (*m.*) requirement, g. 9
**rescate** (*m.*) surrender value, v.a. 19
**reserva** (*f.*) reservation, v.a. 1
**reservación** (*f.*) reservation, g. p
**reservar** to reserve, 1
**resolver (o:ue)** to solve, g. 14
**responsabilidad** (*f.*) responsibility, 19
   **— civil** liability, 19
**reponsabilizarse** to take responsibility for, 9
**responsable** responsible, 19
**respuesta** (*f.*) answer, 10
**restaurante** (*m.*) restaurant, g. p
**restitución** (*f.*) restitution, 19
**resto** (*m.*) rest, g. 13
**restorán** (*m.*) restaurant, 4
**resultar** to follow, 20; to result, 20
**resumé** (*m.*) résumé, v.a. 10
**resumen** (*m.*) résumé, v.a. 10
**retirar dinero** to withdraw money, v.a. 15
**retiro** (*m.*) retirement, 10
   **— (de dinero)** withdrawal, v.a. 15
**reunión** (*f.*) meeting, 5
**reunir los requisitos** to qualify, v.a. 10
**revisar** to check, v.a. 8
**revista** (*f.*) magazine, 1
**rico(a)** rich, g. 11
**riego automático** (*m.*) automatic sprinkler, v. 17
**riesgo** (*m.*) risk, 9
**robo** (*m.*) theft, 19; burglary, 19; robbery, 19
**rojo(a)** red, 19
**ropa** (*f.*) clothing, 5; clothes, 5
   **— hecha** ready-made clothes, g. 14
**rotura** (*f.*) breakage, 9
**rudimentario(a)** rudimentary, 12
**ruido** (*m.*) noise, 3
**ruta** (*f.*) route, 8

## S

**sábana** (*f.*) sheet, v.a. 3
**saber** to know, 7
**sacar** to take out, to withdraw, v.a. 15
   **— el dinero** to withdraw money, v.a. 15
   **— la cuenta** to add up, 18
**sacrificar** to sacrifice, 17
**sala** (*f.*) living room, 17
   **— de estar** family room, 17
**salario** (*m.*) salary, 10
**saldo** (*m.*) balance, v.a. 11
**salida** (*f.*) departure, 1; exit, 1
**salir** to leave, 11; to go out, 11
**salmón** (*m.*) salmon, 4
**salón** (*m.*) salon, 5
   **— de belleza** beauty parlor; salon, v.a. 18
   **— de estar** family room, 17
   **— de exhibición** showroom, 5; exhibition hall, 5
**salsa** (*f.*) sauce, 4
**salud** (*f.*) health, 10
**saludar** to greet, 8; to say hello, 8
**saludo** (*m.*) greeting; salutation, g. p

**salvapantallas** (*m., pl.*) screensaver, v.a. 12
**salvavidas** (*m.*) life preserver, v.a. 1
**satisfecho(a)** satisfied, 6
**saya** (*f.*) skirt, 14
**se alquila** for rent, v.a. 17
**se dice** is said, g. 10
**se invierte** is invested, 10
**se lo puedo dejar en...** I can give it to you for..., 8
**se mueve** is moved, g. 9
**se otorga** is stipulated, s. 4
**Se trata de...** It is a question of..., 9
**se vende** for sale, 17
**secadora** (*f.*) dryer, v.a. 17
**sección** (*f.*) section, 1
**secretario(a)** (*m., f.*) secretary, 11
**seguir (e:i)** to continue, 11
**según** as, 12; according to, 6; depending on, 6
   **— se reciben** as they are received (come in), 12
**seguro(a)** sure, 20
**seguro** (*m.*) insurance, 19
   **— colectivo** group insurance, v.a. 19
   **— de accidentes de trabajo** workers' compensation insurance, v.a. 19
   **— de grupo** group insurance, v.a. 19
   **— de salud** health insurance, v.a. 19
   **— de vida** life insurance, 19
   **— dotal** endowment insurance, v.a. 19
   **— social** Social Security, 12
**seleccionar** to select, 5
**sello** (*m.*) (postage) stamp, v.a. 7
**semáforo** (*m.*) traffic light, 20
**semana** (*f.*) week, 10
**semanal** weekly, 10
**sentar (e:ie)** to enter accounting, s. 4
**sentarse (e:ie)** to sit down, 15
**sentencia** (*f.*) sentence, v.a. 20; decision, v.a. 20
**sentir (e:ie)** to regret, to be sorry, 17; to feel, g. 18
**señal de parada** (*f.*) stop sign, 19
**señor (Sr.)** (*m.*) Mr., P; sir, P; gentleman, P
**señora (Sra.)** (*f.*) Mrs., P; lady, P; Ma'am, P; Madam, P
**señorita (Srta.)** (*f.*) Miss, P; young lady, P
**separado(a)** separate, v.a. 13
**ser** to be, p
   **— peligroso,** to be dangerous g. 8
   **— puntual** to be on time, g. 10
   **— (una) lástima** to be a pity, 17
**serio(a)** (*col.*) serious, 20
**servicio** (*m.*) service, 7; bathroom (toilet), v.a. 1
   **— de habitación** room service, v.a. 3
   **— de correo y paquetería privado** private courier, v.a. 7
**servir (e:i)** to serve, 11
   **— (de)** to be (a), g. 1; to serve (as), g. 20
**para servirle** at your service, p

**si** if, g. 1
**si es posible** if possible, 5
**sí** yes, 1
**siempre** always, 6
**sigla** (*f.*) abbreviation in initials, g. 5
**silenciador** (*m.*) muffler, 6
**silla** (*f.*) chair, v.a. 10
**sin** without, 7
— **embargo** nevertheless, g. 7
— **perjuicio de** not affecting, s. 4
— **remedio** without hope, 20
**sindicato** (*m.*) union (worker's), s. 4
**sino** but, g. 16
**sirva de...** be a(n)..., g. 1
**sírvase** please, s. 3
**sistema** (*m.*) system, g. p
— **de riego automático** automatic sprinkler system, v.a. 17
— **de suspensión** suspension system, 6
— **operativo** operating system, 10
— **tributario** tax system, g. 13
**sistemático(a)** systematic, g. p
**situación** (*f.*) situation, g. p
**situado(a)** situated, 3
**soborno** (*m.*) bribe, v.a. 20
**sobre** about, 7; on, 13; above, 18; over, 18; (*m.*) envelope, v.a. 7
**sobregiro** (*m.*) overdraft, v.a. 15
**sobrepasar** to surpass, 14
**sociedad** (*f.*) society, g. 4
— **Anónima (S.A.)** corporation, 5
— **Cooperativa** cooperative, g. 12
— **de Beneficios Mutuos** mutual benefit company, g. 12
— **en Comandita** joint stock company, g. 12
— **Limitada (de Responsabilidad Limitada) (S.R.L.)** Limited Liability Company, s. 4
— **Regular Colectiva (en Nombre Colectivo)** general partnership, g. 12
**socio(a)** (*m., f.*) partner, 13
— **comanditario** silent or nominal partner, g. 12
**socios solidarios** joint liable partners, g. 12
**sofisticado(a)** sophisticated, 12
**solamente** only, 1
**solicitante** (*m., f.*) applicant, v.a. 15
**solicitar** to ask for, 10; to apply for, 10
**solicitud** (*f.*) application, 10
**solo(a)** alone, 14
**sólo** only, 1
**soltero(a)** single, p
**son las (+ *time*)** It's (+ *time*), 1
**sondeo de la opinión pública** (*m.*) poll, v.a. 14; survey, v.a. 14
**soplado(a)** blown, 9
**soporte** (*m.*) support, v.a. 12
— **físico** hardware, v.a. 12
— **lógico** software, v.a. 12
**su(s)** your, his, her, their, 2
**subir** to go up, 2
**subscriptor(a)** (insurance) policyholder, v.a. 19

**subtotal** (*m.*) subtotal, v.a. 13
**suceder** to happen, 9
**sucio(a)** dirty, v.a. 3
**sucre** (*m.*) currency of Ecuador, g. p
**sucursal** (*f.*) branch, v.a. 15
**sueldo** (*m.*) salary, 10
**suelto** (*m.*) small change (*Puerto Rico*), v.a. 15
**sueño** (*m.*) dream, g. 18
**suficiente** sufficient, 13; enough, 13
**sufrimiento** (*m.*) suffering, 20
**sufrir** to suffer, 11
**sugerente** catchy; suggestive, v.a. 14
**sugerir (e:ie)** to suggest, 16
**sugestivo(a)** catchy; suggestive, v.a. 14
**suicidio** (*m.*) suicide, 19
**sujetapapeles** (*m.*) paper clip, v.a. 10
**suma** (*f.*) amount, 20
**sumar** to add up, 15
**suministrador(a)** (*m., f.*) provider, 6; supplier, 6
**superar** to exceed, to overcome, g. 17
**supermercado** (*m.*) supermarket, v.a. 18
**suponer** to suppose, 9
**sutilmente** subtly, g. 19

# T

**tabla de cotizaciones** (*f.*) currency exchange table, v.a. 2
**tablilla de avisos** (*f.*) bulletin board, v.a. 10
**tachuela** (*f.*) thumbtack (*Puerto Rico*), v.a. 10
**tal** such, 17
**talón** (*m.*) (*Spain*) check, 2
**talonario de cheques** checkbook, v.a. 15
**talla** (*m.*) size, s. 2
**taller** (*m.*) workshop, g. 14
— **de mantenimiento** mechanic's shop, s. 3
— **de mecánica (reparación)** (*m.*) auto shop, 6
**tamaño** (*m.*) size, 7
**también** also, g. 3
**tampoco** neither, not either, 6
**tan** so, 4
— **... como** as ... as, 4
— **pronto como** as soon as, 11
**tanque** (*m.*) tank, v.a. 8
**tanto(a)** so much, 14
**tantos(as)** so many, 14
**tapicería** (*f.*) upholstery, v.a. 6
**taquígrafo(a)** (*m., f.*) stenographer, shorthand writer, v.a. 20
**tara** (*f.*) tare, v.a. 9
**tardar** to take, to last (a length of time), 4
**tarde** (*f.*) afternoon, 1
**tarifa** (*f.*) tariff, 7; toll, 7; fare, 7
**tarjeta** (*f.*) card, 3
— **de crédito** credit card, v.a. 2
— **de embarque** boarding pass, v.a. 1
— **de registro (huésped)** registration card, 3
— **de residente** resident card, v.a. 2

— **postal** postcard
— **telefónica** prepaid phone card, v.a. 7
— **verde** green card, g. 2
**tasa** (*f.*) rate, 2
— **de cambios** exchange rate, 2
— **de interés** interest rate, v.a. 16
**tasador(a)** (*m., f.*) appraiser, 17
**tasar** to value; to appraise, v.a. 16
**taxi** (*m.*) taxi, 2
**taxímetro** (*m.*) taximeter, 8
**taxista** (*m., f.*) taxi driver, 8
**taza** (*f.*) cup, 11
**techo** (*m.*) roof, 17
**tecla** (*f.*) key, v.a. 12
**teclado** (*m.*) keyboard, v.a. 12
**teja** (*f.*) roof tile, 17
**tejamaní, tejamanil** (*Méx.*) (*m.*) shingle, v.a. 17
**tejido** (*m.*) fabric, 9
**tela** (*f.*) fabric, 5
— **de araña** web, g. 14
**telecomunicaciones** (*f. pl.*) telecommunications, g. p
**telefonista** (*m., f.*) telephone operator, 7
**teléfono** (*m.*) telephone, g. p
— **celular** cellular phone, v.a. 7
— **portátil** cordless phone, v.a. 7
— **público** public phone, v.a. 7
**telegrama** (*m.*) telegram, 7
**televisión** (*f.*) television, v.a. 3
**televisor** (*m.*) TV set v.a. 3
— **portátil** portable television set v.a. 2
**temblor de tierra** (*m.*) earthquake, 19
**temer** to fear, 17; to be afraid of, g. 15
**me temo que...** I am afraid that..., 12
**tenedor(a) de libros** (*m., f.*) bookkeeper, v.a. 11
**tener** to have, 4
— **aceptación** to be well received, 5; to be a demand for, 5
— **casa propia** to own a house, 16
— **hambre** to be hungry, 4
— **prisa** to be in a hurry, 4
— **que (+ *inf.*)** to have to (do something), 4
— **razón** to be right, 18
— **suerte** to be lucky, 14
**tercer mundo** (*m.*) third world, g. 14
**tercera persona** (*f.*) third party, v.a. 19
**tercero** (*m.*) third party, v.a. 19
**tercero(a)** third, 3
**terminar (de)** to finish, 4
**término** (*m.*) term, s. 3
— **medio** medium, v.a. 4
**termita** (*f.*) termite, 17
**ternera** (*f.*) veal, v.a. 4
**terremoto** (*m.*) earthquake, 19
**testamento** (*m.*) will, 20
**testigo** (*m., f.*) witness, v.a. 16
**texto** (*m.*) text, v.a. 14
**tiempo** (*m.*) time, 9
— **extra** overtime, v.a. 10
**tienda** (*f.*) store, 5
— **de comestibles** grocery store, g. 18

— **por departamentos**  department store, v.a. 18
**tierra** (*f.*)  land, 9
**timbre** (*m.*)  (postage) stamp (*Méx.*), v.a. 7
**timón** (*m.*)  steering wheel, v.a. 6
**tintorería** (*f.*)  dry cleaning shop, v.a. 18
**típico(a)**  typical, p; model, s. 2
**tipo** (*m.*)  type, 4
— **de cambio**  exchange rate, 2
— **de interés**  interest rate, v.a. 16
**tirada** (*f.*)  circulation, 14
**título** (*m.*)  title, g. p
**toalla** (*f.*)  towel, v.a. 3
**todavía**  yet, g. 12; still, g. 12
**todo** (*m.*)  all, 6; everything, 6
— **tipo**  all types, v.a. 5
**todos(as)**  all, 1; all of them, 4
**todos los días**  every day, 2
**tomar**  to take, 2; to drink, 2
— **algo**  to have something to drink
— **una decisión**  to make a decision, 11
**tomate** (*m.*)  tomato, 4
**tonelada** (*f.*)  ton, v.a. 9
**tópico** (*m.*)  topic, g. 11
**tornado** (*m.*)  tornado, 19
**torreja** (*f.*)  French toast, g. 4
**tortilla** (*f.*)  tortilla (*Méx.*), 4; omelette (*España and other countries*), 4
**tostada** (*f.*)  toast, 4
**total**  total, 20
**trabajador(a)** (*m., f.*)  worker, 19
**trabajar**  to work, 6
— **por cuenta propia**  to be self-employed, 13
**trabajo** (*m.*)  work, 10; job, g. 6
**tradicional**  traditional, 13
**traductor(a)** (*m., f.*)  translator, v.a. 20
**traer**  to bring, 11
**tráiler** (*m.*)  trailer, 9
**trámite** (*m.*)  procedure, 9
**transacción** (*f.*)  transaction, 17
**transbordar**  to transfer, 9
**transbordo** (*m.*)  transfer, 9
**transeúnte** (*m., f.*)  passerby, 8
**transferencia** (*f.*)  transfer, 8
**tránsito** (*m.*)  traffic, 19
**transmisión** (*f.*)  transmission gear, v.a. 6
**transparente**  transparent, 14
**transportar**  to transport, 9
**transporte** (*m.*)  transport g. p; shipping, 6
— **por tierra**  land transportation, 9
**trasbordar**  to transfer, 9
**trasbordo** (*m.*)  transfer, 9
**trasladar**  to move, 3; to relocate, 3
**traspasar**  to transfer, v.a. 17
**traspaso** (*m.*)  transfer, 17
**tratado** (*m.*)  agreement, g. 5
**Tratado de Libre Comercio de América del Norte (TLCAN)**  North American Free Trade Agreement (NAFTA), 9

**tratar**  to deal, 9
— **de**  to try (to), g. 2
— **se de**  to be a question of, 9
**tren** (*m.*)  railroad, 9; train, 9
**tropas** (*f. pl.*)  troops, g. 4
**trucha** (*f.*)  trout, v.a. 4
**tubo de escape** (*m.*)  exhaust pipe, 6
**turista** (*m., f.*)  tourist, 8
**tutor** (*m.*)  guardian, v.a. 20

## U

**u**  or, g. 4
**último(a)**  last (in a series), 1
**un(a)**  a, g. p
**un momento**  one moment, p
**un paso más**  one step further, g. 1
**únicamente**  only, 14
**único: lo —**  the only thing, 17
**unidad** (*f.*)  unit, 6
— **óptica**  scanner, 12; optic unit, 12
**universidad** (*f.*)  university, 13
**uno**  one, g. 1
**unos, unas**  some, g. 11
— **(+ *number*)**  about (+ *number*), 3
**urgencia** (*f.*)  urgency, 9
**usado(a)**  used, g. 12
**usar**  to use, v.a. 1
**uso** (*m.*)  use, 12
**usted**  you, g. p
**usualmente**  usually, 17
**utilidad** (*f.*)  profit, 13
— **bruta**  gross profit, v.a. 5
— **neta**  net profit, v.a. 5
**utilizar**  to use, 6; to utilize, 6

## V

**vacaciones** (*f. pl.*)  vacation, 10
**vacío(a)**  vacant, 18; empty, 18
**vale** (*m.*)  voucher, s. 4
**valer**  to be worth, 17
— **la pena**  to be worth it, 19
**válido(a)**  valid, g. p
**valija** (*f.*)  suitcase, 2
**valioso(a)**  valuable, 12
**valor** (*m.*)  value, 7; worth, 7
**valla** (*f.*)  billboard, v.a. 14
**Vamos a...**  Let's..., g. p
**variable**  variable, 16
**variar**  to change, 14; to vary, 14
**variedad** (*f.*)  variety, 5
**varios(as)**  various, 5; several, 5
**vecindario** (*m.*)  neighborhood, 15
**vecino(a)** (*m., f.*)  neighbor, 17
**vegetales** (*m. pl.*)  vegetables, 4
**veliz** (*m.*) (*Méx.*),  handbag, 2; carry-on bag, 2
**velocidad** (*f.*)  speed, v.a. 12
**vencido(a)**  due, v.a. 13
**vencimiento** (*m.*)  due (date), s. 4

**vender**  to sell, 5
**se vende**  for sale, 17
**venderse bien**  to sell well, 14
**venir**  to come, 4
**venta** (*f.*)  sale, 5
— **de drogas**  sale of drugs, v.a. 20
**ventaja** (*f.*)  advantage, 16
**ventanilla** (*f.*)  (service) window, 7
**ver**  to see, 2
**verano** (*m.*)  summer, 14
**verbo** (*m.*)  verb, g. p
**verdad** (*f.*)  truth, g. 15
**¿— ?**  right?, 2
**veredicto** (*m.*)  verdict, v.a. 20
**versión** (*f.*)  version, v.a. 12
**vestido** (*m.*)  dress, 14
**vestidura** (*f.*)  upholstery, v.a. 6
**vez** (*f.*)  time, 12
**viajante** (*m., f.*)  traveling salesperson, 6
**viajar**  to travel, 1
**viaje de negocios** (*m.*)  business trip, 1
**vida** (*f.*)  life, 19
**videograbadora** (*f.*)  VCR, v.a. 2
**vidriera** (*f.*)  (store) window, 18
**vidrio** (*m.*)  glass, 9
**viejo(a)**  old, g. 8
**viernes** (*m.*)  Friday, 6
**vigilancia** (*f.*)  vigilance, g. p
**vino** (*m.*)  wine, 4
**violación** (*f.*)  violation, 19
**violar la ley**  to break the law, v.a. 20
**visitar**  to visit, 6
**viudo(a)** (*m., f.*)  widower, 13; widow, 13
**vivienda** (*f.*)  housing, g. 17
**vivir**  to live, g. 3
**vocabulario** (*m.*)  vocabulary, g. p
**volante** (*m.*)  steering wheel, v.a. 6
**volumen** (*m.*)  volume, 6
**volver (o:ue)**  to return, 6; to come (go) back, 6
**vuelco** (*m.*)  overturning, s. 4
**vuelo** (*m.*)  flight, 1

## Y

**y**  and, p
**ya**  already, 4
— **lo sé**  I know, 15
**yerba** (*f.*)  lawn, grass, v.a. 17
**yo solo(a)**  just me, 4

## Z

**zacate** (*m.*) (*Méx.*)  lawn, v.a. 17
**zanahoria** (*f.*)  carrot, v.a. 4
**zapatería** (*f.*)  shoe store or factory, v.a. 18
**zona** (*f.*)  zone, g. p
— **industrial**  industrial zone

# ENGLISH-SPANISH VOCABULARY

## A

**about**   acerca de, 7
— **(+ number)** unos... **(+ number)**, 3
— **that (the matter)**   al respecto, 10
**above**   sobre, 18
**absence**   ausencia (*f.*), 12
**accelerator**   acelerador (*m.*)
**accept**   aceptar, 2
**access**   acceso (*m.*), 7
**accessory**   accesorio (*m.*), 5
**accident**   accidente (*m.*), 19
**accompany**   acompañar, 17
**according to**   según, 6; al ritmo de
**account**   cuenta (*f.*), 15
— **payable**   cuenta a pagar
— **receivable**   cuenta a cobrar
**accountant**   contador(a) (*m., f.*), 11
**accounting**   contabilidad (*f.*), 11; (*adj.*) contable, 11
**accredit**   acreditar, 13
**acknowledgement of receipt**   acuse de recibo (*m.*)
**act of God**   fenómeno natural (*m.*), 19; fuerza mayor (*f.*), 19
**ad**   anuncio (*m.*), 14
**adapt**   adaptar, 18
**add**   agregar, 14
— **up**   sacar la cuenta, 18
**addition: in — to**   aparte de, 7
**additional**   adicional
— **charge**   recargo adicional (*m.*)
**address**   dirección (*f.*), P; domicilio (*m.*), P
**addressee**   destinatario(a) (*m., f.*), 7
**adequate maintenance**   mantenimiento adecuado (*m.*)
**adjective**   adjetivo (*m.*)
**adjusted gross income**   ingreso bruto ajustado (*m.*), 13
**adjustment**   ajuste (*m.*)
**administrator**   administrador(a) (*m., f.*)
**advance payment**   anticipo (*m.*)
**advantage**   ventaja (*f.*), 16
**advertise**   anunciar
**advertisement**   propaganda (*f.*), 7
**advertising**   publicidad (*f.*), 14; propaganda (*f.*), 14
— **agency**   agencia de publicidad (*f.*), P
— **media**   medio publicitario (*m.*)
**advice**   consejo (*m.*), 14; asesoramiento (*m.*), 16
**advise**   aconsejar, 16
**affect**   afectar, 18
**afternoon**   tarde (*f.*), 1
**again**   de nuevo, 12; otra vez, 12
**against**   contra, 19
**age**   edad (*f.*)
**agency**   agencia (*f.*), 7
**agent**   agente (*m., f.*), 14
**agree on**   convenir (en)

**air**   aéreo(a) (*adj.*), 9; aire (*m.*)
— **conditioning**   aire acondicionado (*m.*), 3
— **mail**   correo aéreo (*m.*), 7
**airline**   línea aérea (*f.*), 2
**airport**   aeropuerto (*m.*), 1
**aisle seat**   asiento de pasillo (*m.*), 1
**alcohol**   alcohol (*m.*), 20
**alcoholic**   alcohólico(a), 2
**alimony**   pensión alimenticia (*f.*)
**all**   todos(as), 1; todo (*m.*), 6
**all of them**   todos(as), 4
**almost**   casi, 2
**alone**   solo(a), 14
**already**   ya, 4
**also**   también, 4
**although**   aunque, 17
**always**   siempre, 6
**American**   americano(a), 4
**among**   entre, 9
**amount**   importe (*m.*), 12; suma (*f.*), 20
**and**   y, P
**announce**   anunciar, 1
**another**   otro(a), 3
**answer**   respuesta (*f.*), 10
**answering machine**   máquina contestadora (*f.*)
**any**   algún(alguno/a), 7; cualquier(a)
**any style**   al gusto
**anything**   algo
— **else?**   ¿algo más?, 3
— **to declare?**   ¿algo que declarar?, 2
**anyway**   de todos modos, 7
**apartment**   apartamento (*m.*), 3
**appear**   aparecer, 13
**appearance**   presentación (*f.*), 14; apariencia (*f.*), 14
**appliance**   electrodoméstico (*m.*)
**applicant**   candidato(a) (*m., f.*), 10; aspirante (*m., f.*); postulante (*m., f.*)
**application**   solicitud (*f.*), 10
**apply for**   solicitar, 10
**appoint**   nombrar, 20
**appointment**   cita (*f.*), 5
**appraise**   tasar
**appraiser**   tasador(a) (*m., f.*), 17
**approval**   aprobación (*f.*)
**approve**   aprobar (o:ue), 16
**area**   área (*f. but* el área), 7
**around**   más o menos, 3
**arrangement**   arreglo (*m.*), 11; iguala (*f.*), (*Cuba*), 11
**arrival**   entrada (*f.*), 12
**arrive (in)**   llegar (a), 1
**artcraft**   artesanía (*f.*), 8
**article**   artículo (*m.*), 5
**as**   según, 12
— **...as**   tan... como, 4
— **of (+ date)**   a partir del día (+ date), 3
— **soon as**   tan pronto como, 11, 19, en cuanto, 19

— **they are received (come in)** según se reciben, 12
**ask (for)**   pedir (e:i), 7; solicitar, 10
— **a question**   preguntar, 10
— **oneself**   preguntarse, 9
**assault**   asalto (*m.*)
**assess**   evaluar, 11
**assets**   bienes (*m. pl.*), 20; activo (*m.*)
**assist**   atender (e:ie), 5
**assistance**   ayuda (*f.*), 12
**assistant**   asistente (*m., f.*), 11
**association**   asociación (*f.*)
**assume**   asumir, 16, 17
**at**   a, 1; en, 1
— **(+ time)**   a la(s) (+ time), 1
— **fault**   culpable, 19
— **lunch time**   a la hora del almuerzo, 4
— **your expense**   a su cargo
— **your service**   para servirle, P; a sus órdenes, 10
**attached**   adjunto(a)
**attend**   atender (e:ie), 5
**attendance**   asistencia (*f.*), 12
**attention**   atención (*f.*), 1
**authorize**   autorizar, 18
**auto shop**   taller de mecánica (*m.*)
**automate**   automatizar, 12
**automatic**   automático(a), 8
**automatically**   automáticamente, 12
**available**   disponible, 5; instalado(a), 14
**to have —**   contar (o:ue) con, 7
**avenue**   avenida (*f.*), 8
**avocado**   aguacate (*m.*)
**avoid**   evitar, 1
**awarded**   adjudicado(a), 20

## B

**bazaar**   bazar (*m.*), 14
**backpack**   mochila (*f.*)
**bad**   malo(a)
**baggage**   equipaje (*m.*), 2; velices (*m. pl.*) (*Méx.*), 2
**baked**   al horno
**bakery**   panadería (*f.*)
**balance**   saldo (*m.*), 15; balance (*m.*)
— **sheet**   balance general, 11
**ball bearings**   caja de bolas (*f.*)
**ballpoint pen**   bolígrafo (*m.*)
**bank**   (*adj.*) bancario(a), 6; banco (*m.*)
— **note**   billete (de banco) (*m.*)
— **officer**   oficial de banco (*m., f.*), 16
**banker**   banquero(a) (*m., f.*)
**bankruptcy**   quiebra (*f.*), 15; insolvencia (*f.*), 15
**barber shop**   barbería (*f.*)
**bathroom**   baño (*m.*), 17; servicio (*m.*); excusado (*m.*) (*Méx.*)
— **sink**   lavabo (*m.*)

**battery** acumulador (*m.*), batería (*f.*)

— **-operated radio** radio de batería (pilas) (*f.*)

**be** ser, P; estar, 3

— **a question of** tratarse de, 9

— **able** poder (o:ue), 6

— **afraid of** temer, 17

— **afraid that...** temer que..., 12

— **at (your) disposal** estar a su disposición, 5

— **certain of** estar seguro(a) de, 6

— **enough** alcanzar, 19

— **glad** alegrarse, 17

— **going (to do something)** ir a (+ *inf.*), 5

— **good for** convenir, 18

— **happy** alegrarse, 17

— **hungry** tener hambre, 4

— **in charge (of)** correr con, 9

— **lacking** faltar, 19

— **located** quedar, 2

— **lucky** tener suerte, 14

— **necessary (to do something)** hay que (+ *inf.*), 6

— **no longer** dejar de ser

— **paid by you** ir por su cuenta, 6

— **right** tener razón, 18

— **self-employed** trabajar por cuenta propia, 13

— **sorry for** lamentar, 3

— **to one's advantage** convenirle a uno, 15

— **well received** tener aceptación, 5

— **willing to** estar dispuesto(a), 17

— **worth** valer, 17

— **worth it** valer la pena, 19

**bean** frijol (*m.*), 4

**beautiful** bonito(a), 17; lindo(a), 17

**beauty parlor** peluquería (*f.*); salón de belleza (*m.*)

**because** pues, 7; porque, 6, 10

**beef** carne de res (*f.*)

**before** antes (de), 1

— **deciding** antes de decidir

**begin** empezar (e:ie), 14; comenzar (e:ie), 14

**believe** creer, 6

**bellhop** botones (*m.*), 3

**beneficiary** beneficiario(a) (*m.*, *f.*), 15

**bequest** legado (*m.*), 13

**best: the — thing** lo mejor, 20

**better** mejor, 4

**between** entre, 6

**bid** oferta (*f.*), 6

**big** grande, 2

**bilingual** bilingüe, 10

**bill** cuenta (*f.*), 4; billete (de banco) (*m.*)

— **of exchange** letra de cambio (*f.*)

**billboard** valla (*f.*)

**birth** nacimiento (*m.*)

**biweekly** quincenal

**black** negro(a)

— **coffee (strong)** café expreso (*m.*), 4; café solo (*m.*), 4

**in — and white** en blanco y negro

**blanket** manta (*f.*), 1; frazada (*f.*), 1; cobija (*f.*) (*Méx.*), 1

**block** cuadra (*f.*), 7

**three blocks from** a tres cuadras de, 7

**blown** soplado(a), 9

**boarding pass** pase de abordar (*m.*); tarjeta de embarque (*f.*)

**boat** barco (*m.*); buque (*m.*)

**body** cuerpo (*m.*)

— **of a car** carrocería (*f.*)

**boiled** hervido(a)

**bond** bono (*m.*), 13

**book** libro (*m.*)

**bookkeeper** tenedor(a) de libros (*m.*, *f.*)

**booklet** folleto (*m.*), 7

**border** frontera (*f.*), 9

**boss** jefe(a) (*m.*, *f.*), 5

**both** ambos(as), 3

**bother** molestar(se), 18

**boulevard** boulevard (*m.*), 8

**bounced check** cheque sin fondos (*m.*)

**boyfriend** novio (*m.*), 16

**brake** freno (*m.*), 6

— **fluid** líquido de frenos (*m.*)

**branch (office)** sucursal (*f.*)

**brand** marca (*f.*), 6

**bread** pan (*m.*), 4

**breakage** rotura (*f.*), 9

**breakfast** desayuno (*m.*), 4

**bribe** soborno (*m.*); mordida (*f.*) (*Méx.*)

**brick** ladrillo (*m.*)

**brief** breve, P

**bring** traer, 11

**broccoli** brécol (*m.*); bróculi (*m.*)

**broiled** asado(a), 4

**brother** hermano (hno.) (*m.*), 10

**budget** presupuesto (*m.*), 12

**building** edificio (*m.*), 18; inmueble (*m.*)

**built** construido(a), 17

**bulletin board** pizarra (*f.*); tablilla de avisos (*f.*)

**bumper** defensa (*f.*); parachoques (*m.*)

**bundle** bulto (*m.*), 2

**burglary** robo (*m.*), 19

**bus** autobús (*m.*), 8; ómnibus (*m.*), 8; camión (*m.*) (*Méx.*), 8

— **stop** parada (*f.*), 8

**business** negocio(s) (*m.*), 1; firma (*f.*), 1; casa (*f.*), 1; establecimiento comercial (*m.*)

— **administration** administración de empresas (negocios) (*f.*), 16

— **correspondence** correspondencia comercial (*f.*)

— **documents** documentos mercantiles (*m. pl.*)

— **letter** carta de negocios (*f.*)

— **trip** viaje de negocios (*m.*), 1

**busy** ocupado(a), P

**but** pero, 3

**buy** comprar, 5

**buyer** comprador(a) (*m.*, *f.*), 1

**buying** compra (*f.*), 6

**by** por, 1

— **a certain date** fecha fija

— **air** por vía aérea

— **boat** por vía marítima

— **rail** por vía férrea

— **the way** por cierto, 12

## C

**cabinet** gabinete (*m.*)

**café au lait** café con leche (*m.*), 4

**cafeteria** cafetería (*f.*), 4

**calculator** calculador(a) (*m.*, *f.*), 18

**call** llamar, 2; llamada (*f.*), 7

**camera** cámara fotográfica (*f.*), 2

**campaign (for promotion)** campaña de promoción (*f.*), 14

**cancelled** cancelado(a), 13

**candidate** candidato(a) (*m.*, *f.*), 10

**candy store** dulcería (*f.*)

**capital** capital (*m.*)

**car** auto (*m.*), 6; automóvil (*m.*), 6; carro (*m.*), 6; coche (*m.*), 6; máquina (*f.*) (*Cuba*), 8

— **related** automovilístico(a)

**card** tarjeta (*f.*), 3

**cared (for)** cuidado(a), 17

**career** carrera (*f.*), 13

**carefully** cuidadosamente

**carpet** alfombra (*f.*), 17

**carrot** zanahoria (*f.*)

**carry** llevar, 9

— **out** desempeñar

**carry-on bag** bolso(a) (*m.*, *f.*), 2; maletín de mano (*m.*), 2

**case** caso (*m.*), 11

**cash** efectivo (*m.*), 15; dinero en efectivo (*m.*)

— **a check** cobrar un cheque

— **book** libro de caja (*m.*)

— **register** caja registradora (*f.*), 12

**cashier's check** cheque de caja (*m.*), 15

**catchy** sugestivo(a); sugerente

**cause** motivo (*m.*), 19

**caused** causado(a), 19

**celery** apio (*m.*)

**center of the city** centro de la ciudad (*m.*), 3

**centimeter** centímetro (*m.*), 7

**certainly** cómo no, 1

**certificate of deposit (C.D.)** certificado de depósito (*m.*), 13

**certified** certificado(a)

— **letter** carta certificada (*f.*)

— **Public Accountant** Contador(a) Público(a) Titulado(a) (*m.*, *f.*)

**chain** cadena (*f.*), 13

**chair** silla (*f.*)

**change** cambiar, 2; variar, 14; cambio (*m.*)

**charge** cargar, 7; cobrar, 7

**charity** caridad (*f.*), 13

**chassis** chasis (*m.*)

**chauffeur** chofer (*m.*, *f.*), 8

**cheap** barato(a), 5

**check** cheque (*m.*), 2; chequear; revisar

— **out** desocupar la habitación

— **to the bearer** cheque al portador (*f.*)

**checkbook** chequera (*f.*); talonario de cheques (*m.*)

**checking account** cuenta corriente (*f.*), 15; cuenta de cheques (*f.*) (*Méx.*), 5

**chicken** pollo (*m.*)

**child** niño(a) (*m., f.*), 16
**children** hijos (*m. pl.*), 13
**chile (bell pepper)** chile (*m.*), 4
**choose** escoger, 10
**church** iglesia (*f.*), 13
**cigarette** cigarrillo (*m.*), 2
**circular** circular (*f.*), 12; carta circular (*f.*)
**circulation** circulación (*f.*), 14; tirada (*f.*), 14
**citizen** ciudadano(a) (*m., f.*), 2
**claim** reclamación (*f.*)
　— **check** comprobante (*m.*), 2
**clam** almeja (*f.*)
**class** clase (*f.*)
**clause** cláusula (*f.*)
**clean** limpio(a)
**clerk** empleado(a) (*m., f.*), 7
**client** cliente(a) (*m., f.*), 5, 6
**clock** reloj (*m.*), 12
**close** cerrar (e:ie), 15
**close by** cercano(a), 7
**closing** despedida (*f.*)
　— **costs** gastos de cierre (*m.*), 17
　— **date** fecha de cierre (*f.*)
**clothes** ropa (*f.*), 14
**clothing** prenda de vestir (*f.*), 5; ropa (*f.*), 14
**co-applicant for joint account** solicitante de cuenta conjunta (*m., f.*)
**co-owner** condueño(a) (*m., f.*), 14
**cod** bacalao (*m.*)
**code** código (*m.*), 7; clave (*f.*), 7
**coffee** café (*m.*), 4
　— **shop** cafetería (*f.*), 4
**coin** moneda (*f.*)
**cold** frío(a)
**collateral** aval (*m.*), 16
**collect on delivery (C.OD.)** cobrar o devolver (C.O.D.)
**collection (of debts)** cobro (*m.*), 12
**collide** chocar, 19
**color: in —** en colores
**come** venir, 4
　— **(go) back** regresar, 1; volver (o:ue), 6
　— **in** pasar, P
**comfortable** cómodo(a)
**commercial** comercial, 7
　— **space** local (*m.*), 18; espacio (*m.*), 18
**commission** comisión (*f.*), 13
**communication** comunicación (*f.*), 7
**compact** compacto(a), 8
**company** firma (*f.*), 5; compañía (*f.*), 9; empresa (*f.*), 11
**compare** comparar, 6
**compatible** compatible
**compensate** compensar, 6
**compensation** compensación (*f.*), 20; indemnización (*f.*)
**compete** competir (e:i), 6
**competition** competencia (*f.*), 14
**complete** completo(a), 13
**compound interest** interés compuesto (*m.*)
**comprehensive** comprensivo(a), 19

**computation** computación (*f.*), 12
**computer** computador(a), 2; ordenador (*m.*) (*España*), 2
　— **disk(ette)** disco (de programación) (*m.*); disquete (*m.*)
　— **hardware** equipo de computación (*m.*), 12
**concept** concepto (*m.*), 12
**condition** condición (*f.*), 5
**condominium** condominio (*m.*), 16
**confections** dulces (*m. pl.*), 18
**confirm** confirmar
**connect** conectar, 12
**consignee** consignatario(a) (*m., f.*)
**consignment note (trucking)** guía (*f.*)
**consist (of)** consistir (en), 10
**consult** consultar, 11
**consultation** consulta (*f.*)
**consulting** asesoramiento (*m.*), 16
**consumer** consumidor(a) (*m., f.*), 6
**contain** contener, 7
**container** contenedor (*m.*), 9
**continue** seguir (e:i), 11
**contract** contrato (*m.*), 10
**contribute** contribuir, 10
**contribution** contribución (*f.*), 13
**convenient** conveniente, 13
**conversation** conversación (*f.*), P
**cookie** galleta (*f.*), 18; galletica (*f.*), 18; galletita (*f.*), 18
**copy** copia (*f.*), 19; ejemplar (*f.*)
　— **machine** máquina copiadora (*f.*)
**corner** esquina (*f.*), 8
　**upper right (left) —** esquina superior derecha (izquierda)
　**the — of** la esquina de
**corporation** sociedad anónima (S.A.) (*f.*), 5
**correspondence** correspondencia (*f.*)
**cost** costo (*m.*), 5; coste (*m.*), 5
　— **insurance, and freight (C.I.F.)** costo, seguro y flete (C.S.F.)
**costly** costoso(a), 11
**cotton** algodón (*m.*), 9
**count** contar (o:ue), 13
**counter** mostrador (*m.*), 1
**counterfeit bill** billete falso (*m.*)
**country** país (*m.*), 4
**county** condado (*m.*), 16
**cover** cubrir, 8
**coverage** cobertura (*f.*), 19
**covered** cubierto(a), 19
**crab** cangrejo (*m.*)
**creation** creación (*f.*), 5
**credit** crédito (*m.*), 3; haber (*m.*); acreditar
　— **account** cuenta acreedora (*f.*)
　— **card** tarjeta de crédito (*f.*), 3
　— **documents** instrumentos de crédito (*m. pl.*)
**creditor** acreedor(a) (*m., f.*)
**cross** cruzar, 8
**cubic** cúbico(a), 9
**cup** taza (*f.*), 11
**currency** moneda (*f.*)

　— **exchange office** casa de cambio (*f.*), 2
　— **table** tabla de cotizaciones (*f.*)
**current** actual, 6
**curtain** cortina (*f.*)
**custom built** hecho(a) a la orden, 17; construido(a) a la orden, 17
**customer** cliente (*m., f.*), 5
**customs** aduana (*f.*), 1
　— **form** declaración de aduana (*f.*), 1

**D**

**daily** al día, 8
　— **wage(s)** jornal (*m.*)
**damage (merchandise during transport)** avería (*f.*), 9; daño (*m.*), 9
**data** datos (*m. pl.*), 3
　— **base** base de datos (*f.*)
　— **base management program** programa de manejo (administración) de base de datos (*m.*), 10
　— **entry** introducción de datos (*f.*), 10
**date** fecha (*f.*), 2
**daughter** hija (*f.*), 7
**day** día (*m.*)
**dead weight** peso muerto (*m.*)
**deal** oferta (*f.*), 6; tratar, 9
**death** muerte (*f.*), 19
**debit** debe (*m.*); debitar
　— **account** cuenta deudora (*f.*)
**debt** deuda (*f.*), 16
**debtor** deudor(a) (*m., f.*)
**decaffeinated** descafeinado(a), 4
**decide** decidir, 8
**decimeter** decímetro (*m.*), 9
**declare** declarar
　— **at fault** declarar culpable, 19
　— **bankruptcy** declararse en quiebra, 15
　— **oneself** declararse, 15
**decrease** disminución (*f.*)
**deduct** deducir, 13
**deductible** deducible
**deduction** descuento (*m.*), 12; deducción (*f.*), 13
**deed** escritura (*f.*), 17
**defendant (criminal)** acusado(a) (*m., f.*); reo (*m., f.*); (**civil**) demandado(a) (*m., f.*)
**degree** grado (*m.*)
**delay** demora (*f.*), 1
**deliver** entregar, 9
**demand** exigir, 14
**deny** negar (e:ie), 16
**department store** grandes almacenes (*m. pl.*)
**departure** salida (*f.*), 1
**depend (on)** depender (de), 6
**dependent** dependiente (*m., f.*), 13
**depending on** según, 6
**deposit** depositar, 13
**depositary** depositario(a)
**depositor** depositante (*m., f.*)

**depth (of a container)** alto (*m.*), 7
**design** diseño (*m.*), 5; dibujo (*m.*); diseñar, 14
**designed** diseñado(a), 12
**desk** escritorio (*m.*); buró (*m.*)
**dessert** postre (*m.*), 4
**destination** destino (*m.*)
**dial** marcar, 7
**die** morir (o:ue), 13; fallecer, 13
**difference** diferencia (*f.*), 13
**different** distinto(a), 9
**difficulty** dificultad (*f.*), 6
**dimension** medida (*f.*), 7
**diminish** rebajar, 12
**dining room** comedor (*m.*), 17
**dinner** cena (*f.*), 4
**directly** directamente, 6
**director** director(a) (*m., f.*), 5
**dirty** sucio(a)
**disability (disablement)** invalidez (*f.*)
**discount** descuento (*m.*), 5; rebaja (*f.*)
**disaster** desastre (*m.*)
**discuss** discutir, 5
**dishwasher** lavadora de platos (*f.*), 17; lavaplatos (*m.*), 17
**display window** escaparate (*m.*), 18; vidriera (*f.*), 18
**distribute** distribuir, 14
**district attorney** fiscal (*m., f.*)
**divide** repartir, 20
**dividend** dividendo (*m.*)
**divorced** divorciado(a), P
**do** hacer, 5
   **— the right thing** hacer bien, 20
   **you did the right thing** hizo bien, 11
**document** documento (*m.*), 9
**dollar** dólar (*m.*), 2
**Dominican Republic** República Dominicana (*f.*), 14
**donate** donar, 20
**donation** donación (*f.*), 13; donativo (*m.*)
**door** puerta (*f.*), 1
**double** doble (*m.*), 9
**doubt** dudar, 18
**down payment** entrada (*f.*), 17; cuota inicial (*f.*), 17; enganche (*m.*) (*Méx.*), 17
**downstairs** planta baja (*f.*), 2
**downtown** centro de la ciudad (*m.*), 3
**drawing** dibujo (*m.*)
**drawn** girado(a), 15
**dress** vestido (*m.*), 14
**drink** bebida (*f.*), 2; tomar, 4; beber, 4
**drive** manejar, 8; conducir, 8
**driver** chofer (*m., f.*), 8
**driving while intoxicated** manejar bajo los efectos del alcohol
**drop** echar, 7
**drug** medicina (*f.*), 2; medicamento (*m.*), 2
**drugstore** farmacia (*f.*)
**drunk** borracho(a), 20
**dryer** secadora (*f.*)
**duck** pato (*m.*)
**due** debido(a); vencido(a)
   **— date** fecha de vencimiento (*f.*)
**during** durante, 14

**duty (customs)** derechos (*m. pl.*), 2; aranceles (*m. pl.*), 2; impuesto (*m. pl.*), 2
   **— free** libre de derechos (impuestos)

## E

**each** cada, 5
**earn** ganar, 13
**earnings** ganancia (*f.*), 11
**earthquake** terremoto (*m.*), 19; temblor (*m.*), 19
**easily** fácilmente, 12
**eat (breakfast)** tomar, 3; comer, 4
**economic(al)** económico(a), 16
**edition** edición (*f.*)
**effective** efectivo(a), 14
**electric** eléctrico(a), 17
**electrical outlet** enchufe (*m.*)
**electricity** electricidad (*f.*), 12
**electronic** electrónico(a)
   **— device** equipo electrónico (*m.*)
   **— mail (e-mail)** correo electrónico (*m.*), 7
**elegant** elegante, 17
**elevator** ascensor (*m.*), 3; elevador (*m.*), 3
**emergency** emergencia (*f.*)
**emphasize** hacer resaltar, 14
**employ** contratar, 10; emplear, 10
**employee** empleado(a) (*m., f.*), 7
**employer** empleador(a) (*m., f.*), 13; patrón(ona) (*m., f.*), 13
**employment** empleo (*m.*), 10
**empty** desocupado(a), 18; vacío(a), 18
**enclosure** anexo (*m.*); adjunto (*m.*)
**end** fin (*m.*), 13
**endowment insurance** seguro dotal (*m.*)
**engine** motor (*m.*)
**engineer** ingeniero(a) (*m., f.*)
**enough** suficiente, 13
**ensure** asegurar, 3
**enter (i.e., a market)** penetrar, 6
**enter in the ledger** pasar al mayor
**enterprise** empresa (*f.*), 11
**entertainment expenses** gastos de representación (*m. pl.*)
**entrust** encargar, 11
**entry** entrada (*f.*), 12
**envelope** sobre (*m.*)
**equal to** igual (que), 10
**equipment** equipo (*m.*), 12
**equivalent** equivalente, 10
**error** error (*m.*), 11
**escalator** escalera rodante (*f.*), escalera mecánica (*f.*), 18
**espresso** café expreso (*m.*), 4; café solo (*m.*), 4
**establishment** establecimiento (*m.*), 9
**estimate** presupuesto (*m.*), 12
**evaluate** evaluar, 11
**eventuality** eventualidad (*f.*), 19
**ever** alguna vez
**every** todo(a), todos(as)
   **— day** todos los días, 2
   **— two weeks** quincenal
**everything** todo (*m.*), 6

**exactly** exactamente, 18; precisamente, 19
**exceed** exceder, 7; superar
**except** excepto, 19
**exchange** cambiar, 2
   **— rate** tasa de cambios (*f.*), 2
**exclusion** exclusión (*f.*)
**exclusive** exclusivo(a), 5
**exclusively** exclusivamente, 14
**excuse me** perdón, 2; con (su) permiso, 6
**executor** albacea (*m., f.*), 20
**exemption** exención (*f.*)
**exhaust pipe** tubo de escape (*m.*), 6
**exhibition hall** salón de exhibición (*m.*), 5
**exit** salida (*f.*), 1
**expect** esperar, 10
**expenditure** egreso (*m.*)
**expense** gasto (*m.*), 12
**expensive** caro(a), 5
**experience** experiencia (*f.*), 10
**expert witness** experto(a) (*m., f.*); perito(a) (*m., f.*)
**expiration date** fecha de vencimiento (*f.*), 3
**explain** explicar, 11
**explanation** explicación (*f.*)
**export** exportación (*f.*), 6; exportar, 6
**express** expreso(a), 9
**expressway** autopista (*f.*)
**extend credit** conceder un crédito
**extortion** extorsión (*f.*)

## F

**fabric** tejido (*m.*), 9; tela (*f.*), 14
**facade** fachada (*f.*), 17
**face (the street)** dar a (la calle), 3
**facsimile** facsímil(e) (*m.*), 7; fax (*m.*), 7
**fair** equitativo(a), 20
**family room** sala de estar (*f.*), 17; salón de estar (*m.*), 17
**far (from)** lejos (de), 7
**fare** tarifa (*f.*), 7
**fasten** abrocharse
**father** padre (*m.*), 16
**fax** facsímil(e) (*m.*), 7; fax (*m.*), 7
**fear** temer, 17
**feature** característica (*f.*), 14
**federal** federal, 15
**fee** honorario (*m.*), 20
**feed** alimentar, 12
**feel pain** doler (o:ue), 8
**felony** delito mayor (grave) (*m.*)
**fender** guardabarros (*m.*); guardafangos (*m.*)
**fiancé(e)** novio(a) (*m., f.*), 16
**fiber** fibra (*f.*), 9
**file** registrar; archivador (*m.*)
   **— a lawsuit** poner una demanda, 20; demandar, 20
**filing cabinet** archivador (*m.*) (*España*), archivo
**fill out (a form)** llenar, 1; rellenar, 1
**film** película (*f.*); filme (*m.*); filmar
**final** final (*m.*), 11

**finally**   por último, 7
**financial**   financiero(a), 11
 — **statement**   estado financiero (*m.*), 11
**find out**   averiguar, 9
**fine**   bien, P; multa (*f.*), 19
**finish**   terminar (de), 4
**fire**   fuego (*m.*), 19; incendio (*m.*), 19
**fireplace**   chimenea (*f.*), 17
**firm**   firma (*f.*), 1
**first**   (*adv.*) primero, 2; (*adj.*) primero(a), 2
 — **(second) degree murder**   asesinato de primer (segundo) grado (*m.*)
**fish**   pescado (*m.*), 4
 — **market**   pescadería (*f.*)
**fit**   caber, 9
**fitting room**   probador (*m.*), 18
**fix**   reparar
**fixed**   fijo(a), 16
 — **rate**   a plazo fijo, 13
 — **term (deposit)**   a plazo fijo, 13
**fixtures**   enseres (*m. pl.*), 19
**flight**   vuelo (*m.*), 1
 — **attendant**   auxiliar de vuelo (*m., f.*), 1
**flood**   inundación (*f.*), 19
**floor**   piso (*m.*), 3
**floppy disk**   disco flexible (*m.*)
**flower**   flor (*f.*)
 — **shop**   florería (*f.*)
**folio**   folio (*m.*)
**follow**   resultar, 20
**food**   comida (*f.*), 13
**foot**   pie (*m.*), 18
**for**   para, 1; por, 3
 — **any reason**   por cualquier motivo, 19
 — **personal use**   para uso personal, 2
 — **rent**   se alquila
 — **sale**   se vende, 17
**forbidden**   prohibido(a), 7
**forehead**   frente (*f.*), 20
**foreigner**   extranjero(a) (*m., f.*), 2
**forgive**   perdonar, 11
**form**   planilla (*f.*), 13; forma (*f.*), 13
**former**   anterior, 11
**fourth**   cuarto(a), 3
**fowl**   aves (*f. pl.*)
**fragile**   frágil, 9
**fraud**   fraude (*m.*)
**free (of charge)**   gratis, 7; libre
 — **on board (F.O.B.)**   libre a bordo (F.A.B.)
**freeway**   autopista (*f.*)
**freight**   flete (*m.*), 9
**French toast**   pan francés (*m.*) (*Méx.*), torrejas
**frequency (of business orders)**   asiduidad (*f.*)
**fresh**   fresco(a), 4
 — **foods**   alimentos frescos (*m. pl.*)
**Friday**   viernes (*m.*), 6
**fried**   frito(a)
**fringe benefit**   beneficio adicional (*m.*), 10
**from**   de, 1; desde, 6
 — **behind**   por detrás, 20

 — **one place to another**   de un lugar a otro, 8
**front: in — (of)**   frente (a), 8
 — **desk**   recepción (*f.*), 3
**frontier**   frontera (*f.*), 9
**fruit tree**   árbol frutal (*m.*)
**full**   lleno(a), 8; completo(a), 13
**full-page**   a toda plana
**full-time**   a tiempo completo
**funds**   fondos (*m.*)
**furniture**   muebles (*m. pl.*), 13
 — **factory or store**   mueblería (*f.*)
**further**   más
**future**   futuro (*m.*)

## G

**garage**   garaje (*m.*), 17
**garden**   jardín (*m.*), 17
**garment**   prenda de vestir (*f.*), 5
**gasoline**   gasolina (*f.*)
**gate**   puerta (*f.*), 1
**general**   general
 — **ledger**   (libro) mayor (*m.*), 11
 — **ledger entry**   pase al mayor (*m.*), 11
 — **manager**   gerente general (*m., f.*), P
 — **partnership**   sociedad regular colectiva (*f.*)
**generation**   generación (*f.*)
**generic**   genérico(a)
**gentleman**   señor (*m.*), P; caballero (*m.*)
**get**   obtener, 13; conseguir (e:i), 13
 — **married**   casarse, 16
 — **off**   bajarse, 8
**gift**   regalo (*m.*), 13
**girlfriend**   novia (*f.*), 16
**give**   dar, 3
 — **a discount**   descontar (o:ue), 6
 — **an account**   rendir (e:i) informe, 12
 — **notice**   avisar, 8; participarse
 — **official authorization**   acreditar, 13
 **I can — it to you for...**   se lo puedo dejar en..., 8
**glass**   copa (*f.*), 4; vidrio (*m.*), 9
**glove compartment**   guantero(a) (*m., f.*)
**go**   ir, 3
 — **back**   regresar, 1
 — **bankrupt**   quebrar (e:ie), 15
 — **down**   bajar, 2
 — **out**   salir, 11
 — **straight ahead**   siga derecho
 — **up**   subir, 2
**good**   buen(o)(a)
 — **afternoon**   buenas tardes, P
 — **evening**   buenas noches, P
 — **morning (day)**   buenos días, P
 — **night**   buenas noches, P
**good-bye**   adiós, P
**goods**   géneros (*m. pl.*); mercancías (*f. pl.*)
**government**   gobierno (*m.*), 15
**grade point average (GPA)**   promedio de notas (*m.*)
**graduate**   graduarse, 13
**grandmother**   abuela (*f.*), 13
**graphic**   gráfico (*m.*)

**grass**   césped (*m.*); zacate (*m.*) (*Méx.*)
**great!**   ¡magnífico!, 7
**green**   verde
 — **card**   tarjeta verde (*f.*)
 — **salad**   ensalada de lechuga (*f.*)
**greet**   saludar, 8
**grilled**   asado(a), 4
**gross**   bruto(a)
 — **income**   ingreso bruto (*m.*)
 — **profit**   utilidad bruta (*f.*)
 — **weight**   peso bruto (*m.*)
**ground floor**   planta baja (*f.*), 2
**group insurance**   seguro de grupo (*m.*); seguro colectivo (*m.*)
**grow**   crecer, 11
**guarantee**   garantía (*f.*), 16
**guardian**   tutor(a) (*m., f.*)
**guest**   huésped (*m., f.*), 3
**guilty**   culpable (*m., f.*), 19
 **not —**   inocente

## H

**half**   medio(a), 8
**handbag**   maletín de mano (*m.*), 2; bolso(a) (*m., f.*), 2; cartera (*f.*), 14
**handicraft**   artesanía (*f.*), 8
**happen**   ocurrir, 9; suceder, 9; pasar, 20
**hard drive**   disco duro (*m.*)
**hardly**   apenas, 9
**hardware**   soporte físico (*m.*)
 — **store**   ferretería (*f.*)
**have**   tener, 4
 — **a collision**   chocar, 19
 — **available**   ofrecer, 7
 — **lunch**   almorzar (o:ue), 10
 — **to**   deber, 2; tener que (+ *inf.*), 4
**head**   cabeza (*f.*), 20
 — **of household (of the family)**   cabeza de familia (*m., f.*), 13; jefe(a) de familia (*m., f.*)
**health**   salud (*f.*), 10
 — **insurance**   seguro de salud (*m.*)
**heating**   calefacción, (*f.*), 17
**height**   alto (*m.*), 7
**heir**   heredero(a) (*m., f.*), 20
**hello: to say —**   saludar, 8
**help**   ayudar, 9; ayuda (*f.*), 12
**her**   su(s), 2
**here's...**   aquí tiene..., 4
**herself**   ella misma, 8
**high**   alto(a), 9
**highway**   carretera (*f.*)
**hire**   contratar, 10; emplear, 10
**his**   su(s), 2
**hit**   pegar, 20
**hold (a position)**   desempeñar
**hope**   esperar, 16
 **I — ...**   Ojalá..., 17
**horn**   bocina (*f.*), claxon (*m.*); pito (*m.*)
**hot**   caliente
**hotel**   hotel (*m.*), 3
**house**   casa (*f.*), 4
**housing**   vivienda (*f.*)
**how?**   ¿cómo?, 4

— **are you?** ¿Cómo está Ud.?, P
— **are you doing?** ¿Qué tal?, 6
— **far?** ¿a qué distancia?, 3
— **many?** ¿cuántos(as)?, 3
— **may I (we) help you?** ¿En qué puedo (podemos) servirle?, P
— **much?** ¿cuánto(a)?, 3
**how...!** ¡qué...!, 18
**hurricane** huracán (*m.*), 19
**hurt** doler (o:ue), 8
**husband** esposo (*m.*), 13

## I

**idea** idea (*f.*), 14
**identification (I.D.)** identificación (*f.*)
**if only...** Ojalá..., 17
**if possible** si es posible, 5
**imagine** figurarse, 13
**import** importar, 5
**imported** importado(a)
**importer** importador(a) (*m., f.*), 14
**improve** mejorar, 14
**in** en, 1
— **accordance (with)** de acuerdo (con), 5
— **addition** por otra parte
— **advance** por adelantado, 18
— **any case** de todos modos, 7
— **case** en caso de que, 19
— **deposit** en fondo, 18; en depósito, 18
— **equal parts** a partes iguales, 20
— **excess (of)** en exceso (de)
— **order to** para, 1
— **other words** es decir, 12
— **stock** en existencia, 6
— **the back** al fondo, 5
— **the morning** por la mañana, 4
**include** incluir, 19
**included** incluido(a), 10
**including** incluido(a), 10
**income** ingreso (*m.*), 13; renta (*f.*), 13
**inconvenience** inconveniente (*m.*), 3
**increase** aumento (*m.*), 9; aumentar, 9
**indeed** en realidad, 6
**indemnification** indemnización (*f.*)
**indicate** indicar, 6; marcar, 8
**individual** individual, 15
— **retirement account (I.R.A.)** cuenta individual de retiro (*f.*), 13
**industry** industria (*f.*), 14
**inexpensive** barato(a), 5
**inform** avisar, 8
**information** datos (*m.*), 3; información (*f.*), 8; informes (*m.*), 8
**inheritance** herencia (*f.*), 13
**initial** inicial (*f.*)
**injury** lesión (*f.*), 19
**insolvency** insolvencia (*f.*), 15
**insolvent** insolvente
**inspect** inspeccionar
**inspection** inspección (*f.*), 17
**inspector** inspector(a) (*m., f.*), 2
**installed** instalado(a), 14

**instant** instantáneo(a), 4
**institution** institución (*f.*), 13
**insurance** seguro (*m.*)
— **company** asegurador(a) (*m., f.*)
**insure** asegurar, 19
**insured** asegurado(a) (*m., f.*), 15
**intercom** intercomunicador (*m.*), 5
**interest** interés (*m.*), 13; interesar, 18
— **rate** tipo de interés (*m.*); tasa de interés (*f.*)
**interested** interesado(a), 5
**interior** interior, 3
**international** internacional, 7
**Internet** Internet (*f.*), 7; red (*f.*)
**interpreter** intérprete (*m., f.*)
**intersection of** la esquina de
**interview** entrevista (*f.*), 10
**intestate** intestado(a), 20
— **case** abintestato (*m.*), 20
**introduce** introducir, 14
**inventory** inventario (*m.*), 12
**invest** invertir (e:ie)
**invested** invertido(a), 20
**investigate** investigar, 18
**investment** inversión (*f.*), 12
— **officer** asesor de inversiones (*m.*)
**invitation** invitación (*f.*), 13
**invoice** factura (*f.*)
**issue** edición (*f.*)
**issuer** país que lo expide (*m.*)
**it's (+ *time*)** es (son) la(s) (+ *time*), 1
**item** artículo (*m.*), 5; renglón (*m.*), 14
**itinerary** itinerario (*m.*)

## J

**jacket** chaqueta (*f.*), 14; chamarra (*f.*) (*Méx.*), 14
**jewelry store** joyería (*f.*)
**job** puesto (*m.*), 10; posición (*f.*), 10; empleo (*m.*)
— **description** descripción del contenido de trabajo (*f.*), 10
**joint account** cuenta conjunta (*f.*), 15
**jot down** anotar, 5
**journal** (libro) diario (*m.*), 11
— **entry** asiento de diario (*m.*), 11
**judge** juez (*m., f.*)
**jury** jurado (*m.*)
**just: — me** yo solo(a), 4

## K

**keep** quedarse (con), 18
— **the books** llevar la contabilidad, 11
**kept** cuidado(a), 17
**key** llave (*f.*), 3; (**into a computer**) registrar, 12; tecla (*f.*)
**keyboard** teclado (*m.*)
**kilo** kilo (*m.*), 7; kilogramo (*m.*), 7
**kilogram** kilo (*m.*), 7; kilogramo (*m.*), 7
**kilometer** kilómetro (*m.*), 3
**kitchen** cocina (*f.*), 17
**klaxon** bocina (*f.*), claxon (*m.*)

**know** saber, 7; conocer, 7
**I —** ya lo sé, 15
**known** conocido(a), 6

## L

**label** etiqueta (*f.*), 12
**labor** mano de obra (*f.*), 14
**lady** señora (*f.*), P; dama (*f.*)
**lamb** cordero (*m.*)
**lamp** lámpara (*f.*)
**land** tierra (*f.*), 9
— **transportation** transporte por tierra (*m.*), 9
**language** idioma (*m.*)
**laptop computer** computador(a) portátil (*m., f.*), 2; ordenador portátil, (*m.*), (*España*), 2
**large** grande, 2
**last (a length of time)** demorar, 4; pasado(a), 10; durar, 17
— **(in a series)** último(a), 1
— **name** apellido (*m.*), P
— **name (mother's)** apellido materno (*m.*)
— **name (father's)** apellido paterno (*m.*)
**lastly** por último, 7
**later** después, 2; más tarde, 9
**laundry room** cuarto de lavar (*m.*), 17
**law** ley (*f.*), 14
— **office** bufete (*m.*), 20
**lawn** césped (*m.*); zacate (*m.*) (*Méx.*)
**lawsuit** demanda (*f.*), 20; pleito (*m.*), 20
**lawyer** abogado(a) (*m., f.*), 20
**lease** alquilar, 13; arrendar; arrendamiento (*m.*)
**leather** cuero (*m.*), 5
**leave** salir, 11
— **(behind)** dejar, 4
**legal** legal, 16
**lend** prestar, 18
**lender** prestamista (*m., f.*)
**length** largo (*m.*), 7
**less than** menos de, 4; menor, 7
**lessee** arrendatario(a) (*m., f.*)
**let's see** a ver, 6
**letter** carta (*f.*), 7
— **of recommendation** carta de recomendación (*f.*)
— **opener** abrecartas (*m.*)
**letterhead** membrete (*m.*)
**lettuce** lechuga (*f.*)
**level** nivel (*m.*), 17
**liabilities** pasivo (*m.*)
**liability** responsabilidad civil (*f.*), 19
**license** licencia (*f.*), 8
**life** vida (*f.*), 19
— **annuity** renta vitalicia (*f.*)
— **expectancy** probabilidad de vida (*f.*)
— **insurance** seguro de vida (*m.*)
— **preserver** salvavidas (*m.*)
**light** luz (*f.*), 19; lámpara (*f.*)
**like** gustar, 8

**Limited Liability Company** sociedad de responsabilidad limitada (S.R.L.) (*f.*)
**line** línea (*f.*), P; fila (*f.*), 2
   **— of business** giro (*m.*), 14
   **— of merchandise** renglón (*m.*), 14
**linoleum** linóleo (*m.*), 17
**liquidate** liquidar
**liquidity** liquidez (*f.*)
**list** lista (*f.*), 6
**listen** escuchar, 5
**literature** literatura (*f.*), 19
**litigation** pleito (*m.*), 20
**little: a —** un poco, 6
**live** vivir, 13
**live animals** animales vivos (*m. pl.*)
**living room** sala (*f.*), 17
**load** cargamento (*m.*), 9; carga (*f.*), 9; cargar, 9
**loan** préstamo (*f.*), 13
**lobster** langosta (*f.*)
**local** local, 6
**locked** inmovilizado(a), 15
**logo** logo(grama) (*m.*), 14
**long** largo(a), 20
   **— distance** larga distancia (*f.*), 7
**look (at)** mirar, 2
   **— for** buscar, 5
   **— like** parecer, 12
**lose** perder (e:ie), 15
**loss** pérdida (*f.*), 11
**loudspeaker** altavoz (*m.*), 1; altoparlante (*m.*), 1
**low** bajo(a), 16
**lube and oil change** engrase (*m.*)
**lubrication** engrase (*m.*); lubricación (*f.*)
**lunch** almuerzo (*m.*), 4; comida (*f.*), 4

## M

**Ma'am** señora (*f.*), P
**machine** máquina (*f.*), 12
**Madam** señora (*f.*), P
**magazine** revista (*f.*), 1
**magnificent!** ¡magnífico!, 7
**mail** correspondencia (*f.*), correo (*m.*)
   **— carrier** cartero(a) (*m., f.*)
**mailbox** buzón (*m.*), 7
**main office** casa matriz (*f.*)
**majority** mayor parte (*f.*), 17; mayoría (*f.*), 18
**make** hacer, 5; confeccionar, 14
   **— a deal** llegar a un arreglo, 20
   **— a decision** tomar una decisión, 11
**mall** centro comercial (*m.*), 4
**man** hombre (*m.*), 5
**manage** administrar, 20
**manager** gerente (*m., f.*), P
**manslaughter** homicidio (*m.*)
**manufacture** fabricación (*f.*), 5
**manufactured** fabricado(a), 5
**manufacturer's trade mark** marca de fábrica (*f.*)
**manufacturing** manufacturero(a), 14
**many** muchos(as), 4
**marital status** estado civil (*m.*)
**mark** marcar, 8

**marked** marcado(a), 5
**market** mercado (*m.*), 5
**married** casado(a), P
**massive** masivo(a), 14
**master bedroom** cuarto principal (*m.*)
**material** material (*m.*), 10
**matter** importar, 11
**meal** comida (*f.*), 13
**I mean** digo, 7
**means** medios (*m. pl.*), 7; capacidad (*f.*), 14
   **— of payment** forma de pago (*f.*), 6
   **— of transportation** medios de transporte (*m. pl.*), 8
**measure** medida (*f.*), 7; medir (e:i), 7
**measurement** medida (*f.*), 7
**meat** carne (*f.*)
   **— market** carnicería (*f.*)
**mechanic's shop** taller de reparaciones (*m.*)
**medical** médico(a), 13
   **— and hospital care** atención médica y hospitalaria, 19
**medicine** medicina (*f.*), 2; medicamento (*m.*), 2
**medium** mediano(a), 8
**meet** encontrar (o:ue), 8; conocer, 13
**meeting** reunión (*f.*), 5; junta (*f.*) (*Méx.*), 5
**memorandum** memorando (*m.*)
**memory** memoria (*f.*)
**mention** mencionar, 10
**menu** menú (*m.*), 4
**merchandise** mercancía, (*f.*), 6; mercadería (*f.*), 6
**message** mensaje (*m.*)
**meter** metro (*m.*), 9
**Mexican** mexicano(a), 2
**Mexico** México, 1
**microchip** pastilla (*f.*)
**microwave** microonda (*f.*), 17
**milk** leche (*f.*), 4
**minimum** mínimo (*m.*), 17
**minor** menor de edad, 13
**minute** minuto (*m.*), 1
   **— book** libro de actas (*m.*)
**miscellaneous expenses** gastos varios (*m. pl.*)
**miscellany** miscelánea (*f.*)
**misdemeanor** delito menor (menos grave) (*m.*)
**Miss** señorita (Srta.) (*f.*), P
**mixed** mixto(a), 4
**model** modelo (*m.*), 5
**modem** módem (*m.*)
**modernize** modernizar, 11
**moment** momento (*m.*), 5
**Monday** lunes (*m.*)
**money** dinero (*m.*), 7
   **— market account** cuenta del mercado de dinero (*f.*), 15
   **— order** giro postal (*m.*), 7
**monitor** monitor (*m.*)
**month** mes (*m.*), 10
**monthly** mensual, 13; al mes, 13
   **— payment** mensualidad (*f.*), 13
   **— salary** sueldo mensual (*m.*)

**more or less** más o menos, 3
**morning** mañana (*f.*), 10
**mortgage** hipoteca (*f.*), 13
**most** la mayor parte, 17
**mostly** principalmente, 14
**mother** madre (*f.*), 16
**motor** motor (*m.*)
**mouse** ratón (*m.*)
**move** trasladar, 3; (*relocate*) mudarse, 15
**Mr.** señor (Sr.) (*m.*), P
**Mrs.** señora (Sra.) (*f.*), P
**much** mucho(a), 3
**muffler** silenciador (*m.*), 6
**municipal** municipal, 13
**must** deber, 2
**mutual fund** fondo mutuo (*m.*), 20
**my** mi(s), 2

## N

**name** nombre (*m.*), P; nombrar, 20
   **in my —** a nombre mío; en mi nombre
   **my — is...** me llamo..., 3
   **sender's company —** antefirma (*f.*)
**national** nacional, 9
**natural phenomenon** fenómeno natural (*m.*), 19; fuerza mayor (*f.*), 19
**near** cercano(a), 7; cerca (de), 17
**necessary** necesario(a), 12
**necessity** necesidad (*f.*), 11
**neck** cuello (*m.*), 20
**need** necesitar, 1; necesidad (*f.*), 11; hacer falta, 14
**needed** necesario (a), 12
**negociate** negociar, 17
**neighbor** vecino(a) (*m., f.*), 17
**neighborhood** barrio (*m.*), 15; vecindario (*m.*), 15
**neither** ni, 6; tampoco, 6; ni... tampoco, 13
**nervous** nervioso(a), 20
**net** neto(a)
   **— profit** utilidad neta (*f.*)
   **— weight** peso neto (*m.*)
**never** nunca, 14
**nevertheless** sin embargo
**new** nuevo(a), 12
**newly** recién, 17
**newspaper** periódico (*m.*), 1
**next** próximo(a), 6
**next day** al día siguiente, 4
**no one** nadie, 6
**noise** ruido (*m.*), 3
**none** ningún(ninguno-a), 6, 8
**noodle** fideo (*m.*)
**nor** ni, 6
**North American Free Trade Agreement (NAFTA)** Tratado de Libre Comercio de América del Norte (TLCAN) (*m.*)
**not** no
   **— either** tampoco, 6; ni... tampoco, 13
   **— guilty** inocente (*m., f.*)
**notably** notablemente, 14

**note** anotar, 5
**nothing** nada, 3
   — **else** nada más, 3
**noun** nombre (*m.*), P
**now** ahora, 1; ahorita, 1

## O

**obsolete** obsoleto(a), 12
**obtain** obtener, 13; conseguir (e:i), 13
**occupied (a house)** habitado(a), 16
**occur** ocurrir
**of** de, 1
   — **age** mayor de edad, 13
   — **course** cómo no, 1; desde luego, 6
**offer** oferta, 6
**office** oficina (*f.*), 5
   — **clerk** oficinista (*m., f.*), 10
**oil** aceite (*m.*)
   — **change** cambio de aceite (*m.*)
**old** viejo(a), 19
**older** mayor, 19
**omelette** tortilla (*f.*)
**on** en, 1; por, 1; sobre, 13
   — **behalf of** a favor de
   — **the way there (he is)** en seguida va para allá, 3
**one moment** un momento, P
**one-way ticket** pasaje (billete) de ida (*m.*), 1
**only** solamente, 1; sólo, 13; únicamente, 14
   **the — thing** lo único, 17
**open** abrir, 2
**operate** manejar
**operating system** sistema operativo (*m.*), 10
**operation** operación (*f.*), 12
**optic unit** unidad óptica (*f.*), 12
**option** opción (*f.*), 10
**or** o, 1
**order** pedido (*m.*), 5; orden (*f.*); ordenar, 6
**organ** órgano (*m.*), 20
**organize** organizar, 14
**origin** origen (*m.*), 14; procedencia (*f.*)
**other** otro(a)
**others: the —** los (las) demás, 9
**our** nuestro(a), 6
**ours** los (las) nuestros(as), 6
**outside** por fuera, 17
**oven** horno (*m.*), 17
**over** sobre, 18
   — **there** allá, 3; por allá, 6
**overdraft** sobregiro (*m.*)
**overdrawn check** cheque sin fondos (*m.*)
**overhead expenses** gastos generales (*m.*)
**overheat** recalentarse (e:ie)
**overlooks the street** da a la calle, 3
**overtime** tiempo extra (*m.*)
**owe** deber, 13
**own a house** tener casa propia, 16
**owner** dueño(a) (*m., f.*), 16; propietario(a) (*m., f.*), 1

## P

**pack** cajetilla (*f.*)
**package** bulto (*m.*), 2; paquete (*m.*), 7; cajetilla
**packing** embalaje (*m.*), 9
**page (accounting books)** folio (*m.*)
**paid by you** va a su cuenta
**painted** pintado(a), 17
**paper clip** sujetapapeles (*m.*)
**parents** padres (*m.*), 16
**pardon me** perdón, 2
**park** estacionar
**parking** estacionamiento (*m.*)
   — **lot** estacionamiento (*m.*)
   — **meter** parquímetro (*m.*)
**part** pieza (*f.*), 6; parte (*f.*), 8
**part-time** medio tiempo, 13; medio día
**participate** participar
**participation** participación (*f.*), 20
**partner** socio(a) (*m., f.*), 13
**party** parte (*f.*), 20
**pass** pasar, 11
**passenger** pasajero(a) (*m., f.*), 1
**passerby** transeúnte (*m., f.*), 8
**passing by** que pasa, 2
**passport** pasaporte (*m.*), 2
**past** pasado(a), 10
**patent** patente (*f.*), 14
**patio** patio (*m.*)
**pawnbroker** prestamista (*m., f.*)
**pay** pagar, 2
   — **attention** hacer caso, 19
   — **in advance** adelantar, 20
   — **in cash** pagar al contado
   — **in installments** pagar a plazos
   — **off** liquidar
**payroll** nómina (*f.*), 11
**peas** chícharos (*m. pl.*); guisantes (*m. pl.*)
**penalty** multa (*f.*)
**pencil** lápiz (*m.*)
**penetrate** penetrar
**pension** pensión (*f.*), 13
**per** por
   — **day** por día, 3
   — **unit** por unidad, 6
**percent** por ciento (*m.*), 6
**perfume store** perfumería (*f.*)
**periodically** periódicamente, 11
**peripheral (device)** periférico (*m.*)
**person** persona (*f.*), 3
**personal** personal, 12
   — **property** bienes muebles (*m. pl.*), 13
**personalized** personalizado(a), 12
**personnel** personal (*m.*), 10
**petty cash** caja (*f.*)
**phone** teléfono (*m.*)
   — **book** guía de teléfonos (*f.*), 7; directorio telefónico (*m.*), 7
   — **number** número de teléfono (*m.*), P
**photocopier** fotocopiadora (*f.*)
**pie** pastel (*m.*)
**pillow** almohada (*f.*), 1
**pity: it's a —** es una lástima, 17
**place** lugar (*m.*), 18

**— an order** hacer un pedido, 6
**plan** pensar (en) (e:ie), 9; plan (*m.*), 10
**plane** avión (*m.*)
**please** por favor, P; favor de (+ *inf.*), 1; gustar, 8; Sírvase...
**pleasure** agrado (*m.*)
**pleased to meet you** mucho gusto (en conocerla a), 10
**plus** más, 3
**pocket calculator** calculadora de bolsillo (*f.*)
**police (department)** policía (*f.*)
   — **officer** policía (*m., f.*)
**policy** póliza (*f.*), 19
   — **holder** asegurado(a) (*m., f.*); subscriptor(a) (*m., f.*)
**poll** sondeo de la opinión pública (*m.*)
**popular** popular, 4
**pork** puerco (*m.*); cerdo (*m.*)
**portable** portátil, 2
**porter** maletero(a) (*m., f.*), 2
**position** puesto (*m.*), 10; posición (*f.*), 10
   — **held** puesto desempeñado (*m.*)
**positive** positivo(a), 20
**possession** posesión (*f.*)
**possible** posible, 12
**post** puesto (*m.*), 10; posición (*f.*), 10
   — **office** oficina de correos (*f.*), 7; correo (*m.*), 7
   — **office box** apartado postal (*m.*); casilla de correo (*f.*)
**postage** franqueo (*m.*); porte (*m.*)
   — **due (paid)** porte debido (pagado)
**poster** cartel (*m.*)
**postmark** matasellos (*m.*)
**postscript** posdata (*f.*)
**potato** papa (*f.*); patata (*f.*)
**pottery (the craft)** alfarería (*f.*), 9
**pottery shop (factory)** alfarería (*f.*), 9
**poultry** aves (*f. pl.*)
**pound** libra (*f.*), 7
**powerful** poderoso(a)
**practice** practicar
**preceded** precedido(a), 14
**precisely** precisamente, 19
**prefer** preferir (e:ie), 5
**preferable** preferible, 20
**premium** prima (*f.*), 19
**prepaid response** contestación pagada (*f.*)
**prepare** preparar, 6; confeccionar, 14
**present** actual, 6; presentar, 14
**presentation** presentación (*f.*), 14
**presently** actualmente, 10
**previous** anterior, 11
**price** precio (*m.*), 5; importe (*m.*), 12
**principally** principalmente, 14
**print** imprimir; letra de molde (*f.*)
**printed matter** impreso (*m.*), 7
**printer** impresor(a) (*m., f.*)
**printing** impresión (*f.*), 15; letra de molde (*f.*)
**private** privado(a), 7
**prize** premio (*m.*), 13
**problem** problema (*m.*), 11

**procedure** trámite (*m.*), 9
**product** producto (*m.*), 5
**professional** profesional (*m., f.*), 17; profesionalista (*m., f.*), 17
**profit** ganancia (*f.*), 11; utilidad (*f.*), 13
— **and loss statement** estado de pérdidas y ganancias (*m.*), 11
**program** programa (*m.*), 10
**programmer** programador(a) (*m., f.*)
**prolong** prolongar, 20
**promissory note (I.O.U.)** pagaré (*m.*)
**proof (written)** comprobante (*m.*), 2; prueba (*f.*), 13; constancia (*f.*)
**property** propiedad (*f.*), 17
— **tax** impuesto a la propiedad (*m.*)
**prosecutor** abogado(a) acusador(a) (*m., f.*)
**provided that** con tal que, 18
**provider** suministrador(a) (*m., f.*), 6; proveedor(a) (*m., f.*), 12
**proximity** proximidad (*f.*), 18
**publicity** publicidad (*f.*), 14; propaganda (*f.*), 14
**publish** publicar
**purchase** compra (*f.*), 13; comprar
— **and sale agreement** compraventa (*f.*)
— **order** orden de compra (*f.*); pedido (*m.*)
— **price** precio de compra (*m.*)
**purchasing manager** jefe(a) de compras (*m., f.*), P
**purse** cartera (*f.*), 14
**put** poner, 10
— **together** confeccionar, 14
— **up for sale** poner a la venta, 17

## Q

**qualification** calificación (*f.*)
**qualify** calificar, 16
**quality** calidad (*f.*), 5
**quantity** cantidad (*f.*), 5
**question** pregunta (*f.*), 7
**quite** bastante, 19

## R

**radiator** radiador (*m.*)
**radio** radio (*f.*), 14
**railroad** ferrocarril (*m.*), 9; tren (*m.*), 9
**raise** aumento (*m.*), 9
**rare** crudo(a)
**raw material** materia prima (*f.*)
**reach** alcanzar, 19
— **an agreement** llegar a un arreglo, 20
**read** leer, 4
**ready** listo(a), 3
**real estate** bienes inmuebles (*m. pl.*), 13; inmuebles (*m. pl.*), 13; bienes raíces (*m. pl.*), 13
— **agent** corredor(a) de bienes raíces (*m., f.*), 17
— **tax** contribución (*f.*), 17
**reason** motivo (*m.*), 19

**reasonable** equitativo(a), 20
**receipt** recibo (*m.*), 13; comprobante (*m.*), 13
**receive** recibir, 6
**received** recibido(a), 13
**receiver** depositario(a) (*m., f.*)
**recently** recientemente, 16; recién, 16
**reception desk** recepción (*f.*), 3
**receptionist** recepcionista (*m., f.*), 5
**recipient** destinatario(a) (*m., f.*)
**recline** reclinar
**recommend** recomendar (e:ie), 7, 12
**reconcile** conciliar; cuadrar
**reconciliation** ajuste (*m.*)
**record** registrar, 12
**red** rojo(a), 19
— **snapper** huachinango (*m.*) (*Méx.*), pargo (*m.*), 4
**reduce** rebajar, 12
**reduction** descuento (*m.*), 12
**reference** referencia (*f.*), 10
**referring to (a specific item)** por concepto (de), 12
**refrigerator** refrigerador (*m.*)
**refund** reembolso (*m.*), 13
**regard: in — to** en cuanto a, 7; con referencia a
**regarding** por concepto (de), 12
**registered brand** marca registrada (*f.*), 14
**registered letter** carta certificada (*f.*); certificado (*m.*)
**registration** matrícula (*f.*), 16
— **card** tarjeta de registro (*f.*), 3; tarjeta de huésped (*f.*), 3
— **fees** matrícula (*f.*), 16
**regret** lamentar, 3; sentir (e:ie), 17
**regulation** regulación (*f.*), 7; disposición (*f.*), 16
**reimbursement** reembolso (*m.*)
**related** relacionado(a)
**relation** relación (*f.*), 9
**relationship (family)** parentesco (*m.*)
**relatives** familiares (*m. pl.*)
**relocate** trasladar, 3
**remember** recordar (o:ue); acordarse (de) (o:ue), 18
**remodel** remodelar, 17
**rent** alquilar, 8; rentar, 8; alquiler (*m.*), 12
**rented** alquilado(a), 18
**renter** inquilino(a) (*m., f.*)
**reorganize** reorganizar, 11
**repair** reparación (*f.*), 6; reparar
— **shop** taller de reparación (*m.*), 6
**report** informe (*m.*), 11; rendir (e:i) informe, 12; reportar
**represent** representar, 11
**reproduction** réplica (*f.*), 5
**require** exigir, 14; requerir (e:ie), 17
**reservation** reservación (*f.*), 3; reserva (*f.*), 3
**reserve** reservar, 1
**resident card** tarjeta de residente (*f.*)
**resign (from)** renunciar (a), 10
**respective** correspondiente, 6
**responsible** responsable, 19
**rest: the —** los (las) demás, 9
**restaurant** restaurante (*m.*), 4; restorán (*m.*), 4

**restitution** restitución (*f.*), 19
**result** resultar, 20
**résumé** resumen, curriculum vitae (*m.*)
**retail** al por menor, 5; menudeo, 5; al detall, 5; al detalle, 5
**retailer** detallista (*m., f.*), 10; minorista (*m.*), 10
**retain (a lawyer)** nombrar, 20
**retirement** retiro (*m.*), 10; jubilación (*f.*), 10
**return** regresar, 1; volver (o:ue), 6; devolver (o:ue)
— **receipt** acuse de recibo (*m.*)
**revenue** renta (*f.*), 13
**rice** arroz (*m.*), 4
**right** derecho(a)
— **?** ¿verdad?, 2
— **away** en seguida, 1
— **now** ahora mismo, 17
**riot** motín (*m.*), 19
**risk** riesgo (*m.*), 9
**roasted** asado(a), 4
**robbery** robo (*m.*), 19
**roller bearings** cojinetes (*m. pl.*)
**roof** techo (*m.*), 17
— **tile** teja (*f.*), 17
**room** habitación (*f.*), 3; cuarto (*m.*), 3; recámara (*f.*) (*Méx.*), 3
— **service** servicio de habitación (*m.*)
**round-trip ticket** pasaje (billete) de ida y vuelta (*m.*), 1
**route** ruta (*f.*), 8
**row** fila (*f.*), 1
**rubber band** banda elástica (*f.*); goma (*f.*) (*Puerto Rico*); liga (*f.*) (*Méx., Cuba*)
**rudimentary** rudimentario(a), 12
**rule out** descartar, 16

## S

**sacrifice** sacrificar, 17
**safe** seguro(a), 15
**salad** ensalada (*f.*), 4
**salary** sueldo (*m.*), 10; salario (*m.*), 10
**sale** venta (*f.*), 5
**sales** ventas
— **manager** jefe(a) de ventas (*m., f.*), 5
— **tax** impuesto sobre la venta (*m.*)
**salmon** salmón (*m.*)
**salon** peluquería (*f.*); salón de belleza (*m.*)
**salutation** saludo (*m.*)
**same** mismo(a), 20
— **as** igual (que), 10
**sample** muestra (*f.*), 7; ejemplar (*m.*)
**satisfied** satisfecho(a), 6
**sauce** salsa (*f.*), 4
**save** ahorrar, 7
**saving** ahorro (*m.*), 12
**savings** ahorros (*m.*), 6
— **account** cuenta de ahorros (*f.*)
**say** decir, 7
**scanner** escáner (*m.*), 12; escanógrafo (*m.*), 12

scarcely   apenas, 9
schedule   horario (*m.*), 10
scholarship   beca (*f.*), 16
schooling   carrera (*f.*)
screen   pantalla (*f.*)
sea bass   corbina (*f.*), 4
seafood   marisco (*m.*), 4
season   estación (*f.*), 14
seat   asiento (*m.*), 1
secretary   secretario(a) (*m., f.*), 11
section   sección (*f.*), 1
see   ver, 2
— after   encargarse (de), 9
— you tomorrow   hasta mañana, P
seem   parecer, 12
select   seleccionar, 5
sell   vender, 5
— well   venderse bien, 14
selling price   precio de venta (*m.*)
send   enviar, 7; mandar, 7
sender   remitente (*m., f.*)
separate   separado(a)
separately   aparte, 7
serious   grave, 20; serio(a)
serve   servir (e:i), 11
service   servicio (*m.*), 7
— station   gasolinera (*f.*); estación de
   servicio (*f.*)
set (in place)   disponer
set up a business   poner (abrir) un
   negocio, 16
several   varios(as), 5
share   acción (*f.*), 13
sheet   sábana (*f.*)
shelf   estante (*m.*), 18
shellfish   marisco (*m.*), 4
shift   turno (*m.*)
ship   barco (*m.*); buque (*m.*)
shipment   cargamento (*m.*), 9; carga
   (*f.*), 9
shock absorber   amortiguador (*m.*)
shoe store   zapatería (*f.*)
shop   establecimiento (*m.*), 9
— window   escaparate (*m.*), 18;
   vidriera (*f.*), 18
shopping center   centro comercial (*m.*), 4
should   deber, 2
show   enseñar, 8; mostrar (o:ue), 8, 15;
   demostración (*f.*)
shower   ducha (*f.*); regadera (*f.*) (*Méx.*), 3
showroom   salón de exhibición (*m.*), 5
shrimp   camarón (*m.*); gamba (*f.*)
   (*España*)
side   lado (*m.*), 18
sidewalk   acera (*f.*), 8; banqueta (*f.*)
   (*Méx.*), 8
sign   firmar, 2
signature   firma (*f.*), 19
signing   firma (*f.*), 19
since   pues, 7; desde que, 13
single   soltero(a)
sir   señor (*m.*), P
sit down   sentarse (e:ie), 15
situated   situado(a), 3
size   tamaño (*m.*), 7; talla (*f.*)
skycap   maletero(a) (*m., f.*), 2
slogan   lema (*m.*), 14

small   pequeño(a), 2
— Business Administration
   Administración de Pequeños
   Negocios (*f.*), 16
— change   calderilla (*f.*); moneda
   fraccionaria (*f.*); menudo (*m.*)
   (*Cuba*); suelto (*m.*) (*Puerto Rico*)
smoke   fumar, 1
snowstorm   nevada (*f.*), 19
so   así que, 10
— many   tantos(as), 14
— much   tanto(a)
— that   para que, 19
soap   jabón (*m.*)
Social Security   seguro social (*m.*), 12
socket   enchufe (*m.*)
software   soporte lógico (*m.*)
sole   lenguado (*m.*), 4
solve   resolver (o:ue), 16
something   algo, 5
sometimes   algunas veces, 19; a veces, 6
son   hijo (*m.*), 7
sophisticated   sofisticado(a), 1
sorry: I'm —   lo siento, P
soup   sopa (*f.*)
spare part   repuesto (*m.*), 6; pieza de
   repuesto (*f.*)
spark plug   bujía (*f.*)
speak   hablar, 5
special   especial
— delivery   entrega especial (*f.*)
specialist   especialista (*m., f.*), 20
specialty   especialidad (*f.*), 4
specification   indicación (*f.*), 14
speeding   exceso de velocidad (*m.*), 19
spend   gastar, 12
spite: in — of (the fact that)   a pesar de
   (que), 14
spreadsheet   hoja de análisis (*f.*), 12;
   hoja de cálculo (*f.*), 12
sprinkler system   sistema de regadío (*m.*)
square   cuadrado(a), 18
squid   calamar (*m.*)
stable   estable
stained   manchado(a), 17
stairs   escalera (*f.*), 2
stamp (postage)   estampilla (*f.*); sello
   (*m.*); timbre (*m.*) (*Méx.*)
standard shift   cambio mecánico (*m.*), 8
standard deduction   deducción general (*f.*)
staple   grapa (*f.*); presilla (*f.*) (*Cuba*)
stapler   grapadora (*f.*); presilladora (*f.*)
   (*Cuba*)
start (car)   arrancar
starter   motor de arranque (*m.*)
starting   a partir de, 3
state   estado (*m.*), 17
— tax   impuesto estatal (del
   estado) (*m.*)
statement of account   estado de
   cuenta (*m.*)
station   estación (*f.*), 9
steak   bistec (*m.*); bife (*m.*); biftec (*m.*);
   carne asada (*f.*)
steamed   al vapor
step   paso (*m.*)
one — further   un paso más

steering wheel   volante (*m.*); timón (*m.*)
stewed   estofado(a); guisado(a)
stock   acción (*f.*), 13
stone   piedra (*f.*), 17
stop   parar
— sign   señal de parada (*f.*), 19
store   tienda (*f.*), 5; bazar (*m.*), 14
stove   cocina (*f.*), 17
street   calle (*f.*), P
strong   fuerte, 4
structure   estructura (*f.*), 18
stucco   estuco (*m.*)
student   estudiante (*m., f.*), 16
studies   carrera (*f.*)
study   estudiar, 13
stuffed   relleno(a)
subject   asunto (*m.*)
subtotal   subtotal (*m.*)
success   éxito (*m.*)
sue   poner una demanda, 20;
   demandar, 20
suffer   sufrir, 11
suffering   sufrimiento, 20
sufficient   suficiente, 13
suggest   sugerir (e:ie), 16
suggestive   sugestivo(a); sugerente
suicide   suicidio (*m.*), 19
suit   convenir, 18
suitcase   maleta (*f.*), 2; valija (*f.*), 2
summer   verano (*m.*), 14
sunken   hundido(a), 17
supermarket   supermercado (*m.*); hiper-
   mercado (*m.*)
supper   cena (*f.*), 4
supplier   suministrador(a) (*m., f.*), 6;
   proveedor (a) (*m., f.*), 12
suppose   suponer, 9
surname   apellido (*m.*), P
surpass   sobrepasar, 14
surrender value   rescate (*m.*)
survey   sondeo de opinión pública (*m.*);
   encuesta (*f.*)
suspension   sistema de suspensión (*m.*), 6
sweets   dulces (*m. pl.*), 18
swimming pool   piscina (*f.*); alberca
   (*f.*) (*Méx.*)
system   medios (*m. pl.*), 7; sistema (*m.*), 11

T

table   mesa (*f.*), 4
take   tomar, 2; (time) demorar, 4; coger,
   8; quedarse (con), 18
— advantage   aprovechar, 16
— charge (of)   encargarse (de), 9
— responsibility for   responsabilizarse, 9
— (someone or something someplace)   llevar, 2
talk   hablar, 5; conversar
tank   tanque (*m.*)
tare   tara (*f.*)
tariff   tarifa (*f.*), 7
taste   gusto
tax   impuesto (*m.*), 3
— evasion   evasión fiscal (*f.*)

**— payer** contribuyente (*m., f.*)
**— rate table** escala de impuestos (*f.*)
**— return** declaración de impuestos (*f.*), 13; planilla de contribución sobre ingresos (*f.*) (*Puerto Rico*), 13
**taxable income** ingresos sujetos a impuestos (*m.*)
**taxi** taxi (*m.*), 2
**— driver** taxista (*m., f.*), 8
**— stop** parada de taxi (*f.*), 2
**taximeter** taxímetro (*m.*), 8
**telecommunications** telecomunicaciones (*f. pl.*)
**telegram** telegrama (*m.*), 7
**telegraphy** telegrafía (*f.*)
**telephone** teléfono (*m.*), 3
**— operator** telefonista (*m., f.*), 7; operador(a) (*m., f.*), 7
**television** televisión (*f.*), 14
**— (TV) set** televisor (*m.*)
**tell** decir, 7
**term** plazo (*m.*); término (*m.*)
**— of payment** condición de pago (*f.*)
**termite** comején (*m.*), 17; termita (*f.*), 17
**test** prueba (*f.*), 20
**than** que, 4
**thank you (very much)** (muchas) gracias, P
**that** que, 5
**— is to say** es decir, 12, 18
**— (over there)** aquél (*m.*), 18
**— 's all** eso es todo, 3
**— which** lo que, 9
**theft** robo (*m.*), 19
**their** su(s), 2
**then** entonces, 4; luego, 12
**there** allá, 3; allí, 16
**— are all kinds of things** hay de todo, 4
**— is (are)** hay, 3
**these** estos(as), 5
**thing** cosa (*f.*), 7
**think** creer, 6
**— about** pensar (en) (e:ie), 9
**third** tercero(a), 7
**— party** tercera persona (*f.*); tercero(a) (*m.*)
**this** este(a), 5
**— very day** hoy mismo, 5
**— way** por aquí, 3
**those** los de, 6
**thousand** mil, 17
**three** tres
**through** por, 1; mediante, 12
**thumbtack** chinche (*f.*); tachuela (*f.*) (*Puerto Rico*)
**Thursday** jueves (*m.*)
**ticket** pasaje (*m.*), 1; billete (*m.*), 1; multa (*f.*), 19
**tied up** inmovilizado(a), 15
**tile** losa (*f.*), 17; baldosa (*f.*), 17
**time** tiempo (*m.*), 9; vez (*f.*), 12; hora (*f.*)
**— of arrival** hora de llegada (*f.*)
**tip** propina (*f.*), 4
**tire** llanta (*f.*); goma (*f.*); neumático (*m.*)

**title** cargo (*m.*)
**to** a, 1; para, 1; hacia, 3
**— order** al gusto
**— taste** al gusto
**— the left** a (de) la izquierda, 2
**— the right** a (de) la derecha, 2
**— us** nos, 7
**toast** tostada (*f.*), 4; pan tostado (*m.*), 4
**today** hoy, 3
**together with** junto con
**toilet** inodoro (*m.*)
**token** ficha (*f.*)
**toll** tarifa (*f.*), 7
**tomato** tomate (*m.*), 4
**tomorrow** mañana, 1
**ton** tonelada (*f.*)
**too** demasiado, 17
**— much** demasiado, 12
**top quality** de primera calidad, 5; de primera, 17
**tornado** tornado (*m.*), 19
**tortilla** tortilla (*f.*) (*Méx.*), 4
**tourist** turista (*m., f.*), 8
**tow truck** remolcador (*m.*)
**toward** hacia, 3
**towel** toalla (*f.*)
**town** pueblo (*m.*), 8
**toy shop** juguetería (*f.*), 18
**trademark** marca registrada (*f.*), 14
**trade name** razón social (*f.*)
**traditional** tradicional
**traffic** tráfico (*m.*), 19
**— light** semáforo (*m.*), 20
**train** ferrocarril (*m.*), 9; tren (*m.*), 9
**transaction** transacción (*f.*)
**transfer** transferencia (*f.*), 8; transbordo (*m.*), 9; trasbordo (*m.*), 9; transbordar, 9; trasbordar, 9; traspaso (*m.*), 17
**translator** traductor(a) (*m., f.*)
**transmission fluid** líquido de transmisión (*m.*)
**transmission gear** transmisión (*f.*)
**transparent** transparente, 14
**transport** transportar, 9
**travel** viajar, 1
**traveler's check** cheque de viajero (*m.*), 2
**traveling salesperson** viajante (*m., f.*), 6; agente viajero (*m., f.*), 6
**trespassing** entrada ilegal (*f.*)
**trial** juicio (*m.*), 20
**— balance** balance de comprobación (*m.*), 11
**trout** trucha (*f.*)
**truck** camión (*m.*), 9
**true** verdadero(a)
**trunk** baúl (*m.*); cajuela (*f.*) (*Méx.*); maletero (*m.*)
**truth** verdad (*f.*)
**try (to)** tratar (de), 6, 20
**tuna** atún (*m.*); bonito (*m.*)
**turkey** pavo (*m.*); guajalote (*m.*) (*México*); guanajo (*m.*) (*Cuba*)
**turn** doblar; voltear
**turn on (off) the light** encender (e:ie) (apagar) la luz
**twice** doble (*m.*), 9

**type** tipo (*m.*), 4
**typewriter** máquina de escribir (*f.*)
**typical** típico(a), 4

## U

**underneath** debajo (de)
**understand** comprender, 5; entender (e:ie), 5
**unemployment** desempleo (*m.*)
**unit** unidad (*f.*), 6
**United States** Estados Unidos (*m. pl.*), 4
**university** universidad (*f.*), 13
**unleaded gasoline** gasolina sin plomo (*f.*)
**unload** descargar, 9
**unloading** descarga (*f.*), 9
**unnecessary** innecesario, 6
**until** hasta, 3
**— one hits** hasta llegar a
**up to** hasta, 17; hasta llegar a
**upholstery** tapicería (*f.*); vestidura (*f.*)
**upon arrival** a la llegada, 2; al llegar, 8
**upstairs** planta alta (*f.*)
**urgency** urgencia (*f.*), 9
**use** utilizar, 6; usar, 6; uso (*m.*), 12
**used** usado(a), 13; de uso, 13
**uselessly** inútilmente, 20
**usual** de costumbre
**— terms in the market** las (condiciones) de costumbre en la plaza (*f.*), 6
**utilize** utilizar, 6

## V

**vacant** desocupado(a), 18; vacío(a), 18
**vacate a room** desocupar la habitación
**vacation** vacaciones (*f.*), 10
**valid** válido(a), 3
**valuable** valioso(a), 12
**value** valor (*m.*), 7; tasar
**value-added tax (VAT)** impuesto al valor agregado (*m.*) (I.V.A.), 8
**van** camioneta (*f.*)
**variable** variable, 16
**variety** variedad (*f.*), 5
**various** varios(as), 5
**vary** variar, 14
**VCR** grabadora de vídeo (*f.*); casetera (*f.*); videograbadora (*f.*)
**veal** ternera (*f.*)
**vegetables** vegetales (*m. pl.*), 4
**verb** verbo (*m.*)
**verification** comprobante (*m.*), 2
**version** versión (*f.*)
**very** muy
**— well** muy bien, 3
**video camera** cámara de video (*f.*), 2
**violation** violación (*f.*), 19
**visit** visitar, 6
**vocabulary** vocabulario (*m.*)
**volume** volumen (*m.*), 6
**voucher** vale (*m.*)

## W

**wage and tax statement (W-2)** comprobante del sueldo y de los descuentos (*m.*), 13
**wait (for)** esperar, 6
  **— on** atender (e:ie), 5
**waiter** mesero (*m.*), 4; mozo (*m.*), 4; camarero (*m.*), 4
**waitress** mesera (*f.*), 4; moza (*f.*), 4; camarera (*f.*), 4
**walk** caminar, 8
**want** desear, 1; querer (e:ie), 5
**warehouse** almacén (*m.*), 6
**washing machine** lavadora (*f.*)
**watch** reloj (*m.*)
**water** agua (*f.*)
  **— pump** bomba de agua (*f.*)
**watercress** berro (*m.*)
**Web page** página de la Web (*f.*), 12
**week** semana (*f.*), 10
**weekday** día de semana (de trabajo) (*m.*); día hábil (*m.*); día laborable (*m.*)
**weekend** fin de semana (*m.*)
**weekly** semanal, 10
**weigh** pesar, 7
**weight** peso (*m.*), 7
**welcome** bienvenido(a), 2
  **you're —** de nada, P
**well** bien, P;... bueno..., 9
  **— done** bien cocido(a); bien cocinado(a)
**well-established** acreditado(a), 6
**what** cual
**what?** ¿qué?, 13; ¿cuál?, 3
  **— are (they) like?** ¿Cómo son?, 4
  **— can I do for you?** ¿Qué se le ofrece?, 9
  **— time is it?** ¿Qué hora es?, 1
  **— will become of... ?** ¿Qué será de ...?, 19

**— 's the rate of exchange?** ¿a cómo está el cambio de moneda?, 2
**when** cuando, 4
**when?** ¿cuándo?, 1
**where** donde, 7
**where?** ¿dónde?, 2; ¿adónde?
**which** que, 5, cual
**which?** ¿qué?, 1; ¿cuál?, 3
**who?** ¿quién?, 3
**wholesale** al mayoreo; al por mayor, 5
**wholesaler** mayorista (*m.*, *f.*), 10
**why?** ¿por qué?, 6, 10
**widow** viuda (*f.*), 13
**widower** viudo (*m.*), 13
**width** ancho (*m.*), 7
**wife** esposa (*f.*), 13
**will** testamento (*m.*), 20
**win** ganar, 20
**window** ventanilla (*f.*), 7
  **— seat** asiento de ventanilla (*m.*), 1
**windshield** parabrisas (*m.*)
**windshield wiper** limpiaparabrisas (*m.*)
**wine** vino (*m.*), 4
**winter** invierno (*m.*), 14
**wish** desear, 1; querer (**e:ie**), 5
**with** con
  **— me** conmigo, 6, 13
  **— whom?** ¿con quién?, 11
  **— whom would you like to speak?** ¿Con quién quiere(s) hablar?, P
**withdraw money** sacar el dinero
**withdrawal** retiro (*m.*)
**without** sin, 7
  **— hope** sin remedio, 20
**witness** testigo (*m.*, *f.*)
**woman** mujer (*f.*), 5
**wonder** preguntarse, 9
**wood** madera (*f.*)
**wool** lana (*f.*), 9

**word processing** composición de textos (*f.*), 10; procesamiento de texto (*m.*), 10
**work** funcionar, 3; trabajar, 6, 10; trabajo (*m.*), 10
**workday** día de semana (de trabajo) (*m.*); día hábil (laborable) (*m.*)
**worker** trabajador(a) (*m.*, *f.*), 19
**workers' compensation insurance** seguro de accidentes de trabajo (*m.*)
**world** mundo (*m.*), 9
  **corporate —** mundo de las empresas (*m.*)
  **the — over** a todo el mundo, 7
**worry** preocuparse
**worth** valor (*m.*), 7
**wound** herida (*f.*), 20
**wrapped** envuelto(a), 14
**write** escribir, 2
  **— a check** extender (**e:ie**) (girar) un cheque
  **— down** anotar, 5

## Y

**year** año (*m.*), 10
**yearly** al año, 10; anual, 10
**yes** sí, 1
**yesterday** ayer, 11
**yield** rendimiento (*m.*)
**young** joven, 19
  **— lady** señorita (*f.*), P
**your** su(s), 2

## Z

**zone** zona (*f.*), 7

Mar Caribe

Barranquilla
Cartagena
Maracaibo
Caracas
La Guaira
San Carlos
Ciudad Bolívar

TRINIDAD Y TOBAGO
Puerto España

OCÉANO ATLÁNTICO

VENEZUELA

Medellín
Zipaquirá
Bogotá
Cali
COLOMBIA
Popayán
San Agustín

Río Magdalena
Río Orinoco
Salto Ángel

GUYANA

Georgetown
Paramaribo
Cayena

SURINAM

GUAYANA FRANCESA

Otavalo
Santo Domingo de los Colorados
Pichincha
Quito
ECUADOR
Chimborazo
Guayaquil

CORDILLERA DE LOS ANDES

Ecuador

Río Negro
Río Amazonas

Belén

Manaos

Iquitos

Río Madeira

BRASIL

Recife

Sipán

Trujillo

PERÚ

Callao
Lima
Machu Picchu

Cuzco

Lago Titicaca
Puno
La Paz
Tiahuanaco

Arequipa

Cochabamba

Arica

Sucre

BOLIVIA

Iquique

Potosí

Brasilia

Salvador

Bello Horizonte

Río Paraguay

Antofagasta

Trópico de Capricornio

Salta

San Miguel de Tucumán

Filadelfia

PARAGUAY

Asunción

Río Paraná

San Pablo

Río de Janeiro
Santos

Resistencia

Puerto Iguazú

CHILE

Córdoba

Aconcagua
Mendoza

Rosario

Río Paraná

Río Uruguay

Puerto Alegre

OCÉANO PACÍFICO

Viña del Mar
Valparaíso
Santiago

Buenos Aires
La Plata

URUGUAY
Montevideo
Punta del Este

ARGENTINA

Mar del Plata

Río de la Plata

Concepción

Bahía Blanca

CORDILLERA DE LOS ANDES
Río Colorado

Bariloche
Puerto Montt

PATAGONIA

Estrecho de Magallanes
TIERRA DEL FUEGO
Islas Malvinas

Punta Arenas

Cabo de Hornos

ISLAS GALÁPAGOS

San Salvador
Santa Cruz
San Cristóbal
Isabela

Ecuador

Quito
ECUADOR
Guayaquil

# América del Sur

0  250  500 Km.

0  250  500 Mi.